ANTONIO R. VALLEJO

COMPENDIO DE LA HISTORIA DE HONDURAS 1811-1829

(Acontecimientos políticos y sociales)

ERANDIQUE
COLECCIÓN

COMPENDIO DE LA HISTORIA DE HONDURAS 1811-1829
(Acontecimientos políticos y sociales)
"Antonio R. Vallejo

©Colección Erandique
Supervisión Editorial: Óscar Flores López
Diseño de portada: Andrea Rodríguez
Administración: Tesla Rodas
Director Ejecutivo: José Azcona Bocock
Primera Edición
Tegucigalpa, Honduras—Diciembre de 2024

ÍNDICE

¡GRACIAS, PADRE VALLEJO!

Los aportes del padre Antonio R. Vallejo a la historia de Honduras son valiosos. Al día de hoy, a 111 años de su fallecimiento, su nombre es mencionado con respeto y admiración. Como debe ser.

A pesar de las limitaciones de la época, donde era más importante empuñar un fusil que una pluma, Antonio R. Vallejo impuso su pasión y disciplina para escribir obras inmortales.

"Pienso también, en que Vallejo escribió para señalar los grandes errores cometidos por nuestros antepasados, sean éstos de tipo político, social, religioso y hasta quizá económico, con la esperanza de que conociéndolos, se buscaran las rectificaciones; con la esperanza de que ya no más se siguiera por el sendero fácil de la improvisación, y de que, quienes tuvieran el encargo de manejar los vitales intereses de la Nación, esquivarían el vericueto y buscarían la rufa más segura haciendo renunciación de los personales apetitos y de los personales provechos en beneficio del bienestar y del progreso del tantas veces defraudado pueblo hondureño", señala el historiador José Reina Valenzuela en su biografía sobre el ilustre personaje.

A él se debe la primera radiografía de Honduras con su Censo de 1887 (publicado por Colección Erandique), en la que podemos saber desde cuántos sastres, curas, analfabetos, extranjeros, mudos, locos, albañiles, había en gran parte del territorio nacional.

Esa obra hubiera bastado para ocupar un sitio entre los grandes investigadores del país. Pero el padre Vallejo no era de los que se quedan quietos. Y siguió escribiendo.

Antes del Censo General, Vallejo publicó el Compendio de la Historia Social y Política de Honduras (publicada en 1878 durante el gobierno de Marco Aurelio Soto), que posteriormente fue la guía para obras similares. Muchos superaron en calidad y profundidad a ese Compendio; sin embargo, no se le pueden quitar los méritos como la primera piedra.

La cronología abarca dieciocho años, de 1811 a 1829. Es interesante el estilo que Vallejo escogió, pues se trata de un formato de preguntas y respuestas que lo hace más ameno y fácil de leer.

Conocido cariñosamente como "el Padre Vallejo" (Se sabe, abandonó la carrera sacerdotal. Él nunca dijo nada sobre el particular; de suerte que nunca se sabrá la verdad de su decisión al respecto, pero pueden hacerse algunas consideraciones, y así cada escritor, cada crítico podrá achacar a tal o cual motivo su actitud podrá ser severo o leve en sus juicios como resultado del análisis de las circunstancias que le rodearon durante los primeros años de su vid eclesiástica", escribe Reina Valenzuela), dedicó su vida hasta el último aliento a la enseñanza y a la investigación histórica.

Su muerte fue llorada por todos los hondureños.

"Esta obra —señala el ingeniero José Azcona Bocock, promotor de Colección Erandique, una iniciativa que reedita obras antiguas y clásicos de literatura hondureña con el objetivo de que los lectores tengan acceso a su historia a un bajo costo— es una invaluable fuente de información sobre el periodo de independencia".

En ese sentido, el padre Vallejo nos da luces sobre lo que sucedió en los primeros años de Honduras como nación independiente; las luchas entre ciudades —unas por anexarse a México, otras por continuar libres, soberanas e independientes— las "misas negras" de distintos personajes políticos, la aparición de Francisco Morazán en escena, entre otros acontecimientos.

Las actuales generaciones le debemos muchísimo al padre Antonio R. Vallejo. Leer sus obras ayuda a mantener vivo su legado, su esfuerzo, su dedicación.

¡Gracias ,padre Vallejo!

ÓSCAR FLORES LÓPEZ
Editor Colección Erandique

ACUERDO DEL GOBIERNO

SECRETARÍA GENERAL DEL GOBIERNO CONSTITUCIONAL.

Tegucigalpa, Septiembre 16 de 1878

Poseyendo el Presbítero Licenciado Don Antonio R. Vallejo, copia suficiente de documentos que sirvan de base para escribir un Compendio de la Historia patria desde el año de 1821, hasta nuestros días; y conceptuando al Señor Vallejo, por su laboriosidad e inteligencia, capaz de llevar a término feliz la redacción del enunciado Compendio histórico; por tanto, el Presidente.

ACUERDA:

1. Comisionar al Presbítero Licenciado Don Antonio R. Vallejo para que redacte un Compendio de la Historia social y política de Hondura, comprensivo de los hechos ocurridos desde el año de 1821 hasta el año de 1878, con el objeto de su obra sirva de texto en todas las escuelas de primera enseñanza; y

2. Autorizar al Secretario General de los despachos del Gobierno para que proporcione al Señor Vallejo todos los medios que faciliten el cumplimiento de la importante comisión que se le encarga. –Comuníquese y regístrese.

Rubricado por el Señor Presidente.

ROSA

CONTESTACIÓN DEL PADRE VALLEJO

Tegucigalpa, Noviembre 9 de 1878.

Señor Secretario General del Supremo Gobierno de la Republica:
Con particular satisfacción he recibido el apreciable oficio, en que sirve comunicarme el acuerdo supremo de 16 de Septiembre próximo pasado, comisionándoseme para que redacte un "comprensivo de los hechos ocurridos desde el año de 1821 hasta 1878, con el objeto de que sirva de texto en todas las escuelas de primera enseñanza.

Esta comisión, Señor Ministro, si bien es altamente honrosa para mí, es también muy superior a mis capacidades, por lo mismo me da miedo aceptar su redacción; y no se crea que es por amor propio, pues no lo tengo: ambas cosas son malas, la una porque turba y espanta, y la otra porque ciega y ensimisma; sino porque es muy diferente escribir uno lo que quiere a escribir lo que le piden. Me anima solo el buen deseo que el Gobierno abriga, de instruir a los niños de primera enseñanza en las lecciones de nuestras desgracias y desventuras patrias, como quien quiere hacer más cuerda y más sensata a la generación que se levanta.

Acepto, pues, con profundísimo agradecimiento, la comisión que se encarga, y hare esfuerzos por llenar, en cuanto me sea posible, las intenciones del Gobierno, convencido y penetrado de que en una obra de este género solo se podrá sentar el proceso de los hechos, para llamar más tarde a juicio la gran causa histórica, social y política de este país.

Soy de U., Señor Ministro, con toda consideración, atento servidor.

Antonio R. Vallejo.

PRÓLOGO.

Eam esse historiae legem,
ne quid falssi dicere audeat,
ne quid veri non audeat.

(TACITO)

Comisionado, por acuerdo supremo de 16 de Septiembre de 1878, para que redactase un Compendio de la Historia social y política de Honduras, fue mi primer empeño, después de varias tentativas y esfuerzos inútiles, registrar los desordenados archivos de Tegucigalpa, Comayagua y otros pueblos, y formar el que he presentado al Gobierno y al público, formar el que he presentado al Gobierno y al público, compaginado el día 27 de Agosto de 1880, porque me convencí de que escribir una Historia sin basarla en documentos auténticos, además de carecer del prestigio de la autoridad, sello indispensable a toda narración histórica, para que cumpla su augusto ministerio, era pedir cotufas en el Golfo.

Para escribir, pues, el humilde Compendio que, sin pretensiones de ninguna clase, ve hoy la luz pública, he consultado las obras y documentos siguientes.

Memoria del General Morazán. –El genio de la Libertad de 1821. –Marure, Bosquejo histórico de las revoluciones de Centro-América. –Filísola, sus Memorias. –Manuel Arce, Memorias justificativas. – Manuel Montúfar, Memorias para la Historia de la revolución de Centro-América. –Luis Molina, Bosquejo de la República de Costa Rica, seguido de apuntamientos para su Historia. –Miguel González Saravia, Compendio de la Histórica de Centro-América. –Miguel de la Barra. Compendio de la Historia del Coloniaje e Independencia de América.   –Lorenzo Montúfar, Reseña histórica de Centro-América. –Gaceta de Guatemala de los años de 1824 y 1825. –El Amigo de la Patria. –El Editor Constitucional de 1820. –Meditaciones de un pueblo libre de 1822. Lógica de los hechos o Apuntes para la Historia, por el Doctor Rodríguez. –Memorias de Don Liberato Moncada. –Recuerdos del General Don Manuel Escobar. –Apuntes de Don León Lozano; -y los manuscritos y periódicos que, sobre las épocas que he pasado en revista, se encuentran citados en el Apéndice por su tomo y por su página, los mismos que pueden leer en el Archivo Nacional, todos los que duden de mis aseveraciones históricas.

Al emprender este trabajo, que es más difícil que no pensé, me impuse por ley no decir nada falso, ni omitir nada verdadero; asumiendo la responsabilidad y las amarguras que este propósito pueda traerme en cualquiera forma del odio o la calumnia.

Consecuentemente con esta determinación, me he apartado de los inexactos y apasionados juicios de los escritores que se han ocupado de reseñar las contiendas de Centro-América, y he seguido sin recelo las revelaciones de los documentos que he tenido a la vista, sobre todo, cuando estos han estado de conformidad con las narraciones de personas contemporáneas. Por eso se verán en este Ensayo citados todos los escritos de todos los partidos que han estado en el Poder, en contraposición a ciertos historiadores, que solo han publicado los documentos que pertenecen a su devoción o que honorifican el partido en que están afiliados.

Esto —además de ser una insigne muchachada o niñería, en la que a sabiendas no incurriré nunca, ni por miedo, tampoco por negligencia, menos por debilidad—, es faltar a la misión imparcial de la Historia y mentir, sin razón ninguna y respeto alguno, al siglo presente y a los futuros siglos.

Una historia que no estudia, que no ha querido estudiar los acontecimientos en su verdadero punto de vista, que los altera, que los desfigura, que los omite, o que cita únicamente los que convienen y como convienen, apenas creo que pueda llevar el nombre de tal.

Estas ideas han presidido todos mis trabajos históricos, porque quiero que la juventud sepa que hay un tribunal severo, que se llama "Historia," que tarde o temprano la llamara a juicio, le tomara estrechas cuentas de todos los destinos e intereses públicos que maneje en nombre de la comunidad que le confiera sus poderes que sus acciones buenas patrióticas y heroicas merecerán justas bendiciones y alabanzas de la patria y un lugar distinguido en sus avales; y que las malas serán condenadas al desprecio público, que será perdurable, porque quedara escrito con caracteres indelebles.

Quedare contento hasta que vea que el modesto Compendio que doy a la prensa es de alguna utilidad y provecho a la juventud, para quien especialmente lo escribo; si no lo consigo, habré prestado al menos el inmenso servicio de haber salvado y reducido a libro el proceso de los hechos con que las generaciones venideras escribirán, en el sentido más amplio e imparcial, la Historia de nuestros grandes errores y de nuestros grandes infortunios.

ANTONIO R. VALLEJO.

Tegucigalpa, Agosto 27 de 1882.

AL PRESIDENTE SOTO

Señor Doctor Don Marco A. Solo, Presidente Constitucional de la
Republica de Honduras.

Colocado en las alturas de vuestra posición social, nada me ha parecido mejor, para justificar e subidísimo afecto que profeso a vuestras prendas personales y a vuestro patriotismo, como Gobernante, que el dedicaros, amante como sois de los estudios históricos, única luz capaz de guiar a la humanidad en su larga peregrinación sobre la faz de la tierra, el Compendio de la historia social y política de Honduras, que con vuestra ayuda y decidida cooperación he escrito; sino para las escuelas de instrucción primaria, porque en el deseo de acumular los mayores datos, me ha apartado del plan que debí seguir y corresponde a la índole de una obra destinada al aprendizaje de los niños, si para los colegios de segundo enseñanza.

En este libro encontrareis todos los sucesos felices o desgraciados que han ocurrido en Centro-América y en esta querida patria de los Valle, de los Herrera, de los Morazán, de los Márquez, y de cien más, desde el año de 1811 hasta 1838.

Vos sabéis, y yo también se, que la Historia es *maestra de la vida y luz de la verdad; auxiliar de la Providencia y de la vida y luz de la verdad; auxiliar de la Providencia y madre de la Filosofía; emula del tiempo, depósito de las acciones, testigo de lo pasado, ejemplo y aviso de lo presente y advertencia de lo porvenir;* por lo mismo, en el trabajo que os dedico encontrareis un cosa buena, la única tal vez que contenga este Compendio, y es la sinceridad con que he narrado todos los hechos, todos los errores y todos los infortunios que el pueblo hondureño ha sufrido con heroica resignación, para llegar a conquistar su verdadera independencia y libertad: por el veréis que aunque hubo patriotas que generosamente se esforzaron por implantar las libertades en el sentido más avanzado, tropezaron con el grandísimo inconveniente de la ignorancia y superstición, que yo condeno como las herejías más grandes del siglo XIX, y contra las cuales no hay más anadoto que ciencia.

Bajo el imperio de estas enemigas del progreso, en el año terrible de 1832, los reaccionarios de Centro-América, debido a los desaciertos políticos de entonces, amenazaron tronchar por la raíz nuestra soberanía nacional, enarbolando en el Castillo de Omoa el estandarte de Fernando VII, insignia del atraso, del oscurantismo y de todas las preocupaciones bochornosas con que nos esclavizara el Coloniaje.

Hasta el 27 de Agosto de 1876, la gloriosa revolución de independencia alcanzada en 1821, vino a consumarse con vuestro aparecimiento en Amapala y con el inteligente y atrevido amparo que habéis dado a las sublimes y redentoras ideas de libertad; coronando vuestros esfuerzos con el implantamiento de una nueva y completa legislación, que ha arrancado al patriotismo ilustrado esta entusiasta exclamación: "La Colonia ha muerto!"

Recibid, Señor Presidente e ilustre amigo mío, la dedicatoria de este libro, como una débil prueba del cariño y de la admiración que os profesa.

ANTONIO R. VALLEJO.

Tegucigalpa, Agosto 27 de 1882.

INTRODUCCIÓN

Por vez primera se escribe una obra en que se relatan y aprecian los acontecimientos que, desde los tiempos cercanos a la independencia hasta nuestros días, forman el vasto conjunto que constituye la Historia social y política de Honduras.

Débese esa obra importante a la iniciativa del Gobierno de la República, que acordó su redacción; y débese el desempeño de trabajo tan improbó al Señor Presbítero Licenciado Don Antonio R. Vallejo, quien, superando dificultades sinnúmero, ha reunido y ordenado los materiales dispersos de la Historia de Honduras, y se ha aprovechado de ellos para hacer, en la obra que hoy ve la luz pública, una exposición histórica, por orden cronológico, de los sucesos prósperos o adversos que, en lo social y político, marean, por decirlo así, la fisonomía moral de la nación hondureña. La historia política de un país, o no es nada, o tiene que ser la copia fiel del carácter y rasgos distintivos del pueblo, cuyo pasado reanima la pluma del historiador, dándole una realidad viviente en el recuerdo y en la consideración de los lectores.

No entra en nuestro propósito juzgar del mérito literario de la obra del Señor Vallejo, de la que solo hemos leído algunos interesantes capítulos; pero sí corresponde a nuestro intento manifestar que la obra enunciada tiene el mérito indisputable de abrir campo a los estudios y escritos históricos, y de dar a la exposición crítica de estos el inapreciable carácter de la fidelidad, que solo se obtiene calcando los asertos de la Historia sobre documentos de autenticidad reconocida.

La Historia que hoy da a luz el Señor Vallejo, no es más que un ensayo, y podemos aseverar que su autor no la ha escrito ni la da a la estampa con la pretensión de publicar una obra perfecta. Los que inician en un país el cultivo de un ramo de las letras, apenas inician en un país el cultivo de un ramo de las letras, apenas tienen tiempo de vencer los obstáculos que oponen la falta de elementos, y la necesidad de redoblar esfuerzos que son ocupación fácil y llevadera, cuando se trabaja teniendo por base, materiales, estudios, juicios y observaciones de escritores que han explorado y hecho reconocer, en la esfera de la ciencia, sendas antes desconocidas y, por lo mismo, intransitables.

Pero cualquiera que sea el juicio que se forme de la obra del Señor Vallejo, no podrá menos de reconocerse, por todos los lectores que juzguen con imparcialidad, que el autor de este ensayo histórico ha prestado al país un servicio eminente, acumulado con laboriosidad a toda prueba, los documentos de Historia social y política, y apreciando estos con la fidelidad que es propia del hombre que se sobrepone a las amargas reminiscencias del pasado, y a los resentimientos y preocupaciones del presente.

Mérito, y no escaso, corresponde al Señor Vallejo por sus trabajos y por sus juicios históricos. Aquí, en donde parece que ha revivido el genio siniestro de Omar, que entrego a las llamas los tesoros de la Biblioteca de Alejandría, ha sido esfuerzo de paciencia y de laboriosidad, el recoger y coleccionar los dispersos, y casi borrados documentos, que se salvaron de los incendios de los archivos nacionales que, una y otra vez, entregaron a las llamas nuestros desgobiernos y nuestras revoluciones.

Aquí, en donde el espíritu de la discordia ha formado tal levadura de odios que no solo toca la actualidad, sino que trasciende a las tumbas sagradas del pasado, y contamina hasta la inocencia de lo porvenir; aquí, decimo, requiérese gran suma de desprendimiento y de imparcialidad para dar cada uno lo que le corresponde, y explayar la exposición histórica, en la serena región de las ideas.

Con las recomendables dotes que tiene el modesto ensayo del Señor Vallejo, sino da al país una obra acabada, por lo menos le proporciona preciosos materiales para que, andando el tiempo, puedan aprovecharse y perfeccionarse, entre nosotros, los estudios y trabajos históricos que, son, en nuestro sentir, parte integrante de la vida moral de la nación. Un pueblo sin tradiciones, sin Historia, apenas si merece el nombre de pueblo, ¡quiera el genio de la paz y dela civilización que la útil obra del Señor Vallejo despierte en la juventud profundo apego por los estudios históricos, y en los hombres de ciencia, empeño en escribirla, en el sentido más amplio y provechoso! ¡Que nuestros votos sean cumplidos, para bien de nuestro país, y para honra de las letras hondureñas!

RAMÓN ROSA.

Tegucigalpa, Agosto 27 de 1882.

PRIMERA PARTE:
SUCESOS PRELIMINARES DE 1811 A 1820

CAPÍTULO I: AÑOS DE 1811 Y 1812

Denominación con que se conocía Centro-América antes de la Independencia. –Cómo se gobernaba. –Provincias que lo componían. –Cómo estaban gobernadas. –Creación de Intendencias. –Sucesos que prepararon la Independencia de Centro-América.   –Para ocultar los movimientos de México y de otras partes, tratase de perpetuar en el Ayuntamiento de Tegucigalpa a Serra y Salavarria. –El señor Don Antonio Tranquilino de la Rosa es el autor de este proyecto. – Personas que componían el Ayuntamiento de este año. -Sublevación ocurrida el día 1º. de Enero de 1812.   –Mediación del cura Márquez. –Lo que decía el pueblo.   –Providencias que tomo el Alcalde interino. El Capitán General manda hacer nuevas elecciones. –El Señor Rosa costea a sus expensas el escuadrón de Yoro. –Reflexiones. –Hechos que las comprueben.

¿Con qué denominación era conocida Centro-América antes de la Independencia?
Con la de Antiguo Reino de Guatemala.

¿Cómo se gobernaba?
Por una capitanía General que residía en Guatemala.

¿Qué provincias componían el antiguo Reino?
Guatemala, Chiapas, San Salvador, Honduras, Nicaragua y Costa-Rica.

¿Cómo estaban gobernadas?
Por Gobernadores políticos e Intendentes.

¿En qué año se crearon las intendencias?
En 1788.

¿Qué sucesos prepararon la Independencia de Centro-América?
La independencia de los Estado Unidos, cuya voz resonó por todos los ángulos del continente Americano, las ideas redentoras que

paraan de la Francis, y el grito dado en México el 15 de Septiembre de 1810 por el Señor Cura Don Miguel Hidalgo. Estos acontecimientos fueron preparando la emancipación que más tarde debía verificarse en Centro-América y en todo el mundo de Colón.

¿Qué hechos tuvieron lugar en la provincia de Honduras?

En el año de 1811, comprendido los peninsulares que estas ideas se propagaban en el pueblo, trataron de ahogarlas en su principio, y concibieron el proyecto de perpetuar en las Alcaldías a los españoles Don José de las Serra, Don Juan Judas Salavarría y Don José Iribarren, para componer, según decían ellos, a la villa de Tegucigalpa.

¿Quién tomó la iniciativa en estos proyectos?

El Señor Don Antonio Tranquilino de la Rosa, una de las personas más notables de aquella época, quien quería se pusiera la picota para reprimir los movimientos de independencia. Esto es lo que en aquel tiempo se dijo.

¿Quiénes componían el Ayuntamiento de este año?

Don José Iribarren, Alcalde ordinario de primera nominación, Don José de la Serra Vijil, de segunda nominación, Síndico Procurador general, Don Juan Judas Salavarria; Alcaldes de la Santa Hermandad, Don Miguel Bustamante y Don Pablo Borjas, Don José Vijil, Regidor Alférez Real; y Don Mariano Urmeneta, Mayordomo de propios.

¿Cuáles fueron las consecuencias de esta medida?

Que el día 1º de Enero del año de 12, a las ocho de la mañana, el pueblo de la Plazuela, el de San Sebastián, el de Comayagüela y reducción de Jacaleapa, reunidos en número de más de cien hombres, armados de palos y machetes, se presentaran en esta plaza a estorbar que los expresados Serra y Salavarria tomasen posesión de sus destinos. El Ayuntamiento estaba ya en el Cabildo para asistir a la misa parroquial, como ha sido y es de costumbre.

¿Cómo termino este conflicto?

Terminó por la mediación del Señor Cura Márquez, que se constituyó en la sala Consistorial a persuadir a la Municipalidad de las siniestras intenciones que dominaban en aquellos momentos el ánimo del pueblo, y que todo quedaría serenado con el depósito de las varas.

¿Qué dijo el pueblo?

El pueblo públicamente manifestó que no admitiría a los Alcaldes electos por el Ayuntamiento, para el presente año, ni a ninguno otro que fuera europeo; repitiendo esta estrofa:

> Si quieren que no haya guerra
> Y todo sea alegría,
> Renuncie Salavarría
> Con su compañero Serra.

¿En quiénes se depositaron las Alcaldías?

En los Señores Don José Manuel Márquez y Don Joaquín Espinoza, Regidores electos para el nuevo año de 1812. Don José Iribarren fue sustituido, por ser europeo, con Don Miguel Eusebio Bustamante[1].

¿Cuál era la actitud del pueblo?

La de hacer escarmentar a los déspotas, que pretendían mantenerlo en perpetua esclavitud, para lo cual había puesto guardia y registrado la casa del Señor Don Tranquilino de la Rosa, quien logró escaparse y dirigirse para los pueblos de Reitoca, donde fue capturado, conduciéndolo después a Comayagua. Allí fue puesto en libertad[2]. El catalán Don Francisco Panchamé se vio también obligado a salir precipitadamente de Tegucigalpa, por las severas amenazas con que lo conminaba el pueblo.

---

[1] Actas del Ayuntamiento de Tegucigalpa, de 1 y 2 de Enero de 1812 tomo 6, paginas 44, 45, 46, 47 y 48 Archivo Nacional.

[2] La casa del Señor Don Tranquilino de la Rosa, era la que hoy se llama "los Portales," que pertenece a las Señoritas Durón: y la de Salavarría, en la que hoy vive el Señor Presidente Soto. Estas dos casas eran las mejores de aquel tiempo.

¿Qué providencia tomo el Alcalde interino?

Ponerlo todo en conocimiento del Gobernador Intendente de Comayagua, Doctor Don Carlos Castañón, y del Capitán General del Reino, que lo era el Señor Don José Bustamante y Guerra, hombre duro, inflexible, suspicaz, reservado, vigilante y absoluto, que amplio el sistema de persecución, y que habían entrado, el 14 de Marzo de 1811, a reponer a Don Antonio González Saravia. Bustamante habría encargado al Señor Rosa la Alcaldía Mayor, que el Rey mandaba restablecer en la villa de Tegucigalpa, a no haber llegado en siete días el correo en que se le imponía de todo lo ocurrido en esta Provincia. El obispo de Comayagua, cerciorado de estos sucesos, mandó al Dean José María San Martin que calmase con sus exhortaciones a los mulatos e indios sublevados; y el Gobernador Intendente, por su parte, comisiono ampliamente a Don José Leandro Rosa, con igual objeto. Esta misión pacificadora no tuvo efecto, porque aunque al principio fue aceptada, el pueblo creyó después que se trataba de entretenerle mientras entraba la tropa que se aseguró venia de Comayagua. El Dean, convencido de que sus esfuerzos serian inútiles y aun perjudiciales a la causa del orden, puesto que se le tenía por sospechoso, de acuerdo con los españolistas, que temieron se incrementase la efervescencia de los tumultos populares, regreso a la Capital sin poner en práctica diligencia alguna.

¿Qué aconsejaba en este caso la prudencia?

Que el Capitán General Mandara, como mando, hacer nuevas elecciones, que se practicaron.

¿Qué providencia tomó el Señor Rosa para darse garanaas?

Costeó a sus expensas el escuadrón de Yoro, al mando del Ayudante Mayor Don Francisco Gómez. Esta fuerza fue remitida de Comayagua por el Señor Don José María Piñol y Muñoz, que desempeña interinamente la Intendencia y Gobernación Política de la Provincia.

¿Qué consideraciones nacen de aquí?

Dos: la primera, que el pueblo empezaba a sentir el influjo de las ideas redentoras, que en más de una parte se habían proclamado ya; y la segunda, que los españoles trataban de reprimirlas a todo trance y por todos los medios posibles. Con este fin, se pintaba como a unos monstruos a los promovedores de la independencia: los nombres de insurgente y hereje eran sinónimos en labios de los amigos del sistema colonial: se aseguró, al propio tiempo, que los independientes intentaban convertir en caballerizas los templos, degollar a los sacerdotes, corromper a las vírgenes y emplear en los usos más viles los vasos sagrados de las Iglesias. No solo se hizo esto, se hizo mucho más: se inventaron milagros y castigos del cielo, y se ofrecieron toda la clase de exenciones.

¿Qué hechos comprueban las consideraciones de que acabamos de hablar?

Los procesos levantados contra Juan Antonio Duarte Garai, conocido con el sobrenombre de Pitorete, por las palabras "viva Francia y muera España;" contra DON José Gabriel Vela de la Villa de Nacaome, porque dijo: "Que el héroe Bonaparte seria memorable sobre todas las historias de las testas coronadas, y que con su ingenio y formidables ejércitos conquistaría la España y sus dominios, y que sería Rey y Señor de ellos"[3] los destierros y encarcelamientos hechos en Guatemala, Nicaragua y San Salvador, y las sistemadas persecuciones que se hicieron a los independientes hasta en los últimos rincones del Reino. Pero a pesar de todo esto, las ideas de libertad fueron desarrollándose con vigor, aunque secretamente, en el suelo centroamericano, para convertirse después en hombres y luchar como atletas.

CAPITULO II: CONTINUACIÓN DE LOS AÑOS DE 11 Y 12

Restablecimiento de la Alcaldía Mayor de la Villa de Tegucigalpa y Heredia. —Decadencia general a que se vio reducida la Villa de Tegucigalpa de Tegucigalpa con motivo de su anexión a Comayagua.

---

[3] Procesos instruidos contra Juan Antonio Duarte Garai y Don José Gabriel Vela. —Tomos 5 y 7, páginas 1 y 125. —Archivo Nacional.

–El Procurador del noble Ayuntamiento de Tegucigalpa prueba, en un escrito que presento ante la Real Audiencia de Guatemala, el estado floreciente en que se encontraba esta Villa antes de su anexión, y la gran decadencia a que llego después. –Continuación del expresado escrito. –Situación comercial. –Tiempo que duro anexa la Alcaldía Mayor a la Intendencia de Comayagua. Conducta observada por el Gobernador Político e Intendente. –Don Andrés Brillante comete algunos abusos contra el Síndico del Ayuntamiento de Tegucigalpa. –Otros ultrajes cometidos por la Autoridad de Comayagua. –Consecuencias naturales. –Lo que dice en conclusión Don Francisco Albert. Ventajas que reportaba Tegucigalpa con el restablecimiento de la referida Alcaldía. –Cualidades que se necesitaban en la persona que debía obtener el nombramiento de Alcalde Mayor. –Tiempo que duro la tramitación de la solicitud en que el ayuntamiento de esta Real Villa pide su restablecimiento. Motivos de esta larga duración. –Personas que componen el Ayuntamiento de Comayagua en el año de 1810. –Consecuencias lógicas de este pasó antipolítico y egoísta. –El cura Don Juan Francisco Márquez es nombrado Alcalde Mayor.

¿Qué hecho notable ocurrió en estos días?

El restablecimiento de la Alcaldía Mayor de la Villa de San Miguel de Tegucigalpa y Heredia, que, con motivo de la creación de Intendencias en las provincias, había sido anexado a la de Comayagua en el año de 1788.

¿Cuáles fueron los resultados de esta anexión?

La decadencia general, tanto en el comercio, como en los trabajos de minas y agricultura.

¿Cuál era la situación minera, en que se encontraba la provincia de Tegucigalpa antes de la separación de la Alcaldía Mayor?

El Procurador del noble Ayuntamiento de Tegucigalpa, en un lenguaje claro y correcto, dice: "La Provincia de Tegucigalpa, en la extensión de su Alcaldía Mayor, tenía 56,000 individuos, más o menos, sobre 60 leguas de longitud y otras tantas de latitud, que forman 3,600 cuadras, y en cada una de ellas $15^5/_7$ de habitantes, población mayor que la de algunas Intendencias de Nueva España, que solo tienen 14, 11, 9 y aun 9/11 por legua, y extensión más grande que las de otras provincias de este Reino, que son gobernadas por un corregidor o Alcalde Mayor, independiente de las Intendencias".

"En toda su superficie había 24 minerales, y en cada uno de ellos distintas minas o vetas enteras, a más de hilos que por su pequeña latitud no se han tenido por tales. El de Cantarranas, que es el mineral más antiguo, y de donde se derivan otros, fue de riqueza tan prodigiosa, que, beneficiándose al cabo de muchos años de haberse abandonado, los tanques de lamas que se descubrieron no cesaron de rendir plata. El del Corpus ha sido distinguido entre todos por la ley de oro que daba. En el de Potrerillos, solo en un manto o veta tendida, había cuatro minas ricas de plata. En el corto espacio del de Yuscarán, que apenas se extiende a media legua, se descubrieron treinta y cinco minas de oro y plata, tan acreditada y constantes, que, teniendo tres o cuatro de ellas más de 250 varas de profundidad y de 800 de latitud no han decaído en ley. Las de cobre y hierro, que son los mejores criaderos de la plata y oro, abundan también en aquellos preciosos cerros. A las 11 leguas de la Villa se trabaja una de hierro que lo da superior al que se fabrica en Metapán, más estimado que este en Guayaquil y el Perú, y casi de tan buena calidad como el de Vizcaya. Enlazadas con la misma de hierro, hay muchas de cobre y plata, y hasta ahora se ven con sentimiento las oficinas que han quedado de algunas que se trabajaron antiguamente y después fueron abandonadas".

¿Qué más dice?

"No se extraía, ni era posible extraer de minas tan abundantes toda la plata que ofrecía su riqueza. La ignorancia de la química, de la maquinaria y de otras ciencias necesarias para los progresos de la minería, y que se hallan hasta ahora muy atrasadas, por el desprecio con que se les ha visto, al mismo tiempo que se han prodigado los honores y concedido toda protección a otras, perjudiciales o menos útiles, que fomentan la cavilación, o no sirven más que para ergotear en las aulas: falta de un fondo de habilitación: la dureza de las que daban los comerciantes: el atraso de la industria: las trabas que ligaban el comercio: la distancia de los minerales de los pueblos que podían proveerles de operarios: el horror con que se han visto los trabajos de las minas, que equivocadamente se creían dañosos a la salud; todo concurría a embarazar los adelantamientos de la minería. Pero, a pesar de tantos obstáculos, la provincia de Tegucigalpa era la que proveía en mayor cantidad que al presente, a la Casa de moneda, de la que se acuñaba: a los particulares, de la que necesitaban para basillas y para lujo de sus casas, mayor entonces que ahora en este punto; y al comerciante, del número que era preciso para la circulación del giro, que también era más activa en aquella Provincia. Solo en el año de 1739 vinieron a esta casa de moneda 35,159 marcos 5 onzas $^7/_8$, regulados por la ínfima ley de 11 dineros $19^1/_2$ granos, asciende su producto a 302,217 pesos cuatro reales". Esta era la situación minera.

¿Cuál era la comercial?

Oigamos lo que a este respecto sigue relacionando el expresado Procurador. "En un país, dice, donde se sacaba tanta plata, no podía estar muy atrasado el tráfico. El comerciante busca siempre los lugares de más riqueza: fija en ellos los puntos de sus especulaciones; y el mismo giro, que se activa por la abundancia de frutos, influye igualmente el aumento de estos.

"No tengo todos los datos necesarios para poder calcular el comercio externo e interno de la provincia de Tegucigalpa. El estado de la alcabala que se pagó en los seis años corridos desde 78 a 83, que ascendió a 51,100 pesos, sin embargo de que hasta 81 solo se cobró un tres por ciento, no basta para dar idea precisa, porque algunos araculos no la adeudan, y en otros no la paga el comerciante, o la satisface muy diminuta. Pero el número de barras mandadas anualmente a la casa de moneda, que como se ha dicho, solo el año de 39 importaron más de 300,000 pesos: el de las que daban en la misma Provincia, o se llevaban a las otras: el de las arrobas de sal, fruto también de la Provincia, que debían subir a un número muy crecido porque cada marco que se beneficia por azogue se calcula precisa arroba y media o dos arrobas de sal: el de las ligas, que da igualmente la Provincia, y es también de absoluta necesidad para el beneficio de metales: el de las partidas de ganado vacuno que se consumían en ella, y se arreaban a esta: el de los esquilmos de las haciendas de cría, tan pobladas que en una de ellas se calculaban más de 10,000 cabeza: el de azucares y rapaduras, fabricadas también en los trapiches de la Provincia: el de las tiendas de mercancía, que solo en la Villa había de 16 a 18 bien surtidas, y que, valuadas por un cálculo moderado, puede suponerse que valían más de 300,000 pesos: el de las partidas de cacao, que se llevaban a la de Nicaragua, donde se cosecha este fruto, que, aforadas por el precio ínfimo de 35 pesos tercio, ascendieron el año 78 a más de 40,000 pesos: el de las fanegas de maíz, cosechado en la Provincia y llevado de otra, que es fruto de mayor consumo: el de otros araculos, que, si no lo son en tanto grado, forman, sin embargo, una parte de tráfico; todos estos hechos acreditan que el de aquella Provincia era de alguna consideración, superior al de otras, y en estado de poderse extender y hacerse más floreciente".

¿Cuánto tiempo duro la anexión de la Alcaldía Mayor a la Intendencia de Comayagua?
Veinticuatro años y medio.

¿A qué punto de grandeza pudo ser elevada la Provincia de Tegucigalpa, fomentándose la minera, que es un ramo principal, protegiéndose, o al menos no gravándose, la cría de ganado vacuno, que forma un araculo muy rico, estimulándose el corte de maderas de las muchas que hay en estas montañas, habilitando y componiendo los puertos, que podrían facilitar la extracción de sus frutos, removiendo los obstáculos que lo embarazan, estrechando las relaciones que debían tener con otras Provincias?
A un alto grado de grandeza; pero el Gobernador Intendente no hizo nada esto: no pidió a S.M. las gracias que necesitaba el ramo de minería para prosperar: no hizo cumplir en toda su extensión las que se sirvió conceder: no pensó en la creación de un fondo de habilitaciones: no procuro establecer reducciones inmediatas a los minerales para facilitarles operarios: no trato de trasladar los azogues de Comayagua, donde exisaan, a la casa de rescate de Tegucigalpa, donde debían haber existido: no fomento las salinas, que, por su

necesidad absoluta para el beneficio de los metales, son dignas de tanta protección: no facilito el comercio de granos y víveres, que debe ser libre según la ley: no estableció el tribunal de minería, que convenía haberse erigido, para abreviar el despacho de los asuntos de los mineros, y equilibrar, hasta cierto punto, la autoridad de los Gobernadores: no fue breve y sumario, como debía ser, según Ordenanza, en las causas de minería.

¿Qué es lo que Comayagua, en veinticuatro años y medio, hizo por los progresos de Tegucigalpa, y que lo que esta debe a aquella?

Lo que hizo y le debe son los agravios y violencias que sus gobernantes, en distintas ocasiones, le mandaron inferir; agregándose en este año la disposición que Don Andrés Brillante dicto, era que todos los que tuviesen marca de herrar ganado se presentasen para matricularlos, exigiendo doce reales a cada uno; y la prisión del Síndico del Ayuntamiento, porque interpuso, por esta medida, el recurso que creyó de justicia ante la Real Audiencia.

¿Qué más hizo y se le debe?

El Procurador del Ayuntamiento sigue y dice: "El año de 1808, habiendo pedido el Administrador principal de alcabalas de Tegucigalpa, la casa que habitaba el Alcalde 2.º de la misma Villa, fueron también ruidosas las violencias que se sufrieron. Ofendiéndose el derecho de propiedad, que debe ser tan sagrado, el Alcalde 1 º de Comayagua, en quien había recaído el Gobierno, libro despacho para que, despidiéndose al 2 º que la ocupaba, se diese contra la voluntad expresa de su dueño al Administrador de alcabalas, que la solicitaba por miras ilícitas. Se hizo entonces la representación correspondiente; pero a pesar de ella se llevó a efecto la providencia con todo el aparato de la fuerza armada, de treinta y tantos soldados, en uno de los días dedicado únicamente a ejercicios de piedad; y fue preciso que el Ayuntamiento despachase propio con la representación correspondiente a este Supremo Gobierno, donde se declaró injusto y violento todo lo obrando por el Gobernador. El año de 1809, hechas por el Ayuntamiento las elecciones de estilo, hubo también diferencias acaloradas: mediaron contestaciones vivas; y el Gobierno de Comayagua, y exonerado por S.M., en vista de las que hizo el Consulado, apoyando las de los hacendados, ha vuelto a gravarse de nuevo por las que se han reiterado de parte de Comayagua; y el hacendado que sigue hasta ahora pagando el impuesto que se satisface por el que se consume en la Capital de la Intendencia, y el de dos reales por cada res que se extrae de la Provincia para esta Ciudad, o las otras del Reino, exigiéndose la contribución aun de aquellas que no aprovecha el hacendado, por morirse, o perderse en el camino. El cacao se halla igualmente gravado con la contribución de cuatro reales cada tercio. Y lo están también la rapadura y el añil, que, por ser araculo que comienza a cultivarse, debía ser exentó de todo gravamen. Todos los que se han impuesto son en beneficio exclusivo del fondo de propios de la Capital de la Intendencia; y las Villas y lugares, que tienen iguales o mayores necesidades, y son las que lo forman con sus contribuciones, no tienen parte en él.

¿Cuáles fueron las consecuencias naturales de todo esto?

"Es hecho probado de autos la decadencia de todos aquellos partidos desde su agregación a la Intendencia de Comayagua. En el de Choluteca, la Villa de Jerez, su cabecera, cerca de un siglo más antiguo que la de Tegucigalpa, y, en tiempos anteriores, de mayor riqueza que esta y la Capital de la Intendencia, se halla al presente en el mayor grado de atraso: el mineral del Corpus, inmediato a la misma Villa de Jerez, donde se sacaba oro que no lo ha producido otro alguno de igual ley, sigue abandonado sin estimularse a su restablecimiento: en el Real de San Martin, contiguo a la misma Villa, solo se trabaja una mina, siendo tan prodigiosa su riqueza: las salinas establecidas en su costa son ahora tan pocas, que no hay representación en que los mineros no manifiesten la escasez de sal y el atraso que por su falta sufren en el beneficio de metales; y las haciendas de ganado tampoco están ahora como lo estuvieron anteriormente. En el de Tegucigalpa, la Villa de San Miguel, su cabecera, se halla igualmente en estado muy inferior al que tenía antes: las mismas de cobre, a pocas leguas de distancia, que, habiéndose estimulado a su trabajo, ofrecían al comercio este nuevo ramo de exportación, y excusarían la introducción del que este Reino se ve obligado a recibir del Perú, no se han trabajado por la falta de auxilios que se experimenta en las de los otros metales: de las de hierro, solo una se trabaja por el mismo motivo; y algunas de plata continúan abandonadas por igual causa.

En el de Yuscarán solo se han trabajado 11 de las 35 vetas de oro y plata que se descubrieron: no existe ninguna de las 60 rastras de bueyes que había; y solo han quedado tres de las 17 haciendas o ingenios que estaban en corriente. En los minerales de San Antonio y Santa Lucia no se trabaja mina alguna. En los de Langue, San Marcos y otros, que, hoy por haberse ahogado, fueron suspendidos ninguna. La casa de rescates, que habiendo estado antes en Comayagua, fue después establecida en Tegucigalpa por el Excelenasimo Señor Don Maaas de Gálvez, para excusar los perjuicios que ocasionaba su distancia, no ha sido tan benéfica después que, por el establecimiento de la Intendencia, se le sujetó a las cajas reales de aquella Ciudad. Las barras mandadas a la de Moneda, que el año de 39 importaron 302,217 pesos cuatro reales, según el cálculo que se ha formado, el de 99 solo produjeron 85,762; siendo así que en la primera fecha aún no se habían descubierto los minerales del plomo y Yuscarán, ni se había extendido el beneficio de metales por azogue.

El teniente de mineros, comparando los seis años siguientes a la agregación de la Provincia, con otros seis, anteriores a la supresión de su Alcaldía Mayor, dedujo que resultaba en el acopio de metales una baja de 256,030 pesos, y en ellos el demerito de 29,000 para el ramo de quintos. El comercio, que recibiendo mayor extensión por la que iban tomando los trabajos de las minas, la daba igualmente a los trabajos de estas, ha tenido igual decadencia. Habiendo solo en la Villa expresada de 16 a 18 tiendas de mercancía en la época de la Alcaldía Mayor, no ha habido después de su extinción más que 5 o 6 de menor surtimiento. Las que había en otras villas y minerales fueron también reducidas a inferior número. Y la alcabala, que, en el sexenio corrido de 78 a 83, produjo 51,100 pesos, no cobrándose más que un 3 por ciento hasta 81, en el de 92 a 97, en que ya se exigía un 4 por ciento, solo dio 38,814, de lo cual resulta haber sufrido la renta el demerito de 23,604 pesos tres reales.

¿Qué más dice en conclusión el Señor Don Francisco Albert, Procurador del noble Ayuntamiento de Tegucigalpa?

"Las causas de tanta decadencia no son, dice, las que indica el Gobernador interino, manifestando que los atrasos de la minería en aquella Provincia son producidos por el regreso a España de los Europeos que trabajaron las primeras minas, por la profundidad grande de estas, que hace más costosos su trabajos, por la escasez de brazos, ocasionada por la decadencia de la población, y por la falta de fondos precisos para el laboreo.

"La transmigración de los mineros no es cierta. Apenas hay noticia de que ahora dos siglos Núñez Villavicencio, que trabajo la mina de Goascorán, hubiese regresado a la Península dejándola en estado de beneficiarse, como se hizo después por otros mineros que la poblaron mejor. Los europeos que se han dedicado al trabajo de minas se han fijado en la Provincia. Sus familias existen hasta ahora, y sus descendientes son los dueños de las minas y haciendas que se trabajan al presente. Puede acreditarse con documentos que existen en los archivos de los cabildos. Y en toda la América es positivo que, radicados en ella los europeos, son pocos los regresaran a la Península de donde han venido.

La profundidad que se supone en las minas es también exagerada. Las que se trabajan al presente no son las mismas que trabajaron los primeros mineros. Una u otra se ha vuelto a poblar; pero las más han sido descubiertas posteriormente por la industria de algunos que la han explorado, o por la casualidad, que ha presentado vetas nuevas donde menos se esperaban. Hay muchas que están en la superficie, o al pelo de la tierra, que, si no se labran, es por falta de auxilios, o por no abandonar las que se han comenzado a trabajar.

Otras están a muy corta profundidad; y, aun entre las antiguas, no es cierto que todas tengan 800 varas de la latitud y 250 de profundidad. Pero aun cuando lo fuera ¿la Valenciana no tiene 615 de profundidad perpendicular; y sin embargo de esto ha dado muchos millones de pesos, produciendo por lo común 250,000 marcos de plata cada uno de ellos? La profundidad de las minas, que en un sentido parece gravosa, porque aumenta los gastos de su laboreo, en otro es ventajosa porque afianza al minero la seguridad de encontrar metal, sabiendo que, regresando por la misma veta, no será aventurado el fruto de su trabajo.

"La despoblación de la Provincia, efecto que como los demás que se observan en la decadencia de otros ramos, ha sido producida, entre otras causas, por la agregación de ella a la Intendencia de Comayagua. Pudo haber influido el establecimiento de milicias, o destacamentos de la costa, como dice el Gobernador interino. Pero esta causa ceso desde principio de este siglo, porque desde entonces quedo extinguido el batallón que se hallaba distribuido por compañías en todos los partidos de la antiguan Alcaldía Mayor: y aunque tres años ha se volvieron a establecer tres o cuatro, que hacen su servicio respectivo con el batallón de Olancho, es de poca consideración el influjo que pueda tener esto en la despoblación total de la Provincia. Los partidos de Nacaome, Goascorán, se hallan libres enteramente de milicias, y sin embargo, cada día se despueblan más.

"Últimamente, la falta de fondos es en efecto una de las causas principales del atraso de la minería. Pero ¿Cuál es la de esta misma falta de fondos? Antes de la supresión de la Alcaldía Mayor, había los precios para poner las minas en el estado en que se hallaban: y después ha sido progresiva su decadencia, en tanto grado que, comprando el presente con el que tenían entonces, dan exactamente 1 y 3 por términos de comparación. ¿No es esta una prueba más, que, por una parte, acredita lo que ha representado el Ayuntamiento, y por otra, acusa al Gobierno de Comayagua? "pero que la agregación de la Provincia de Tegucigalpa a la de Comayagua no haya sido la causa general de su decadencia en todos los ramos de interés público, siempre es positivo que aquel Gobierno, debiendo extender su atención a una Intendencia tan vasta, no puede interesarse en los progreso de Tegucigalpa con celo tan activo como un Alcalde Mayor, que debe fijarle exclusivamente en una sola parte de la misma Intendencia."

¿Cuáles eran las ventajas que reportaba la Provincia de Tegucigalpa con el restablecimiento de la Alcaldía Mayor?

El Procurador de este noble Ayuntamiento, ante la Capitanía General y Junta Superior de Guatemala, decía: "Restablecida la Alcaldía Mayor: nombrándose para servirla a quien reúna todas las circunstancias precisas para desempeñarla, y con particularidad la de saber adelantar el ramo de minas: obligándolo a la observancia de la instrucción de Corregidores, cuyo exacto cumplimiento haría la felicidad de las Provincias: erigiéndose un Tribunal de Minería, y sujetándolo a un reglamento sencillo, que puede formarse con presencia de la Ordenanza de Nueva España, dará de si aquella Provincia todo lo que promete su riqueza, y sus habitantes lograran beneficios incalculables.

"La autoridad del alcalde mayor será equilibrada por la del Tribunal de Minería, y la de este por la de aquel. Habrá menos excesos por que será más difícil el abuso de la autoridad; y estando esta reducida a los límites de la ley, no habrá opresiones ni violencias en unos países que su distancia de los Tribunales superiores de esta Ciudad tienen más obstáculos para representar los agravios que puede ocasionarles la arbitrariedad.

"El Gobierno de la Provincia no esta tan distante de los puntos que deben excitar más su celo. Tegucigalpa, que dista 24 leguas de Comayagua, Nacaome de 25 a 30, Yuscarán 34, Cantarranas y Cedros 30, Choluteca 40 y Danlí de 40 a 50, tendrán entonces el Gobierno, la primera en la misma Villa, de San Miguel y las otras a menor distancia.

"La administración de justicia será, por consiguiente, más expedita y menos gravosa. Los mineros y hacendados deben al presente formalizar sus recursos en Comayagua. Si los siguen por sí mismos, tienen que abandonar sus minas, y fijarse en aquella ciudad todo el tiempo que daré el asunto; y si los siguen por medio de apoderados, es preciso que tienen sus poderes a sujetos que no tienen inteligencia en minería, y que se graven con los gastos que ocasiona siempre un personero. Las causas se determinan por jueces que tampoco son inteligentes en aquel ramo: los trámites por donde se siguen son los ordinarios y complicados de los juzgados, y los quebrantos que se ocasionan son de bastante entidad, aun habiendo intención recta. Establecida el Tribunal de Minería, los mismos mineros que deben formarlo determinaran los asuntos con el conocimiento que debe suponerse en ellos por razón de su oficio.

"La sustanciación de las causas será breve y sumaría a estilo consular, como debe ser, según la Ordenanza: no se causaran otras costas que las del Escribano y Asesor en los puntos de derecho, y las partes no tendrán que hacer viajes tan dilatados para seguir sus negocios.

"Los mineros tendrán la representación de que son dignos como la han tenido los comerciantes desde que erigido el Consulado, son ellos mismos los jueces de sus diferencias: los que determinan las causas mercantiles en el Tribunal de Justicia, y los que en la Junta de Gobierno deben ocuparse en el fomento y extensión del comercio y agricultura.

"La minería, este ramo importante que con preferencia a otros ha comenzado a llamar la atención de las Cortes que es uno de los objetos distinguidos de su protección que efectivamente la merece en las presentes, más que en otras circunstancia: que en este Reino es dela mayor necesidad, ahora que las extracciones clandestinas del contrabando sacan el número y animan la circulación del giro, al mismo tiempo que no viene de México el que venía anteriormente a cajas reales y comerciantes particulares: que puede llenar el vacío de otros frutos cuya decadencia es progresiva: que aumentara la población del Reino como la ha aumentado en Nueva España, en donde se observa que la Provincia más poblada, no solo en el Virreinato sino en toda la América española después de México y la Habana, es la de Guanajuato que tiene 1093 habitantes en cada legua cuadrada, según el cálculo de Humboldt: que dará el impulso más decisivo al comercio, y que, influyendo en su adelantamiento, producirá por consecuencia precisa los de la agricultura: la minería, que ofrece una perspectiva tan lisonjera, hará los más rápidos progresos porque su fomento estará entonces al cuidado de un juez que tendrá menos dividida su atención, y del mismo cuerpo de individuos que interesan en sus adelantamiento.

"A los progresos de la minería serán consiguientes los del comercio, que siempre se aviva en los países que ofrecen alguna riqueza. Es hecho sabido de los vecinos de esta Ciudad, que lo han tenido en aquella Provincia, que cuando se descubría alguna veta, luego que el gurrugusco comenzaba a sacar plata, se reanimaba el giro, se activaba su movimiento, y como que renacía de nuevo.

"Los hacendados que por el aliciente engañoso del numerario que se les ofrece en esta Ciudad, sacrifican sus ganados en contratos ruinosos estipulados con las condiciones duras de arrearlos de su cuenta y riesgo, desde los países más distantes hasta las inmediaciones de este lugar sufrirlas perdidas gruesas de muertes, espiados y perdidos, entregarlos en tiempo determinado, darles por el precio bajo de ocho pesos y hacer bajas considerables por cada novillo que falle del número estipulados no serán sacrificados en los sucesivo, porque en su misma Provincia sin salir del lugar de su domicilio, tendrán el dinero y géneros que necesitan para habilitación de sus haciendas. Es vergonzoso creíble únicamente para los que lo vemos, que de la Intendencia de Comayagua, que es la que provee a este vecindario del ganado que se beneficia en las Tablas de la única Provincia de minas: de los países que debían ser más abundantes en plata y oro, se venga a este por el interés del dinero a sufrir sacrificios en contratos durísimos, que reforma el Consulado cuando el infeliz que los ha firmado se ve en la necesidad de repugnarlos".

¿Qué cualidades se necesitaban en la persona que debía obtener el nombramiento del alcalde mayor?

El ayuntamiento suplica que este nombramiento lo obtenga un hombre de seso, un hombre de respeto, un hombre de experiencia, un hombre de entereza, un hombre penetrado de patriotismo, un hombre que no relaciones, un hombre de conocimientos, principalmente económicos y mineralógicos, los primero que deben buscarse en el Alcalde Mayor de un Provincia de minas que se haya ejecutivo en el cálculo político: que sepa preocuparse un conocimiento exacto de la Provincia numerado los partidos de que se compone y observando en cada uno de ellos su situación, su población, el clima, la calidad de las tierras, los ríos que las riegan, la distancia de los pueblos principales, sus caminos, sus producciones particulares, la que forma el ramo principal de su riqueza, los impuestos con que están gravados, su tráfico, sus necesidades, y lo que vale el hombre en cada país: que del conocimiento particular de cada partido pase al General de la Provincia, midiendo su extensión, calentando su población total, examinando el estado de su minería, agricultura y comercio, investigando las causas de su decadencia, graduando el influjo de cada una de ellas, y buscando las fuentes de donde debe derivarse su riqueza que después examine las relaciones de la Provincia con las otras del Reino, las que son de absoluta necesidad, las que solamente son útiles para su mayor aumento: lo que da a las demás, y lo que recibe de ellas: la inclinación de la balanza en su comercio interno con todas: que observe el externo o marítimo que hace con las de otros reinos, el que puede hacer, los obstáculos que lo embarazan, los derechos que lo gravan; y últimamente, que tenga los talentos necesarios para conocer lo que es la Provincia, y la que puede ser protegida por un Gobierno ilustrada y celoso: que, reunidos todos estos conocimientos, forme su plan de Gobierno, poniendo por ultimo termino la felicidad de la Provincia, y prefiriendo los medios más sencillos de ejecución, y que concluido, trabaje en ella con actividad, con tesón, con desinterés, fijo siempre en el bien general, que debe ser su último objeto.

No reuniendo estas cualidades, será menos gravoso a la Provincia el sistema actual de la Intendencia: menos sensible cualquiera falta de celo, y menos gravosos los gravámenes que se le ingieran. Poseyéndolas en el grado correspondiente, puede ser dotado con 400 pesos, que ofrece el ayuntamiento de sus propios y arbitrarios: con 500 que darán los mineros y aviadores del medio por ciento que puede cobrarse del valor libre de sus plantas al tiempo de rescatarlos en las casa, con 356 de un 5 por ciento de los tributos que recaude y el real por cada tributarios, según el cálculo de la Contaduría, y lo que importen los derechos de actuación, y los demás que produzcan los arbitrios de cofradías y comunidades.

¿Cuánto tiempo duro la tramitación de esta solicitud?
Trece años, porque comenzó en el de 1799 y se finalizó el 20 de Enero de 1812.

¿Qué dio motivo a tan grandes dilaciones?
La tenaz oposición que hizo el Gobernador Intendente y el Ayuntamiento de Comayagua, sobre todo en el año de 1810.

¿Quiénes componían en este tiempo el ayuntamiento de Comayagua?

Los Señores Don Joaquín Lindo, Don Pablo Nieto, Don Juan Nepomuceno Cacho Gómez y Don Antonio Morejón.[4] ¿Cuál fue la consecuencia de este paso anti-político y egoísta?

La rivalidad entre las dos Provincias.

¿Quién obtuvo el primer nombramiento de Alcalde Mayor?

El señor cura y Vicario Don Juan Francisco Márquez, que tomó posesión el 4 de Febrero, y que prestó, como ya hemos visto, importantes servicios a la causa del orden profundamente alterado en esta Provincia.

CAPÍTULO III: CONTINUACIÓN DE LOS MISMOS AÑOS

Sublevación de San Salvador y León de Nicaragua. – Patriotas que promovieron la conspiración dela provincia de San Salvador. – Pueblos que estuvieron con la Capital. –Sentido en que se pronunciaron los demás. –Sublevación de Granada. –Providencias que tomo el Ayuntamiento de Tegucigalpa, al saber la noticia. –El Capitán General manda que la provincia de Honduras auxilie inmediatamente a los españoles aislados en Masaya. –El Sargento Mayor Gutiérrez, marcha con más de 1,000 hombres. –Proclama de Gutiérrez. –Compañías de que se componía el batallón de Olancho. – Resultados de los primeros pasos dados en favor de la independencia. –Día en que fue tomada la plaza de Granada. –Lo que dice Marure a este respecto. –Tiempo que duro el proceso levantado contra los independientes. –Dictamen fiscal. –Se les conmuta la pena del último suplicio. Situación de la provincia de Honduras

¿Qué acontecimientos vinieron a este tiempo?
Después de la conspiración que estalló en San Salvador el 5 de Noviembre de 1811, se verifico en la ciudad de León, villa de

---

[4] Oficio del Ayuntamiento al Gobernador, Doctor Don Carlos Castañón. Diciembre 21 de 1810.

Nicaragua, y otros pueblos, el 13 y 26 de Diciembre, una sublevación que quedó reducida, como la de San Salvador, a algunos tumultos populares y a la deposición del Intendente, que lo era entonces el Brigadier Don José Salvador.

¿Quiénes promovieron la conspiración de la provincia de San Salvador?

Los curas, Doctor Don Maaas Delgado, Don Nicolás Aguilar, Don Manuel y Don Vicente, hermanos de este, Don Juan Manuel José Arce, que tuvieron por mira principal apoderarse de tres mil fusiles que exisaan en la casa de armas, y de más de 200,00 pesos que estaban depositados en las cajas reales, y fuertes con estos dos elementos dar el grito de independencia.

¿Qué pueblos estuvieron con la Capital?

Metapán, Zacatecoluca, Usulután y Chalatenango.

¿En qué sentido estuvieron los demás pueblos de la provincia de San Salvador?

San Miguel, Santa Ana Grande, Sonsonante y San Vicente, se pusieron en armas, renovaran el juramento de fidelidad y vasallaje, declararon indigna y sacrílega la revolución, y mandaron al Capitán General las invitaciones liberales que habían recibido de los demás pueblos y partidos. La ciudad de San Miguel, se asegura que mando quemar en la plaza pública y a manos del verdugo las excitaciones recibidas.

¿Cómo terminó esta sublevación?

Luego que el Capitán General supo lo ocurrido en San Salvador, comisiono ampliamente al Coronel de milicias, Don José Aycinena, para que pasase a encargarse de la Intendencia de aquella Provincia, y la pacificase. A esta misión asoció el Ayuntamiento de Guatemala a su Regidor decano, Don José María Peinado. El Arzobispo, por su parte, mando también varios frailes para que predicasen contra los insurgentes. Aycinena entro a la ciudad de San Salvador el 3 de Diciembre del mismo año, en medio de las más vivas aclamaciones del pueblo, en compañía de Peinado, que le sucedió en el mando. Con esto, con las exhortaciones de los frailes y una amnisaa general, decretada a favor de todos los culpados, se puso término a la expresada conspiración. San Salvador quedó en completa paz.

¿Qué consecuencias produjeron estas sublevaciones?

Impulsar a la ciudad de Granada, que es una de las más considerables, a que el día 22 de Diciembre del mismo año se reuniese en las casas consistoriales, pidiendo enérgicamente la deposición de todos los empleados españoles.

¿Qué providencias tomo el Ayuntamiento de Tegucigalpa al recibir el día 6 de Enero, la noticia de lo ocurrido en Granada y León?

Reunirse inmediatamente y acordar, que en el acto se participasen estos sucesos al Gobernador Intendente y al Capitán General: que se rondara la ciudad todas las noches: y que se expulsasen desde luego a los vecinos de estas Provincias para que no se introdujeran los detestables sistemas de aquellas insurgentes. Esta medida no pudo llevarse a cabo, por temer que los sublevados el día 1. de Enero. En esta Villa, tomasen de aquí protesto para lanzarse a la anarquía y al desorden.[5]

¿Qué hizo el Capitán General?

Mandó que la provincia de Tegucigalpa auxiliarse inmediatamente a los españoles que se habían refugiado en la villa de Masaya.

¿Cuánta fuerza marcho y al mando de quién?

Más de mil hombres que componían el batallón de Olancho, marcharon a principios de Marzo de 1812, al mando del sargento mayor Don Pedro Gutiérrez, que, con motivo de la sublevación de Tegucigalpa, se había puesto en armas y marchado, de orden superior, para la expresada Villa, adonde debía entrar, de pazo de guerra, como decía el Capitán General Gutiérrez salió del pueblo de Talanga el 27 por la mañana con dirección al Rio Hondo. Al día siguiente 28

---

[5] Acta del noble Ayuntamiento de Tegucigalpa, 6 de Enero 1812.

continuó su marcha para la hacienda de San José, ocupado la Villa de Tegucigalpa sin ninguna resistencia el 1.º de Marzo[6].

---

[6] He recibido el oficio con fecha 19 del que rige se ha activado pasar V.S. a esta Comandancia, e impuesto y hecho cargo de su contenido, digo. que con esta fecha prevengo, entre otras cosas, a don Francisco Gómez, Ayudante mayor del Escuadrón de Yoro, y encargado en el mando de las tropas que han ocupado esa Villa, lo que literalmente copio.

"Vm. ha operado de un modo bastante extraño y mu ajeno a la disciplina y subordinación con que debe conducir en su profesión todo buen militar: por lo que prevengo a Vm. se presentó luego que reciba esta oficio a ese Señor cura y Vicario, que, como Alcalde mayor en comisión de este partido, debe Vm. auxiliar con la fuerza armada, para que, conforme a las leyes que nos gobiernan, a las benéficas y superiores órdenes del Excelenasimo Señor Capitán General del Reino, que obran en mi poder y debo ejecutar, se conserve la paz y quietud de esa villa, del goce tranquilo de los respectivos derechos que corresponden a cada uno de sus apreciables ciudadanos, considerados con la más escrupulosa e imparcial justicia, pues esta es la que absolutamente ha mandado se observe y practique Su Majestad, la que se halla igualmente mandaba observar inviolablemente por su Excelencia.

Mañana, 27 del corriente, salgo de este destino con todo este batallón, caminando para la reducción de Rio Hondo, del que saldré el 28 para la hacienda de San José, y el 1 del presente Marzo debe verificar mi entrada en esa Villa, para cuyo efecto y anticipación se presentara a V.S., con correspondiente pasaporte, el oficial itinerario, el que pedirá los auxilios que se necesitan de alojamientos y víveres para la manutención de las tropas, los que espero se sirva V.S. mandar que se faciliten y apronten en obsequio del mejor servicio del Rey. El Excelenasimo Señor Capitán General del Reino, Don José Bustamante me tiene comunicadas sus justas y benéficas ordenes, relativas a todo lo que se debe practicar con anuencia de Ilustrísimo Señor Obispo de esta Diéresis y de ese noble ayuntamiento, en razón a las circunstancias acrecidas en ese vecindario: y el principal y único objeto de Su Excelencia, es la Progresiva quietud de esa República y que todos sus individuos presten su respectiva y debida obediencia a las Autoridades que legítimamente de hallan constituidas. para que por este medio no se verifique ningún exceso público que pueda alterar la fraternidad y unión nacional; y yo por mi parte, suplico a V.S. que con la buena fe sincera cordialidad con que se manifiesta se Excelencia, en beneficio de ese público, es necesario el que adaptando tan bellos sentimientos, de más pruebas nada equivocas de nuestra patriótica correspondencia, que nos haga acreedores a la nobleza y nacional confianza.

"Dios guarde a V.S. muchos años. Campo militar situado en la reducción de Talanga y Febrero 26 de 1812.

PEDRO GUTIÉRREZ.

"Señores Alcalde Mayor en comisión y Capitulares del muy noble cabildo, Justicia y Regimiento de la Villa de San Miguel de Tegucigalpa".

Gutiérrez, de conformidad con las órdenes que le había sido comunicadas por la Capitanía General en 12 y 23 de Febrero, 20 y 23 de Marzo, asumió seguidamente las funciones de Alcalde Mayor en la parte militar. Por ser compatibles, en estas circunstancias con el carácter sacerdotal de que estaba investido el cura Márquez, y pocos días después se dirigió a Segovia. Bustamante le prevenía bajo su más estrecha responsabilidad que acelerase la marcha.

¿Qué providencias dictó Gutiérrez antes de moverse de Juticalpa con sus fuerzas?

Dirigió a la villa de Tegucigalpa y a los indios de Comayagüela una proclama en términos tan bondadosos que no queremos renunciar el placer de insertarla a continuación:

"Honrados y útiles indios naturales del pueblo de Comayagüela y el de San Miguel Tegucigalpa, vecinos apreciables de esta noble y leal Villa. El Sargento mayor del batallón de Olancho, vuestro padre y hermano os habla, para que con tranquilidad, confianza y atención, oigas doctrina y modo de pensar con respecto a la desgraciada situación en que os halláis, fomentada por el común enemigo, el que trata de alterar y controvertir nuestras ideas, con el objeto de exaltar nuestros espíritus, para por este inicuo medio concebir la desconfianza y desunión entre los leales y pacíficos habitantes de este patriótico reino de Guatemala, por cuyo medio desea introducir el monstruo de la anarquía, que es el mayor de todos los males: pero este mortal veneno, que puede ocasionar nuestra ruina social y nacional, se halla sofocado en la mayor parte del Reino por las sabias, activas y prontas providencias que se han dictado para la consecución de tan loable e interesante fino por el Excelentísimo Señor Capitán General del Reino, para cuyo efecto me ha autorizado su Excelencia en superior oficio que con fecha 12 del corriente se sirvió dictar y expedir a esta Comandancia general de armas, por el cual se me faculta y previene haga y practique todo lo posible a fin de establecer entre todos los pueblos la tranquilidad pública y subordinación a las autoridades, como único medio necesario a contener el torrente del desorden público, y que para conseguir tan apreciable bien, practique las diligencias más precisas con respecto a las circunstancias en que se halle cada pueblo, rigiéndome por el sabio norte de nuestra divina

Religión y su santa moral fundada en la base y fraternidad cristiana: pues todos, como miembros de la unidad apostólica, somos hermanos en Jesucristo, y por la Ley natural, descendientes de la primera obra admirable que practico en su honor y beneficio de nuestra especie, el Todopoderoso, verdadero Dios, que adornamos los católicos bajo la forma más divina y justa, pues esta se reduce a paz y caridad.

"Sí, amigos, Dios y las leyes trabajan en nuestra conservación, y nos es indispensable para disfrutar de todos los bienes que proporciona la prodiga naturaleza en beneficio del hombre, adora: y cumplir sus preceptos, observando su doctrina, sobre cuya base se van a regenerar y fundar las sabias, justas y benéficas leyes, que deben ser unos segundos preceptos dirigidos a nuestro común beneficio, y en particular a los de este dilatado, fértil y feraz. Reino de Guatemala, acreedor, por sus apreciables circunstancias y situación local, a ser la mansión feliz del hombre y el centro de la abundancia y felicidad. Pero ¿será posible que estas inconfesas y demostradas verdades, proferidas por nuestro augusto Congreso de Cortes en sus nuevos códigos de Constitución y Legislación, que se están formando, no se crean por algunos, y nos olvidemos de que su ajusta instalación nos constituyó los ciudadanos más felices de la tierra y los más libres en comunidad social? Esta es la santa verdad, y bajo cuyas reglas se debe conducir vuestro compatriota, el Mayor de Olancho: pero es indispensable el que vosotros correspondáis con docilidad, sinceridad, obediencia a las leyes que nos gobiernan y subordinación a las legítimas Autoridades: pues, sin estos preciosos requisitos, no me será posible administrados la justicia que corresponde a vuestros legítimos derechos, pues mi comisión se reduce a administrarla con imparcialidad, dándole a cada una lo que es suyo, sobre cuyo particular juro y os prometo, en nombre de Dios, del Rey y bajo mi palabra de honor, conducirme con la pureza e integridad que corresponden a un cristiano y honrado militar, que no desea otra felicidad que la del bien público e individual de sus conciudadanos; pues la fuerza armada que me obedece y conduzco bajo las reales banderas de este batallón de mi mano, son vuestros hermanos, los que han prestado su correspondiente juramento por Dios y el Rey, bajo el cual han prometido la más ciega obediencia a las leyes civiles y militares, obedeciendo a todos sus respectivos jefes y respetando vuestras personas y demás bienes que como a ciudadanos os corresponden, ensay veraces ofertas se hallan fundadas y corroboradas por la heroica conducta que han observado en las criticas circunstancias todos los leales y pacíficos habitantes de todo este partido de Olancho, entre quienes no se han podido sembrar la semilla de la discordia que os está devorando; caridad con el prójimo, obediencia a las leyes y subordinación a las legítimas autoridades que las deben administrar pues yo por mi parte lo verificare como os he prometido, sin ofender a ningún individuo, pues todos debemos vivir seguros y protegidos por la ley y la fuerza armada, bajo cuyo e invariable concepto debo cumplir con las superiores y paternales ordenes, comunicados para tan saludables efectos por el Excelentísimo Señor Gobernador, Capitán General del Reino y Presidente de su Real Audiencia, Don José de Bustamante, en cuyo nombre os administrara la justicia que os corresponda vuestro atento y seguro servidor que os estima y vuestras manos besa.

Juticalpa, Febrero 16 de 1812.

PEDRO GUTIÉRREZ.

"Muy noble y leal Cabildo, Justicia y Regimiento de Tegucigalpa".

¿De cuántas compañías se componía este batallón?

De las siguientes: de Olancho, de Trujillo, de Danlí, Cedros, Cantarranas y Tegucigalpa.

¿Cuáles fueron los resultados de estos primeros pasos en favor de la Independencia de Centro-América?

Los que eran de esperarse de un pueblo que no tenía un hombre; ni para la guerra, ni para la revolución.

¿Qué día fue tomada la plaza?

El 21 de Abril por la madrugada, el Oficial Don José María Palomar penetro hasta la plazuela de Jalteva: desde allí se comenzaron los fuegos; y después de unos día de sitio, la ciudad fue tomada el día

28 del mismo mes. Montúfar en sus "Memorias," y las conversaciones tenidas con personas contemporáneas, aseguran que la plaza de Granada fue tomada por la fuerza.

¿Cómo refiere Marure estos Sucesos?

En la página 12 de su bosquejo histórico, dice: "El 22, los cabildantes de Granada entraron en contestaciones con el Comandante en Jefe; y el mismo día, a virtud de mil promesas capciosas, se celebró una especie de capitulación, reducida: la que sería ocupada la plaza por una división de las tropas reales, y que los granadinos entregarían todas las armas y pertrechos de guerra que estuviesen en su poder, ofreciendo Gutiérrez, a nombre del Rey y del Capitán General, y bajo su palabra de honor, que no se tomaría providencia alguna ofensiva contra los que habían defendido la misma plaza, de cualquiera clase y condición que fuesen. Los granadinos cumplieron religiosamente con lo estipulado y el 28 del mismo mes fue ocupada la Ciudad sin resistencia alguna. No lo hicieron así los realistas". El Capitán General juzgó indecoroso tratar con los rebeldes y desaprobó en un todo lo ofrecido por el Sargento Mayor Gutiérrez; mandando, en consecuencia, que los sublevados se pusieron en prisión y se les instruyese el proceso correspondiente, con arreglo al bando inhumano que el Virrey de México había publicado en 25 de Junio de 1812.

El Obispo García Jerez, cumpliendo las ordenes de Bustamante, comisiono con tal fin, a Don Alejandro Carrascosa, que lleno su cometido con demasiada exactitud hasta el punto de hacerlo memorable. Todo esto era una horrible burla para el Sargento Mayor Gutiérrez,   que había dejado empeñada su palabra de honor.

¿Cuánto tiempo duró la instrucción del proceso?
Cerca de dos años.

¿A qué fueron sentenciados?

Después de mil sufrimientos consiguientes a una dilatada prisión, y de habérseles privado de todos sus bienes, los granadinos fueron cabecillas principales debían ser pasados por las armas. Aquí están los nombres tan ilustres personas: Don Miguel Lacayo, Don Telésforo y Don Juan Argüello, Don Manuel Antonio Cerda, Don Joaquín Chamorro, Don Juan Cerda, Don Francisco Cordero, Don José

Dolores Espinoza, Don León Molina, Don Cleto Bendaña, Don Vicente Castillo, Gregorio Robledo, Gregorio Bracamonte, Juan Dámaso Robledo, Faustino Gómez y Manuel Parilla. A presidio perpetuo. Don Juan Espinoza, el adelantado de Costa-Rica y Don Pio Arguello; y ciento treinta y tres a presidio por tiempo limitado.

¿Se cumplió esta sentencia?

No, casi todas las personas condenadas al último suplicio, y a presidio perpetuo fueron conducidas a Guatemala y trasladadas después a los puertos de ultramar, de dependencia española: muchas murieron en el destierro, y las demás, que vivieron una vida dificilísima, y se vieron obligadas a aprender un oficio para ganar lo más indispensable, recobraron su libertad, en virtud de la Real Orden de 25 de Junio de 1817. Don Manuel Antonio de la Cerda, al regresar a su patria, envejecido por las crueles penalidades que había soportado en Cádiz, mostraba a sus compatriotas la cicatriz de los grillos y los callos de las manos, que le había ocasionado el aprendizaje de un oficio, que no decía bien con su carácter de español. Esto provenía de en aquel tiempo, para merecer el verdadero nombre de tal, no debía saberse ningún oficio.

¿Cómo continuo esta Provincia?

Después del regreso de las fuerzas auxiliares, que poco antes habían marchado a las órdenes del Sargento Mayor Gutiérrez, esta provincia se mantuvo en perfecta tranquilidad, viendo solamente en los puertos de Omoa y Trujillo, con el Carácter de presidarios, al Licenciado Don José Manuel de la Cerda, Don Pedro Guerrero, Don Silvestre Selva y otros varios individuos de las primeras familias de Granada. Este fue el resultado de los primeros pasos que se dieron en favor de la independencia.

CAPÍTULO IV: CONTINUACIÓN DEL AÑO DE 12.

Constitución política de la Monarquía española. –Día en que se juró en la provincia de Tegucigalpa. –Fórmula del juramento.   –
Decreto de las Cortes, estableciendo nuevos ayuntamientos.   –
Circunstancias en que se congregaron las Cortes generales. Medios

con que contaron. –Número de diputados que firmó la Constitución. Se observa que ninguno de los diputados pertenece al estado llano, y que sin embargo han realizado las más democráticas reformas. – Explicación de este fenómeno.

¿Qué providencias se recibieron en estos días de la madre España?

El 22 de Septiembre a las dos de la tarde de 1812, se recibió la Constitución de la Monarquía Española, acompañada de dos reales cedulas de 18 de Marzo y 23 de Mayo, que prescribían el orden y solemnidad de su publicación, lo mismo que un indulto acordado para todos los reos que no hubiesen cometido delitos atroces. A este tiempo, ya había sido promulgada en las demás provincias del Reino.

¿Qué días se señaló en la provincia de Tegucigalpa para la jura de la expresada Constitución?

El 10 de Octubre a las nueve de la mañana.

¿Cuál fue la fórmula del juramento?

La siguiente: "Juráis por Dios y los Santos Evangelios guardar la Constitución política de la Monarquía Española, sancionada por las Cortes generales y extraordinarias de la Nación, y ser fieles al Rey?".

¿Qué otras providencias se recibieron?

El decreto de las Cortes, que decía: "Las cortes generales y extraordinarias, convencidas de que no interesa menos al bien y tranquilidad de las familias, que da la prosperidad de la Nación el que se establezcan ayuntamientos con la mayor brevedad en aquellos pueblos, que no habiéndolos tenido hasta aquí, conviene que los tengan en adelante, como también el que para evitar las dudas que pudieran suscitarse en la ejecución de lo sancionado por la Constitución, se establezca una regla uniforme para el nombramiento, forma de elección y numero de sus individuos, decretan:

1° Cualquier pueblo que no tenga Ayuntamiento, y cuya población no llegue a mil almas, y que por sus particulares circunstancias de agricultura, industria o población, considere que debe tener Ayuntamiento, y cuya población, considere que debe tener

Ayuntamiento, lo hará presente a la Diputación de la Provincia, para que, en virtud de su informe, se provea lo conveniente por el Gobierno.

2° Los pueblos que no se hallen con estas circunstancias, seguirán agregados a los ayuntamientos a que lo han estado hasta aquí, mientras que se formaren nuevamente, y los despoblados con jurisdicción.

3° Debiendo cesar, en virtud de lo provenido en El araculo 312 de la constitución, los regidores y demás oficios perpetuos de Ayuntamiento, luego que se reciba y publique en cada pueblo la Constitución y este decreto, se pasara a elegirlos a pluralidad absoluta de votos, en la forma que se establece en los araculos 313 y 314; así en los pueblos en que todos tengan la dicha cualidad de perpetuos, como en los que la tengan algunos solamente, en la inteligencia de que en los pueblos en que pueda verificarse esta elección cuatro meses antes de concluirse el año, se renovara en fin de Diciembre del mismo la mitad, saliendo los últimamente nombrados; pero en aquellos pueblos en que se haga la elección cuando falten menos de cuatro meses para acabarse el año, seguirán los elegidos en su encargo hasta fin del año siguiente, en que cesara la mitad.

4° Como no puede dejar de convenir que haya entre el Gobierno del pueblo y su vecindario aquella proporción que es compatible con el buen orden y mejor administración, habrá un Alcalde, dos Regidores y un procurador sindico en todos los pueblos que no pasen de doscientos vecinos un Alcalde, cuatro Regido, seis regidores y un procurador en los que, llegando a quinientos no pasen de mil: dos Alcalde, ocho Regidores y dos procuradores síndicos en los que desde mil no pasen a cuatro mil, y se aumentara el número de Regidores a doce en los que tengan mayor vecindario.

5° En las capitales de las provincias habrá a lo menos doce Regidores, y si hubiese más de diez mil vecinos, habrá diez y seis.

6° Siguiendo estos mismos principios para hacer la elección de estos empleos, se elegirán, en un día festivo del mes de Diciembre por los vecinos que se hallen en ejercicio de los derechos de ciudadano nueve electores en los pueblos que no lleguen a mil, diez y siete en los que llegando a mil no pasen de cinco mil, y veinticinco en los de mayor vecindario.

7º Hecha esta elección, se formara en otro día festivo de dicho mes de diciembre, con la brevedad que permitan las circunstancia, la Junta de Electores, presidida por el Jefe Político, si lo hubiere, y sino por el más antiguo de los Alcaldes, y en defecto de estos, por el Regidor más antiguo, para conferenciar sobre las personas que puedan convenir para el mejor Gobierno del pueblo; y no podrá disolverse sin haber concluido la elección, la cual se extenderá en un libro destinado a este efecto, se firmara por el Presidente y el Secretario, que será el mismo del Ayuntamiento, y se publicara inmediatamente.

8º Para facilitar el nombramiento de electores, particularmente donde una numerosa población ola división y distancia de los pueblos o parroquias que han de agregarse para establecer su Ayuntamiento, podría hacerlo embarazoso, se formaran juntas de parroquia, compuestas de todos los ciudadanos domiciliados en ella, que deberán ser convocados con anterioridad, y presididas respectivamente por el Jefe Político. Alcalde o Regidor, y cada una nombrara el número de electores que le corresponda, con proporción al total relativo a la población de todas, debiéndose extender la acta de elección en el libro que se destinare a este fin, y firmarse por el Presidente y Secretario que se nombraren.

9º No podrá haber Junta de parroquia en los pueblos que no lleguen a cincuenta vecinos; y los que se hallen en este caso, se unirán entre sí, o con el más inmediato para formarla; pero la tendrán todos aquellos que hayan estado hasta aquí en posesión de nombrar electores para la elección de Justicia, ayuntamiento o diputación del común.

10º Sino obstante lo prevenido en el araculo precedente, todavía resultare mayor el número de parroquias que el de los electores que correspondan, se nombrara sin embargo, un elector por cada parroquia.

11º Si el número de parroquias fuere menor que el de los electores que deban nombrarse, cada parroquia elegiría uno, dos, o hasta completar el número que se requiera; pero si faltare un elector, le nombrara la parroquia de mayor población: si faltare otro le nombrara la que siga en mayor población, y así sucesivamente.

12º Como puede suceder que haya en las provincias de Ultramar algunos pueblos que, por sus particulares circunstancias, deben tener

Ayuntamiento para su Gobierno pero cuyos vecinos no estén en el ejercicio de los derechos de ciudadano, podrán, sin embargo, en este caso, elegir entre si los oficios de Ayuntamiento, bajo las reglas prescritas en esta ley para los demás pueblos.

13° Los ayuntamientos no tendrán en adelante asesores con nombramiento y dotación fija. (Tanto estas disposiciones como la Constitución política emitida por las Cortes, tuvieron un carácter transitorio, como lo veremos en los capítulos siguientes.

¿En qué circunstancias se congregaron las Cortes generales y extraordinarias?

En las más difíciles y arriesgadas. La España estaba desquiciada, abatida, presa de la violencia y arbitrariedad del poder real, ejercido por las torcidas manos de un orgulloso favorito; un ejército extranjero, el más aguerrido del mundo, dueño de las plazas más importantes y de las cuatro quintas partes del territorio español: dividido el reino en tantos Gobiernos como provincias; el pueblo resistiendo aisladamente, sin orden ni concierto la usurpación extranjera: cautivo en extraño país el Monarca Legítimo y apoderado del trono de San Fernando, un Rey intruso, con su ejército, con su gobierno y su corte.

¿Con qué medio contaban para dominar al destino los ciento cuatro diputados que se habían reinado?

Contaban con una fe incontrastable, con una actividad, con una constancia sin límites con el más puro y ardiente patriotismo. Una Asamblea congregada en tan criticas circunstancias, sin prácticas parlamentarias, sin mayoría y sin minoría, sin organización ninguna requería en sus hombres más que talento, más que grandes dotes oratorias, más que ademanes desenvueltos, carácter fama, grandeza en sus miras y heroísmo en sus actos. Nada de esto faltó en las Cortes generales, pues sus miembros, comprendiendo las crisis porque pasaba la nación, supieron colocarse a la altura necesaria para conjurar la tormenta, penetrados de que para grandes males, se necesitan siempre remedios heroicos.

¿Cuántos diputados firmaron y sancionaron la Constitución promulgada este año?

Ciento ochenta y cuatro, a saber: dos grandes de España de primera clase, cuatro atulos de Castilla, treinta y dos caballeros hidalgos, nueve oficiales generales, diez y siete coroneles, tenientes coroneles y capitanes del ejército y de la marina, tres obispos, un inquisidor, cuatro dignidades, veintiún canónigos, quince curas párrocos, once presbíteros, cuatro consejeros, once magistrados, ocho oficiales de secretaria, nueve catedráticos y treinta y tres abogados.

¿Qué se observa en la reseña anterior?

Que entre aquellos ciento ochenta y cuatro legisladores, no había uno solo que perteneciese al estado llano, y sin embargo de su carácter aristocrático, las Cortes de Cádiz, iniciaron y realizaron desde un principio las más populares y democráticas reformas.

¿En qué consisaa este fenómeno?

En que todas las clases de la sociedad estaban ofendidas y menospreciadas por el favoritismo de tiempos anteriores en que las ideas de libertad y derechos políticos habíase infiltrado en todas imaginaciones al atravesar los primeros en 1789: y en que aquellos legisladores comprendían que siendo popular la guerra, sostenida tan heroicamente con Napoleón, era preciso y conveniente alentar al pueblo y recompensarle sus esfuerzos y sacrificios con útiles y halagüeñas reformas. De aquí las contradicciones, la originalidad de las Cortes generales y extraordinarias. De aquí el que no se extrañara entonces, ni se haya comprendido después, que el apasionado monárquico obispo de Mallorca exclamase en la jura de la Constitución: "Ya feneció nuestra esclavitud!... Compatriotas míos, habitantes de las cuatro partes del mundo, ya hemos recobrado nuestra dignidad y nuestros derecho! ... ¡Somos españoles!... ¡Somos libres!...". A pesar del malogro que habían tenido insurrecciones de San Salvador, León y Granada, los patriotas de Guatemala, lejos de desalentarse por estos reveses, con el valor y la fe que inspiran siempre las buenas causas, se reunían secretamente, bajo un sigilo masónico, en Betlem y en casa de Don Cayetano Bedoya, con el objeto de poner en prisión al Capitán General y a los principales jefes militares, dar libertad a los reos granadinos, que contaban más de un año de estar en aquellas cárceles: y hecho todo esto, dar el grito de independencia.

¿Quién presidia la Junta Betlemítica?
Fray Juan dela Concepción, sub-Prior de dicho Convento.
¿Quién la dirigía?
El Doctor Don Tomas Ruiz, INDÍGENA.

¿Quiénes eran sus vocales?
Don Manuel Julián Ibarra, Guarda-almacén del cuerpo de artillería, Don José Francisco Barrundia, Alférez del escuadrón de dragones milicianos y otros militares de inferior graduación, que se habían comprometido a sublevar la tropa y a entregar las armas.

¿Se realizaron estos proyectos?
La fatalidad, que perseguía desgraciadamente los planes de los promovedores de nuestra independencia, los chismes, que nunca faltan en circunstancias semejantes, y la debilidad de algunos de sus agentes, pusieron de manifestó la conspiración que se tramaba, por cuya razón no pudo llevarse a cabo.

¿Cuándo se hicieron las primeras averiguaciones?
El 21 de Diciembre de este año.

¿A quién se encargó la instrucción del proceso?
Al Sargento Mayor Don Antonio Del Villar. Este hombre inhumano llevó sus pesquisas hasta hallar comprometidos a los que no lo estaban; y en su dictamen fiscal pidió que fuesen condenados a la pena ordinaria del *garrote* el Doctor Ruiz, Fray Víctor Castrillo, Barrundia y Don Joaquín. Por sus particulares circunstancias, deben tener Ayuntamiento para su Gobierno pero cuyos vecinos no estén en el ejercicio de los derechos de ciudadano, podrán, sin embargo, en este caso, elegir entre si los oficios de Ayuntamiento, bajo las reglas prescritas en esta ley para los demás pueblos. Los ayuntamientos no

tendrán en adelante asesores con nombramiento y dotación fija.[7] Tanto estas disposiciones como la Constitución política emitida por las Cortes, tuvieron un carácter transitorio, como lo veremos en los capítulos siguientes.

¿En qué circunstancias se congregaron las Cortes generales y extraordinarias?

En las más difíciles y arriesgadas. La España estaba desquiciada, abatida, presa de la violencia y arbitrariedad del poder real, ejercido por las torcidas manos de un orgulloso favorito; un ejército extranjero, el más aguerrido del mundo, dueño de las plazas más importantes y de las cuatro quintas partes del territorio español: dividido el reino en tantos Gobiernos como provincias; el pueblo resistiendo aisladamente, sin orden ni concierto la usurpación extranjera: cautivo en extraño país el Monarca Legitimo y apoderado del trono de San Fernando, un Rey intruso, con su ejército, con su gobierno y su corte.

¿Con qué medio contaban para dominar al destino los ciento cuatro diputados que se habían reinado?

Contaban con una fe incontrastable, con una actividad, con una constancia sin límites con el más puro y ardiente patriotismo. Una Asamblea congregada en tan criticas circunstancias, sin prácticas parlamentarias, sin mayoría y sin minoría, sin organización ninguna requería en sus hombres más que talento, más que grandes dotes oratorias, más que ademanes desenvueltos, carácter fama, grandeza en sus miras y heroísmo en sus actos. Nada de esto falto en las Cortes generales, pues sus miembros, comprendiendo las crisis porque pasaba la nación, supieron colocarse a la altura necesaria para conjurar la tormenta, penetrados de que para grandes males, se necesitan siempre remedios heroicos.

---

[7] Actas del muy Noble Ayuntamiento de la Villa de San Miguel de Tegucigalpa y Heredia, 22 de septiembre y 10 de octubre de 1812. Tomo 6, página 113. – Archivo Nacional. Decreto de las cortes dado en Cádiz a 24 de Mayo de 1812.

¿Cuántos diputados firmaron y sancionaron la Constitución promulgada este año?

Ciento ochenta y cuatro, a saber: dos grandes de España de primera clase, cuatro atulos de Castilla, treinta y dos caballeros hidalgos, nueve oficiales generales, diez y siete coroneles, tenientes coroneles y capitanes del ejército y de la marina, tres obispos, un inquisidor, cuatro dignidades, veintiún canónigos, quince curas párrocos, once presbíteros, cuatro consejeros, once magistrados, ocho oficiales de secretaria, nueve catedráticos y treinta y tres abogados.

¿Qué se observa en la reseña anterior?

Que entre aquellos ciento ochenta y cuatro legisladores, no había uno solo que perteneciese al estado llano, y sin embargo de su carácter aristocrático, las Cortes de Cádiz, iniciaron y realizaron desde un principio las más populares y democráticas reformas.

¿En qué consiste este fenómeno?

En que todas las clases de la sociedad estaban ofendidas y menospreciadas por el favoritismo de tiempos anteriores en que las ideas de libertad y derechos políticos habíase infiltrado en todas imaginaciones al atravesar los primeros en 1789: y en que aquellos legisladores comprendían que siendo popular la guerra, sostenida tan heroicamente con Napoleón, era preciso y conveniente alentar al pueblo y recompensarle sus esfuerzos y sacrificios con útiles y halagüeñas reformas. De aquí las contradicciones, la originalidad de las Cortes generales y extraordinarias. De aquí el que no se extrañara entonces, ni se haya comprendido después, que el apasionado monárquico obispo de Mallorca exclamase en la jura de la Constitución: "Ya feneció nuestra esclavitud!... Compatriotas míos, habitantes de las cuatro partes del mundo, ya hemos recobrado nuestra dignidad y nuestros derecho! ... ¡Somos españoles!... ¡Somos libres!...".

Por sus particulares circunstancias, deben tener Ayuntamiento para su Gobierno pero cuyos vecinos no estén en el ejercicio de los derechos de ciudadano, podrán, sin embargo, en este caso, elegir entre si los oficios de Ayuntamiento, bajo las reglas prescritas en esta ley para los demás pueblos. Los ayuntamientos no tendrán en adelante asesores con nombramiento y dotación fija. Tanto estas disposiciones como la Constitución política emitida por las Cortes, tuvieron un carácter transitorio, como lo veremos en los capítulos siguientes.

¿En qué circunstancias se congregaron las Cortes generales y extraordinarias?

En las más difíciles y arriesgadas. La España estaba desquiciada, abatida, presa de la violencia y arbitrariedad del poder real, ejercido por las torcidas manos de un orgulloso favorito; un ejército extranjero, el más aguerrido del mundo, dueño de las plazas más importantes y de las cuatro quintas partes del territorio español: dividido el reino en tantos Gobiernos como provincias; el pueblo resistiendo aisladamente, sin orden ni concierto la usurpación extranjera: cautivo en extraño país el Monarca Legitimo y apoderado del trono de San Fernando, un Rey intruso, con su ejército, con su gobierno y su corte.

¿Con qué medio contaban para dominar al destino los ciento cuatro diputados que se habían reinado?

Contaban con una fe incontrastable, con una actividad, con una constancia sin límites con el más puro y ardiente patriotismo. Una Asamblea congregada en tan criticas circunstancias, sin prácticas parlamentarias, sin mayoría y sin minoría, sin organización ninguna requería en sus hombres más que talento, más que grandes dotes oratorias, más que ademanes desenvueltos, carácter fama, grandeza en sus miras y heroísmo en sus actos. Nada de esto faltó en las Cortes generales, pues sus miembros, comprendiendo las crisis porque pasaba la nación, supieron colocarse a la altura necesaria para conjurar la tormenta, penetrados de que para grandes males, se necesitan siempre remedios heroicos.

¿Cuántos diputados firmaron y sancionaron la Constitución promulgada este año?

Ciento ochenta y cuatro, a saber: dos grandes de España de primera clase, cuatro atulos de Castilla, treinta y dos caballeros hidalgos, nueve oficiales generales, diez y siete coroneles, tenientes coroneles y capitanes del ejército y de la marina, tres obispos, un inquisidor, cuatro dignidades, veintiún canónigos, quince curas párrocos, once presbíteros, cuatro consejeros, once magistrados, ocho oficiales de secretaria, nueve catedráticos y treinta y tres abogados.

¿Qué se observa en la reseña anterior?

Que entre aquellos ciento ochenta y cuatro legisladores, no había uno solo que perteneciese al estado llano, y sin embargo de su carácter aristocrático, las Cortes de Cádiz, iniciaron y realizaron desde un principio las más populares y democráticas reformas.

¿En qué consisaa este fenómeno?

En que todas las clases de la sociedad estaban ofendidas y menospreciadas por el favoritismo de tiempos anteriores en que las ideas de libertad y derechos políticos habíase infiltrado en todas imaginaciones al atravesar los primeros en 1789: y en que aquellos legisladores comprendían que siendo popular la guerra, sostenida tan heroicamente con Napoleón, era preciso y conveniente alentar al pueblo y recompensarle sus esfuerzos y sacrificios con útiles y halagüeñas reformas.

De aquí las contradicciones, la originalidad de las Cortes generales y extraordinarias. De aquí el que no se extrañara entonces, ni se haya comprendido después, que el apasionado monárquico obispo de Mallorca exclamase en la jura de la Constitución: "Ya feneció nuestra esclavitud!... Compatriotas míos, habitantes de las cuatro partes del mundo, ya hemos recobrado nuestra dignidad y nuestros derecho! … ¡Somos españoles!... ¡Somos libres!...".

De aquí también el fenómeno de que el absolutista acérrimo Gutiérrez de la Huerta, exclamase en cierta ocasión: "Como el pueblo llegue a persuadirse de estas verdades vengan todos los franceses, pues primero es ser libre que se español. El nombre sea cualquiera, más la libertad, la independencia, esto es lo único que el hombre debe apetecer…".

CAPITULO V: AÑOS DE 1813 Y 1814

Los patriotas de Guatemala se reúnen en Betlem y en casa de Don Cayetano Bedoya. –Fray Juan de la Concepción preside la Junta. –El Dr. Ruiz la dirige. –Sus vocales. –La conspiración se descubre. –Se siguen las primeras averiguaciones. –Pedimento fiscal del Sargento Mayor Don Antonio del Villar. Otros patriotas que sufren por la independencia. –Decreto suspendiendo las sesiones de las Cortes Extraordinarias. –Otro decreto declarando sin ningún valor ni efecto la Constitución promulgada en Cádiz. –Manifestó del Rey Don Fernando VII. –Real decreto, disolviendo los Ayuntamientos que se llamaban constitucionales. –Cumplimiento que se dio a este decreto en la provincia de Honduras. –Muerte de Fr. José Antonio de Goicochea. –Elogio fúnebre. –Lista de los individuos del ilustre Colegio de Abogados de la provincia de Guatemala.

¿Qué hacían los independientes en Guatemala el año de 1813?

A pesar del malogro que habían tenido insurrecciones de San Salvador, León y Granada, los patriotas de Guatemala, lejos de desalentarse por estos reveses, con el valor y la fe que inspiran siempre las buenas causas, se reunían secretamente, bajo un sigilo masónico, en Betlem y en casa de Don Cayetano Bedoya, con el objeto de poner en prisión al Capitán General y a los principales jefes militares, dar libertad a los reos granadinos, que contaban más de un año de estar en aquellas cárceles: y hecho todo esto, dar el grito de independencia.

¿A quién se encargó la instrucción del proceso?

Al Sargento Mayor Don Antonio Del Villar. Este hombre inhumano llevo sus pesquisas hasta hallar comprometidos a los que no lo estaban; y en su dictamen fiscal pidió que fuesen condenados a la pena ordinaria del *garrote* el Doctor Ruiz, Fray Víctor Castrillo, Barrundia y Don Joaquín Yudice, por ser hidalgos a la horca, el Prior, Ibarra, Don Andrés Dardon, Fray Manuel de San José, Manuel Tot, indígena y otros seis individuos; y a diez años de presidio en África y extrañamiento perpetuo de las Américas, a cuatro supuestos reos, a quienes no se pudo probar el delito. Por fortuna, este pedimento atroz no tuvo ningún efecto, porque muchas personas respetables de Guatemala se interesaron por los reos, que años después recobraron su libertad, en virtud de la Real Orden de 1817, que ocultaron, para retardar su cumplimiento, los españoles que mandaban en la capital del antiguo Reino.

¿Qué otros patriotas padecieron por la independencia?

Don Mateo Antonio Marure, que en unión de los granadinos y de Don Francisco Barrundia, que se vio obligado a estar oculto igual tiempo; y Don Santiago Feliz, Don Fulgencio Morales y vario otros, que fueron procesados por pertenecer a la causa de la libertad. Estos desventurados esfuerzos del patriotismo, aunque sin resultados favorables, tuvieron más tarde de base para que las ideas de independencia se encarnaran en el corazón de los pueblos, a pesar de la abierta persecución que les declaro Bustamante, que poseyó el singular talento de elegir los empleados más barbaros y crueles.

¿Qué decretos se recibieron el año de 1814?

Los decretos en que se suspendían las sesiones de las Cortes extraordinarias reunidas en Cádiz y la concurrencia de los diputados de las dos Américas, que aún no habían llegado.

¿Qué otros se recibieron?

El decreto en que se declara nula y ningún valor y efecto la Constitución promulgada en Cádiz y en las Américas por las llamadas Cortes generales y extraordinarias, el 19 de marzo de 1812: porque esta Constitución, dice el Rey, fue obra de personas que de ninguna provincia de la monarquía tenían poderes para hacerla, y porque los que se suponían diputados por América en aquellas Cortes ilegitimas, habían sido la mayor parte elegidos en Cádiz, sin que las provincias, de las cuales se intitulaban apoderados, tuviesen parte en tales elecciones ni aun siquiera noticia de que se trataba de hacerlas. El Rey Fernando VII, después de asegurar conjuramento a los españoles, dijo que se compadecía de los males que habían sufrido: que aborrecía y detestaba el despotismo: que las luces y cultura de Europa no lo consenaan ya: y que en España jamás habían sido déspotas sus Reyes. Declaraba reos de lesa e imponía la pena capital a todos aquellos que contraviniesen estas disposiciones: era lo ejecutasen de hecho, era por escrito o de palabra, moviendo o incitando de cualquier modo a que se guardaran la expresada Constitución y decretos, porque en ellos se reflejaban los principios proclamados en Francia.

¿Qué se acompañaba a estos decretos?

El manifiesto del Rey Don Fernando VII, en que hacía presente los ultrajes y violencias que había recibido su real persona con motivo de los sucesos desgraciados ocurridos en España, y que el recuerdo de sus leales vasallos había sido su único consuelo durante los seis años que estuvo preso en Bayona: manifestando al propio, tiempo, que grande era su satisfacción al encontrarse nuevamente en medio de los españoles; pero que mayores eran sus dolores al considerar los alborotos que se han suscitado durante su ausencia en algunas provincias en América.[8]

¿Qué se deduce de aquí?

Que las miradas de Fernando VII se dirigieron principalmente a reparar las profundas innovaciones que había hecho la Regencia durante su cautividad.

¿Qué disposiciones se recibieron con este motivo?

El decreto en que se disolvían los ayuntamientos que se llamaban constitucionales, en todos los pueblos del Reino, tanto los que sustituyeron a los antiguos, como los que, por no haberlos antes, se acrecentaron de nuevo, declarando en consecuencia nulas todas las disposiciones y decretos de las Cortes relativos a la formación de estos cuerpos en todo aquello que fuera contario a las leyes, a las costumbres y a las Ordenanzas municipales.

¿Tuvo su cumplimiento este decreto en los pueblos de esta provincia?

En el acto que se recibió la soberana disposición, todos los individuos que componían los ayuntamientos de aquel año dejaron de

---

[8] Manifesto del Rey Don Fernando VII, dado en Valencia a 4 de Mayo de 1814. –Decretos de 4 Mayo. –Tomo 6. página 176 hasta 180. –Archivo Nacional.

ejercer sus funciones, llamando en consecuencia, a los que componían las municipalidades en el año de 1808.

¿Qué pérdida lamentaba la provincia de Guatemala?
La sentidísima muerte de Fr. José Antonio Goicechea, acaecida el 2 de Julio, a l edad de setenta y nueve años.

¿Quién era Goicoechea?
Citemos los principales párrafos del elogió fúnebre que pronuncio José Cecilio del Valle, el día 7 de AGOSTO, POR COMISION DE LA Sociedad Económica de Guatemala. "En diversos países, dice, la muerte de un hombre de letras e suceso indiferente, que no merece la atención que no merece la atención que se da a un ignorante, rico o poderoso; y el honor de los panegíricos fúnebres, reservado a ciertas clases no se cree debido a los que, reformando algunas ciencias o creando otras, aumentan la suma de nuestra felicidad. En Guatemala, la Sociedad, después de haber llorado la muerte de Fr. José Antonio de Liendo, y Goicoechea, uno de sus fundadores, acordó que se formase su elogió, porque, superior a las preocupaciones de la vanidad, está convencida de los derechos que tiene a la gratitud publica el mérito de cualquier clase, sea literario, político, militar o fabril.

"Este es acaso el primer ejemplo en doscientos ochenta y nueve años corridos desde la fundación de esta Ciudad. La sociedad es el cuerpo benéfico que lo da; y cuando siga sus pasos la Universidad: cuando los literatos trabajen para serlo positivamente, sabiendo que después de muerte serán juzgados por hombres respetables; cuando este esamulo, creando o desarrollando talentos, haga avanzar las ciencias que nos interesan; cuando el sabio, teniendo la opinión de la posteridad, no sea un Doctor ocioso, ocupado en lecturas improductivas o abstracciones estériles, sino un hombre útil al país que habita: cuando unidos todos los hechos posibles sobre la vida de los hombres de talento, se llenen los votos de quien deseaba la formación de una especie de física experimental sobre las almas. Entonces las generaciones futuras, recibiendo luces unas de otras designaran a EU. Como autores de su bien y recordaran con ternura el nombre de esta sociedad.

"Si un alma fundador benéfico de esta sociedad, se complacía en abrirse a la mía sin ocultar misteriosos o esconder secretos; si tu mano poderosa fue la que rompió las cadenas con que el escolasticismo filosófico tenía oprimida la razón de nuestros mayores si tu larga y laboriosa vida fue útilmente empleada en formar el espíritu de la juventud, yo sensible a tu fiel amistad, sensible al bien de la patria, seré el ceo de la voz universal que se oye en toda la provincia: uniré mis votos a los de pueblo a las bendiciones del pobre, a los afectos tiempos de esa juventud amable, que reconoce en el reformador de sus estudios. Pero celebrando tu memoria, no olvidare tu máxima. La adulación, objeto de tus risas, no será jamás el alma de mis discursos. Si un elogio sincero debe tener forma distinta de las demostraciones del geómetra, hasta cierto punto debe ser como ellas el cálculo del valor positivo de un hombre grande: la medida justa de sus talentos: la estimación exacta de sus servicios.

"Para numerar los del Padre Goicoechea, recordare primero el estado de nuestros estudios antes de su nacimiento: manifestare después el grado a que se elevaron por la fuerza de sus talentos: hablare seguidamente de la instrucción que dio a Guatemala; y para que sus servicios no sean los últimos, concluiré indicando una de tantas medidas felices, para multiplicar esa clase útil de hombres ilustrados.

"Recorriendo la historia de los pueblos antiguos y volviendo la vista a los modernos, se observa que todos tienen uno de tres estados: el de la ignorancia: el del error; y el de la ilustración.

"Los primeros son como las tierras incultas, pero limpias en que basta arrojar buenas semillas para que broten plantas útiles: los segundos, semejantes a aquellos campos llenos de espinas y raíces enmarañadas en que es preciso arrancar la maleza que los cubre antes de comenzar a sembrar; y los terceros son esos huertos hermosos cubiertos de frutos regalados.

"Guatemala… Permítaseme hablar con libertad. Livio no ofendió a Roma pintando la ignorancia de los primeros romanos: y Newton recordaba con placer los tiempos de su niñez. Guatemala no era un pueblo ignorante ni una capital ilustrada. Era el país del error. Se afectaba un respeto ciego a los antiguos: se miraba con horror toda verdad nueva; pero realmente no era la ciencia de la antigüedad la que se cultivaba.

"La antigüedad era sabia; y si en las ciencias experimentales y exactas se ha avanzada más que los antiguos, en los demás géneros se ha hecho bastante acercándose a su saber. La antigüedad fue la que fijo las leyes del gusto: la que señalo la línea de perfección en las bellas artes: la que produjo esos modelos grandes que los genios sublimes han procurado imitar. Diez y ocho siglos no han podido presentar un poeta superior al autor de la Eneida, Tácito, Plutarco y Livio, son hasta ahora en posesión de primeros historiadores; y el elogio más grande de Buffon ha sido compararle con Plinio y Aristóteles. "No era su más sabia doctrina, ni la de los filósofos de la antigüedad la que formaba nuestro sistema de estudios.

El escolasticismo era infelizmente el que lo regia: el que influyo en las constituciones de nuestra Universidad: el que hizo de esta respetable casa una habitación oscura donde no penetraba la luz sino envuelta en nieblas, o confundida con exhalaciones nutridas el que, entreteniendo a nuestros mayores en sutilezas inútiles, les alejaba de las ciencias provechosas que aumentan los brazo del hombre inventando maquinas, mejoran los instrumentos de las artes, señalan las fuentes de riqueza publica, descubren la de nuestro suelo, manifiestan las plantas útiles que hermosean su superficie, y abren los tesoros ocultos en el seno de la naturaleza.

"Los que se llamaban filósofos eran entonces unas cabezas llenas de universales, de categorías y sutilezas metafísicas; y estos eran los sabios que en las cátedras daban lecciones a la juventud.

"El escolasticismo no solo la formaba en este sistema de errores. Le impedía también salir de el: le prohibía aun el derecho de dudar, que exige la debilidad de nuestra constitución física; que solo es debida a nuestra religión.

"En tiempos tan infelices nació a cuatrocientas leguas de esta Capital, el que debía dar alguna luz a este caos tenebroso. Los filósofos más grandes: los talentos que admiramos en los cuatro siglos que forman como las épocas de la grandeza del espíritu humano: los que brillaron en las edades venturosas de Pericles, Augusto, León X y Luis IX, nacieron en países cultos donde las ciencias tenían premios y los auxilios literarios eran multiplicados.

"El Padre Goicochea nacía el día 3 de Mayo de 1735, en Cartago, donde apenas había escuela de primeras letras: perdió a sus padres y quedo huérfano a los nueve años de su edad: tomo el hábito de San Francisco a los doce: fue ligado por el voto de obediencia: obligado por las constituciones de su orden y la autoridad de los prelados a hacer los estudios de aquellos tiempos oscuros formando en aulas donde solo se oía la vocinglería de los escotistas: enseñado por lectores que no permiaan dudas; y condenado a seguir la escolástica por todo el poder de la opinión pública sostenida en la Universidad y comunidades religiosas, únicas que le daban dirección.

"Era semejante a aquellas plantas útiles que nacen entre yerbas y espinas, y no pueden crecer sino abriéndose paso por en medio de ellas. Pero si la mano dura de la suerte le arrojaba estorbos por todas partes, la naturaleza, destinándole a objetos sublimes, le dio un cuerpo robusto, capaz de pruebas que otros no pudieran hacer: un alma digna de él, infatigable para el trabajo: un espíritu penetrador, que se anticipaba a las glosas y comentos: una memoria prodigiosa, que a la edad en que los septuagenarios solo piensan en las necesidades físicas que los afligen, repeaan las canciones más hermosas de los poetas que habían deleitado su juventud: un genio lleno de gracias, inclinado como el de Fontenelle, Quevedo, La-Fontaine y Boileau a ver las cosas por el aspecto que mueve a risa: un carácter de naturalidad, enemigo de artes y afectaciones: un deseo insaciable de saber.

"Distinguido por dotes tan brillantes fue, a pesar de ellas, discípulo del escotismo, porque esta fue la primera doctrina que se le enseño; porque sus talentos no eran aun desarrollados; porque la niñez es inocente, y no tiene copia abundante de hechos para entrar en comparaciones.

"Descartes, elevándose a la altura a que sube un filósofo: considerando, dice un autor que lo era, las opiniones de los hombres: viendo tanta contrariedad de ideas, tanta oposición de sentimientos, tanta variedad de abusos y costumbres. He aquí, dijo, lo que es la razón de los pueblos.

"Goicoechea, observando los sistemas de las sectas, la contradicción de sus pensamientos, el furor con que se baaan, la confianza con que se creía cada una posesora exclusiva de la vedad, dudo de todas; y decidido a cultivar sus talentos en la soledad, concibió la idea grande, origen de nuestros progresos, de no seguir otra guía que la que nos ha dado el Creador de nuestra especie.

"Solo, en el ámbito estrecho de su celda; entregado en el silencio de la soledad a meditaciones de que solo es capaz quien ha adquirido el hábito feliz de pensar, recorría cuanto había aprendido: someaa a la severidad del análisis la doctrina decisiva de sus lectores: jugaba a sus mismos maestros.

"Su genio, siempre pronto a descubrir ridiculeces, le hizo ver todas las del escolasticismo: y su alma sintió la necesidad de otros estudios. Diversos en el todo de los que había hecho.

"Las matemáticas puras, que son siempre el recurso del filósofo en aquellas situaciones de tormento en que solo puede contentar lo que es verdadera demostración, le presentaron el método de exactitud, necesario para una alma melindrosa que burlada por el escolasticismo, sospechaba ya de las demás ciencias.

"Hubo tiempo en que solo las exactas llenaban las deseos de su alma: hubo tiempo en solo los números y líneas escapaban a la risa de su genio. Pero cansado al fin de tantas abstracciones, volvió los ojos al campo de la naturaleza, a esos jardines que deleitaban a Newton después de los trabajos complicados del cálculo.

"Estos raciocinios le fijaron por ultimo en el medio sabio a que no se llega sino después de haber pasado por extremos. Discípulo del escotismo al principio; escéptico después en lo que no era dogmático, conoció al fin que las ciencias no serían si no tuvieran principios incontestables: que en las exactas, la demostración: en las naturales, los experimentos en la legislativa, el bien de los pueblos; y en la de nuestra religión, la Biblia y la Iglesia deben ser la guía de sus estudios.

"Tal fue el principio a que se elevó, luchando consigo mismo, para borrar las primeras impresiones de su educación. Apoyado en el entro en el estudios de los elementos de casi todas las ciencias, porque todas tienen gracias para quien sabe sentirlas. Las obras de los mejores escritores de las edades felices de Atenas y Roma: las de Wolf, que manejo la Lógica, la Moral y la Jurisprudencia con en el mismo método con que había tratado las matemáticas: las de Loke, ese hombre modesto que, descubriendo la generación de nuestras ideas, confesaba su ignorancia cuando no podía penetrar la verdad: las de Nollet, que enseño a estudiar la física haciendo experimentos y deduciendo de ellos consecuencias útiles para las artes y oficios: las de Buffon, que presentan cuadros en grande y en detalle de la naturaleza e individuos de los reinos animal y mineral: las de Linneo, donde se reúnen los elementos de la ciencia provechosa e inocente de los vegetales: las de Mabli, que supo manifestar la identidad de principios en la Moral privada y la Moral pública: las del genio sublime, que, abrazando los objetos más grandes de la ciencia legislativa, la simplifico reduciéndola a dos puntos: las primeras de los que han sabido cultivar la ciencia de la Religión, que era una de las que más le ocupaban: todas fueron formando sucesivamente su espíritu y llenándole de conocimientos. Su lectura fue extendida más allá de lo que puedo indicar. Su lectura fue extendida más allá de lo que puedo indicar. Yo os pongo por testigos, hombres dichosos que fuisteis sus amigos y merecisteis su confianza.

"Pero no bastaron los conocimientos de los libros: quiso adquirir los que dan los viajes, porque los viajes son los que hacen conocer el mundo, no el mundo hecho en el cerebro exaltado por el entusiasmo, sino el mundo verdadero, el mundo de la naturaleza.

"Viajaron los filósofos más grandes de la antigüedad, para recoger conocimientos de los pueblos ilustrados. Viajo Goicoechea; y tuvo la felicidad de hacer su viaje a España en el reinado venturoso de Carlos II: cuando la nación recibió un impulso feliz en todos los ramos útiles: cuando Iriarte enriquecía nuestra literatura y satirizaba las fruslerías de los escolásticos: cuando Cruz llenaba de gracias el teatro español y elevaba la poesía en genero distinto: cuando hermoseaban a la Península dos Condes celebres, ambos fiscales dignos del Consejo, el uno escritor de materias útiles y amigo de las sociedad patrióticas, el otro protector de las ciencias, Ministro y Presidente de la central: cuando se atraía los votos públicos Jovellanos, ese hombre raro, poeta, político y filósofo a un mismo tiempo, desgraciado y perseguido por ese genio maligno que en todo tiempos y países se place en morder todo lo grande.

"Semejante a los Sacerdotes de los Celtas y de los Seitas, que buscaban la Filosofía en los bosques y montañas, superior a ellos en conocimientos y con miras más grandes, hizo viaje a nuestro montes de Agalta.

"Los eruditos de Estrado: esos hombres que agonizan el día que no pueden visitar todos los cuarteles de una Ciudad, habrían muerto seguramente en las soledades de Agalta.

"El Padre Goicoechea, solo con su pensamiento y los indios, pasaba días más deliciosos que en el ruido de esta Capital. Conservo como un tesoro las cartas que escribía desde esas montañas celebres entonces por su residencia. En ellas decía: que nunca había repasado en su corazón con más placer la hermosa estrofa de Horacio, *Beatus ille qui procul negotiis*: que la soledad le comunicaba a manos llenas el contento: que su vida era alegre porque entre los cien aspectos de las cosas las miraba por el único que podía ser útil: que ejercitado en trasegar corazones, se valía de la llave maestra de ciertas notas que rara vez le engañaban: que los vestidos de la naturaleza son sencillos: que se deleitaba en contemplarla acechando los momentos en que descubre algunas de sus travesuras, meditando los apotegmas de Erasmo y las aventuras del amor propio, y observando a los indios, vistos por muchos, conocidos de pocos, y denostados por Paz, aquel extranjero atrevido, que sin conocer la América, arrojo aserciones desmentidas por experiencia.

"En esta sociedad, V.S.S. han sido testigos de su ilustrado patriotismo de este celo activo con que coopero a su establecimiento de la voluntad con que asistió a todas sus juntas delos pensamientos útiles que daba en ellas, fijo siempre en mejorar nuestra suerte o hacerla menos infeliz: de sus notas tan sabias como útiles a la memoria que publico Mosiño sobre nuestro añil de la memoria que escribió para destruir la mendicidad, que no existe en los países estériles y helados del Norte y se veía multiplicada en las tierras feraces de Guatemala del discurso que dijo en este lugar, desplegando sobre el mismo asunto la humanidad de su filosofía, para que el verdadero pobre fuese socorrido y los mendigos robustos o capaces de trabajo no ensuciasen los portales, ni se oyese en nuestras calles el zumbido desapacible de estos moscones, sino el cenceño deleitoso de las recuas o el ruido agradable de un trajín activo de la representación que dirigió desde su celda a la Corte de Carlos IV, manifestando la necesidad de dar honor a las clases infelices, porque ellas son las que ejercen nuestras artes y oficios; y las artes no prosperan cuando están envilecidas las manos que las manejan: de la memoria que trabajo sobre los indios, objeto de sus meditaciones en el pulpito donde predicases virtudes; en sus conversaciones de amistad, donde acumulaba hechos y discurría sobre ellos, y en la memoria donde trato de su industria y trabajos rurales.

"En Agalta fundó dos pequeñas poblaciones intereso en su beneficio la atención del Gobierno; y dando a los indios lecciones de religión, de física rural y de sociedad, recordaba la pintura de aquellos dioses que bajaron del ciclo para enseñar a los salvajes de Grecia la justicia, el manejo del arado y el uso del trigo.

"En nuestra Universidad no cesó de trabajar este establecimiento, para que este establecimiento, fundado para perfeccionar el espíritu, no le empeorase cargándole de preocupaciones y paralogismos.

"Cerca de treinta años ocupo en dar lecciones como Catedrático de Filosofía y Teología; y estas lecciones son las que influyeron para que se mudase el aspecto de nuestros estudios. En ellas fue donde hizo conocer a la juventud que el pensamiento sofocado por el escolasticismo es el atentado más grande contra la naturaleza humana: donde, haciendo comparaciones felices de la exactitud de la Geometría y la algarabía de los escolásticos, inspiro gusto por las matemáticas y comenzó a formar el espíritu geométrico, más útil que la misma Geometría: donde, manifestando las amenidades de la naturaleza, comunico a los jóvenes el entusiasmo con que se habla siempre de los objetos que se aman: donde dio los principios sublimes del gusto y trabajo en la destrucción del que había en aquella edad: donde, desenvolviendo la teoría grande del enlace de los idiomas con el arte de pensar, hizo conocer la necesidad de progresar en los unos para adelantar en el otro".[9]

Por nuestra parte agregaremos que el ingenio y jocosidad del célebre Goicoechea, de quien se cuenten mil anécdotas, picantes unas visibles otras, agudas todas, se revelaba hasta en las últimas cartas dirigidas a personas que por su condición humilde se comprende que eran hechas con descuido. Tal es la que vamos a citar, escrita en 1808, en San Esteban, departamento de Olancho, a una joven llamada María Francisca Aguiluz, en tiempo que había ido a misionar en aquellos pueblos.

---

[9] Valle. –Elogio fúnebre del Padre Goicoechea. –Agosto de 1814.

Dice así: "He llegado a este pueblo sin ninguna novedad, después de haber pasado una quebrada[10] que tiene más vueltas y revueltas que las que da un pensamiento en la cabeza de un desvelado. Tú me dijiste que aquí encontraría a otra María Francisca; no, hijita: los ángeles no se aparecen en todas partes a los hombres. Yo la tendría si la hubiera traído de Juticalpa. Te devuelvo el caballo que me prestó tu Señor padre. Ríndele las gracias a mi nombre, y dile que me trajo con toda comodidad y reverencia".

¿Quiénes componían el ilustre colegio de Abogados en la provincia de Guatemala?

Las personas contenidas en la lista que ponemos a continuación.

Lista de los individuos del ilustre colegio de Abogados de la provincia de Guatemala y de los que componían tan noble cuerpo en este año.

PROTECTOR.

El Señor Don Joaquín Bernardo de Campuzano, Oidor Decano de la Audiencia territorial.

DECANO.

El Señor Don Antonio Norberto Serrano Polo.

El Señor Doctor Don Manuel de Talavera.

DIPUTADO 2.º El Licenciado Don José Mariano Valero.

DIPUTADO 3.º El Licenciado Don Isidro Marín.

DIPUTADO 4.º El Licenciado Don Miguel Larreynaga.

DIPUTADO 5.º El Señor Don Luis Pedro de Aguirre.

PRESIDENTE DELA ACADEMIA.

El Licenciado Isidro Marín.

VICEPRESIDENTE.

El Licenciado Don Manuel Beltranena.

FISCAL CONTADOR.

El Licenciado Don Antonio Robles.

SECRETARIO.

Dr. Don Alejandro Díaz Cabeza de Vaca.

PRO-SECRETARIO

El Licenciado Don José Venancio López.

---

[10] Está quebrada se encuentren en la montaña de Agalta, y se pasa más de cincuenta veces.

TESORERO.

El Dr. Don José Mariano Méndez, Presbítero.

RECAUDADOR.

El Licenciado Don Miguel Aragón.

EXAMINADORES DE LAPRIMERA TERNA.

El Dr. Don Rafael Goyena.

El Licenciado Don Eusebio Castillo.

EXAMINADORES DE LA SEGUNDA TERNA.

El Licenciado Don Pedro Arroyave.

El Dr. Don Pedro Bustamante, *Presbítero.*

INDIVIDUOS SIN EMPLEO EN EL COLEGIO.

El Licenciado Don Antonio Isidro Palomo.

El Excelentísimo Sr. Consejero de Estado Dr. Don José Aycinena, *ausente.*

El Lic. Don José Ignacio Palomo, el Lic. Don José Mariano Jáuregui, *ausente*, el Lic. Don Felipe de Jesús Guerrero, *ausente, el* Lic. Don Manuel Garrote Bueno, *ausente, el* Dr. Don Juan de la Cruz Moreno, *Presbítero*, el Lic. Don Pantaleón Isidro del Águila, el Lic. Don Manuel Ramírez, el Lic. D. Mariano Calderón *Presbítero ausente, el* Lic. Don José Antonio Larrave, el Lic. Don Ciriaco Villacorta, *ausente, el* Lic. Don José Santiago Milla, *ausente, el* Lic. Don José Manuel de la Cerda, *ausente,* el Lic. Don Antonio Rivera, el Lic. Don Valerio Coronado, el Lic. Don José Antonio López, *ausente,* el Lic. Don José Antonio López, *ausente,* el Lic. Don Francisco Rivera, *ausente,* el Lic. Don Juan Francisco Aguilar, *ausente,* el Lic. Don José Domingo Diéguez.

CAPITULO VI: AÑO DE 1815.

Situación del antiguo Reino. –Muerte del Alcalde Mayor Don Juan Francisco Márquez. –El Ayuntamiento encarga interinamente la Alcaldía Mayor a Don Manuel Antonio Vásquez. –El Gobernador Intendente de Comayagua nombra a Don Francisco Gardela. Contestaciones cruzadas entre el Ayuntamiento y el Intendente, con este motivo. –El Brigadier Don Juan Antonio de Tomos. –El Capitán

General nombra Alcalde Mayor al Coronel Don Simón Gutiérrez. – Fecha de su nombramiento.

¿Cómo se encontraba el antiguo Reino en 1815?

En completa paz, celebrando con el mayor entusiasmo los triunfos que se obtenían sobre los insurgentes de la Nueva España.

¿Qué ocurría en el mes de Enero en la Villa de Tegucigalpa?

La muerte del Alcalde Mayor Don Juan Francisco Márquez, acaecida el 12 del mismo mes.

¿Qué providencias tomó el Ayuntamiento?

Después de largas discusiones, acordó encargar interinamente la Alcaldía Mayor al Alcalde Ordinario de primer voto, Don Manuel Antonio Vásquez, en quien debía recaer, por ministerio de ley, y por costumbre practicada por largo tiempo en semejantes casos, mientras se daba cuenta al Capitán General del Reino y al Gobernador Intendente de Comayagua, para que estos dispusiesen lo conveniente. Esto mismo se hizo en el fallecimiento del Doctor Don Francisco Nicolás del Busto y Bustamante, en Mayo de 1766, y en el del Señor Coronel del Ejército, Don Ildefonso Ignacio de Domesain, en Junio de 1786. Ambos fueron Alcaldes Mayores de la Villa de Tegucigalpa, y de la de Jerez de Choluteca.

¿Qué dispuso el Gobernador Intendente de Comayagua al comunicársele la noticia?

Mando extender el atulo de Alcalde Mayor interino al Capitán de Dragones de Nueva Segovia, Don Francisco Gardela, en las cuatro causas, de justicia, policía, hacienda y guerra; previniéndole que otorgase la fianza de ley, que habían otorgado también sus antecesores.

¿A que dio lugar este nombramiento?

A que hubiese contestaciones entre el Gobernador Intendente y el Ayuntamiento de la Villa de Tegucigalpa, que no quería reconocer el encargo hecho al Capitán de Dragones, Don Francisco Gardela, en las cuatro causas arriba indicadas, por creer que el expresado nombramiento era de la exclusiva competencia de la Capitanía General.

¿Cómo termino este incidente?

Con la manifestación que hizo el Escribano Don Joaquín Lindo, en estos términos: "Dos días después de librado el atulo de subdelegado de Hacienda, a favor de Don Francisco Gardela, noto la oficina la equivocación sobre la expresión de las cuatro causas; siendo así que solo se contraía dicho atulo a los ramos de real Hacienda. "Este paso ponía en claro las injustas pretensiones del Gobernador de Comayagua, que insisaa en anexar la Alcaldía Mayor a la expresada Intendencia, para continuar en los desfalcos de la expresión de las cuatro causas; siendo así que solo se contaría dicho tirulo a los ramos de real Hacienda". Este paso ponía en claro las injustas pretensiones del Gobernador de Comayagua, que insisaa en anexar la Alcaldía Mayor a la expresada Intendencia, para continuar en los desfalcos de la real Hacienda.

¿Quién gobernaba en este año la provincia de Honduras?

El Brigadier Don Juan Antonio de Tornos.

¿Quién fue el Alcalde Mayor nombrado por el Capitán General?

El Teniente Coronel Don Simón Gutiérrez, Comandante de las milicias de Chiquimula.

¿En qué tiempo se le confirió este nombramiento?

El 9 de Septiembre de 1815.

¿Cuándo tomó posesión de la mencionada Alcaldía?

El 2 de Diciembre del mismo año, previo el juramento de ley, en el cual ofreció: que defendería el misterio de la purísima concepción de Nuestra Señora la Virgen María: que cumpliría exactamente las obligaciones del oficio que iba a servir, observando las leyes, cedulas y ordenes: -que no llevaría derechos a los pobres se solemnidad, ni al real Físico., y que en los asuntos de partes administraría justicia conforme a derecho; y concluyo diciendo –amen.

¿A qué número ascendía en el año de que nos vamos ocupando, la estadística de la parroquia de Tegucigalpa?

A ocho mil setenta y una personas. –Aquí está la prueba.

Lugares	Familias	Niños	Concesión	Resumen
Tegucigalpa y sus barrios	24	205	2002	3087
Españoles en todo el condado	25	119	278	127
Indios del pueblo ataja	14	21	22	73
Indios del de Comayagüela	204	478	1024	1099
Rio abajo mulatos	112	119	282	331
Ermita del Río Hondo y Valle	111	118	253	454
Iglesia de Támara, indios	8	8	10	18
Támara y valle, mulatos	58	84	210	311
Soroguara, Coa y Santa Cruz	80	124	200	400
Mateo y Upare	80	....	31	129
Potrero Yaguasire a Horueles	72	....	79	275
Santa Rosa Loarque, a tierras del padre	27	----	33	234
Jacalapa, Minas de Villa Nueva	83	425	225	179
Ermita de Suyapa y su Valle	24	90	197	287
Sabanagrande a los sitios	23	40	195	284
	1746	2888	2843	8074

En el año de 1802 la estadística de los españoles ascendió a 356 familias. En 1815 a 427. Así es, que en trece años había de aumento 71 familias y mucho más habría sido su número, sino se hubieran ausentado, como la de Don Jacinto Herrera a Choluteca, la de Don Isidro Rivas a Nacaome, la de los Fiallos a Comayagua, la de Don Joaquín Tome a Danlí, la de Don Joaquín Borjas a San Antonio, la de

Don Miguel Antonio Borjas a Yuscarán, la de Don Martin Zepeda a Cedros y a Olancho; y la de Don José Rojas a sus haciendas en otros cuartos. Por un cómputo hecho en aquel tiempo resultaron 13 mujeres más en cada cien varones españoles. (20)

¿Qué mandó el Capitán General al Alcalde Mayor de Tegucigalpa?

Para evitar por completo la propagación de las ideas liberales, la Capitanía General, en 28 de Agosto dirigió al Alcalde Mayor el oficio que dice: "Habiéndose enterado el Rey, Nuestro Señor, de dos impresos, titulados, el no, Instrucciones para Constitución fundamental de la Monarquía española y su Gobierno," dadas por el Ayuntamiento de la ciudad de Guatemala a su Diputado el Doctor Don Antonio Larrazábal, formadas por Don José María Peinado, Regidor decano del mismo Ayuntamiento, y el otro, "Apuntes instructivos que al señor Don Antonio Larrazábal, Diputado a las Extraordinarias de la Nación española, por el citado Cabildo de la ciudad de Guatemala, dieron sus regidores Don José de Isasi, Don Sebastián Melón, Don Miguel González y Don Juan Antonio de Aqueche", y convencida Su Majestad de que la expresada instrucción, en la que se ven copiadas a la letra muchas proposiciones de la Asamblea Nacional de Francia, ha sido la que ha encendido en estos países la tea de la discordia y ocasionado la revolución de algunas provincias, por los principios sediciosos que contiene, ha resuelto, entre otras cosas, que se expida circular, mandando recoger la indicada instrucción, como sediciosa y trastornadora del orden: que Don José María Peinado, como autores de ella, sea privado de Gobierno e Intendencia de San Salvador, a que fue promovido por la regencia del Rey: que todos los que firmaron en el Ayuntamiento la primera parte de la mencionada Instrucción, donde está comprendido su mayor veneno, exceptuando a Don José de Isasi, Don Sebastián Melón, Don Miguel González y Don Antonio de Aqueche, que, aunque firmaron, fueron de voto contrario, queden incapaces de obtener en América empleo alguno de ninguna clase, aun los concejiles de Alcalde, Regidor y Sindico; cuya real disposición me comunica el Excelentísimo Señor Secretario de Estado y de Despacho Universal de Indias, con fecha 31 de Marzo último, de orden de su

Majestad, y la traslado a Vm. Para su inteligencia y que en su debido cumplimiento disponga se recojan todos los ejemplares que en el distrito de su mando haya de la citada Instrucción y me los remita con la posible brevedad. –Dios guarde a U. muchos años. –Guatemala, Agosto 28 de 1815. -Bustamante. –Señor Alcalde primero encargado de la mayor de Tegucigalpa".

Por esto hemos extrañado y visto con sentimientos de tristeza que el Doctor Montúfar, historiógrafo de las contenidas de la América Central, trate de empequeñecer la respetable figura del Canónigo Doctor Don Antonio Larrazábal, solamente porque no perteneció al partido rojo de Guatemala. Ya que el Doctor Montúfar se ha impuesto la ímproba tarea de reseñar todos nuestros sucesos políticos, es de desearse que se inspire en la imparcialidad y la justicia, dando a Dios lo que es de Dios y al César lo que es del César, sin dejarse dominar de la mezquina pasión de bandera; porque si fatal es que esta presida los escritos que nacen por la mañana, para morir, como las flores, a la caída del sol, es más funesto y trascendental que sirva de criterio a narraciones que, por su naturaleza, están llamadas a vivir en libro, y servir de fuente y de base a nuestras futuras historias. Mérito grande corresponde a Donoso Cortés, escritor inimitable, grandilocuente, que encanta cuando no convence, por haberse atrevido a pronunciar en plenas Cortes y en la sesión del 30 de Diciembre de 1850, un notabilísimo discurso, hirió de muerte al ministerio y que causo honda impresión en ambos lados dela Cámara popular. Tratábase de conceder o negar la autorización solicitada por el Gobierno para la cobranza de las contribuciones, antes de discutirse los presupuestos. Varios oradores habían atacado y defendido el proyecto en el terreno de la conveniencia, de la oportunidad de las prerrogativas del parlamento, de los preceptos constitucionales. Donoso Cortés, más filósofo y político de teorías que de prácticas, se esforzaba en presentar a los ojos del país, no el remedio de los males que le quejaban, sino la causa de donde aquellos males prevenían.

Como la memoria del Doctor Montúfar ha sido infiel al citar el pasaje de Donoso Cortés, falseado, a nuestro juicio, su concepto, vamos hacer una digresión citándole algunos párrafos del discurso a que él se ha referido en su Reseña histórica, Tomo III, pagina 182, con motivos de traer a cuento al Canónigo Larrazábal, a quien pretendemos colocar por honradez y por justicia, en el lugar que le corresponde en la historia.

"Yo no puedo acusar a los trastornos; porque la revolución me responderá: 'Trastornado hago mi oficio'. Yo no puedo acusar de esta situación a los ministerios pasados, porque podrían responderme: 'Nosotros hemos estado pasados', porque podrían responderme: 'Nosotros hemos estado bajo la presión revolucionaria'. Pero puedo acusar y acuso al ministerio presente, porque el solo es, entre todos que han existido desde 1834 acá, el diseño absoluto y soberano de sus propias acciones.

"Yo no puedo acuso, yo no acuso al ministerio de haber creado la situación actual ¿Cómo podía acusarle de eso? Ella exisaan antes de que el existiese; pero le acuso porque la conserva; pero le acuso también porque la empeora. El tiempo urge, señores; el tiempo urge, porque tiempos más calamitosos de los que pensáis se acercan. Por de pronto ahora mismo, se es verdad que el árbol se conoce por el fruto, por el fruto habéis de conocer el árbol que habéis plantado: su fruto es fruto de muerte. La política de los intereses materiales ha llegado aquí a la última y más tremenda de todas sus evoluciones: aquella evolución, en virtud de la cual todos dejan de hablar de intereses para hablar del supremo interés de los pueblos decadentes, del interés que se cifra en los goces materiales. Esto explica las ambiciones impacientes de que se ha hablado aquí con sobrada razón.

Nadie está bien donde está: todos aspiran a subir, y a subir, no para subir, sino para gozar. No hay español ninguno que no crea oír aquella voz faadica que oía Macbet y le decía: "Macbet, Macbet, serás rey. "El que es elector, oye una voz que le dice: 2elector, serás diputado". El diputado, oye una voz que le dice: "diputado, serás ministro". El ministro oye una voz que le dice: "serás… yo no sé qué, Señores".

Y poniendo, según su costumbre, ejemplos históricos en corroboración de sus asertos o profecías, continuaba: "La raza Borbónica ha venido al mundo para dos cosas: para hacer a los pueblos industriosos y ricos, y para morir a manos de las revoluciones. ¿Quién no admira, señores, estas grandes, estas magnificas consonancias de la historia? Ved ahí dos razas enemigas todavía en el campo de las ideas, que en los campos de batalla: la raza austriaca pone en olvido los intereses materiales, y muere de hambre: la raza Borbónica, los más de sus príncipes, por lo menos, aflojan en la conservación intacta y pura de los principio religiosos, sociales y políticos, para convertirse en reformistas e industriales, y tropiezan con espectro de la revolución, que los aguarda para devorarlos unos después de otros, puesto en el límite de sus industrias de sus reformas. *Pues bien, ministros de Isabel II, yo vengo a pediros que apartéis de vuestra reina y mi reina la especie de maldición que pesa sobre sobre su raza.*

Igual merito corresponde a Castelar, artífice de la palabra, por haber condenado en discursos fulgurantes y bien aliñados, los poderes permanentes y hereditarios; pero nótese bien que estos apostrofes y esta repulsas, se hicieron cuando las ideas de libertad dominaban casi en toda Europa: cuando habían crecido en España y penetrado hasta en los palacios; cuando las revoluciones eran demasiado fuertes y los palacios; cuando las revoluciones eran demasiado fuertes y los reyes demasiado débiles. Pero mayor mérito toca, a nuestro entender, al Canónigo Doctor Don Antonio Larrazábal, por haber tenido el valor, la sangre fría, la temeridad de decir, con carácter firme, a Fernando VII: "Aquí están las bases de la Constitución fundamental de la monarquía española y su gobierno." Esto lo hacia el Canónigo Doctor Don Antonio Larrazábal, por haber tenido el valor, la sangre fría, la temeridad de decir, con carácter firme, Fernando VII: "Aquí están las bases de la Constitución fundamental de la Monarquía española y su gobierno".

Esto lo hacia el Canónigo Larrazábal cuando Fernando VII no quería Constitución; cuando se irritaba con todo lo que olía a esto: cuando restablecía la Inquisición; cuando aún no se usaban las interpelaciones, al menos en la forma; cuando se vieron perseguidos unos, desterrados otros y encarcelados muchos. El mismo fue víctima de estas iras, pues también fue puesto en prisión, por haber presentado semejante proyecto a un Rey demasiadamente absoluto.

CAPÍTULO VII: AÑO DE 1816.

Situación de las provincias. –Ruidosa causa seguida contra Don Manuel José Midence. –Ofrecimiento que hizo su hermano Don

Miguel. –Dictamen fiscal. Los Gobernantes españoles proyectan trasladar la Capital a la Villa de Tegucigalpa. –Informe que con tal objeto dio el Ministro de Real Hacienda. –Continuación del informe. –Los padres de San Juan de Dios lo dan también por su parte. –Informe del Factor. –Opinión del Escribano real sobre el mismo asunto. –Reflexiones –La villa de Tegucigalpa se opone a este proyecto. –Informe dirigido por el Gobernador Intendente de Comayagua a la Junta Superior de Guatemala y al Capitán General. – Conclusión de esta importante solicitud.

¿Qué hechos notables ocurrieron en este año?

Todas las provincias se encontraban gozando de completa tranquilidad, ocupándose solamente la de Tegucigalpa se solemnizar con el mayor júbilo la independencia de esta provincia de la Intendencia de Comayagua, que el Capitán General había declarado con fecha de 3 de Julio, y que fue recibida en la de 25 del mismo mes. Grandes y justos eran los motivos que tenía la Villa de Tegucigalpa para darse a todas las expansiones del contento, pues con esta declaratoria se ponía termino a las pretensiones, desfalcos y violencias que cometa el Gobierno de la Capital.

¿Qué otros hechos ocupaban la atención del Gobierno y de la Alcaldía Mayor?

La causa en que se trataba de exigir del Señor Don Manuel José Midence la suma de 26,659 pesos cuatro reales, que importaba el alcance liquido confesado por el mismo, que como Administrador de Rentas de esta Real Villa había salido debiendo. Esta causa fue ruidosa por sus intrigas y por sus manejos.

¿Qué ofrecía Don Juan Miguel Midence?

Que pagaría por su hermano Don Manuel, a condición de que se le restituyese al mismo empleo, y que todos se hicieran de la VISTA GORDA sobre lo que había pasado.

¿Cuál fue el dictamen fiscal?

El fiscal decía de una manera gráfica: "¿Qué amo que recibe tan malas cuentas de un cajero, reduce a fiarle sus intereses?

¿Qué otros asuntos de interés ocupaban la atención pública?

La traslación de la Capital a la Villa de Tegucigalpa, que desde el año de 1806 habían solicitado tanto el Gobierno de aquella época, como los demás empleados de hacienda fundados en razones tan justas como jocosas.

¿Qué informe dio sobre el particular el ministro de Real Hacienda?

El Ministro Contador General y el Oficial Mayor sustituto decían: "No podemos menos que manifestar el consuelo que hemos recibido al ver el auto que se nos ha mostrado, y mayor será si la conclusión de este negocio llega a tiempo de que pueda redimir nuestras vidas: pues es público y notorio que tanto yo como el Oficial Mayor hemos ido decayendo en nuestra salud, en términos que muchas veces nos hemos visto próximos a morir. Si esto sucediese solo a los dos este informe no merecería crédito; pero esto mismo sucede al Señor Gobernador Don Ramo Anguiano, al Ministro Tesorero, al Factor, al Escribano de Gobierno y a todos los amanuenses de las Oficinas; pues ninguno goza de una completa salud, sino es aquellos que han obtenido licencia para retirarse a otros temperamentos benignos. Si esto lo produce el temperamento morafero de esta Ciudad, dígalo su destrozado vecindario, que solo consta ya de ocho o diez familias de españoles, y estas de muy corto número de personas: dígalo también lo continuo que se hacen entierros, pues en la estación más sana, no deja de haber uno o dos diarios cuando menos. Hágase un cotejo de los que se entierran y bautizan cada año, y resultara matemáticamente que esta ciudad tiene que llegar precisamente a su absoluta disolución. "Para esta traslación es menester tener presente varias cosas, para no aventurar el proyecto: 1."Que el lugar de la traslación sea, sin equivocación, sano y proporcionado para labores y siembras: 2.° que sea un punto que logre fácil comunicación por sus circunstancias locales con el todo de la provincia, y es especialmente, con los puertos de Sur y Norte; y 3.° que se verifique dicha traslación sin gravamen de la Real Hacienda y sin perjuicio de los empleados. Meditando, pues, sobre la materia, y discurriendo por todo el vasto terreno de esta provincia, comprendemos que el único lugar en que concurren las calidades referidas es la Villa de Tegucigalpa, con otras más de utilidad, que se mostraran en el discurso de este informe.

¿Cómo seguían?

La villa de Tegucigalpa, decían ellos, se halla situada en un terreno fresco, saludable sin disputa, pues se multiplican sus habitantes con proporción al tiempo y con fértiles montañas a sus inmediaciones. Sobre todo esto, puede rendirse una plena justificación. Esta Villa casi se halla en el centro de la provincia, y pueden pasar por ella los correos sin extravío. En ella hay una casa real con buenos almacenes y de mejor construcción que la de esta ciudad, en donde pueden fijarse las cajas reales y azogues con toda seguridad, y mediante a lo poblado que se halla, les sería muy fácil a los empleados proporcionarse habitaciones sin necesidad de fabricar.

"El patrimonio único de esta provincia es la minoría, y sus ricas vetas tienen su principal asiento en aquel partido; pues cerca de la expresada villa se hallan minerales que producen la plata que se quinta y que se acuña en el Reino. Este ramo, pues, tan recomendado, y que merecen la mayor atención, protegido y auxiliado de cerca por el Gobierno, se restablecería y vendría a producir la riqueza, que por el abandono en que se encuentra este giro, carece de ella el Estado, pues siendo fácil se forme el Tribunal de Minería, conforme a Ordenanza, se proyectarían por este los medios convenientes para el laboreo de tantas minas poderosas, que se hallan ahora abandonadas.

"Para Catedral ¿Qué iglesia más proporcionada, aun en el Reino, que la de Tegucigalpa? Su hermosa y construcción es lo mejor que se conoce; de suerte que siendo preciso, como lo es, fabricar de nuevo esta Catedral, que se halla en tan mal estado, y que su costo, con la mayor economía, no debe bajar de cincuenta mil pesos, que ahorraría la Hacienda pública, y sobre cuyo punto sería conveniente oír a los Señores Capitulares eclesiásticos.

"Cualesquiera de los dos conventos de San Francisco y La Merced, pueden suplir por ahora de Colegio seminario, mientras Su Majestad aprobase la traslación; y en este lugar en que pueden encontrarse más de cien niños españoles ¿no se lograría con ellos llenar las plazas del Colegio, y que disfrutando todos de las cátedras de él, lograrse el Obispado competente número de Ministros, de que tanto se carece ahora, al paso que en el Colegio de esta ciudad, por su fatal temperamento y corto número de españoles; apenas se conocen tres.

"Respecto del Gobierno, creemos que él y el Escribano costearían la traslación de su archivo, para redimir el fatal estado de la salud de uno y otro. Por lo que a nosotros toca, pagaríamos con mucho gusto la traslación de nuestros archivos y caudales de real hacienda, comprometiéndonos del mismo modo, sino aprueba Su majestad este paso.

"La dificultad que resulta con la remisión de estas cajas, con la subalterna de Tegucigalpa, encuentran los exponentes dos arbitrios: el uno, que, incorporándose aquella caja con la principal, quede en calidad de agregado a aquel Teniente Ministro, que lo es con aprobación de Su Majestad, hasta que, por fallecimiento o ascenso de uno de los dos, pueda colocarse en ella, o que, sin hacerse novedad, continúe la caja de Rescates con separación. Por lo que toca a la recaudación del corto número de tributos y su partido, lo verificaría el subdelegado que debía quedar en las cuatro causas. Todos los ramos tomarían incremento el de diezmos, con motivo de haber personas pudientes en el lugar de su remate, que no hay en Comayagua, tomaría otra estimación.

Y por último, Señor Gobernador, trasládesenos de este lugar, que ha sido y es sepultura de tantos europeos y empleados, a cualquiera parte en que se logre siquiera la comodidad de no tener diaria calentura, o fiebres malignas, y en que podamos hacer el servicio y desempeñar nuestros empleos, y asimismo, tener que comer".

¿Qué informe dieron al Gobernador los padres de San Juan de Dios?

Los padres dijeron: "Con vista del US., de 5 del presente, en que inserta al auto sobre trasladación del Gobierno, cajas reales y Factoría a un lugar saludable, en que concurran todas las circunstancias que pide dicho auto, hemos pensado con toda reflexión cuanto cabe en la materia, y por nuestra parte diremos lo que nos parece.

En orden a lo morafero de este temperamento, ningunos como los que exponen podrán certificar hasta dónde llega esta desgracia, pues, a pesar de ser este lugar tan corto, continuamente se hallan ocupadas las camas de dotación de este Hospital, y otros muchos que se agregan por la compasión que causa despedir a los enfermos, que continuamente llegan solicitando auxilios; sin excusarse por esto el tener que salir fuera a visitar los enfermos que no pueden llegar al convento a pedir remedios, y si esto fuese en determinado tiempo del año, seria sufrible; pero es diario, no obstante que entradas de agua se experimentan las calenturas malignas, que son las que aniquilan y destruyen esta ciudad. Y aun respecto de los que hablan, es constante que desde que vinieron con toda robustez a este Convento, perdieron la salud, que no han podido restablecerán hasta que no salgan de ella.

Los empleados de ella, tomado la resolución de desamparar esta ciudad, luego que llego a este suelo, hubiera fallecido. Su Provisor inmediatamente perdió la salud; y si no hubiera mudado de temperamento, sin remedio hubiera fallecido; y habiendo vuelto, es notoria su recaída. Y por último, córrase la vista por todos los vecinos principales, por toda la plebe, y todos se verán enfermos, macilentos y débiles; por cuyas razones, no solo es absolutamente necesaria la traslación del Gobierno, sino (en caso posible) LA TRASLACIÓN DE LA CIUDAD.

"Fundado, pues, lo indispensable para la traslación que debe ser a un lugar de la misma provincia, en que concurran las circunstancias que pide el auto de U., no encontramos otro que la Villa de Tegucigalpa. Este es el único punto que se conoce en toda la provincia, en que sus habitantes disfrutan salud, y que se aumentan en proporción a su número. Solo allí se conocen personas de avanzada edad con verdadera robustez. Es un temperamento fresco, benigno y de aguas saludables. Su situación se halla con arreglo a la ley que se cita, pues el sol la baña primero que al famoso rio a cuya margen se halla dicha Villa. Esta, en sus inmediaciones, tiene tres inmensas montañas fertilísimas, en las que se cosecha con abundancia toda clase de granos de superior calidad. Su población, en lo formal y material, es mayor que esta: sus habitantes más pudientes, y además, se halla esa Villa casi en el centro de la provincia y en lo más poblado de ella; y por sus circunstancias locales, proporcionada para la más pronta comunicación, sin que tenga que extraviar el correo mensual para los puertos y costas del Norte.

"Muchas serían, pues, las utilidades y ventajas que resultarían de la traslación a la indicada Villa, que aunque parece que no son de nuestra competencia, no tenemos, sin embargo, embarazo en manifestarlas.

"La Real Hacienda no tendría que hacer gastos en las obras que necesitan para su seguridad y manejo, pues hay en aquella Villa una casa real capaz para todo, de mejor construcción que la de esta ciudad. La Iglesia parroquial es un edificio, ciertamente, de los más hermosos que se conocen en el Reino, y por lo mismo, propio para Catedral; al paso que la de esta ciudad se halla tan destrozada que necesita una pronta reparación, la que no hará Su Majestad con menos de cien mil pesos, y sería una lástima que esta fábrica se hiciese en un lugar que camina a su total disolución.

El ramo de minería, con el impulso del Gobierno y a vista de los minerales, tomaría el incremento que necesita esta clase de labor para su restablecimiento.

Por último, con la traslación sería Su Majestad servido por los empleados como corresponde, se aumentarían sus vasallos, y por consiguiente, engrosaría el Erario. Dicha Villa se halla en la actualidad con todos sus conventos e iglesias nuevas; y aunque no hay hospital de San Juan de Dios, aquel vecindario, tan inclinado al culto divino y a la piedad cristiana, luego trataría de construirlo, y se evitaría el crecimiento gasto que inmediatamente es preciso hacer en este convento, por el fatal estado en que se halla".

¿Qué informe dio el Factor?

El Factor manifestó sus opiniones en estos precisos términos: "El factor de tabacos, en vista del auto de U., sobre trasladar el Gobierno, Cajas y Factoría, a un lugar saludable y en quien concurran varias cualidades que pide el indicado auto; e igualmente ha visto lo informado por el Ministro de Real Hacienda y priores de San Juan de Dios. A los dos referidos informes parece que no resta más que añadir, que el Factor, desde que llego a esta ciudad no ha logrado un solo día de salud, habiendo llegado el caso de recibir los sacramentos, y continua sin poder restablecer verdaderamente; por cuya razón, y siendo cierto y constante todo lo que se refiere en los informes anteriores, y por último, a los que actualmente sufre esta ciudad, de calenturas, escorbuto, y otras enfermedades, que sin saber cómo, echan a la eternidad almas robusto ¿Qué dirá el Factor, sino que se aceleren los pasos de la redención de la salud de todos los empleados y de los que quieren seguir este designio para librarse?

"En orden al lugar que proponen los dos informes de Prior y Ministros, le parece al Factor que no puede encontrarse absolutamente lugar más proporcionado para la traslación que Tegucigalpa, pues es notorio su buen temperamento y todas las demás circunstancias que se refieren en dichos informes.

"Respecto de la renta de mi cargo, tiempo ha que se trataba de la traslación de la Factoría a la indicada Villa, por ser lugar, como dicho es, sano y de más población y proporción para tomar el Factor con actividad las providencias de lo económico de su renta, por hallarse dicha Villa en lo más poblado de la provincia.

"Reproduce el Factor, en todas sus partes lo informado por el Ministerio, y por su parte suplica se aceleran en lo posible los pasos de este negocio, por que interesa a la humanidad y al Estado."

¿Cómo opinó en este asunto el Escribano real?

Sus opiniones claras y francas fueron expuestas de la manera siguiente: "El Escribano de Gobierno, minas y registros, cumpliendo con lo mandado por U., en auto de 5 del corriente, e impuesto también de los tres informes anteriores, dice: que estos ya han dicho lo suficiente para demostrar el mal temperamento de esta Ciudad, y lo útil que es por esto traslación; pero no han demostrándolo en términos que quede convencido el conocimiento de la superioridad, de que es inhabitable este terreno. Yo quiero demostrarlo sin que quede lugar a duda.

"El año de 1785, era Dean de Guatemala el Señor Batres: en León, en igual tiempo, lo era el Señor Huertas después Obispo de esta provincia de Comayagua el Señor Milla. En 1805 era Dean de Guatemala el Señor Batres: en el mismo año, haría tres que había fallecido el Señor Huertas; y en Comayagua, en los veinte años de 1785 a 1805, murieron los Deanes Milla, Arriaga y Cáceres; que es decir que el temperamento de Comayagua es tres veces menos saludable que León y Guatemala.

"En catorce años que ha que sirvo esta Escribanía, entre hijos y criados, se han muerto en mi casa catorce personas, no siendo mi familia numerosa. La del Contador Don José Julián Hernández, que se componía de ocho personas, en menos de tres años, murieron de ella, dicho Contador, su mujer dos hijos y un sobrino, y por último, cada familia de esta ciudad ha experimentado igual destrozo, Los pueblos de Jeto, Santa Luca, Mejicapa y Laboríos, que se hallaban situados a las orillas o arrabales de esta ciudad, concluyeron, pues, en el de Santa Lucia y Mejicapa, no quedó ni una sola persona, y el de Jeto y Laboríos, apenas hay quince o veinte en ambos, ¿Qué cosa más terrible, Señor Gobernador, que una calentura leve, que en otro temperamento no se menester hacer cama por ella, en Comayagua es preciso, a la primera, prepararse para morir, porque, no conociendo su malignidad, suele a la segunda y tercera ir el paciente a la eternidad? ¿Con que disgusto no se vive en esta ciudad, con la continua peste, que la única variedad que se ve en el año es el aumentarse en entradas de las aguas la de calentura maligna y tabardillos, agregándose a estas, ya el escorbuto, que va familiarizando con mucho progreso?

"A ninguno como al Escribano le resulta perjuicio en la traslación, pues tiene que abandonar dos casas, siendo la una de ellas la mayor y de mejor construcción de esta Ciudad, de valor de más de siete mil pesos, y una finca de caña que tiene a sus inmediaciones, que importa más de seis mil pesos; pero como su vida y salud prefieren al interés, todo el archivo a su costa, tanto el de Escribanía como el de Gobierno, y a volverlo a traer si se desaprueba la traslación por su Majestad.

"Efectivamente, mucho pulso es nuestro para no equivocarse en el señalamiento de lugar para la traslación; pero en la provincia de Comayagua no es fácil errar, porque desde luego es precioso no contar con ningún terreno que este ventilado por la costa del Norte, por cuya razón no queda en que escoger sino solo en los que quedan hacia el Sur".

"La Villa de Tegucigalpa es la única que se halla situada con más inclinación al Sur, y resguarda del Norte con alturas. El lugar tiene acreditado su temperamento, con la proporción de sus habitantes, con los muchos viejos que se conocen de todas clases, con lo pronto que restablecen los que pasan allá enfermos, como sucedió a la Señora esposa de US., que, habiendo ido a dicha Villa en estado fatal de salud, en menos de dos meses regreso enteramente restablecida, así lo notaron todos los que la vieron ir y volver.

"Solo a esta Villa puede hacerse la traslación sin costo de la Real Hacienda, y antes sí, con utilidad de ella. En esta Villa hay una casa reales y habitación del Señor Gobernador. Aquella no necesita de reedificación, pues se halla nueva y es de mejor material que la de Comayagua, la que debe reedificarse inmediatamente toda ella, pues sus maderas se han corrompido todas, como resulta del expediente que se halla instruyendo para su reedificación; y el Señor Fiscal propietario de lo criminal, que se hospedo en ella, la reconoció toda, y especialmente el almacén de azogues, que todo se halla lleno de goteras, y su arte son podrido.

"La iglesia parroquial de dicha Villa es un edificio que si en la Capital hay otros mayores que él, ninguno lo iguala en su hermosura, ni en lo solido de su material.

"El vecindario de aquel lugar, la mayor parte de él son pudientes, y muchos de caudal considerable; y estos ¡quien dudara que han de contribuir a la fábrica de colegio y hospital. Lo cierto es que de este modo se proporciona la educación de tantos niños españoles, que, por no exponerlos a este temperamento, no los envían a este seminario, por cuya razón se halla hoy con solo tres niños; y como sabida y notoria es la humanidad de este ilustre vecindario, la misma suerte correría el hospital.

"Los conventos de la Merced y San Francisco y todas las iglesias de este lugar se hallan en el suelo, pero en términos que a excepción de la Caridad, todas las demás amenazan ruina: al paso que en Tegucigalpa, todas, sin exclusión de ninguna, de cinco años a esta parte se han redificado.

"Es digno de notar que en Comayagua, de veinte á veinte y cinco años es preciso renovar todas las fábricas, porque las maderas de más duración se corrompen en este tiempo. Los granos, jamás ha podido encontrarse arbitrio para conservarlos más de seis meses después de cosechados, y en la Villa de Tegucigalpa duran sin podrirse tres a cuatro años, y las maderas se conservan siempre ilesas.

"El ramo de minería es el alma, no solo de esta Provincia sino de la del Reino. Este interés nueve al labrador a engrosar sus sementeras, a los hacendados a aumentar la crianza de ganados, a los comerciantes, a doblar su giro, a los artesanos, a trabajar con tesón, y a lo general del pueblo en ocuparse. El Gobierno, teniendo a la vista y tan de cerca los ricos minerales que se hallan a las inmediaciones de Tegucigalpa, lograra con su influjo y autoridad, se restablezcan a su antiguo ser, y que se habiliten las poderosas minas que se hallan abandonadas, por falta de auxilios o arbitrios para trabajarlas.

"En lo demás, suscribe el Escribano con los Ministros de Real Hacienda, añadiendo que en la estación presente, sin embargo que restableció en Guatemala su salud, hoy se halla él y los tres amanuenses con quienes despacha, enfermos, como a US. Consta; por cuya razón suplica el Escribano la preferencia de este expediente de que pende nuestra felicidad y beneficio del público y Real Hacienda, como está demostrado".

¿En qué sentido se expresaron los Reverendísimos Padres que componían el Cabildo eclesiástico?

Los Reverendísimos Padres no pudieron menos que expresarse sobre este asunto, que tanto interesaba, como ellos dicen, al Estado y a la humanidad, con el desinterés, caridad y buena fe, que hoy ríen en el cielo, y que son compañeras inseparables del alto ministerio que desempeñaban. Su contestación fue así: "El Cabildo dice: que los deseos conatos nunca extinguidos de que se trasladen el Gobierno y Catedral de esta Ciudad a la villa de Tegucigalpa, le hacen creer que Tegucigalpa, pues es notorio su buen temperamento y todas las demás circunstancias que se refieren en dichos informes.

Respecto de la renta de mi cargo, tiempo ha que se trataba de la traslación de la Factoría a la indicada Villa, por ser lugar, como dicho es, sano y de más población y proporción para tomar el Factor con actividades de las providencias de lo económico de su renta, por hallarse dicha Villa en lo más poblado de la provincia. "Reproduce el Factor, en todas sus partes lo informado por el Ministerio, y por su parte suplica se aceleren en lo posible los pasos de este negocio, por que interesa a la humanidad y al Estado".

¿Cómo opinó en este asunto el Escribano real?

Sus opiniones claras y francas fueron expuestas de la manera siguiente: "El Escribano de Gobierno, minas y registros, cumpliendo con lo mandado por U., en auto de 5 del corriente, e impuesto también de los tres informes anteriores, dice: que estos ya han dicho lo suficiente para demostrándolo en términos que quede convencido el conocimiento de la superioridad, de que inhabitable este terreno. Yo quiero demostrarlo sin que quede lugar a duda. El año de 1785, era Dean de Guatemala el Señor Batres: en León, en igual tiempo, lo era el Señor Huertas después Obispo de esta provincia de Comayagua el Señor Mismo año, haría tres que había fallecido el Señor Huertas; y en Comayagua e los veinte años de 1785 a 1805, murieron los Deanes Milla, Arriaga y Cáceres: que es decir que el temperamento de Comayagua es tres veces menos saludable que León y Guatemala.

"En catorce años que ha que sirvo esta Escribanía, entre hijos y criados, se han muerto en mi casa catorce persona, no siendo mi familia numerosa. La del Contador Don José Julián Hernández, que se componía de ocho personas en menos de tres años, murieron de ella, dicho Contador, su mujer, dos hijos y un sobrino, por último, cada familia de esta ciudad ha experimentado igual destrozo. Los pueblos de Jeto, Santa Lucia, Mejicapa y Laboríos, que se hallaban situados a las orillas o arrabales de esta Ciudad, concluyeron, pues, en el de Santa Lucia y Mejicapa, no quedó ni una sola persona, y el de Jeto y Laboríos, apenas hay quince o veinte en ambos. ¿Qué cosa más terrible, Señor Gobernador, que un calentura leve, que en otro temperamento no es menester hacer cama por ella, en Comayagua es previos a la primera, prepararse para morir, porque no conociendo su malignidad, suele a la segunda y tercera ir al paciente a la eternidad? ¿Con que disgusto no se vive en esta ciudad, con una continua peste, que la única variedad que se ve en el año es el aumentarse en entradas de las aguas la de calentura maligna y tabardillos, agregándose a estas, ya el escorbuto, que va familiarizándose con mucho progreso?

"A ninguno como al Escribano le resulta perjuicio en la traslación, pues tiene que abandonar dos casas, siendo una de ellas la mayor construcción de esta Ciudad, de valor de más de siete mil pesos, y una finca de caña que tiene a sus inmediaciones, que importa más de seis mil pesos; pero como su vida y salud prefieren al interés, todo el archivo a su costa, tanto el de Escribanía como el de Gobierno, y a volverlo a traer su se desaprueba la traslación por su Majestad.

"Efectivamente, mucho pulso es menester para no equivocarse en el señalamiento de lugar para la traslación; pero en la provincia de Comayagua no es fácil errar, porque desde luego es preciso no contar con ningún terreno que este ventilado por la costa del Norte, por cuya razón no queda en que escoger sino solo en los que quedan hacia el Sur".

"La villa de Tegucigalpa es la única que se halla situada con más inclinación al Sur, y resguarda del Norte con alturas. El lugar acreditado su temperamento, con la proporción de sus habitantes, con lo muchos viejos que se conocen de todas clases, con lo pronto que restablecen los que pasan allá enfermos, como sucedió a la Señora esposa de US., que, habiendo ido a dicha Villa en estado fatal de salud, en menos de dos meses se regresó enteramente restablecida, así lo notaron todos los que la vieron ir y volver.

"Solo a esta Villa puede hacerse la traslación sin costo de la Real Hacienda, y antes si, con utilidad de ella. En esta Villa hay una casa real de más capacidad que la de esta de Comayagua, para cajas reales y habitación del Señor Gobernador. Aquella no necesita de reedificación, pues se halla nueva y es de mejor material que la de Comayagua, la que debe reedificarse inmediatamente toda ella, pues sus maderas se han corrompido todas, como resulta del expediente que se halla instruyendo para su reedificación; y el Señor Fiscal propietario de lo criminal, que se hospedo en ella, la reconoció toda, y especialmente el almacén de azogues, que todo se halla lleno de goteras y su artesón podrido.

"La iglesia parroquial de dicha Villa es un edificio que si en la Capital hay otros mayores que él, ninguno lo iguala en su hermosura, ni en o solido de su material.

"El vecindario de aquel lugar, la mayor parte de él son pudientes, y muchos de caudal considerable; y estos ¿Quién dudara que han de contribuir a la fábrica de colegio y hospital? Lo cierto es que de este modo se proporciona la educación e tantos niños españoles, que, por no exponerlos a este temperamento, no los envían a este seminario, por cuya razón se halla hoy con solo tres niños; y como sabida y notoria es la humanidad de este ilustre vecindario, la misma suerte correría el hospital.

"Los conventos de la Merced y San Francisco y todas las iglesias de este lugar se hallan en el suelo, pero en términos que, a excepción de la Caridad, todas las demás amenazan ruina; al paso que en Tegucigalpa, todas, sin exclusión de ninguna, de cinco años a esta parte se han reedificado.

"Es digno de notar que en Comayagua, de veinte a veinte y cinco años es preciso reenviar todas las fábricas, porque las maderas de más duración se corrompen en este tiempo. Los granos, jamás ha podido encontrarse arbitrio para conservarlos más de seis meses después de cosechados, y en la Villa de Tegucigalpa duran sin podrirse tres a cuatro años, y las maderas conservan siempre ilesas.

"El ramo de minería es el alma, no solo de esta Provincia sino de la del Reino. Este interés mueve al labrador a engrosar sus sementeras, a los hacendados a aumenta la crianza de ganados, a los comerciantes, a doblar su giro, a los artesanos, a trabajar con tesón y a lo general del pueblo en que ocuparse. El Gobierno, teniendo a la vista y tan de cerca los ricos minerales que se hallan a las inmediaciones de Tegucigalpa, lograra con su influjo y autoridad, se restablezcan a su antiguo ser, y que se habiliten las poderosas minas que se hallan abandonadas, por falta de auxilios o arbitrios para trabajarlas.

"En lo demás, suscribe el Escribano con los Ministros de Real Hacienda, añadiendo que en la estación presente, sin embargo que restableció en Guatemala su salud, hoy se halla él y los tres amanuenses con quienes despacha, enfermos, como a US. Consta; por cuya razón suplica el Escribano la preferencia de este expediente de que pende nuestra felicidad y beneficio del público y Real Hacienda, como está demostrado".

¿En qué sentido se expresaron los Reverendísimos Padres que componían el Cabildo eclesiástico?

Los Reverendísimos Padres no pudieron menos que expresarse sobre este asunto, que tanto interesaba, como ellos dicen, al Estado y a la humanidad, con el desinterés, caridad y buena fe, que hoy viven en el cielo, y que son compañeras inseparables del alto ministerio que desempeñaban. Si contestación fue así: "El cabildo dice: que los deseos y conatos nunca extinguidos de que se trasladen el Gobierno y Catedral de esta Ciudad a la villa de Tegucigalpa, le hacen creer cuán conveniente sería que por fin se llegase a efectuar. Aún hay tradición de los que tuvo el Ilustrísimo Señor Don Isidro Rodríguez, como también el Ilustrísimo Señor Don Francisco José de Placencia, Prelados de los más esclarecidos, por su virtud y letras, y que quedaron sin efecto, por el ascenso que vino al primero, por la muerte que sobrevino al segundo. Tampoco se ignoraron los clamores, deseos y simpatías continuos de sujeto de carácter y distinción, que arrastrados del amor a la humanidad, por conocimientos prácticos que han tenido de uno y de otro lugar, anhelan siempre, piden se admiran y preguntan por qué no se verifica esta traslación; y todo es a lo menos conjetura de su conveniencia, que ciertamente llegara a ser una realidad el día que se piense en las circunstancias que concurren. Comayagua, sino fuera la opinión común que tanto le desacredita hablando de lo físico, no sería menos que una mera paradoja.

Está situada en un valle amplísimo, cuya superficie es plana, llana sin tropiezos, ni embarazos, circundada de montañas amenas, y regada de muchos ríos y riachuelos, que corren y culebrean al haz de la tierra: y sin embargo, Comayagua siempre es escaso de granos y de víveres, y nunca es sano o alentado: sus aguas, especialmente las inmediatas, son intolerables: las de río que llaman "Chiquito" dimanan de una espesa montaña, pasan por minerales de cobre, se revuelven con otras de cenagales, y siempre conservan su crudeza, frialdad y natural insipidez: las de "La Humuya," cuyo piso o fondo es puro barro o cieno, por mejor decir, en el verano fastidia al olfato por su mal olor, y en invierno se pone lodosa por las grandes crecientes que echa, y con toso, aun es más ligera y menos insípida y desagradable: por consiguiente es más usual, por más a mano, la del "Rio Chiquito", y necesariamente la que acarrea formidables garrotillos, pulmonías, gravísimos cólicos e inflamaciones de hígado, y de todas las partes contenidas en el vientre, "Admiro, dice un célebre inglés, profesor de Medicina, que conociendo muchos que aún para sus caballerías es muy perjudicial darles de beber cuando están acaloradas, se entregue ellos mismos a esta mala costumbre con tanta frecuencia, pues ninguno hay que no deje beber a sus caballos cuando están acalorados, principalmente sino tienen que trabajar después, sabe que si los dejara beber, tal vez reventarían, y el no teme exponerse al mismo peligro", en efecto, aquí como en pocas partes se ha de palpar esto por la inconsideración y la ocasión de las aguas siempre heladas, crudas y pesadas, por la variedad del clima e inconstancia de los tiempos, pasando repentinamente, aún en un mismo día, mayormente en el verano, del calor al frío, o el frío al calor, de que producen igualmente tantas otras enfermedades, reumáticas, catarrales, y también calenturas asesínales.

¿De qué, pues, o para qué tanta y tan grande variedad y abundancia de aguas? Aguas, en verdad, que no dan sino que quitan, o minoran y debilitan la vida del hombre, son, como se decía, mera paradoja. Ni es menos por lo que respecta a su superficie, plana y agradable a primera vista; su misma planicie o llanura, obliga a detener las aguas, dificulta absolutamente sus corrientes, si no a expensas de que crecidísimos gastos, forma pantanos y cenagales, en el centro de la ciudad hay muchos de estos y mucho más en sus barrios y arrabales: a las 2 o 3 horas de haber llovido, no hay cómo pueda pasar un hombre calzado, del cuartel a San Blas, o a San Sebastián: La Merced al barrio arriba y de éste al de La Caridad, porque todas las calles se hacen fangos o una laguna de puro cieno, el que dura mucho tiempo se podría y corromperá precisamente la de infestar el aire que respiran, y con qué se nutren, no solamente los habitadores de Los Barrios, sino también los de la Ciudad. ¿Qué perjuicio no causará este aire cuando se introduce en las casas de la gente parada, que poco a nada cuida de la ventilación, tan necesaria para la salud? ¿Qué daños no acarrearan las humedades que tras minar semejantes casas, cuyo piso, si no es más bajo que el de la calle, no tiene al menos más altura? ¿Podrá darse cosa más nociva al mismo pasó de ocasionarse un terrible contagio y de presentarse a la imaginación de cualquier inteligente la compasión y la lástima? El mismo profesor de medicina que sea citado, aludiendo parece, al intento de que se habla.

"Hay otra causa, dice, de que casi no se hace aprecio, y aunque en efecto produce accidentes menos violentos, no por eso deja de ser muy perjudicial, y es la costumbre que hay en casi todos los pueblos de tener los estercoleros precisamente debajo de las ventanas: estos exhalan sin dejar vapores pútridos que con el tiempo es preciso que perjudiquen y contribuyen a ocasionar enfermedades pútridas. Los acostumbrados a este olor no lo advierten, porqué la causa no deja de obrar; y los que no están acostumbrados a él, conocen toda la fuerza de la impresión que hace. Hay pueblos en los cuales aún después de haber quitado los estercoleros mantienen en su lugar unas balsas de agua. El efecto es todavía más pernicioso, porque de esta agua podrida, que permanece estancada durante todos los calores, se exhalan sus vapores con más facilidad y abundancia que de los estercoleros. Habiendo ido a Apulli el grande, en 1759, con motivo de una calentura pútrida epidémica que causaba en el estragos, advera, al cruzar el pueblo, la infección de estas balsas, y no dudé que serían la principal causa de esta enfermedad, y de otra semejante que había reinado 5 años antes, pues el pueblo está en una situación sana. Convendría que se precaviesen estos accidentes, no usando de semejantes balsas". Hasta aquí el inteligente.

Ahora ¿de qué manera se precaverán, no los estercoleros ni las balsas de Comayagua, sino el continuo y perenne fango o lagunas de cieno que casi por todas las calles y solares se encuentran en ella? No es, en verdad, un imposible de toda imposibilidad; pero era sin duda alguna un demasiado trabajo, un tesón continuo y un considerable desembolso, que tal vez, y sin tal vez, no hay de dónde hacerse.

Apoyados en la autoridad, experiencia y razones fijas de este Profesor, que, por sus excelentes obras, ha logrado un lugar distinguido en la República de las letras; apoyados en tanta autoridad ¿para qué se ha de preguntar de qué provienen tantas y tan repetidas epidemias de calenturas pútridas, que consternan en tanta manera, que postran una familia entera, en términos que, sí de las vecindades no le ministran algún remedio o alimentos, tendrían que arrastrarse miserablemente por el suelo? Los efectos corresponden a sus causas, y no se podrá tan fácil decidir que sea lo que más contriste, si el ver las causas tan irremediables o el considerar los efectos tan imprescindibles y necesarios.

Hay una inmensurable distancia entre lo que puramente se oye y entre lo que realmente se ve. Ninguna expresión ni ponderación bastará para que se forme el correspondiente concepto de todo el cieno y fangal es de Comayagua, ni tampoco de la trascendencia de su frecuentes epidemias, de fiebres y calenturas pútridas, unas cotidianas, otras tercianas dobles, que las más veces se alcanzan, entrando a la segunda sin haber acabado de salir la primera, mayormente desde agosto que es cuando más aprietan las aguas no se eximen ni se distinguen los pequeños de los grandes, las mujeres de los hombres, los blancos de los pardos, y los forasteros de los naturales; pero ¿con cuánta más razón acometerán a los que no están creados ni habituados al clima? Digas, pues, que lo que la hace parecer más hermosa, la hace más enfermiza; e infieras cuan adecuado, fundados y justos son los pensamientos y deseos de que se trasladen la catedral y Gobierno, en que los que están empleados todos o casi todos, son europeos u originarios de distantes y distintos lugares. Añádase también la escasez de granos que aquí frecuentemente se experimenta, sin que basten los arbitrios habilitaciones de comunidades y esfuerzos del Gobierno. Este es puntualmente el año, de muchos a esta parte que han abundado; y sin embargo, los maíces no bajan al precio de seis pesos por fanega. De esta continúa escasez e inopia de granos, resulta que pocas o raras veces se cosechan en su perfecto sazón, tiernos se cortan, se venden y pasan por alimento común; y de allí muchas enfermedades que empeoran la situación de Comayagua. Todo esto proviene radicalmente de la poca circunvecindad que tiene, y que su vecindario, por lo que mira a la gente parda, educada en el mayor afeminamiento, mira con horror el trabajo y la fatigas de la agricultura; y sólo se inclinan sastrecitos y zapaterillos: se inutiliza ya se hace vana la fertilidad de la tierra, la extensión de sus llanuras, la abundancia de sus aguas y la amenidad de sus montes. Esto, bien se sabe que es dar pábulo a las epidemias, deteriorar la presente situación y hacer más activo y formidable el contagio. También es cuando se considera fomentar los deseos de acalorar los conatos, evitar las súplicas, determinarse a los recursos y clamores incesantes a los pies del trono, para alcanzar del Soberano su licencia y real consentimiento para la traslación de esta a la Villa de Tegucigalpa, que sin duda ofrece, contra positivamente, mejores proporciones para la vida humana. Una población más alta, situada sobre peñas talpetate y tierra firme bañada de aguas, cuyo origen tiene viene de muy lejos, con rápidas corrientes, y sobre peñascos y piedra grande, con vereda siempre al Poniente, con conformidad a las leyes de estos reinos, habitada de sesenta y seis familias españolas, o gente blanca, fuera de otras muchas de gente parda, adornada de bellas fábricas. Un templo suntuoso, y muy buenas casas de habitación, circunvalada de pueblos, minerales, reducciones y haciendas de todas clases. Estas son las prendas y circunstancias, aunque superficialmente designadas, que constituyen el mérito y aprecio, que tan justamente se hacen de la Villa de Tegucigalpa. Como su situación es consistente, nunca hace cenagales; como sus aguas vienen de lejos y llenan tan golpeadas, son saludables y gustosas; como su piso es alto, goza de atmósfera más despejada; como su vecindario es tanto, se facilita el trato, el servicio y la mutua comunicación; como su parroquia es suntuosa, no es menester fabricar Catedral; y como circunvecindarios son tan crecidos, siempre tienen y han tenido víveres y granos y abastos en abundancia. Si no hay hospital y seminario, si en la Catedral es necesario adelantar, elevando alguna o algunas piezas y oficinas ¿quién será tan temerario que presuma que por esto, la real piedad dejará de conceder, fuera de que esta fábrica no está tan desprovista que tuviese para tales gastos?

Y pasando en silencio algunas reflexiones, que a cada línea se han ido ofreciendo, ya porque se han tocado y ya porque las que se han esforzado hacer el Cabildo, indican lo bastante cuáles sean sus deseos, cuales sus súplicas, y cuál el profundo respeto con que las hace".[11]

¿Qué se sigue de aquí?

Que los sentimientos sobre trasladar la capital de Comayagua a la villa de Tegucigalpa fueron completamente uniformes, tanto en el Gobierno como en las comunidades religiosas, aunque no pudo verificarse, a pesar de los decretos que en diferentes épocas se emitieron con tal fin, sino es hasta el 30 de octubre de 1880, en que el Congreso Constituyente, sin fijarse en los sentimientos lugareños, consultando sólo los grandes intereses del país, declaró Capital a la ciudad de Tegucigalpa, fundado en su población en su riqueza.

---

[11] Solicitud del Gobierno de Comayagua y demás empleados eclesiásticos y seculares, para trasladar la Capital a la Real Villa de Tegucigalpa. Julio 21 de 1806 tomo 6. Causa instruida contra Don Manuel Midence. Tomó 13 páginas 14 y 15. Archivo Nacional.

Comayagua carece de ambas cosas. Si el gobierno se viera en la necesidad de colectar con urgencia diez mil pesos y dos mil hombres, Comayagua no los daría en un mes; mientras que Tegucigalpa los pondría inmediatamente a su disposición. Cierto es que Comayagua está fundada en un extenso y hermosísimo valle, bañada por grandes y caudalosos ríos, y rodeada de fértil las montañas; pero sus hijos, acostumbrados a vivir solo de los destinos públicos, fascinados por el recibo y la liquidación, y a dormir al color de la pereza nunca hicieron por crear intereses permanentes, y hoy se ven azotados por la miseria y por el hambre, va hasta el punto de dispersarse, dirigiéndose unos a la ciudad de San Miguel, República del Salvador y otros a la de Tegucigalpa y a distintas direcciones. El pronóstico hecho por los gobernadores españoles en 1806, se ha cumplido en 1882. Quédales no obstante, en una sola esperanza: la construcción del ferrocarril interoceánico, que está en vía de realizarse.

¿Estuvieron acordes en la expresada traslación el Ayuntamiento y vecindario de Tegucigalpa?

Los sentimientos del vecindario y del Ayuntamiento fueron hostiles a los propósitos que los intentaban trasladar la Capital y ciudad de Comayagua a la vía de Tegucigalpa; y al efecto nombraron procuradores a los Señores Don José Cecilio Del Valle y a Don Francisco Albert, para que presentasen ante la Capitanía General y la junta superior de Guatemala, las causas las verdaderas causas, que tenían para rechazar la traslación que se pretendía hacer. Por lo que entonces pasó, se comprende fácilmente que la resistencia que se ha tenido porqué la ciudad de Tegucigalpa sea la Capital de la República, es una resistencia tradicional como tradicional es la resistencia y mezquindad de Comayagua. Los vecinos de Tegucigalpa estaban penetrados de que las ciudades que sirven de asiento a sus Gobiernos son más perseguidas que cualquiera otra, en los tiempos de revolución y que sus habitantes acostumbrados, cómo se acostumbran, a vivir de los empleos públicos, tienen como bochornoso, al dejar el puesto que se desempeñan volverse a ocupar de sus primitivas profesiones haciéndose estériles fuerzas que debían servir para aumentar la riqueza particular y pública. Este es precisamente el error en que

Comayagua cayó, y que la ha llevado a su completa disolución y ruina.

¿Qué informe dio sobre el particular el Gobernador Intendente de la Provincia a la Junta Superior de Guatemala?

El Sensato informe del gobernador fue redactado en estos términos: "Vuestro Teniente letrado y gobernador interino de la provincia de Honduras reverentemente eleva á la superior inteligencia de Vuestra Superioridades: que no pudiendo perder de vista aquellas estrechas obligaciones en que por sus indicados empleos, le tienen constituido nuestro Augusto Soberano: y en fuerza de ellas, si por una parte está ligado, ya como Juez, o ya como padre de la patria, a corregir los excesos que cometieron los habitantes de ella, y de su inmediato natural conocimiento: no menos en virtud de las mismas, por otro lado, no está absuelto de perdonar la menor fatiga personal, a mirar y por todos aspectos atender por el común beneficio de todos y cada uno, al modo que un buen padre de familia, que, sí con rostro serio, reprende lo malo a sus domésticos, desvelado lo solicita y proporciona cuántas comunidades les son accesibles, principalmente y con preferencia a todos, a las que tienen por único objeto su alivio en las aflicciones, que entre el copioso número de estas, la que tiene el primer lugar es la falta de salud; pues aún el ignorante vulgo afirma que ninguna opulencia ni satisfacción la más completa, puede compararse con una entera y robusta salud. Esta discreta doctrinas, y teóricamente la poseía vuestra Gobernador Intendente interino de Comayagua, lo cierto es que la acrisolada práctica de ella de Vuestra Superioridades la aprendido en sus sabias y repetidas providencias siempre que se han presentado calamidades públicas, de que tiene a la vista no pocos ejemplares y omite su específica relación, consultando la mayor brevedad y exposición de su presente representación. Esta es hija legítima de uno sinceros sentimientos de la mayor humanidad, acompañados de no pocas reflexiones, meditadas por el largo espacio de nuevos años; de modo que vienen combinados unos con otros principios, al fin le han compelido para descargo de toda responsabilidad ambas Majestades el proveer el auto de traslación que encabeza el asunto expediente original cuyo contenido sin mucho le enerva el facultativo informe de los

Reverendos padres, Prior y Religiosos socio del hospital de San Juan de Dios, no menos fuerza y vigor le suministran los subsecuentes informes de Los Ministros de Real Hacienda, Factor de tabacos y Escribano de Gobierno.

"La superior penetración de Vuestra Superioridades no podrá dejar de advertir los puntos cardinales, que para dicha traslación, con la mayor exigencia y brevedad de ella, son de tenerse presentes, cuales, en concepto del que representa, son de tenerse presentes, cuales, en concepto del que representa, son: 1º. La local situación de la ciudad de Comayagua contra el literal tenor y espíritu de la ley municipal que el auto cita. 2.º La continua epidemia de fiebre es que devora al vecindario, y el incremento que va tomando con enfermedades desconocidas, pero que ayudan a la más pronta desolación; 3.º La ninguna utilidad que al soberano se le sigue, de que sus criados, como son los empleados, de continuó estén enfermos e imposibilitados de llenar el hueco de sus respectivas obligaciones; y el consiguiente desamparo y viudedad de sus desgraciados consortes: 4.º Presentarse sin ejemplar igual en todo el continente americano, que con sólo un Fiat de Vuestra Superioridades, provisional, e interino recae la real confirmación que de las piadosas y católicas entrañas de un monarca tan pio clemente y misericordioso como el que el cielo nos ha dado un solo momento no debemos dudar de ella y tanto más surreal agradecer cuánto para el efecto su real erario no tiene que desembolsar un solo partido son tantos los que rescatan la vida 5.º Finalmente si el lugar a donde ha de ser la traslación ofrece tanto cuánto puede conducir al bien particular al provecho del estado y el mayor incremento del Real erario el primero de dichos puntos está desde luego decidió por la misma ley pues mandado esta que la fundación de una población no se haga donde primero baño en los rayos del sol al río contigo antes que a la población siendo indiscutible que los rayos del sol primero mañana el río de "Humuya" qué a Comayagua y dicho está que Comayagua está fundada contra declarada intención del soberano luego debe trasladarse con arreglo a las piadosas intenciones de nuestro Augusto monarca. El segundo Además del común fama y opinión, está así mismo decidido a favor de la traslación por el informe de los reverendos padres del hospital de San Juan de Dios, que con bastante claridad se producen en él.

El tercero no menos definido está por la sola incontestable reflexión de que el Omnipotente nos tiene puestos bajo la dulce dominación de un Monarca que, sí en general a todo vasallo ama, enteramente quiere y apetece la comodidad de los que le sirven a los que de estos inmediatamente dependen; de cuya verdad son tantos auténticos instrumentos, cuántas reales cédulas y soberanas resoluciones. Vuestra Superioridad es tienen a la vista, en las que cuando se ofrece expresar Su Majestad el amor que profesa a sus vasallos, regularmente usa de las adorables voces de mis amados vasallos y paternal amor con que los atiende. El cuarto, por más que se registran archivos y le dan papeles o instrumentos antiguos de toda y cada una de las poblaciones, que ha tenido y tiene el vasto Continente Americano no se haga caso semejante de que se efectúe una traslación como en la que se solicita, que directa o indirectamente el Real Erario no ha sufrido, cuando no en el todo o al menos en alguna parte en el gasto o costo y está de nuestro caso se hará mediante la superior anuencia de Vuestra Superioridades, sin que el Real Erario sufra el desembolso de un solo cuartillo. El quinto y último concibe nuestro Gobernador Intendente interino que sin detención le resuelva Vuestras Superioridades, si se designan mandar agregar a este expediente, el que se instruyó por el vecindario de la Villa de Tegucigalpa, solicitando segregarse de esta Intendencia y que se le proveyese de Alcalde Mayor, el cual se hallará en la Secretaría del muy ilustre Señor Presidente, o en la Escribanía Cámara de Gobierno. Y tanto por este por lo que decía Roja en este expediente, el informe nada vulgar de este venerable Señor Dean y Cabildo Eclesiástico no sólo resalta la necesidad que hay de una pronta traslación de prebendados y empleados, y no quede toda la Provincia no puede darse a favor la causa pública del estudio y del Real Erario, otro lugar más adecuado, que la mencionada Villa de Tegucigalpa, por sus mayores proporciones, que otro ningún sitio, para dicho efecto. Por manera, señores, que reproduciendo vuestro gobernador intendente interino el mérito de este expediente, el de cada uno de los informes que abraza, y el del vecindario de Tegucigalpa para que deja citado por si por los Señores prebendados por los empleados y demás personas que no tienen fortaleza ya para sufrir este morafero temperamento, ni estar en tan evidente peligro de la vida, suplico encarecidamente que, atendidas las razones arriba expuestas se sirva dictar una urgente providencia, y deber que no se entorpezca el curso de este negocio, pues urge sobremanera la expresada traslación; dando cuenta a Su Majestad para su real aprobación".

¿Cómo terminó esta importante solicitud?

Sea por los rechazos que el Ayuntamiento y vecindario de Tegucigalpa hicieron al proyecto de traslación de la Capital, sea por la tardanza de vida a los manejos con que se trató este asunto, lo cierto Es que este pensamiento no pudo llegar a un felicísimo remate. La Capital continuo en Comayagua.

CAPITULO VIII: AÑO DE 1817

Situación de las provincias. -Tiempo en que se acordó la separación de la villa de Tegucigalpa de la Intendencia de Comayagua. -Tegucigalpa celebra con el mayor entusiasmo este suceso. -Real cédula. -Otra real cédula, sobre oficios vendibles.   - Valor que se le señaló. -Lo que se practicaba cuando no había postor. -Indulto general. -Ceremonial con que se recibían los despachos venidos de la corona. -Situación económica. -Impuestos. -Otros impuestos municipales. -Movimiento de la Real caja de Tegucigalpa. -Movimiento de la casa de Rescates. -Se proyecta la construcción de un puente. -Divergencia de opiniones que resultó de aquí. -Contratiempos que sufrió esta obra. -Personas que dirigieron su construcción. -Cálculos hechos por el Gobernador de Comayagua sobre el presupuesto del puente. Lo que costó en efecto.

¿Cómo continuará el Gobierno del Antiguo Reino?

El Gobierno del antiguo Reino permanencia en su eterno statu quo. Ninguna cuestión política le preocupaba por entonces. La paz se experimentaba por todos los ángulos de las provincias, a pesar de los rumores que corrían del aparecimiento de piratas; y solamente se trataba del importantísimo asunto de declarar independientemente de la Intendencia de Comayagua la Alcaldía Mayor de Tegucigalpa. Esta cuestión era entonces de vital interés, porqué se hacen avala facultades y jurisdicciones de las Intendencias y elevaba la Villa de Tegucigalpa a ciertas alturas que causaban envidias, celos y recelos a los que pretendían mantenerla bajó la presión del despotismo por la mayor éxito de sus explotaciones.

En qué tiempo se acordó la separación de la Alcaldía Mayor de Tegucigalpa de la Intendencia de Comayagua?
El 4 de junio de 1817, porque el 3 de junio de 1816 lo había sido sólo de nombre.

¿Cómo celebró Tegucigalpa esta disposición?

Tegucigalpa se entregó a todos los entusiasmos del contento, porque se veía libre de los ultrajes, del despotismo y despilfarros del Gobierno de Comayagua. Lo que ahora afirmamos no es una gratuita recriminación: los hechos son ciertos y los comprobantes evidentes y están a la mano. Su Majestad, la Capitanía General y la Junta Superior de Guatemala hicieron con esta separación un acto de verdadera justicia y llenaron las novísimas aspiraciones del Ayuntamiento de la Villa de Tegucigalpa, que decía: "Este será un día memorable: en el principio la época feliz de su suelo, que por todas partes ofrece las mayores ventajas a la corona y a los que lo habitan. Ha dos años que el Ayuntamiento no aspiraba a otra cosa: por ella ha trabajado incesantemente: por ella ha emprendido incalculables gastos: por ella se han instruido expedientes; si por ella, en fin, se han formalizado infinitos recursos, que se han elevado hasta el trono".

¿Qué disposiciones se recibían de la capitanía general?

La real cédula en que se participaba el restablecimiento que se hacía en la madre patria, de los seis colegios conocidos con los nombres de San Bartolomé, Cuenca, Oviedo, el Arzobispo de Salamanca, de Santa Cruz en Valladolid, y de San Ildefonso en Alcalá de Henares, que ya habían sido fundados, el de San Bartolomé 1435, el de Santa Cruz del Valladolid el año de 1484, el de Cuenca en Salamanca, el año 1500; y después del siglo XV, andando el tiempo, se proyectaron los colegios de Oviedo, que se fundó en 1517, y los de Santa Cruz y del Arzobispo, que se fundaron en 1552, todos con el principalísimo objeto de reparar los estragos, desórdenes y abominaciones que desde la infeliz época, como dice la real cédula, de la invasión sarracena, afligida y devoraban a la Católica Monarquía.

¿Qué otras disposiciones se recibían a este mismo tiempo?

La cédula En qué se fijaba el valor que debían tener los oficios de Regidores de las ciudades y pueblos de estas provincias. Esta cédula fue expedida el 2 de mayo de 1797, y puesta en práctica por el Capitán General Don Miguel González Saravia el 3 de abril de 1804.

¿Qué valor se le señaló?

A los oficios de Regidores sencillos de Guatemala, se le señaló 500 pesos, y a 100 los dobles. A los de Costa Rica 150 pesos a los de esta última clase, y 100 a los sencillos. A los del Ciudad Real, a los primeros 200 y a los segundos 100. Otro tanto se señaló a los de Sonsonate. A los dobles de la ciudad de San Miguel y Villa de San Vicente 600 pesos y 300 a los sencillos. A los primeros de San Salvador 800 pesos, y a los sencillos 400. A los tres ayuntamientos de León, Granada y Villa de Nicaragua se le señalaron en los diferentes tiempos diversos precios, regulados más o menos por los que anteceden. Llegando a los oficios de Regidores de Comayagua y Tegucigalpa, opinó el Intendente de la Provincia que debían valorarse a 300 pesos los dobles y a doscientos los sencillos.

¿Que se hacía cuando no se presentaban personas que compras en estos destinos?

Si puedes dos en esta pública, cómo se practicaba entonces, no se presentaba postor, se mandaban hacer elecciones para no defraudarlos grandes intereses sociales.

¿Qué otras disposiciones se recibieron este año?

Dos de la mayor importancia. Viendo Fernando VII que la causa que defendía la América iba en alta y la de España en baja fortuna, con motivo de su matrimonio y del que acababa de contraer su hermano Don Carlos, con la infanta Doña María Francisca, expidió una real cédula en 25 de enero, y no en el de junio, como dice Marure, concediendo indulto general a todos los reos españoles que no hubiesen cometido delitos exceptuados en el mismo decreto, mandó al propio tiempo que el mencionado indulto se extendiese también a sus vasallos de América. De esta gracia se aprovecharon los reos de la última conmoción salvadoreña, que dejamos referido en otro lugar. Valle, que desempeñaba interinamente la fiscalía, pidió entre otras cosas: que se termina hacen de preferencia las causas de estos, por los grandes gastos que estaban ocasionando a la Real Hacienda. Se accordó igualmente, dos meses después, que las autoridades de América no siguieran enviando, como acostumbraban, a las Islas Filipinas, a los insurgentes hórreos comprometidos en Las Guerras de Independencia, sobre todo, si estos eran sacerdotes, por los perjuicios que de este procedimiento se seguía a los dominios de España, como el Capitán General de Manila, lo indicaba a Su Majestad, en carta de 24 de diciembre de 1814. El comandante de Quito acababa de confinar, por 10 años, a dos presbíteros que habían contribuido a encender los violentos disturbios que experimentaban aquel Reino.

¿Cuál era la ceremonia del con que se recibían las leyes decretos y órdenes venidas de la corona?

Tan pronto como se presentaba un documento de esta clase al Capitán General, Gobernador Intendente o Alcalde Mayor, se ponían en pie, lo tomaban en las manos, lo besaban, le ponían sobre la cabeza, y hecho esto, lo abrían o destacaban, como ellos decían, con toda reverencia.

¿Cuál era la situación económica de esta provincia?

La situación económica de esta provincia, como todas las de las Américas española, era estar luchando con un fisco insaciable, que buscaba el dinero hasta por parcelas, se van dos en la producción bajo todas sus manifestaciones, con una especie de encarnizamiento sistemático. Entonces era completamente desconocido lo principios económicos modernos, y Únicamente se gobernaba por un empirismo desolador.

¿Cuáles eran los impuestos de aquella época?

Los principales ramos de imposición eran: las alcabalas o derechos sobre toda clase de compras y ventas. Los derechos de almotacén basados en el uso forzoso para todas las transacciones de los pesos, pesas y medidas oficiales: Los quintos de fundición, enorme impuesto que pesaba sobre las producciones de oro y plata.

El tributo, bajo la forma más odiosa de capitación, que pesaba de la manera más cruel sobre las clases indígenas, que se miraban como ilotas. En la época que reseñamos, la sociedad estaba dividida en razas, en esta forma: la blanca o española que ejercía el gobierno, la parda, la morena o Caribe, la indígena que era la clase más desgraciada, que se veía con frecuencia repartida en los trabajos de minas y las que de vez en cuando hacía incursiones por el partido de Olancho y que era vista con horror. Las bulas y el papel sellado obligatorio para todos los actos oficiales y para la mayor parte de contratos o actos privados en un precioso finísimo. La destilación y venta de aguardientes: Venta de tierras baldías y oficios vendibles.

¿Qué más se agrega de esto?

El enjambre de impuestos municipales, tales como el de este año, que sea regulado por las reales cédulas de 10 de junio de 1801, el 17 de noviembre de 1804, y antes de 4 de enero de 1809, cuya nomenclatura es la siguiente: Los propios. El producto de arrendamiento de los ejidos que se daban a los vecinos. El de majada y rastro, según se había establecido: El de China mitos opuestos de plaza a ciclo raso y otros, que sería cuento largo meternos ahora a enumerar.

¿A cuánto ascendía el movimiento de la Real Hacienda de la provincia de Tegucigalpa?

Un mes con otro ascendía a la cifra de 150,000 pesos.

¿A cuánto ascendía el movimiento de la casa de rescates?

El movimiento anual subía $4,155,884.1 es.

¿Qué asuntos de importancia ocupaban en este tiempo a la Villa de Tegucigalpa?

El importantísimo pensamiento de construir un puente en el "Río Grande", que facilitan la comunicación y comercio con los vecinos de Comayagüela. Como con los demás partidos y pueblos de la Provincia. El cura Pineda, que contribuyó a que se realizarse este proyecto, mando colocar, provisionalmente, en el paso del río, una hamaca, para evitar que se ahogara las personas que tenían niños a bautizar en la estación de lluvias. Estas desgracias eran muy frecuentes en ese tiempo.

¿Estaban todos de acuerdo?

Sí, solamente se dividieron acerca del punto en donde debía construirse, porque unos querían, como Don Antonio Tranquilino de la Rosa, que se edificase en el punto llamado "Poza del Tabacal", y otros, y fue la opinión que triunfó, que se construyera en el lugar donde hoy se encuentra. Estos se fundaron en dos razones: la primera la de haberse acumulado aquí gran cantidad de materiales que sería costosísima su traslación; y segunda, la de la comunidad que presentaba la altura del barranco, que estrecha en su confluencia las aguas del río Chiquito, y porque decían que la profundidad de la "Poza del Tabacal" y lo deleznable del terreno era un inconveniente para la construcción de una obra de larga duración. Estos temores no eran infundados, pues el 12 de noviembre de 1851 partido de la expresada por un movimiento de tierra, que redujo a escombros o las causas situadas a sus inmediaciones. Con este motivo resucitaron con furor las antiguas creencias y tradiciones fantásticas semejantes a los palacios de los cuentos orientales. Se refería, entre el pueblo sencillo y aún entre la gente regularizada, que desde la "Poza del Tabacal" hasta el altar mayor de la iglesia parroquial era hueco: que en este lugar encantado moraba una hermosísima sirena: que la persona que entraba no volvía a salir: que ahí se tenía todo cuánto se quería, sin verla ninguna persona, ni sentir ruido alguno, ni divisar siquiera una sombra: que se interrogaba y se obtenía contestación sin hablar; y, finalmente, que todo el trayecto estaba sembrado de un frondoso platanar. A la vez, contaba hace que un tal Pedro Chulo y Gabrielito entraban a cortar plátanos y cañas, que también había. Estas y otras paparruchas por el estilo, circularon en estos días.

¿Con que contraten contratiempos con toda la obra mencionada en su principio?

Con la escasez de fondos y haber hecho el río una Avenida tan grande que no se había visto cincuenta años antes, qué ocasionó grandes perjuicios a los cimientos construidos y a los materiales que estaban acopiados.

¿Quiénes dirigieron la construcción del puente?

El Coronel de ingenieros, Don Juan Bautista Jáuregui el arquitecto Don Juan Benito Quiñonez.

¿A cuánto ascendía el presupuesto de gastos de algunos habían calculado para levantar la obra del puente?

El Señor Coronel de ingenieros y Gobernador de Comayagua Don Ramón Anguiano, pensó que no costaría menos de 36,000 pesos su construcción.

¿Y a cuánto ascendieron los gastos?

A seis mil pesos. Aquí llega la oportunidad de notar que entonces fue cuando esta Villa desplegó todo su Patriotismo para llevar a cabo la expresada obra, hora haciendo entradas de arena y piedra, con la frecuencia que era necesaria; ahora con suscripciones voluntarias; ora, en fin, solicitando la cooperación de los demás pueblos y partidos de la Provincia.

CAPÍTULO IX: AÑO DE 1818

Tendencias del gobierno español. -Disposiciones que las comprueben. -Decreto en que se fomenta el cultivo de la grana.   -Restablecimiento de los decretos emitidos en 1793 y 1803.   -Desenlace de un episodio. -Curatos que componían la Diócesis de Honduras. -Reducciones que se formaron este año. -Nota de Santiago Maranez del Rincón.

¿Cuáles eran en este año las tendencias del gobierno español?

A medida que los albores de nuestra independencia asomaban en el ciclo de estas provincias el Gobierno de España se empeñaba con el mayor ahínco en hacer sentir menos a los pueblos la feria mano con que los había deslizado por tres siglos.

¿Qué disposiciones se recibían con este objeto?

Las reales cédulas en que mandaba fundar establecimientos de primera enseñanza en todos los pueblos de la provincia, tanto de indios como de ladinos; encargando, al propio tiempo, que los curas párrocos tuviesen gran cuidado en que no circularán libros y periódicos que de alguna manera dieron a conocer los sagrados derechos del hombre, su independencia y libertad.

¿Que se recibía además?

Decreto en que se fomentaba el cultivo de la grana y cochinilla, dando a los pueblos las cantidades ese que fueran necesarias para su plantación, del fondo de comunidades de indios. Para que la disposición diera buenos resultados, se encargaba a los Obispos de León y Comayagua una exhortación a los pueblos para que dedicaran al expresado cultivo.

¿Qué otras medidas se tomaron para impedir los movimientos de independencia?

La de restablecer las disposiciones emitidas en 1793 y 1803, en que se mandaba reducirá poblados los habitantes de la provincia de Honduras, tanto indios como ladinos y españoles, con el especialísimo objeto de combatir más fácilmente la inmoralidad que cundía por todas partes. En el tiempo los cánceres dulces. Se perseguían a sangre y fuego, como a sangre y fuego se perseguían los conatos de independencia y libertad. En apoyo de lo que tenemos dicho es preciso referir, por que corresponde a este lugar, una anécdota curiosa, y por lo tanto digna de ocupar un puesto en la historia nuestras costumbres. Más de una vez se nos refirió, siendo niños, que a fines del siglo pasado principios del presente, año recordamos Manuel Durón que se daba Aires de español y de sangre limpia, sedujo a una sencilla joven, vestida de enaguas blancas y cubierta con mantellina, fabricadas ambas en nuestros telares, llamada Juana Garmendia, con una vieja palabra, siempre nueva y mágica para el común de las mujeres: *te haré feliz mi intenciones son buenas,... me casaré contigo.*

Se dijo que, tan pronto como la futura esposa rindió a Durón todas las pruebas de sus tiernos afectos, *hasta colocarse en cinta,* éste le correspondió, como corresponde la mayor parte de los hombres en circunstancias análogas, volteándoles la espalda y echando en ingrato olvidó sus promesas. La novia hizo lo que debía, se presentó a la autoridad civil, y después de relacionar la historia de sus amores y el engaño del que era víctima, pidió que el seductor cumpliese la palabra que él tenía empeñada. Este fue llamado inmediatamente por la autoridad, que le planteó el dilema siguiente, con estos amables palabras: "*Bribón, pícaro*, o se casa U. con la niña, o lo seco en un calabozo". Durón, irreflexivo como todo joven, optó por la cárcel. Este, después de algunos días, irritado por las amenazas y comentarios que le llegaban a la cárcel, y por el olvido en el que lo había echado su Juez, resolvió enviar a su desposada *una mano de cera negra,* con un recado aún más negro, que decía: "Esa es la mano que yo le daré y la que U. merece". Esta ocurrencia fue elevada inmediatamente al conocimiento de la autoridad, que hallo ocasión para hacer sentir al joven Durón todo el rigor de la justicia y de los enojos que él había causado un ataque tan criminal a las costumbres puras que se observan en aquel tiempo.

¿Cuál fue el desenlace que tuvo este episodio?

Que Durón se casara por la fuerza con la joven Garmendia, y ¡cosa extraña!, estos esposos unidos, de la manera que hemos referido, se amaron mucho y fueron completamente felices. Corría el año de 1855 cuando la noticia que fuerzas guatemaltecas pisada en la radio de Honduras, y derrotaban en Masaguara a las del General Cabañas, obligó a la mayor parte de los vecinos de Tegucigalpa y a la familia que nos enseñaba las primeras letras, a trasladarse a Ojojona, puebla histórico, que en 1871 supo cumplir con su deber. Allí conocimos, siendo vieja, a Juana Garmendia, y nos causó una impresión tanto, tan profunda, que a pesar de la mala memoria de imágenes que tenemos, la recordamos perfectamente bien, después de 27 años. Era una Señora de una estatura bastante elevada, de cuerpo abundante y de labios más abundantes todavía, de color y cabellos propios de la raza africana, portada siempre un pañuelo amarrado en la cabeza y un botón en las manos; y cuando se vesaa con su uniforme de beata, se veía horrorosamente fea. Tal fue la esposa que le tocó a Manuel Durón.

¿En cuántos curatos estaba dividida esta provincia?

En treinta y cinco servidos todo por sacerdotes españoles en la actualidad tiene la diócesis cincuenta siete.

¿Cuántas reducciones se formaron en este año?

Cuarenta y siete.

¿Qué nota de importancia recibía la alcaldía mayor de la villa de Tegucigalpa?

La nota de Don Santiago Maranez del Rincón, fechada en Madrid el 14 de febrero, de 1818 en la que reclamaba 3,571 reales de vellón, qué costo en España el expediente creado sobre separar la Alcaldía Mayor de Tegucigalpa de la Intendencia de Comayagua.

CAPÍTULO X: AÑO DE 1819

La provincia de Honduras se ve amenazada por varias embarcaciones que anclan entre el Tigre y Conchagua. –El Gobernador Tinoco hace salir cincuenta hombres para los partidos de Nacaome y Choluteca. -El Comandante General encarga esta fuerza guarde la mayor disciplina. -Instrucciónes dadas a los Comandantes de Nacaome y Choluteca. -Se encarga al Teniente Brito la defensa del Sur. El Teniente Coronel Zelaya remite de Olancho a Comayagua doscientos hombres. -Proclama de Tinoco.   -Otra proclama. -Precauciones que toma el comandante de Choluteca. -Alarmas que causó en Tegucigalpa y Comayagua, lo mismo que en Choluteca y Nacaome, la invasión de corsarios en la costa del Sur. -Proclama del teniente Herrera. Actitud que asumió el Gobierno de Nicaragua. -Aparecimiento de zambos en el Río abajo de Sacualpa. -Providencias dictadas por el comandante del partido de Olancho. -Las alarmas de zambos y piratas concluyen en el mes de agosto. -Procedencia de los piratas. -Asuntos que ocupaban la provincia de Tegucigalpa. -Perjuicios que sufría en la administración de justicia. -Aniquilamiento en que se encontraban las rentas reales. -Se proyecta construir un puente en el río de Guacerique. -Estadística de los niños que asistían a la escuela primaria. -Censo del partido de Danlí.

¿Cuál era en este año la situación política de la provincia de Honduras?

En este año no sonrían en esta provincia las mismas esperanzas de paz y tranquilidad de que había disfrutado en tiempos anteriores. La paz estaba a riesgo de alterarse, y su independencia y libertad en peligro de perderse varias embarcaciones de proporciones considerables alcanzaban a ver ancladas entre los puertos de "Conchagua" y "El Tigre," de donde se había destacado una lucha con 20 hombres de tripulación, con el objeto de medir la profundidad de las aguas, con dirección a Zacate Grande, en la costa del Sur. Su tripulación era de negros e ingleses, conocido con el nombre de piratas, insurgentes o bandidos.

¿Qué providencias tomó el Comandante General de las armas de la provincia de Comayagua?

Luego que fue impuesto de los detalles que daban él Subdelegado de San Alejo y los tenientes de Nacaome Choluteca de orden al comandante accidental de la vía de Tegucigalpa que no era capitán Don Francisco San Maran que hiciera salir inmediatamente 25 hombres al mando del subteniente Inestroza para que se pusiera a las órdenes del comandante del partido de Choluteca Don justo Herrera igual número ordenó que saliera para Nacaome al mando del subteniente lardizábal llevando uno y otro Sargento o cabo veterano.

¿Qué encargaba Tinoco a estos oficiales?

Que guardaran la mejor armonía y conducta militar en su marcha y comisión.

¿Qué instrucciones daba el Comandante General de las armas a los Comandantes de Nacaome y Choluteca?

"Esta fuerza, les decía, debe ser apostada en los parajes por donde el enemigo pueda internarse, en pequeñas partidas de diez, quince, o veinte hombres, que toman todos los desfiladeros, hagan un fuego vivo y graneado capaz de rechazarlo. Al intento, mañana temprano salen de estacionar seis mil cartuchos embalados, ochenta fusiles y trescientas piedras de chispa. De ellos, luego que lleguen a Choluteca, se distribuirán cuarenta fusiles, dos mil cartuchos, cien piedras de chispa en aquella compañía igual número para la de Nacaome y lo restante para la tropa de Olancho, que debe estar para llegar. Así que Inestroza y Lardizábal lleguen a sus destinos, organizarán e instruirán en lo posible a los voluntarios; caminando de acuerdo con sus respectivos Capitanes, y dándome cuenta de las novedades que ocurran".

¿Quién fue el jefe encargado de defender la costa del Sur?

El capitán graduado de Teniente Coronel Don Andrés Brito, que salió de Comayagua con cien hombres, el 14 de abril.

¿Cuántos hombres marcharon del departamento de Olancho?

El Teniente Coronel del Batallón de Olancho Don José María Zelaya, cuando para la ciudad de Comayagua 200 hombres comandados por el Subteniente Don Antonio Lazo, a quién debía incorporarse el de igual atulo. Don Remigio Díaz, según la orden con fecha 27 de abril, había dictado el expresado Teniente Coronel.

¿Qué más hizo el Gobernador Tinoco?

Dirigió a los habitantes de la provincia de Comayagua la proclama que dice: "Don José Gregorio Tinoco de Contreras, caballero de la Real y Militar Orden de San Hermenegildo, Condecorado con la Cruz de Zaragoza y del Segundo Ejército. Coronel de Los Reales Ejércitos, Comandante General de las armas de la segunda Brigada de Milicias provinciales, y subinspector de ella. Gobernador Militar y político e Intendente de esta provincia. Habitantes de la provincia de Comayagua. El Gobernador Intendente y Comandante General de las Armas de ella, se dirige a vosotros con el objeto de recordar la gloria y fama de vuestra fidelidad, de anunciaros que se presenta otro motivo de distinguiros, previniendo al mismo tiempo los peligros de que estáis amenazados. Vuestra acreditada lealtad a nuestro Augusto Soberano, y obediencia a las legítimas autoridades os han preservado de la seducción de los perversos interesados en la revoluciones para secar el fruto de ellas, que han logrado en los pueblos y reinos que la verificaron, por públicos y notarios no los refiero, os han librado hasta hoy de sufrir iguales desastres y ser despojados de vuestras propiedades, mujeres e hijos, y de ser sumergidos en la miseria en que hoy se halla por esta causa algunos puntos. Tengo por errada la máxima política de ocultar el peligro disminuirlo, haciendo mi opinión nada manifestaron con toda su gravedad su resultado y consecuencias. No una nación que Guarda las leyes de la guerra y el derecho de gentes que cumple su capitulación y promesas, en la que trata de invadir nuestra provincia, sino una reunión de piratas, con el proyecto de despojarnos de nuestras haciendas y bienes, asesinaros y saciar sin brutalidad con nuestras mujeres e hijas, ocultando sus designios con promesas lisonjeras mientras aseguran el golpe tomando puntos ventajosos para ofenderos. La costa del Norte o los puertos de ella, la del Sur, en los de El Realejo, Choluteca, Nacaome, y Goascorán, son por ahora por donde los piratas intentando hacer desembarcos para talar esta provincia.

Que creen con equivocación sí fuerza bastante para defenderse, sin acordarse que son españoles y pardos descendientes de estos los que la poseen, que sus circunstancias locales la constituyen en una seguridad inexpugnable, que se halla la cabeza del reino un jefe que no descansa procurando su felicidad, y que su Gobernador, unido a la lealtad de sus súbditos antes de ver sacrificio que pretenden perpetuar los piratas habitantes de su provincia, tendrá la gloria de derramar con ellos hasta la última gota de su sangre, sin exponer vuestras vidas según la disposición local del terreno, obrando con actividad y arreglo a las instrucciones que comunicado a los Comandantes militares y Justicias, no penetrar en un paso en vuestras posesiones. Reflexionad que si no os oponéis con el mayor ardor y constancia a la entrada de estos bandidos criminales a vuestras tierras, tendréis que pasar por el dolor de sufrir daños que os ocasionarán de toda especie, y por último el ultraje a nuestra divina Religión. En todo lance seré con vosotros, y los que os distingáis en acciones heroicas y otras generosas en defensa del Estado y la patria, recomendaré su mérito a Su Majestad por conducto del Excelentísimo Señor Capitán General del Reino. –Comayagua, abril 14 de 1819 José Tinoco".

¿A quiénes más se dirigía al gobernador Tinoco a este mismo tiempo?

A los habitantes del puerto de Trujillo, a quienes decía: "Leales habitantes de Trujillo: esta es la primera vez que vuestro Comandante

General de las armas os habla con los sentimientos de un verdadero militar que en todos tiempos ha dado pruebas nada equivocas de su inalterable lealtad al mejor de los Soberanos de Europa, el magnánimo Fernando VII, persuadido de que en vosotros tienes unos compañeros de armas llenos de unión patriótica, cuyas almas estarán dispuestas en todo evento a hacer el último sacrificio por la Religión, el Rey y la Patria. Toda la América ha sufrido catástrofes lamentables que llorara nuestra posteridad. Sólo el dichoso reino de Guatemala, al fidelísima Lima y la isla de Cuba, en medio de las insurgencias y revoluciones, han mantenido su inalterable lealtad y tranquilidad, debida principalmente a la fidelidad de los pueblos que los componen y de sus honrados habitantes, por gracia especial con que el Dios de la paz, por un efecto de su singular misericordia, ha querido distinguirlo de otros muchos. Rabiosa, por esta causa, la furia infernal, trata en el día de perturbar este hermoso suelo, por medio de unas gavillas de hombres criminales y desmoralizados, que no encuentran más abrigo que las islas desiertas. Trujillanos: de vuestra inalterable lealtad tengo formado el más elevado concepto, y espero que en el caso de ser atacado ese punto, arrastrando de los peligros, haréis la más vigorosa defensa. En vosotros, virtuosos morenos, caribes, franceses e ingleses, que en todo tiempo habéis acreditado vuestra lealtad al pueblo español, espero que en la presente es boca renovarán los blasones con que siempre os habéis distinguido y manifestando el amor a nuestro católico Monarca. Yo os prometo en su nombre que será premiada vuestra virtud de acciones generosas. No perdáis de vista vuestro paternal amor con que siempre habéis sido mirados por las autoridades españolas, no eclipséis y la gloriosa si adquiriste el año de 96 en la reconquista de Trujillo, y el 12 en la pacificación de la soberbia Granada y Oaxaca. Jefes de esta parcialidades: en vosotros tengo toda mi confianza, no sólo para defender esa plaza sino todo el Reino en caso necesario. En mi tendréis un compañero de armas, que estará siempre a vuestro lado y qué sabrá poner en noticia de nuestro Rey vuestra lealtad y distinguidos méritos. Todos somos españoles, y los hemos de ser hasta morir, sin los nombres y las distinciones que forman el odioso espíritu de partido, ruina y destrucción de los mayores imperios. —Comayagua. abril 11 de 1819. - José Tinoco".

¿Qué precauciones tomó el Comandante de Choluteca, mientras recibía instrucciones del Gobierno de Comayagua?

Las de apostar espías en las puertos de Carranza y San Bernardo. Otro tanto hizo en San José, Jícaro y Doradas en cada uno de estos puntos colocó seis hombres mandados por un cabo o sargento.

¿Qué impresión causó en las provincias de Tegucigalpa y Comayagua, lo mismo que en los partidos de Choluteca y Nacaome, la noticia de estos sucesos?

Grandes temores sobre cogieron a las provincias de Comayagua y Tegucigalpa, y sobre todo a los partidos de Choluteca y Nacaome, que estaban casi al frente del enemigo, próximos a perder la vida, la Religión y la Patria. Entonces toda cuestión política se convierte en una cuestión religiosa.

¿Qué otras medidas dictó el teniente Herrera?

Para calmar el pánico y ansiedad es que produjo la noticia de que en el puerto de El Realejo. En provincia de Nicaragua, había sido apresado por los insurgentes o bandidos, como ellos lo llamaban, el día 2 de abril a las tres de la madrugada, los veraneantes "San Antonio" y "Neptuno" y las goletas "Sofía" y "Loreto," que pertenecían al comercio nicaragüense, les dirigió una proclama cuyo texto es el siguiente: Serenaos, habitantes del partido de Choluteca, serenaos: porque si hay piratas sobrepuesta costa, o por mejor decir, osos, lobos y panteras, que no acabando de devorarse por su misma garras, intentan teñirlas en vuestra inocente sangre, hay también fusiles, bayonetas, pólvora y balas, que destino el Señor Comandante General de la provincia para vuestra conservación y defensa y una compañía de jóvenes voluntarios, honrados de Fernando VII, cuyos celo, valor y patriotismo gasta para eludir los negros designios de estos monstruos que encubrió la naturaleza con figura de hombres; o con más por propiedad, fieras con fisionomía de hombres y con espíritu de demonios. Si, tal es el concepto que debéis formaros de una gente cruel, libre y por todo respeto abominable: el arroba cuando se le presenta a la vista, sin respetar los vasos de nuestro más Augusto sacrificio: la cera las formas en que está Jesucristo con toda la plenitud de sus dos naturalezas: incendian los altares y templos de nuestras adoraciones y cultos: profunda escandalosamente la virtud de la castidad, aun de aquellas personas que lo han consagrado a Dios: atropellan, en una palabra, nuestra sagrada religión, nuestras justas leyes, los derechos imprescriptibles de nuestra soberanía, la propiedad de toda clase de personas, y hasta las mismas vidas de los que se oponen a sus delitos.

¡Oh! la historia nos presenta ejemplos de tan indudable verdad, que organizarían cuánto llenan de compasión; pero que igualmente prescriben reglas a que os podéis ajustar para prueba de cameros de los males que otros lugares han sufrido. Las principales son: vivir en el santo temor de Dios: amaros íntimamente unos a otros: conservarse fieles inflexiblemente al Rey: observar sus leyes: obedecer ciegamente a los Superiores; y estar pronto con valor Heroico para señalar límites a su obstinación. De este modo no temáis. Contad conmigo, ya como Juez, como amigo o como hermano: os juro morir en vuestra defensa, antes que ver hollado por la inmunda planta del enemigo el suelo de vuestra patria. Esperadlo de mí que os amo y os he dado pruebas de esta verdad: "Di conmigo Viva la religión, el rey y la patria, y mueran los piratas a manos del ilustre vecindario de Choluteca. Dichosos los que llenareis estos deberes, porque después que disfrutéis los premios y honores que los prepara desde su trono el Augusto Fernando, os abrirá el cielo sus partes para recibirlo en más glorioso triunfo que os deseo Choluteca, mayo 1 de 1819. -Justo José Herrera".

¿Qué providencias tomó en estas circunstancias el gobierno de la provincia de Nicaragua?

Con motivo del espanto que ocasionó la llegada de Los Insurgentes al pueblo de El Realejo, sus habitantes los de El Viejo y Chinandega, huyeron despavoridos a los montes, y el Gobierno se vio obligado a hacer salir inmediatamente tropas de León que tiene seguridad a los expresados pueblos, e infundían respeto a los buques, que aún estaban anclados.

¿Qué ocurriría en este tiempo en el partido de Olancho?

El aparecimiento de indios o zambos en el Río Abajo de Zacualpa.

¿Qué órdenes dictó el Comandante del expresado partido?

Mandó situar en el Río Abajo una avanzada de cuatro soldados y un cabo, porqué la compañía que guardaba este punto, llamada de "Conquista", había sido incorporada al batallón de Olancho, pues los zambos hacía mucho tiempo que no verificaban sus incursiones.

¿A qué tiempo se usaron las alarmas que produjeron los piratas y los zambos?

Ya en el mes de agosto se encontraba la provincia en completa calma. Los piratas eran de Buenos Aires.

¿De qué asuntos se ocupaba la provincia de Tegucigalpa?

De manifestar a la Junta superior de Guatemala la resistencia inmotivada qué opina el Gobierno de Comayagua, para que no se llevase a su debido efecto la separación acordada por Su Majestad. El Ayuntamiento y vecindario de la vía de Tegucigalpa no solamente solicitaba la absoluta independencia de la Alcaldía Mayor de esta Villa de la Intendencia de Comayagua, sino que también pretendía que se suprimiese la expresada Intendencia y que se gobernara militarmente, como estaba en el año de 1788. Para esto, demostró sé hasta la última evidencia lo ventajoso que era para Tegucigalpa pertenecer a una provincia que era su rival.

¿En qué más se fundaba el ayuntamiento?

En los grandes perjuicios que sufría la sociedad en la administración de justicia, que se veía envuelta en la más tremenda laberinto de intrigas, cohechos y sobornos. En este tiempo el Poder Judicial era nulo, y soportaba vejaciones inauditas del Poder militar, al que estaba completamente supeditado.

¿En qué otra razón se fundó?

En el aniquilamiento en que se encontraban las rentas reales, por falta de pureza en su manejo. "Pero este asunto, decían ellos, debe llevarse con el mayor tino, para no comprender su resultados, Pues se trata nada menos que de alterar la forma de Gobierno". Esta solicitud no tuvo ningún efecto, porque las noches de invierno pasaban, y amanecieron los días hermosos para nuestra independencia y libertad.

¿De qué asuntos locales se ocupaba Tegucigalpa?

Que proyecta la construcción de un puente en el río de "Guacerique," para lo cual se practicó el reconocimiento de los puntos en que debe edificarse. Este pensamiento no tuvo ningún resultado por entonces. Débese esta importante obra a la iniciativa del Regenerador de Honduras, Doctor Don Marco A. Soto, que acordó su construcción en octubre de 1876; y que tomó particular interés en que se concluyera en 1878. "La Patria" periódico que el General Medina mandó fundar en diciembre de 1871, para responder a los cargos que le hacía "El Hondureño," que se publicaba en San Salvador, al pasar revista de las obras de progreso hechas por el Presidente Medina, el número del puente de "Guacerique", del que solamente estaban levantados dos pilastras, que todo vimos a la altura de seis pies. El Redactor de "La Patria", fue el señor Don Francisco Cruz. Este periódico trajo la guerra que incendio por segunda vez a Comayagua: que se llevó todas las mulas de los Departamentos de Gracias y Copán: que de recolección del General Medina: que lo redujo a prisiones: que quiso acabar con hombres y propiedades: que privó a muchos del uso sagrado de la palabra: que repartió la dictadura en todos los Departamentos contra los principios del derecho público; y en la que un ambicioso y atrevido General pretendió, el 16 de julio de 1872, alzarse con el poder de la República, enarbolando en el castillo de San Fernando, el estandarte de la rebelión.

¿Cuántos niños iban a la escuela fundada en este año?

Españoles	33
Barrio de la cuesta del río	30
Barrios de la Joya	46
Barrios de la Plazuela	50
Barrio de la Ronda	37
Barrio Abajo	37
Total	**238**

¿A cuánto ascendía el censo del partido del América?

A tres mil setecientas noventa y tres familias. Hoy se cuentan en el radio municipal, cinco mil doscientos veinticuatro habitantes, de toda edad.

CAPITULO XI: AÑO DE 1820.

Acontecimientos que se verificaron en este año.-Noticias que circulaban en los meses de marzo y abril. -El Comandante Don José María Palomar fortifica la plaza de Trujillo. Hora en que supo la aproximación del enemigo. -Disposiciones dictadas por el Comandante. -Palomar manda tocar generala y reunida a sus fuerzas la se colocan en sus respectivos puestos. -Embarcaciones de que se componían la expedición. -El General Aury dirige las operaciones de la guerra. Tiempo que duró el combate. -La victoria se decidió a favor del Comandante de la plaza pérdidas que tuvo el enemigo las que hubo por parte de la Plaza. -Los buques levantan sus anclas y remontan la punta de Castilla. -El comandante de Omoa participa al de Comayagua es que el 25 de abril se había presentado en aquellas aguas una flotilla. -Resolución que tomó el Gobernador Tinoco el 8 de mayo sale de Comayagua con dirección a Omoa. El enemigo hace tentativas por desembarcar. Regreso de Tinoco a la Capital.   -Restablecimiento de la constitución política de la monarquía española.

¿Qué acontecimientos se verificaron en este año?

Varios de la mayor importancia, que recibiremos a su tiempo y en su lugar oportuno.

¿Qué noticias circulaba en los meses de marzo y abril?

Se decía que en América del Sur Se preparaba una expedición insurgente que vendría a desembarcar a los puertos de la costa norte de Honduras.

¿En qué mes tuvo efecto la expresada invasión?

En el mes de abril. Como hacía dos meses, más o menos, que corrían los rumores de que los puertos Omoa Trujillo, serían acometidos, el Comandante de este, Don José María Palomar, por precaución, que nunca perjudica en casos semejantes, había mandado construir en la costa una extensa línea de defensa a derecha e izquierda de la plaza, que llegaba por la derecha hasta la vía de Guaymoreto, una legua de la ciudad, cubierta con cinco fortificaciones; y por la izquierda, hasta campamento, defendida por siete colocándose en todas y en cada una de ellas diez individuos de tropa.

¿A qué hora se supo que el enemigo se aproximaba?
A las 6 de la mañana del día 21 de abril.

¿Qué dispuso el comandante palomar?
Luego que la vigía de Capire, hizo la señal de escuadra por el lado del barlovento, comisionado Santiago Gotay, persona entendidísima, para que subiese a la Atalaya y averiguar a la clase de buques de que se componía la expedición. Al mismo tiempo dispuso que el Alférez de Dragones de Yoro, Don Antonio Jurado, y el de igual atulo de la compañía fija de esta plaza, Don Carlos Bareiro ocuparon los puestos que de antemano les había señalado. Gotay regresa a las once del mismo día, informó el Comandante que una escuadrilla compuesta de catorce velas se encaminaba hacia el puerto, y que había oído un cañonazo, como en señal de reunión.

¿Qué hizo Palomar?
Mandó tocar generala y reunida a toda la fuerza ocupa sus respectivos puestos, encargándose al vecindario, que también concurrió, la defensa de la trinchera que provisionalmente se había mandado formar al este de San José, en la punta de una loma que dominaba al desembarcadero, calle de la playa y otros puntos principales. En un esta fortificación se colocó una culebrina de a doce y dos buses de a ocho.

Cuando todo estaba así ordenado empezó a entrar en el puerto, como a las once y media a.m., remontando la punta de Castilla, la escuadra enemiga, que avanza hasta el fontanero para dar lugar a que se reuniesen los últimos buques. A las dos y media de la tarde, acabo de entrar, formándose en la línea al frente de las baterías, pero fuera del alcance del tiro de cañón. En seguida enarbolaron todos una bandera de dos fajas azules y una blanca en el medio.

¿Cuántas boletas componían la armada?

Dos bergantines goletas, cuatro goletas, cuatro pailebotes, un falucho y una balandra.

¿Quién dirigía las operaciones de la guerra?

El general Aury.

¿Quién era el alma de esta atrevida expedición?

Un tal Mérida, que se llamaba diputados por Caracas.

Una vez anclado, ¿que dispusieron los insurgentes?

Como a las cuatro de la tarde del mismo día, uno de los veraneantes hecho un bote al agua, que se dirigió al desembocadero con una bandera blanca. Este bote conducía un oficial, que llevaba una proclama de Mérida, y la intimación que el General Aury hacia al comandante de la plaza para que la entregará señalándole el perentorio término de una hora. Observado este movimiento por el Comandante Palomar, que se encontraba en la batería principal, se dirigió a la playa, y dio orden para que un Sargento y diez soldados, recibieran al oficial en el momento de saltar a tierra, y con los ojos vendados, lo condujeron a la casa más inmediata al desembarcadero. Todo se ejecutó así.

¿Qué contestó Palomar a la intimación que se le hizo?

Que consultaría con sus oficiales. No queriendo al Comandante de la plaza, tomar sobre si toda la responsabilidad de sus actos, convoco inmediatamente un consejo de guerra, y le hizo saber a las pretensiones de Aury. El consejo acordó por unanimidad de votos no dan a generalizar contestación ninguna fundándose en que no era compatible ni honroso para las armas de Su Majestad, entrar en convenio con un hombre que no tenía más representación que la que quería darse y que en todo caso debía esperarse hiciera uso de la fuerza con que amenazaba consecuente con esta determinación el 22 a las cinco y media de la mañana se mandó enarbolar el pabellón español con un cañonazo. El enemigo, a su vez, enarbola una bandera blanca disparando al propio tiempo un cañonazo que repitió por dos veces; y observando que no se le daba ninguna contestación, mundo y salen todos los buques el pabellón insurgentes. En este momento empezaron a maniobrar las embarcaciones, desfilando sobre su izquierda, con dirección a Guaymoreto. Desde este lugar, traduce una fuerte lucha; en la que ambos combatientes se disputaban el triunfo, con valor, con decisión, y fue tal el atrevimiento, la osadía, la temeridad de los invasores, que dueños de la cuarta fortificación, vistieron la quinta tan decididamente, de la plaza no la defienden con tanta bravura, la victoria hubiera tocado a los insurgentes. A este mismo tiempo del puerto, generalizándose con este movimiento los juegos en toda la línea.

¿Cuántas horas duró la acción?
Ocho horas.

¿En favor de quién se decidió?
En favor del Comandante de la plaza, Don José María Palomar, que fue premiado por el Capitán General, y a nombre del Rey, con el grado de Coronel.

¿Cuáles fueron las pérdidas del enemigo?
Cuarenta hombres, entre muertos y heridos, todos los caballos y la avería de cuatro buques.

¿Qué perdidas hubo por parte de la plaza?
La del Teniente de caribes. Pedro María que murió en lo más recio del combate, y dos soldados heridos.

¿Qué dirección tomaron los enemigos?
Se desplegaron en línea por mitad de la bahía, salieron de ella, remontando la punta de Castilla e hicieron una descarga de fusiles al vigía que se encontraba allí.

¿Que participó a Comayagua 3 días después el comandante interino de Omoa Don Eusebio Méndez?

Que el día 25 se había presentado en aquellas aguas una flotilla al mando del insurgente Aury.

¿Qué resolución tomó el Gobernador Tinoco?

La de hacer escarmentar a los bandidos. Este era el nombre con que se bautizaban a todos los que promovían nuestra independencia y libertad.

¿Qué día salió Tinoco de Comayagua?

El 8 de mayo, seguido de la compañía de milicianos de esta ciudad, de las dos de Gracias, de otra del Batallón de Olancho y de otros muchos que voluntariamente se presentarán en San Pedro Sula.

¿Qué tentativas hizo el enemigo?

En los días 25 y 26 hizo esfuerzos por desembarcar, sede Pero ellos quedaron enteramente burlados por los fuegos del Castillo. Estas tentativas duraron algunos días.

¿Cuáles fueron los resultados de la expedición Tinoco?

Que regresarán sin haber quemado una ceiba, porque los invasores, escarmentados como estaban de la acción del 22 en Trujillo, comprendieron pronto, que sus armas serian aquí, como allá, Igualmente desgraciadas. Levantaron, pues, sus anclas y se hicieron a la vela. Honduras quedó en completa paz.

¿Qué suceso notable vino enseguida?

El restablecimiento de la Constitución política de la monarquía española. Temiendo Don Carlos de Urrutia, Montoya Matos, qué sucedió en el mando a Bustamante, por haber hecho este dejación de la Capitanía General el 28 de marzo de 1818, que la noticia del restablecimiento del Código fundamental en España, alterara el orden de nuestras provincias, que esperaban impacientes, la época de la restauración, les dirigió un despacho firmado en Guatemala el 5 de mayo, del que tomamos los siguientes párrafos:

"Por un barco particular llegado al puerto de Omoa procedente de La Habana he tenido noticias de que allí Se recibieron otras de España según las cuales El Rey en decreto fechado en su Palacio de Madrid el 6 de marzo mandó al consejo convocar las Cortes y en otros del 7 declaró haberse decidido a jurar la Constitución promulgada por las Cortes generales y extraordinarias en el baño de 1812 conforme a la voluntad general del pueblo".

"Consecuencia de esto sería que vengan los correspondientes decretos para el restablecimiento del sistema constitucional. El Teniente Coronel Don Pedro González, residente en la Habana, que mida dichas noticias, me avisa también saberse que Dentro de pocos días saldrán barcos de España para América con dichos decretos. En el momento que lleguen tendrán su debido cumplimiento".

"Deseoso puede precaver cualquier alteración que la falta de inteligencia, o acaso la mala intención de alguno, pudiera dar a esas noticias un gobierno franco y amante de la felicidad de este reino y de todos sus habitantes, cuál es el que yo he procurado establecer de mi entrada en el mando, no puede dejar de transmitir las noticias mismas con la sencillez y verdad que debe haber en todo, pero principalmente en estos casos".

"En virtud de ello lo comunicó a U. para que enterado imponga particularmente sin ministerios, ni reservas, sino con sinceridad en lo mismo, a aquellas corporaciones, autoridades o personas que puedan contribuir al logro de los conatos del gobierno que no son otros sino que todo se establezca con la oportunidad, orden y sosiego qué tanto importa, y qué es el distintivo característico del inestimable reino de Guatemala".

"Una moderada espera a que vengan los decretos del Supremo Gobierno que reside en el Rey, según la misma Constitución, con arreglo a la cual, al Rey toca disponer la ejecución de la Constitución y de todas las leyes; es lo que afianzará el establecimiento de todo con la paz y arreglo que conviene. Este es el objeto importante de este oficio, que podrá U. manifestar a los Ayuntamientos, empleados, y personas dignas de esta confianza para que de común acuerdo contribuyen todas al fin indicado".

¿Qué motivos obligaron a Fernando VII de a restablecer una Constitución que el mismo había nulificado en 1814?

La situación anómala en que había entrado España y el grito de libertad dado por Riego el 1° de enero, y secundado por Quiroga, Arco Agüero, López Baños, O'Dali, La Bisbal, Alcalá Galiano y el General Don Evaristo San Miguel, que contribuyó como el que más con su ilustración y su arrojó al feliz éxito de aquellos sucesos. Estos fueron los que motivos que obligaron al Rey Fernando a jurar la Constitución de 1812 y a convocar a Cortes. Reflejo exacto de la sociedad Española y aún de toda la América, fue esta asamblea de la segunda época constitucional, que se distinguió por un afán insaciable de revolución y de reformas, por el mismo deseo de venganzas y de trastornos que agitaba los pueblos todos, de ambos continentes, profundamente divididos por la política, por los agravios pasados y por las persecuciones presentes.

¿Cuándo se recibió la Constitución de la provincia de Tegucigalpa?

Se recibió el día 8 de julio, acompañada de dos sensatos manifiestos del Rey, del Capitán General Don Carlos de Urrutia y un decreto de las Cortes generales y extraordinarias, reglamentado de la manera de publicarse la expresada Constitución.

¿Cuándo se recibió la Constitución en la provincia de Tegucigalpa?

Se recibió el día 8 de Julio, acompañada de dos sensatos manifiestos del Rey, del Capitán General Don Carlos de Urrutia y un decreto de las Cortes generales y extraordinarias, reglamentado la manera de publicarse la expresada Constitución.

¿Cómo recibió la Villa de Tegucigalpa el restablecimiento de este código fundamental?

Con el mayor regocijo. El 9 se congregaron en casa del Alcalde Mayor Don Narciso Mayol, el alcalde 1° y otros individuos del noble Ayuntamiento, el padre cura y los RR. Padres de las comunidades religiosas, empleados de los diferentes ramos, y otros vecinos notables, con el objeto de acordar el día en que debía hacerse la solemne publicación.

¿Qué día señalaron para el juramento?

El 15 del mismo mes. En este día se dijo una misa solemne en la Iglesia parroquial con asistencia del Alcalde Mayor y noble Ayuntamiento, eclesiásticos y vecinos, leyendo en voz alta antes del ofertorio la Constitución Política. A este acto se siguió una sentida exhortación dirigida a los fieles por el Reverendo Padre predicador Fray Luis Hermosilla.

¿Qué más se hizo?

Concluida la misa, del Alcalde Mayor volviéndose al pueblo, dijo: "Juráis por Dios y por los santos evangelios guardar la Constitución Política de la Monarquía española, sancionada por las Cortes generales y extraordinarias de la nación y ser fieles al Rey". El pueblo respondió, "sí juramos". En seguida se cantó un Te Deum y se echaron abuelos las campanas de todas las iglesias.

¿En qué tiempo se publicó la Constitución en los demás partidos y pueblos de la Provincia?

En la Villa de Nacaome, se publicó el 13 de agosto: en Choluteca el 6: en Aguanqueterique y Guascorán el 20: y en Yuscarán el 8 de octubre.

"Don Fernando VII por la gracia de Dios y por la Constitución de la Monarquía Española Rey de las Españas, a todos los que les presento a vieran y entendieren, sabed: Que habiendo resuelto reunir inmediatamente las Cortes ordinarias, que según la Constitución que jurado deben celebrarse en cada; año considerando la urgencia con que la situación del Estado, y la necesidad de poner en planta en todos los ramos de la Administración pública la misma Constitución, exige que se congregue la Representación Nacional; y teniendo presentes las variaciones a qué obligó en las actuales circunstancias, he venido en decretar, de acuerdo con la Junta provisional creada por mí decreto de 9 de este mes los siguiente:

Art. 1° Se convoca a Cortes ordinarias para los años de 1820 y 1821, con arreglo a lo prevenido en los artículos 104 y 108 del capítulo 6 º atulo 3. º de la Constitución política de la Monarquía Española, promulgada en Cádiz por las Cortes generales y extraordinarias de la Nación en 19 de marzo de 1812.

Art. 2º A este efecto se procederá desde luego a las elecciones en todos los pueblos de la Monarquía, conforme a lo que la Constitución dispone en los capítulos 1 º, 2 º, 3 º, 4 º, y 5 º, del atulo 3 º, en la forma que aquí se previene.

Art. 3º El haber desempeñado la licenciatura en las Cortes extraordinarias de Cádiz o en las ordinarias de 1813 y 1814 no impide a los individuos que la compusieron poder ser elegidos diputados para las inmediatos de los años de 1820 y 1821.

Art. 10º Por lo respectivo a la Representación de las Provincias de Ultramar, ínterin puede llegar a los Cortes de los Diputados que eligieron, se acudirá a su falta por el medio de Suplentes acordado por el Consejo de Regencia en 8 de Septiembre de 1810 para las Cortes generales y extraordinarias.

Art 11º El número de estos Suplente será con arreglo al mismo decreto, y hasta que las Cortes determinen lo más conveniente, de treinta individuos, a saber: siete por todo el Virreinato de México; dos por la Capitanía General de Guatemala, uno por la isla de Santo Domingo; dos por la de Cuba, uno por la de Puerto Rico: dos por las Filipinas: 5 por el Virreinato de Lima; dos por la Capitanía General de Chile; tres por el Virreinato de Buenos Aires; tres por el de Santa Fe, y dos por la Capitanía General de Caracas.

Art. 13 º Las elecciones de los treinta Diputados Suplentes por Ultramar se harán reuniéndose todos los ciudadanos naturales que aquellos países, que se hallan en esta capital en junta presidida por el jefe superior político de esta provincia y remitiendo al mismo sus votos por escrito lo que reciban en los demás puntos de la Península a fin de que se examinados por el presidente secretario y escrutadores que la misma junta ligera resulta nombrados los que tuvieron mayor número de votos.

Art. 16º A fin de que falta de lectores de algunas provincias ultramarinas no imposibilite la asistencia de su representación en las Cortes se reunirán para estos solo efecto los de las provincias más inmediatas de ultramar según el artículo 18 del citado reglamento de 8 de septiembre de 1810 en la forma siguiente los de chile a los de

Buenos Aires los de Venezuela o Caracas a los de Santa Fe los de Guatemala y filipinas a los de México y los de Santo Domingo y Puerto Rico a los de la isla de Cuba y los dos floridas.

¿Qué otros documentos vinieron con el decreto de convocatoria?

La instrucción conforme la cual debían celebrarse las elecciones de diputados en las provincias de ultramar el artículo primero decía:

Se formará una junta preparatoria para facilitar las elecciones de diputados de cortes para las ordinarias de 1820 y 1821 de las capitales siguientes México capital de Nueva España Guadalajara capital de Nueva Galicia Mérida capital de Yucatán Guatemala capital de provincia de este nombre Monterrey capital de la provincia de nuevo reino de León una de las cuatro internas del oriente Durango capital de la nueva Vizcaya una de las provincias internas de occidente Habana capital de la isla de Cuba y de las dos Florida Santo Domingo capital de la isla de este nombre Puerto Rico capital de la isla de este nombre Santa Fe de Bogotá capital de Nueva Granada Caracas capital de Venezuela y Lima Capital de Perú Santiago capital de Chile; Buenos Aires capital de las provincias del río de plata y móvil a capital de Filipinas.

¿Cuántos diputados debían concurrir a las Cortes por parte de las provincias que componían el Antiguo reino de Guatemala?

Diez a saber uno por los partidos de Guatemala y Sacatepéquez celebrándose la junta electoral de provincia ni de capital otro por los de San Salvador y Santa Ana celebrándose la junta en la ciudad de San Salvador a otro por los partidos de Verapaz, Petén, celebrándose la junta en la ciudad de Cuba de Cobán a otro en los partidos de Chiquimula de la sierra y Zacapa celebrándose la junta en el pueblo de Chiquimula otro en los partidos de Chimaltenango hizo sonante celebrándose la junta en el pueblo y Chimaltenango otro en los partidos de Sonsonate Escuintla y Suchitepéquez de Leonardo se la junta en la vía de Sonsonate otro en los de San Miguel y San Vicente celebrándose la junta en la ciudad de San Miguel otros en los partidos de Chiapas celebrándose la junta de Ciudad real otro en los partidos de Quetzaltenango y Totonicapán celebrándose la junta en el pueblo de Quetzaltenango otro en los partidos de Comayagua celebrándose la junta en la ciudad de Comayagua.

También debía nombrarse tres suplentes el primero por Guatemala el segundo por Comayagua y el tercero por Chiapas.

¿En qué forma deben practicarse estas elecciones?

La instrucción acordada por la junta preparatoria de Guatemala dice así:

"Art. 3°. Las rivalidades y formas de estas elecciones se prescriben en los artículos de la constitución y circulan con la actual convocatoria de cortes de 24 de marzo del corriente año".

Art. 4° Abriéndose las Cortes del año de 1821 el primero de marzo conforme el artículo 106 de la Constitución no es posible que se guardan en las elecciones los intervalos que Establece la Constitución entre las juntas de parroquia de partido y de provincia así se celebran por está sola vez las primeras el domingo inmediato siguiente al anterior que haya pasado después de recibida esta convocación de manera que el domingo inmediato al recibo de la convocación el que preside el ayuntamiento de cada pueblo deberá bajo la más estrecha responsabilidad avisar a los vecinos por los medios que estén en uso de que en la próxima domingo siguiente se han de celebrar con arreglo a la Constitución la junta o juntas electorales de parroquia capítulo 1 artículo 23 del decreto de las Cortes de 23 de junio de 1813".

Art.5° Las juntas de partido y de provincia se celebran en los domingos siguientes con el intermedio de tiempo que ha tendido la distancia de los pueblos y fragosidad de los caminos en la actual estación de lluvias se juzgue necesario para que los vecinos puedan concurrir sin embarazo a las elecciones.

Art. 6° El que presidiera el ayuntamiento de Cada pueblo le convocarán en el día que ha de darse el anticipado avisó a los vecinos para que en el mismo ayuntamiento se designa en las personas con arreglo A lo que previene el artículo 46 de la Constitución de la presidirá las juntas electorales de parroquia decreto y artículos citados.

Art. 8° En conformidad de lo prevenido en el artículo 19 de la instrucción para ultramar sobre la decente asignación que proporcionalmente a la distancia se estime necesaria para que los diputados elegidos dispongan sin dilación su viaje esta junta preparatoria en acuerdo del 26 del corriente a resultados se asista a cada diputado con la cantidad de $3000 que con calidad de reintegro Al cuidado de la diputación provisional se tomarán del fondo de montepío de cosecheros de añil quedando su ejecución a cargo del actual ese jefe supremo de esta provincia.

Art. 9º. La elección de los diputados provinciales se hará por los electores de partido al otro día de haber nombrado los diputados de cortes por el mismo orden con que esto se logrará artículo 328 de la constitución.

Art. 10º. Componiéndose esta diputación provincial de 7 individuos a más del presidente e intendente y en conformidad del decreto de las Cortes de 23 de mayo de 1812 artículo 3 se elegirán 1 en esta capital otro en Ciudad real otro en Comayagua otro en San Salvador otro en la ciudad de Cobán otro en Chiquimula y otro en San Miguel y San Vicente.

Art. 11º Al mismo tiempo y en la misma forma se elegirán tres suplentes uno por esta capital otro por cierre al y otro por Comayagua Guatemala Julio 28 de 1820 Urrutia el arzobispo Ramírez monarca Huinalá herbazal uruguaya licenciado Manuel Ramírez secretario de junta.

CAPÍTULO XII: CONTINUACIÓN DEL AÑO DE 20

Día en que se reunieron las Cortes se nombran los diputados suplentes para que representen el Antiguo reino de Guatemala lo que prevenía el artículo 10 del decreto de convocatoria los americanos residentes en la Península hacen varias reclamaciones para que se aumente la representación supletoria notas de lejos esa casa del ayuntamiento de Tegucigalpa tiempo en que se verificaron en la provincia de Honduras las elecciones de diputados a cortes ciudadanos que resultaron electos el ayuntamiento de Comayagua entra en contestaciones con el capitán general por haberse establecido la diputación provincial que creaba el artículo 325 del código fundamental de la monarquía la junta provisional ocurre al soberano congreso consecuencias lógica que produjo la gran reforma que acababa de verificarse sumas de plata acuñadas en Guatemala en 1817

1818 y 1820 millones de pesos que produjeron las minas de América desde su descubrimiento hasta el año de 1803.

¿Quiénes fueron los diputados suplentes nombrados para representar el Antiguo Reino de Guatemala?

Don Juan Nepomuceno de San Juan natural de Guatemala y canónigo de la santa iglesia de Palencia y Don José Sacasa.

¿Qué prevenía el artículo 10 del decreto de convocatoria?

Con el objeto de que las provincias de ultramar no quedasen sin representación en las Cortes prevenía que se nombrarán diputados suplentes mientras llegaban los electos por sus respectivas naciones esta disposición seguía en parte el decreto emitido por el consejo de regencia en 8 de septiembre de 1810 el articulo 11 señalaba las provincias de América el número de 30 diputados suplentes en los términos que hemos indicado en el capítulo anterior.

¿Qué hicieron los americanos residentes en la península?

Después de hacer varias reclamaciones para que se aumentase en las insignificantes representación supletoria convinieron en abstenerse de dar sufragio para la elección de suplentes que estaba por verificarse hasta que impugnados en una exposición de los débiles fundamentos en que la junta podía va su dictamen denegatorio recayese ulterior resolución de sumas estado del Congreso estudio ocasiona que se divulgarán especies que alarman a muchos de los americanos que se vieron obligados a engrosar las filas de aquellos que opinaban desde el principio que debía votar se llegado el día prescrito para la reunión de lectores concurrieron 40 y asegurarse que el segundo ya había 60 con estos votos y los que llegaron de afuera se hizo la elección de los 30 diputados de que nos veníamos ocupando la solicitud pues de Los Americanos fue completamente desatendida tanto por el rey como por la junta provisional viéndose por consiguiente los agraciados con la investidura parlamentaria obligados a ocupar sus respectivos asientos.

¿Que participaba el diputados a casa al ayuntamiento de Tegucigalpa?

En oficio de 30 de agosto comunicaba al ayuntamiento y a las demás autoridades de esta provincia que algunos diputados suplentes habían hecho en las primeras sesiones varias proposiciones para que se aumentase en el número de diputados que representaban las provincias de ultramar que diferida por motivos que fácilmente se comprenden, se había conseguido al fin que se le diese segunda lectura el 15, negándose las Cortes admitir a discusión ninguna de las mencionadas proposiciones que tomó la palabra para protestar el nombre de las provincias que mientras no se supiese la voluntad expresa de sus habitantes no podía conformarse con una resolución tan contraria a sus intereses y el derecho que les competía de concurrir al congreso con un voto por cada setenta mil almas que apenas había comenzado a pronunciar sus primeras frases cuando tuvo el sentimiento de verse interrumpido por un fuerte murmullo que se levantó entre los diputados de la Península que el presidente de la cámara a este mismo tiempo le mandaba que guardase silencio y que viendo que se le prohibía el Sagrado derecho a la palabra intentó fundar por escrito su protesta que también se le impidió impidiéndole que no dejase su asiento ni saliera del salón a pesar de ser esto práctica corriente y de permitirlo el reglamento interno de las Cortes si no hubieran otros hechos eso sería suficiente para probar de una manera clara y evidente el desprecio, el soberano desprecio con que la España miró siempre los grandes intereses y los sagrados derechos de los americanos a quienes se hacían varias ofertas que nunca se cumplían porque llevaban por mira principal explotarlos con más holgura. De América se mandaban crecidísimas sumas de varas de oro y plata para que vinieran el retorno los pomposos nombres de muy leal y fidelísimo vasallo.

¿Cuándo se verificaron las elecciones en la provincia de Honduras?

El 16 de noviembre en la ciudad de Comayagua donde se reunieron con tal fin los electores de todos los partidos nombrados por las juntas de parroquia de conformidad con los artículos 59 y 78 de la constitución.

¿Qué acordó la diputación provincial?

Siguiendo las mismas pisadas del ayuntamiento y después de ostentar razones justicia más acordó interponer recurso de la Providencia del excelentísimo señor capitán general como gravosa a la provincia ocurrir a la mayor brevedad al soberano Congreso Nacional suplicándole con el sumiso respeto y sentimientos se digne mandar abolir por subrepticios y perjudiciales a esta provincia los decretos que la sujetan a la diputación de Guatemala confirmando la junta de esta provincia como muy necesaria promover la felicidad de que es susceptible de la que también resulta la general de la nación o demandar resolver lo que sea del agrado de Su Majestad que se haga pública este acuerdo en toda la provincia siguiendo entretanto la junta en el ejercicio de sus funciones".

Tanto el ayuntamiento como la diputación provincial contaba con el apoyo del gobernador Tinoco.

¿Cuáles fueron las consecuencias lógicas de la gran reforma política que acababa de verificarse?

Que las ideas de Independencia crecieran y prestigiaran calladamente y que la libertad de la prensa que había recobrado sus derechos se pusiese a su servicio llevando con lenguas de fuego y la verdad a todas partes en este tiempo se publicaron en Guatemala dos periódicos, uno llamado El Editor Constitucional, que habla sin disfraz del idioma elocuente del Patriotismo defendiendo los derechos del americano y criticando los vicios de la antigua administración; el otro, El Amigo de la Patria, que patentizó con destreza las inmensas ventajas de la civilización y trató con mano maestra varias materias científicas el primero era redactado por el doctor Molina y el segundo por Valle; ambos eran rivales.

¿Qué otros sucesos se verificaron?

Ninguno. El Antiguo reino disfrutaba de una completa paz. La autoridades y los pueblos no se ocupaban sino de las naciones que producía el sistema constitucional que se acababa de restablecer quedaba ocasión a que se ensancharse todos los días más y más la opinión en favor de la independencia. Mientras que autoridades y pueblo se ocuparon con calor en practicar las elecciones municipales y de diputados y elegir la junta provincial de Guatemala que se había reinstalado el 13 de julio del mismo año de 1820, a moción de uno de sus miembros, el doctor don Simón Cañas. Después de varias indicaciones inútiles obligó a Urrutia a que delegar a los mandos políticos y militares Don Gabino Gaínza subinspector del ejército. Aunque Urrutia no estaba por la independencia sus achaques y avanzada edad no le permitían conservarse en el poder y menos ponerse en armas para desmoronar la camisa por su carácter voluble indeciso vacilante e impresionable era el más aparente para gobernar en circunstancias tan arriesgada pues fácilmente podría inclinarse a que siguiera el torrente de la opinión sobre todo si éste estaba en consecuencia con sus particulares intereses en lo que él tenía sus ojos fijos a esto debemos agregar que el general Gaínza no carecía de ideas liberales comprobantes de este aserto son las palabras que dirigió a un Jeans en el América del Sur al conferenciar sobre la causa que ensangrentada en aquel momento el suelo de las dos américas y que O'Higgins extrañó en gran manera, especialmente cuando le oyó decir que estas eran dignas de mejor suerte que el rey Fernando. Estaba perdido para siempre que la junta de España tan patriota y tan republicana procuraría siempre favorecer a América y su causa y que para ser consecuente con su principio le concedería el número de contado consignados en la ley lo cual le proporcionaría inmensa influencia en la cámara porque en la razón a la gran población del Nuevo Mundo las americanos tendrían una fuerte mayoría la conducta observada por el general Gainza como jefe expedicionario en la América del Sur le importa un consejo de guerra.

¿A cuánto ascendió la suma de plata acuñadas en Guatemala en los años de 1817 1818 y 1820?

En 1817 ascendió a la suma de $428661 en 1818 a 554564 y en 1820 sólo se acuñaron $267004 pesos.

¿Cuántos millones de pesos produjeron las minas de América desde 1492 en que se hizo el descubrimiento hasta 1803?

1706 billones de pesos. Un hombre diestro en los cálculos de riqueza pública decía en aquel tiempo que es 133 millones de pesos que existían en oro y plata labrada en los países civilizados de América y que 133 millones habían pasado a Asia de las costas occidentales, sumando las dos partidas 266 millones de los y dos de estos de los 5706 quedan 5 mil 440 millones. Esta es la cantidad que la América dado a la Europa. Esta es la masa de oro y plata que las manos del Indio han sacado de las rocas duras de nuestras montañas. Este es el numerario que el comercio ha llevado de nuestros puertos a los de España. Quien haya aprendido a pensar deducirá y se fijará al menos en las siguientes ideas y consecuencias productivas de otras igualmente fecundas. Primero: el indio, a quien se ha supuesto indolente y perezoso es activo y capaz de los trabajos más duros. Sus brazos son los que rompen montañas y pulverizan peñas para sacar el oro y la plata que exporta el comercio. Sus manos son las que han hecho esos millones que suponen cantidad tan grande de trabajo. segunda el oro y la plata ha sido el objeto principal de la atención y existiendo el oro y la plata en montañas que se levantan en medio del nuevo continente.

La población se ha unido en el centro las costas, han quedado sus caminos intransitables y los puertos abandonados. Segundo: el oro y la plata no quedan en el lugar que los produce pues una fuerza irresistible los lleva a los países donde hay frutos y artefactos, a los países donde la industria presenta obras que pueden satisfacer nuestras necesidades a los países donde el labrador hace vegetal y el artesano sabe tejer sus hebras que se hagan reglamentos y se tomen las medidas que se quieran si el rico de América no tienen. Tercero: la plata va a los países a donde la llama la industria. Cuarta: siendo una la cordillera que atraviesa a Guatemala y pasa por Nueva España, existiendo en una misma zona y estando en diversos puntos a igual temperatura, México acuña millones y Guatemala sólo da cantidades mezquinas. Ese efecto supone causas activas que han influido en su producción y teniendo la vista por todas las posibles y la riqueza de nuestras Minas es igual a la que tienen las de Nueva España. Quinta: la minería tiene derecho a protección muy distinguida porque sufren lo más esencial; lo que no sufren la industria y la agricultura siembra el Labrador y el valor de sus frutos es fijado por su voluntad y la de los compradores teniendo siempre presente los gastos de producción y light es el artesano y el valor de sus celajes señalado también por su libre consentimiento y el de los que tratan con él trabaja el minero y el precio de sus metales es señalado por la ley y uno mismo para el año de abundancia y en la escasez para el tiempo y que crecen los gastos y para que le que se disminuyó para Tegucigalpa donde la minería no tiene valía, si para Guanajuato, donde se le franquean en abundancia. Sexta: la ganancia que tiene la nación en la casa de moneda de México se ha valorado de este modo si la labor no sube de 15000000 de pesos al años gana un 6% de la cantidad cuñada que asciende a 18 millones gana seis y medio por ciento es la casa de manera no puede según este cálculo producir utilidad de la nación o es sin duda muy mezquina la que produce no tenemos datos para afirmar decisivamente si se nos presentarán volveríamos la atención a esta interesante punto.

PERIODO DE INDEPENDENCIA: DE LA LIBERTAD A LA ANEXIÓN

PARTE PRIMERA: CAPÍTULO I: LOS PATRIOTAS DEL 15 DE SEPTIEMBRE

Tiempo en que se proclamó la Independencia en Centroamérica. Valle es designado para redactar el acta lo que se acordó en el día que se señaló para la reunión del Congreso tiempo en que se estableció la junta provisional consultiva. Vocales que representan las provincias. Guatemala proclama su independencia 200 años después de haberla conquistado Don Pedro de Alvarado. Medalla que se mandó acuñar para perpetuar la memoria de tan glorioso acontecimiento. Gaínza reemplaza al capitán general Urrutia. Sucesos que obligaron a Gaínza a proclamar la independencia. Patriotas que sostuvieron con energía la necesidad de su proclamación. Tiempo en que se proclamó la Independencia en la capital de la provincia de Honduras y no se adhiere a México y preside la junta términos en que se redactó el acta reflexiones causas de la rivalidad entre tinaco y el capitán general y no puedo hacer varios nombramientos de empleados y manda extender atulos militares a los individuos adictos al sistema imperial.

¿En qué tiempo se proclamó la Independencia de Centroamérica?

El 15 de septiembre de 1821. Nosotros te saludamos oh día virtuoso, con todo el entusiasmo y delirio de nuestro corazón. Nosotros te saludamos porque llegaste a tiempo a romper nuestras cadenas a reivindicar nuestros derechos a calmar nuestras grandes amarguras a enjugar nuestras lágrimas vertidas en el espacio de 300 años de perpetua esclavitud, a extirpar nuestra ignorancia con la ciencia que es como el sol sobre las nubes y a darnos las llamas de la libertad, qué es la primera aspiración del niño y la última invocación del anciano. Nosotros te saludamos, en fin, porque llegaste oportunamente con los remedios, con los únicos remedios que hay contra la superstición y el fanatismo, y la incredulidad, la ciencia y la civilización, porque llegaste a comprender que Honduras, con su ferrocarril interoceánico, tenía que ser más tarde o más temprano la estafeta del mundo, La Babilonia de buena ley donde se hablarán todas las lenguas, donde se confundirán todas las razas, donde pagarán en su tributo todas las naciones y donde tendrá su juicio universal todos los errores y las preocupaciones todas.

¿Quién redacto el acta de independencia de Guatemala?
El sabio hondureño, Don José Cecilio del Valle.

¿Qué se acordó en ella?
Que se enviaran oficios a las provincias por correos extraordinarias para que sin demora alguna se sirvieran proceder a elegir diputados representantes suyos; y estos concurrieron a la capital a formar el congreso que debía decidir el punto de Independencia general absoluta y fijarse en caso de acordarla, la forma de gobierno y la ley fundamental que debía regirla.

¿Qué más se acordó?
Que para felicitar el nombramiento de diputados se hiciese por la mismas juntas electorales de provincia que practicaron. No debían practicar las elecciones de los últimos diputados a cortes que el número de estos diputados fueron en proporción de 1 por cada 15,000 alma sin excluir de la ciudadanía a los originarios de África y que las mismas juntas electorales de provincia teniendo presente en los últimos censos se servirán determinar según esta base el número de diputados que debían elegir.

¿Cuándo debían concurrir los diputados a Guatemala?
El día 1 de Marzo de 1822.

¿Cuándo se estableció la Junta Provisional Consultiva?
El mismo día 15 de Septiembre.

¿Quiénes fueron sus miembros?
Los mismos individuos que componían la diputación provincial alejándose del 16 del mismo mes los vocales que debían representar las provincias que estaban sin representación y lo fueron: Valle por Honduras, el magistrado Don Miguel Larreynaga por Nicaragua; el

presbítero don José Antonio Alvarado por Costa Rica y el Marqués de Aycinena, por Quezaltenango.

¿Cuántos años después de la conquista se verificó la independencia?

A los 279 años, 3 meses, 13 días, después del 2 de junio de 1524 en qué llegó a Guatemala con 300 españoles el conquistador Don Pedro de Alvarado.

¿Qué se hizo para perpetuar la memoria de tan glorioso acontecimiento?

Se mandó acuñar una medalla en que figuran los emblemas siguientes por su anverso en el centro se halla colocada la historia en figura de una matrona vestida de túnica talar con un martillo de una mano y un cincel en la otra en aptitud de esculpir en el pedestal de la pirámide la inscripción que recuerda el memorable 15 de septiembre haciendo mención igualmente del gobernador español que coadyuvó a facilitar esta gran empresa, según se advierte en la leyenda que tiene y dice 15 de septiembre de 1821. El general Gaínza delante de sí tiene esta figura puestos en el suelo un rollo de papel y un libro símbolo de la historia general de todos los países, la pirámide que se ha hecho mención y es la que ocupa el primer término, que significa el monumento del triunfo que en dicho día consiguió Guatemala y por eso allá con decorada con sus armas las otras pirámides que se ven a lo lejos son los monumentos de igual triunfo obtenido en los demás estados o repúblicas americanas por lo que se hayan marcado a su pasas con las iniciales de los nombres a que corresponden con la m de México la l de Lima y en su orla contiene el siguiente lema: Guatemala libre e independiente.

¿Cuándo entró en el mando el General Gaínza?

El 7 de marzo de 1821.

¿Qué sucesos los obligaron a proclamar la independencia?

La noticia del grito dado por Iturbide en México de acuerdo con el general Guerrero y la exaltación que este suceso produjo en los ánimos guatemaltecos. Gaínza, para salvar apariencias y ponerse a cubierto de la responsabilidad que el gabinete de Madrid pudiera hacerle un evento desgraciado, dio a luz un manifiesto contra el plan de Iguala que recogió días después cuando los acontecimientos de Chiapas encendieron los Espíritus de tal manera y hasta tal punto que se vio obligado para aplicarlos a convocar una junta y tratar del asunto más grande para la América Central su independencia.

¿Quiénes fueron los patriotas que sostuvieron con más calor la necesidad de proclamarla el día 15 de septiembre?

El canónigo doctor Don José María Castilla, el Doctor don Antonio García Redondo, el reinante don Francisco Vílchez, los oidores Don Miguel Larreynaga y Don Toribio Sánchez, diputado por el claustro don José Francisco Córdoba, por el colegio de abogados don Antonio Rivera Cabezas, Don Mariano Beltranena, Don José Mariano Calderón, el presbítero doctor Don Matías Delgado Molina, Don Mariano Aycinena, individuos del ayuntamiento Don Lorenzo Romaña, Secretario del gobierno y Don Domínguez Diéguez secretario de la junta Fray Mariano Pérez prelado de los recoletos Fray José Antonio Taboada, prelado de los franciscanos y a otros entre los cuales se hicieron notar algunos españoles europeos.

¿ Cuáles son las ventajas de la independencia?

Tengo una nación independiente trabaja y hace esfuerzos por conseguir su industria Su riqueza a su prosperidad y cultura y por Elevar a sus hijos la gran categoría de la igualdad en los derechos que carecen cuando ella no tiene vida ni gobierno propio.

¿En qué tiempo se proclamó en esta provincia?

El 28 de septiembre como a las 8 de la mañana recibió el señor gobernador intendente y comandante general jefe político superior de la provincia brigadier Don José Tinoco de Contreras el acta de Independencia celebrado en Guatemala el 15 de septiembre y el manifiesto del capitán general Don Gabino Gainza que había entrado a gobernar como hemos dicho el 7 de marzo del mismo año y en el alto mando reunir en la sala capitular del ayuntamiento a la excelentísima diputación provincial ayuntamiento y a todas las corporaciones eclesiásticas sentar y de Hacienda y después de haberse hecho algunos reflexiones y discutido sobre la necesidad de la independencia esta se proclamó el mismo día, sin cortarse el menor esfuerzo ni el más leve sacrificio.

¿En qué términos?

El gobernador intendente brigadier Don José Tinoco proclamó la Independencia de esta provincia pero con la precisa condición de quedar independiente de Guatemala y sometida únicamente al gobierno de México esto lo hacía Tinoco con lámina sin duda de pertenecer siempre a un centro lejano.

¿Quién presidió esta junta?

El gobernador don José Tinoco.

¿Qué se acordó en ella?

Se acordó: 1. Que la religión que habían de reconocer todos los habitantes de esta provincia fuera católica apostólica romana y por Rey en la capital de México el señor Don Fernando séptimo o en su defecto a uno de los serenísimas infantes de conformidad con el plan de Iguala o al gobierno que acordarse el soberano congreso americano. 2. Que la reunión que indicaba el capítulo 2 de la acta de Guatemala se verifica 12 liberándose de la convocatoria inmediatamente para participar las elecciones Con arreglo al último censo. 3. Qué en las autoridades no se hiciera ninguna novedad y que continuará el gobierno militar político y de Hacienda Con arreglo a la constitución pero independientemente siempre de Guatemala salvando aquello que tuviera relación con la defensa del reino. 4. Que el señor gobernador comandante general jefe político superior continuará en el mando de la provincia con todo el poder que dan las leyes a un jefe superior político militar y hacienda. 5. Que con la excelentísima diputación consultará en todos los casos que lo creyera conveniente quedando a cargo del ayuntamiento guardar el orden y tranquilidad de conformidad con la constitución. 6. Que se comunica se Está acá Todos los ayuntamientos y puertos de la provincia que el señor jefe político superior prestara el juramento de Independencia en los términos referidos en manos del alcalde de primero que lo era el señor Don Francisco José de Gómez y que las demás corporaciones prestación del juramento en manos de su señoría quedando por último a cargo del señor jefe político Superior y del ayuntamiento la publicación del acta que debía verificarse con la mayor celeridad posible.

¿Qué se deduce de aquí?

Que lo Comayagua se fueron imperialistas que en aquella provincia no se programó una verdadera independencia cómo se comprende de los términos del acta a que venimos refiriéndonos que el brigadier don José Tinoco jugaban un papel difícil como peligroso atendidas las circunstancias que los rodeaban que él creía que era llegada la oportunidad de sustraerse de la autoridad de Guatemala y jugar un papel igual al que jugaba El capitán general Gaínza y que Tinoco era inconsecuente al acordar que se mandaron diputados al congreso de Guatemala y quedar al propio tiempo sometido al gobierno que establecía en México de aquí de la rivalidad entre el gobierno de Honduras y el de Guatemala que ha causado tantas y tan grandes daños y deshonrada está nuestra querida patria.

¿Qué motivaban estas rivalidades?

El restablecimiento del sistema constitucional y la nueva diputaciones provinciales que se mandaban establecer en esta intendencia lo mismo que en las demás eran motivos de choques y competencias entre los gobernadores militares de las mismas con el capitán general del reino tanto por estos como por el nuevo carácter de jefes políticos superiores a que atiendan los intendentes de las provincias y el recobro de facultades que antes ejercían lo político Hacienda y vice-patronato del capitán general en este tiempo el odio y la rivalidad se hicieron más ofensivos porque Tinoco y la diputación provincial de Comayagua decían en altavoz que la provincia de Honduras estaba separada del gobierno de Guatemala desde el año de 1813 según los artículos 325 y 326 del capítulo 7 de la Constitución fundamental de la monarquía española.

¿Qué se hizo Tinoco una vez proclamada la independencia?

Trato de organizar la provincia de Comayagua y de acuerdo con la junta se hicieron los nombramientos siguientes Cayetano bosque

Secretario del gobierno político superior, José Tinoco de Contreras, Teniente general de los ejércitos, Pedro Arrazola, subteniente de artillería Irigoyen, subteniente de artillería José Gómez, oficial segundo de la contaduría José María Zelaya, general de brigada Fernando Zelaya, tesorero General José María Rodríguez, Teniente del batallón de Comayagua, Pedro Nolasco Arriaga, fiscal de Hacienda Juan Garrigó, contador de diezmos Santos Bardales, contador de interventor de la administración de correos de Comayagua, Joaquín Orellana, administrador de alcabalas de Trujillo, Coronel Juan Gacho, comandante de Trujillo, Bernardo Caballero, comandante de Omoa, José Garay, capitán interino de Comayagua, Pedro Boquín, subteniente Santiago Bueso, subteniente Joaquín Aguiluz, jefe político superior, José Nicolás Díaz, intendente Cisco Serrano, Sargento mayor del escuadrón de Yoro, Andrés Brito, Coronel del ejército, Francisco Javier Valenzuela, Teniente Pedro Miranda, Sargento mayor interino de Comayagua, Manuel Gutiérrez, capitán del ejército José María Aguiluz, subteniente Francisco Gómez, Sargento mayor Gregorio García, subteniente veterano de Gracias, Remigio Díaz Teniente, veterano Juan Nepomuceno Gallo.

¿Qué día llegó a Tegucigalpa la noticia de haberse proclamado en Guatemala la Independencia?
El 28 de septiembre.

¿Cómo recibió esta Villa la invitación que le hicieron las autoridades de la Metrópoli?
Con universal regocijo.

¿En qué sentido se pronunció Tegucigalpa?
Tegucigalpa, Los Llanos de Santa Rosa, Gracias, Omoa, Trujillo Olancho Choluteca Santa Bárbara y otros partidos se pronunciaron en el mismo sentido en que lo que había hecho la mayoría del reino, es decir, independiente de España de México y de cualquiera otra nación; el acta de independencia de Tegucigalpa fue carecida en estos términos: "Viva la Independencia". Habiéndose reunido a los señores que firman está alta a efecto de leer pliegos que acaban de venir por extraordinario de Guatemala se procedió a su apertura y se leyó mi

oficio del excelentísimo ayuntamiento de Guatemala que se da noticia de haberse curado la independencia enseguida se leyó un manifiesto del señor jefe político relativo a lo mismo y la acta celebrada el 15 de septiembre de 1821 y en vista de todo Únicamente se acordó que se publica se y se circula inmediatamente que se le dé el obedecimiento debido se exciten el modo posible a la libertad y al orden y que para acordar lo que convenga se llame a esta junta a los señores P.C Vicario a los R.R P.P guardián de San Francisco y comendador de la Merced y a todas las autoridades empleados y militares y algunos vecinos de la villa temas me lancé Felipe Santiago Reyes Mariano urgente Francisco Juárez Manuel Ugarte Eusebio Ruiz Juan Estrada Dionisio Herrera secretario. Acto continuo, a virtud de lo acordado en el acta anterior, se reunieron todos los señores que suscriben y habiéndoles leído por él in suscrito secretario el manifiesto del señor jefe político el acta celebrada en Guatemala y oficio del excelentísimo ayuntamiento, relativo todo a haberse curado la independencia, manifestaron todos únicamente la mayor alegría y dijeron que están pronto a jurar la independencia a contribuir a ella por cuántos medios sean a un alcance hasta sacrificar sus vidas y haciendas a conservar el orden público y unir sus valores con los del pueblo y sus autoridades de Guatemala y porque así lo harán firman esta acta a 28 Días de septiembre de 1821 y primero de la Libertad. Enseguida se acordó por los señores del ayuntamiento a prestar el juramento correspondiente y en su virtud del señor alcalde 1. Lo prestó en manos del 2, ofreciendo no reconocer el gobierno español y sí el que se establezca en este reino jurando conservar la independencia de Guatemala Integra y hasta derramar la última gota de sangre y al mismo tiempo conservar el orden público por cuántos medios sea posible. El mismo juramento hicieron los demás señores y el infrascrito secretario en manos del alcalde 1 Tomás Midence Felipe Santiago Reyes Mariano Urmeneta a Francisco Juárez Juan Estrada Manuel Ugarte Eusebio Ruiz Dionisio de Herrera.

¿Qué recibió el ayuntamiento dos días después de haber Jurado su independencia?

El acta celebrada en Comayagua y la nota en que el Gobernador Tinoco le prevenía que no obedeciera a ninguna autoridad de Guatemala civil militar eclesiástica y de hacienda.

¿Cuál fue su respuesta?

Tegucigalpa contexto contemplada firmeza que obedecer y a las autoridades de una y otra ciudad en todo aquello que estuviese conforme con las atribuciones de cada una y que no fuesen contrarias a las leyes que acaba de jurar esta contestación irritó en gran manera al gobernador de Comayagua porque desvaneció los planes que había concebido en aquellas circunstancias y que fácilmente pueden comprenderse.

¿Qué hizo Tinoco?

A pesar de haber sido el primero que vio ejemplo de escisión en pidiéndose de la capital del reino, con derecho de someter por la fuerza a la provincia de Tegucigalpa y a los demás partidos que se habían unido a Guatemala dominados por estas ideas de orden para que todos los cuerpos militares de la provincia marcharán inmediatamente a Comayagua donde debía organizarse el ejército con que pensaba someter a los pueblos disidentes.

¿Qué más hizo?

Al mismo tiempo que hacía con la mayor actividad recluta de hombres imponían fuertes contribuciones se paraba de los destinos a los que no eran adictos al sistema Imperial amenazaba con la pena capital a todos los que por escrito o de palabra contribuyeron a precisar la causa que defendía Tegucigalpa se intercepta va a la correspondencia tanto oficial como particular manifestaban semanas contra la casa de rescate cuyos intereses pertenecían a Guatemala se dirigían a todas partes cartas subversivas contra la autoridad constituida y se celebraban pactos de Alianza con el gobernador y diputación provisional de Nicaragua.

¿Qué providencias dictó el ayuntamiento de esta villa?

Después de haber empleado todos los medios suaves y conciliadores de haber ofrecido al gobierno de Comayagua que la obedecerá en todo aquello que no fuese contrario a las leyes se puso en armas y en actitud defensiva yo cuenta capitán general de Guatemala de todo lo ocurrido que pidió auxilio de hombres y dinero y nombró comandante general de la plaza a don Francisco Aguirre quien no solamente prestó sus servicios militares sino que también hizo varios suplementos para el sostenimiento de la fuerza desde el momento en el que Los Patriotas de esta vía comprendieron que era una necesidad Inevitable el uso de las armas desplegaron una actividad nunca vista hasta entonces.

¿Quiénes fueron los hombres que contribuyeron a proclamar y defender nuestra independencia?

Lo que tomaron mayor interés fueron Don Dionisio Herrera, Don Justo Herrera, Don Diego Vijil, Don León Rosa, Don José Antonio Márquez y Don Francisco Morazán. También prestaron todo su apoyo y toda su cooperación Don Esteban Travieso, Don Esteban Guardiola, el cura Pineda, Don Ramón Gil, Don Juan Antonio Ugarte, Manuel Ugarte, Francisco Suárez, Don Carlos Selva, Don Remigio Díaz, Don Liberato Moncada y Don Felipe Reyes.

¿Cómo abrazo el pueblo esta nueva causa?

El pueblo abrazó la causa de la libertad con delirio y con locura se presentó voluntariamente a tomar las armas cual se organizaron compañías que eligieron sus oficiales siendo de la primera Don Francisco Morazán, con el grado de Teniente, quien poco después pasó a ser Ayudante del Primer Batallón, desde cuyo puesto dio ejemplo de gran moderación que no debería haberse olvidado en épocas recientes, pes en los meses de mayor exaltación no se vio un pleito ni siquiera una demanda verbal.

¿Cuáles fueron los resultados de la disidencia entre Tegucigalpa y Comayagua?

Qué Gaínza y Tinoco se cruzaron contestaciones.

¿En qué terminó se dirigía el capitán general a Tinoco?

Esta cuestión decía Gaínza es de interés tan grande para todas las provincias que no puede ser decidida por esta excelentísima junta provisional y por esa excelentísima diputación provisional ni por corporación alguna de las que existen constituidas los funcionarios pues no tienen otra facultad que aquella que les da la ley y la ley no nos ha facultado para decidir si estás provincias deben ser de México; los ayuntamientos tampoco tienen otra autoridad más que aquella que les han dado los pueblos electorales y estos los eligen para tratar las atribuciones que designa la Constitución y en ellas no se ven la de resolver aquel punto la voluntad general de los pueblos en la que debe determinarlo y esta voluntad sólo puede expresarse por un congreso formado de diputados elegidos por los mismos pueblos para decidir si todos ellos deben ser provincias de Nueva España.

¿Que resultó de aquí?

Que se agotaron acontecimientos de una y otra parte.

¿Qué dispuso el gobierno de Guatemala?

Viendo que todos los días crecía más en vez de apagarse el encendimiento de los ánimos de las autoridades de Comayagua, mandó situar tropas protectoras tanto a Gracias, Comayagua y Tegucigalpa para dónde Tinoco, pues se creía en el imprescindible deber de someterlas aunque siempre evitó un encuentro sobre todo con los independientes de Tegucigalpa que dieron entonces cómo han dado después nuestras de que son dignos hijos de la libertad por lo que tanto sufrir a nuestros padres en esta época la rivalidad que había existido entre Comayagua y Tegucigalpa desde 1788 y que se había aumentado en 1812 se agrian más con motivo de los sucesos de independencia.

¿Qué le valió a Tegucigalpa su conducta noble y patriótica?

Que la junta consultiva de Guatemala le diesen 11 de diciembre de 1821 el atulo de ciudad y a su ayuntamiento el de patriótico. He aquí la nota de Gaínza y acuerdo de la junta consultiva. "La junta consultiva se ha impuesto en el oficio de smn y patriótico ayuntamiento fecha 23 del pasado noviembre en todas las copias relativas a las providencias acordadas en orden a las cosas de Comayagua todas han sido dignamente aprobadas por la junta y por mí. La justicia y la buena causa de Tegucigalpa ha hecho conocer más la prudencia circunspección y tino que adornan a los individuos de esta noble corporación como también la loable Patriotismo deshonrado vecindario y sensible a tan distinguida conducta he deseado hacer la memorable por lo que en acta de 11 del que rige se ha puesto el acuerdo que sigue: teniendo presenté el Patriotismo que acreditado el m n ayuntamiento de la villa de Tegucigalpa después de la época gloriosa de nuestra independencia él se lo que ha desplegado en el sistema de Unión la prudencia con que se ha dirigido en los asuntos ocurridos y el rango que ocupa en la escala de poblaciones de aquella provincia se acordó que en lo sucesivo se da la misma vía el atulo de ciudad y a su ayuntamiento el de patriótico". Lo que comunicó a ud con mucha satisfacción y regocijo para su inteligencia Y que lo haga manifestó a los demás pueblos de su compresión Dios guarde muchos años Palacio Nacional de Guatemala diciembre 22 de 1821 Gaínza SS del mn patriótico ayuntamiento de Tegucigalpa".

¿Desde cuándo aspiraba esta Villa a tan noble atulo?
Desde el año de 1807 en que apoderó a Don Santiago Maranez del Rincón para que elevase hasta el trono esta solicitud ofreciendo como donativo, dos mil fuertes.

¿En qué tiempo se le había otorgado el atulo de Real Villa de San Miguel de Tegucigalpa y Heredia?
En 17 de julio de 1768.

¿Qué se verificaba en la ciudad capital de la provincia de San Salvador el día 29 de septiembre?
Se verificaba la solemne proclamación de Independencia absoluta, jurada ya desde el 22 del mismo por el intendente diputación provincial y demás autoridades locales.

¿Qué sucedió en la provincia de Nicaragua por estos mismos días?

Que el Gobernador Don Miguel González Saravia, en unión del obispo Don Nicolás García Jerez y de algunos individuos de la diputación provisional, declaran el 27 de septiembre separada de aquella provincia de la capital del reino, acordando al mismo tiempo suspender la proclamación de independencia de España hasta tanto que sea claras en las publicadas del día. Esta frase gráfica es del obispo García Jerez.

¿Qué acordó enseguida?

El 11 de octubre siguiente reformó en parte este acuerdo y proclamó la Independencia bajo el plan de Iguala todo esto se verificaba de acuerdo con el gobernador de esta provincia Don José Tinoco de Contreras a quien manejaba el obispo García Jerez.

¿Qué dijo Valle de este Obispo?

Que era un hombre notable notabilísimo por sus virtudes y por sus variados y profundos conocimientos agregando después a su muerte que ni España supo lo que mandó ni Centroamérica lo que perdió.

CAPÍTULO II: TEGUCIGALPA Y COMAYAGUA SE PREPARAN PARA LA GUERRA

La provincia de Tegucigalpa y Comayagua se preparan cada una por su parte para la guerra. -El ayuntamiento de Tegucigalpa reúne inmediatamente 400 hombres. -El capitán Caballero facilita a Tinoco el recobro del puerto de Omoa, haciendo otro tanto en Trujillo. -El presbítero Pedro Brito y otros cabecillas tiempo en que se verificaron son acontecimientos en diciembre del mismo año el puerto de Omoa se unen nuevamente a Guatemala. -Causas que contribuyeron a que se operarán está contrarrevolución. -Lo que dice Marure a este respecto. -Trujillo se une a Guatemala en el mes de enero. -Lo que decía el canónigo Irías a Tinoco. -Acta de la diputación provisional de Comayagua

¿Qué hizo Tegucigalpa?

Tegucigalpa, que por su parte no carecía de hombres llenos de Patriotismo y capaces para la guerra y para la revolución, reunió a 300 infantes cuyo número aumenta día por día aunque los propósitos del ayuntamiento de esta vía era mantenerse a la defensiva para repeler con mayores ventajas los ataques del enemigo. no dejó cuando se considera un tanto fuerte de desatar de esta Plaza de vez en cuando partidas de tropas que iban a situarse a las alturas de la cuesta grande con el objeto de obligar al enemigo a salir de sus fortificaciones a ver si podía batirlo a campo raso y con detalle estos movimientos que avanzaban siempre grandes alarmas y a situaciones en la capital que duraban todo el tiempo que permanece en las fuerzas en el mencionado punto los imperialistas nunca salieron de sus atrincheramiento sino trasladarse a San Antonio del Norte Como luego lo veremos.

¿Qué sucedió en los puertos de Omoa y Trujillo?

Que el capitán Don Bernardo Caballero facilitará a Tinoco el recobro del puerto de Omoa que se había pronunciado en favor de la independencia absoluta el 14 de noviembre Tinoco había renombrado El capitán caballero comandante de este Puerto otro tanto hacía Trujillo El presbítero Pedro Brito y otros cabecillas que aprovechándose de la enfermedad del comandante don Antonio Prado A quién redujeron a prisión se declara van Unidos al gobierno de Comayagua.

¿Cuándo se verificaron estos acontecimientos?

En el mes de noviembre del mismo año a pesar de que las plazas re conquistadas eran de Gran significación para los que defendían la causa Imperial con todo el giro que tomaban las cosas en San Salvador y Guatemala y la resolución en que estas dos provincias estaban de auxiliar a las independientes de Tegucigalpa obligaron a Tinoco en cuyas manos aún estaban las riendas del gobierno a disminuir el mando que al mismo tiempo dividió nombrando el 24 de noviembre a Don Juan Lindo gobernador político y el 23 del mismo intendente al canónigo Don Nicolás y días ambos eran enteramente adictos al plan de Iguala.

¿Cuándo volvió a unirse el puerto de Guatemala?

El 1 de diciembre a virtud de una contrarrevolución que verificó la fuerza de aquella Plaza.

¿Qué coadyuvó el buen éxito de este suceso?

La aproximación de las tropas que el gobierno de Guatemala mandaba con el objeto de reconquistarlo.

¿Qué dice maduró a este respecto?

Qué fue un cuerpo de Patriotas guatemaltecos el que marchó voluntariamente a sus expensas a restablecer el orden de Omoa.

¿Qué suerte tocó a los agentes de Tinoco?

La de ser conducidos presos a Guatemala.

¿Cómo continuó Trujillo?

Trujillo permaneció Unido al gobierno de Comayagua hasta que en enero siguiente se verificó otro tanto que en Omoa estos versos y la noticia de que San Salvador y Guatemala se movían fuerza sobre la capital de Honduras daban a entender a Tinoco que sus esfuerzos serían enteramente inútiles pero aun así todo permaneció con sus armas terciadas esperando que Iturbide que había avanzado demasiado en sus designios cambiará en el Antiguo Reino del curso que habían tomado los sucesos.

¿Qué había dicho el Canónigo Irías a Tinoco?

Que pusiera el bastón en la mesa que no faltaría quién lo empeñara.

¿Qué hizo la Diputación provincial?

Después de haber convocado el ayuntamiento Cabildo eclesiástico y demás corporaciones y de haber los impuestos del vecino rompimiento en que se encontraba el gobierno de Comayagua con el de Guatemala celebró El aro el acta que dice esta junta de gobierno que por los últimos acontecimientos y pretensiones de introducir tropas en ellas por disposición del gobierno de Guatemala y las noticias que suministran

Los varios papeles oficiales interceptados comprende se hallan manifestó peligro de rompimiento y guerra civil o sucumbir a las pretensiones de aquella provincia contrarias a las del imperio A qué corresponde la de Comayagua la cual no observancia del plan de las tres garantías del excelentísimo señor Don Agusan Iturbide primer jefe del imperio juro su independencia imitando la y protestando sujetarse al supremo gobierno que establezca en la América septentrional es crítica la situación en que se haya Honduras pide pronto remedio a los males que prevé y ve muy cerca para de liberación de Tangram negocio tuvo por conveniente convocar al ayuntamiento de esta capital Cabildo eclesiástico y demás corporaciones a quienes reunida se les manifestó el estado de la provincia y compromiso en que se haya o de un rompimiento con los de Guatemala o de entrar en su plan contra el juramento que hizo al independizarse del gobierno español debiendo producir esta vicisitud el desagrado del gobierno supremo Imperial faltando al pacto celebrado con la de león de Nicaragua Igualmente Unido al imperio discutido a la materia con la detención que exige su gravedad se acordó por unanimidad de votos que sin pérdida de momento se dirigía al imperio una representante que reúne a las mejores circunstancias y que haya acreditado interés decidido a favor de esta provincia y su Unión al imperio para qué haciendo valer en los en él sus derechos y los injustos procedimientos del gobierno de Guatemala logre Providencia que pongan a cubierto a la provincia que se le den seguridad y tranquilidad y en consecuencia concurriendo todas las circunstancias que pide una comisión de tanta magnitud en el excelentísimo señor Teniente general y capitán general Don José Tinoco de Contreras Acuña firmeza entereza y benéficas ideas debe verse esta provincia libre del yugo que ha sufrido de Guatemala mereciendo por esta razón el indicado señor la confianza de esta junta acordaron con totalidad de votos que el indicado señor conservándose empleo de capitán general y sueldo que actualmente disfruta pasé al imperio a desempeñar esta comisión documentándose la con testimonio de las actas que tengan relación con el estado político de la provincia copias autorizadas de los papeles oficiales interceptados de los oficios pasados al Señor capitán general de Guatemala y sus contestaciones de los impresos que se nominan las actas de juramento de independencia de todos los ayuntamientos de las partidas de esta provincia las tablas y oficios que se han dirigido para elecciones a cada partido por Guatemala y la instrucción correspondiente que lleve en su campaña por su auxilio con la expedición de este negocio al teniente coronel de ejército Don Cayetano Porque con el sueldo de su grado Igualmente autorizado con el mismo poder y representación por el caso que ese fallezca o enfermero alguna circunstancia el supremo gobierno le dé otro destino.

Que el mismo señor capitán general en conformidad del acta de 15 de noviembre dividida los poderes dando el gobierno de armas al oficial de mayor graduación el jefe político y de intendente a personas que hayan acreditado su Patriotismo de la confianza de esta junta ayuntamiento y corporaciones que merezcan la mejor opinión en la provincia los cuales han de prestar el juramento con la solemnidad correspondiente en manos del excelentísimo Señor Presidente de esta junta y a presencia del ayuntamiento. Que mientras el supremo gobierno extiende su poder a la protección de Honduras se cubran las fronteras con las tropas que se hallan sobre las armas Armando los pueblos en el mejor modo posible A menos que el gobierno de Guatemala mudé de ideas con respecto a la provincia de Comayagua dejando a sus autoridades obrar libremente en su conservación aumento y tranquilidad que esta acta se comunique a todos los ayuntamientos y corporaciones y al as excelentísimas diputaciones provinciales, José Tinoco, José Nicolás Irías, diputado provisional, José Francisco Zelaya, diputado provisional, Pedro Nolasco Arriaga, diputado provisional, Juan Miguel Fiallos, José Joaquín Lino Avilés, Fray José Antonio Murga, Fray Blas Vázquez, Francisco Gómez, José Antonio Brito, Francisco Javier Bulnes, Santos Bardales, Juan José Montes, Santiago Bueso, Ciriaco Velázquez, Jacinto Rubí y Joaquín Lindo, secretario. La embajada de Tinoco no tuvo efecto porque el curso que tomaron los sucesos le obligaron a tomar el mando en jefe del ejército.

¿Quiénes componían la diputación provincial?

El canónigo don Nicolás días Don José Francisco Celaya Don Pedro Nolasco Arriaga y Don Juan Miguel Fiallos.

¿Qué sucesos habían ocurrido en la provincia de San Salvador?

A los disturbios de Honduras habían precedido otros en la capital de San Salvador por motivos completamente diferentes desde el 29 de septiembre que se proclamó en esta última provincia la independencia absoluta el gobernador político y el ayuntamiento acordaron que se eligieron 7 individuos que debían componer la junta subalterna económica y consultiva Con este motivo la víspera de practicarse las elecciones el Vicario Don Ignacio Saldaña conocido después, según dice Marure, por su carácter fanático y revolucionario y Don Juan Viteri, montaron en sus cabalgaduras y recorrieron todos los barrios de la ciudad poniendo en mano de todos los electores una papeleta que contenía los nombres de las personas que debían componer la junta estando ya reunidos el pueblo para verificar la elección viendo el gobernador político Don Pedro Barbieri y los que querían que recayera el nombramiento en sujetos adictos al antiguo sistema que sus designios quedarían frustrados manifestó que carecía de facultades para autorizar aquel acto que es y el pueblo quería que se organiza hacer la mencionada junta sin ser el de ningún modo responsable dieran sus fotos para instalarla o no.

¿Cuándo volvió a unirse el puerto de Omoa Guatemala?

El 1. de Diciembre, a virtud de una contrarrevolución que verificó la fuerza de aquella plaza.

¿Qué coadyuvó al buen éxito de este suceso?

La aproximación de las tropas que el gobierno de Guatemala mandaba con el objeto de reconquistarlo.

¿Qué dice Marure a este respecto?

Qué fue un cuerpo de Patriotas guatemaltecos el que marchó voluntariamente y a sus expensas a restablecer el orden en Omoa.

¿Qué suerte toco a los agentes de Tinoco?

La de ser conducidos presos a Guatemala.

¿Cómo continuó Trujillo?

Trujillo permaneció unido al gobierno de Comayagua hasta que en enero siguiente se verificó otro tanto que en Omoa estos reveses y la noticia de que San Salvador y Guatemala se movían fuerzas sobre la capital de Honduras; daban a entender a Tinoco que sus esfuerzos serían enteramente inútiles pero aún así y todo permaneció con sus armas terciadas esperando que Iturbide, que había avanzado demasiado en sus designios, cambiara en el Antiguo reino el curso que habían tomado los sucesos.

¿Qué dispuso la junta consultiva de Guatemala?

Tan luego como se supo en la metrópolis las esencias ocurridas en San Salvador dispuso que el doctor Delgado marchas e inmediatamente a calmar estos desórdenes para el logro de tan importante misión confiriéndole amplias facultades para que pudiera asumir el mando político y a cobrar en la militar según lo exigieran las circunstancias.

¿Qué hizo el Doctor Delgado?

Desde que llegó a Santa Anna asumió el mando de la provincia y comenzó a cumplir en su delicado encargo haciendo salir de ella a Barriere, poniendo en libertad a Los Patriotas que se encontraban presos separando de sus destinos a los empleados que juzgaban sospechosos exigiendo el cuerpo de voluntarios e instalando una junta provincial conforme lo deseaba el pueblo así concluyeron estos lamentables desacuerdos.

¿Qué más dispuso la junta consultiva de Guatemala?

Para poner término a la dolorosa disensiones en que se encontraban las provincias para extirpar los gérmenes anárquicos que amenazaban devolverlas se discurrieron medio suaves y prudentes que sin la intervención Armada fuesen suficiente para restablecer el orden alterado. Con este objeto, la junta consultiva nombró una comisión para que indicará los medios que creyese más adecuados para conseguir el importante fin que se proponían.

¿Qué más dispuso?

Constituir dos representantes en México para que observaran el estado político y el curso que hay fueron tomando las cosas.

¿Qué personas se nombraron para estas misiones?

Para la de México se nombraron a don José María Castilla, a Don Pedro Molina y a Don José Francisco Barrundia; para la de Comayagua, a Don Juan de Dios Mayorga y el provincial de la Merced, Fray Luis García; y para Leonel de San Francisco, a Fray José Antonio Taboada para preparar el buen suceso de estas embajadas se dispuso también que se publicarán manifiestos y proclamas.

¿Se realizaron estos proyectos?

La rapidez con que se sucedieron los acontecimientos de México impidieron que se realizarán estos juiciosos pensamientos que habrían dado sin duda alguna magníficos resultados especialmente en Comayagua y Tegucigalpa que a la sazón se encontraban armadas.

CAPÍTULO IV: ¿INDEPENDIENTES O NO?

-Don Juan Fernández Lindo sucede a Tinoco en el mando política adoptada por el nuevo jefe sistema que observa invitaciones dirigidas al ayuntamiento de Tegucigalpa motivos que obligaron a Comayagua a unirse a México contestación dada por el ayuntamiento de Tegucigalpa correspondencia de Juticalpa de San Vicente de Guatemala de San Salvador la provincia de Tegucigalpa se organiza de conformidad con las bases presentadas por el secretario Herrera situación de Los Patriotas de Tegucigalpa. -Pueblos que estaban Unidos a la capital auxilio salvadoreño día en que llegó a Tegucigalpa el gobierno de Comayagua manda a concentrar sus fuerzas correspondencia de manifiesto del capitán general Gaínza, lo que dice Don Agusan de Iturbide entusiasmo con el que el gobierno de Comayagua recibió estos documentos lo que se mandó practicar tiempo que se dio para explorar y aprender este consentimiento resultado de esta operación el término de 30 días señalado para explorar la voluntad de los pueblos ayuntamiento que quedaron sin representación por este motivo personas que componían el 1821 los ayuntamientos de Comayagua Juticalpa y Choluteca

¿Quién sucedió en el mando al gobernador Tinoco?
Don Juan Fernández Lindo y Zelaya.

¿Cuál fue la política adoptada por el nuevo jefe?
La de permanecer disidente de Guatemala y adherido al imperio mexicano, Lindo se mostró más partidario de Iturbide que Tinoco; por esto se ha dicho que sobrada razón que Lindo fue imperialista de la víspera y republicano del día siguiente.

¿Cuál fue su sistema?
Esperarlo todo el tiempo pues creía que este y el cambio operado en lo personal del gobierno serían suficientes para conjurar la tormenta que se había levantado en casi todos los partidos de la provincia.

¿Cortó Lindo sus relaciones con Tegucigalpa?
Lindo, a pesar de la actitud bélica que había subido a la capital, no cortó nunca sus relaciones con Tegucigalpa, por el contrario, enviaría incesante invitaciones por medio del ayuntamiento haciéndole comprender que el desacuerdo en que habían entrado ambos pueblos hermanos llamados a correr la misma suerte provenía de meras equivocaciones, agregando que Comayagua no podría nunca negar los derechos de Tegucigalpa que ya antes había manifestado que bien estaba en ella la casa de rescates que en ella también debía tener su asiento la casa de moneda y que el principal objeto del gobierno debía ser proteger por cuántos medios le fuera posible la explotación del ramo de minas.

¿Qué se decía además?
Que si Comayagua se había unido a México era porque la experiencia de cerca de 300 años le había convencido que no podría unirse a un gobierno que era enteramente contrario a su interés, que el capitán general en Comayagua en 1820 tenía el derecho de

establecer una diputación provincial y que aún después de instalada había desconocido su legítima autoridad.

¿Qué manifestaba el Ayuntamiento de Juticalpa?

Juticalpa cabecera del partido de Olancho que desde el primer momento había secundado las miras de Tegucigalpa, que estaba en armas para defenderse de los ingleses y zambos que amenazaban invalidar la manifestaba a su ayuntamiento que lo auxiliar ya tan pronto como desaparecidas en los temores de una vecina invasión y que en prueba de los buenos sentimientos que la animaban le mandaba las invitaciones que cuatro industrias de Comayagua habían dirigido a sus parciales.

¿Qué noticias recibía el gobernador político de Tegucigalpa a este mismo tiempo?

De San Vicente se la participaba que aquél ayuntamiento estaba decididamente resuelto a auxiliar y que no temían a las protestas ni a las amenazas que le hacía el gobierno de Comayagua.

¿Qué se le comunicaba de Guatemala?

El capitán general González envió el oficio que dice impuesto del oficio de fecha 23 del inmediato octubre y de todo lo que refieren las copias certificadas que me ha dirigido no he podido menos que a lavar la conducta y rectitud de este ilustre ayuntamiento su distinguido carácter su loable firmeza y la virtuosa consecuencia con que sostiene el juramento que prestó solamente el acta de 15 de septiembre último se harán para siempre en la memoria de cerrado vecindario y Guatemala grata tan heroicas demostraciones, apretara más y más los vínculos de su amistad hacia esa muy leal Villa en consecuencia de acuerdo con la junta provincial oficio en esta fecha los comandantes militares de Chiquimula de San Vicente de San Salvador y San Miguel para que den sus respectivos auxilios.

¿Qué más decía?

Con motivo de las partes dado por Los Patriotas de Tegucigalpa de que el gobierno de Comayagua persistía en los siguientes propósitos de hostilizarla, les dirigió otro oficio en estos términos:

"Nada puede presentarse más desagradable que las desavenencias interiores de unos mismos hermanos ni nada exige más prudencia y meditación que la aplicación de medios para corregirlas y remediar sin que llegue el Terrible caso del uso de las armas más como Tegucigalpa implora en su defensa la energía del gobierno y éste no debe manifestarse apático ni en diferente a una Villa heroica que simulación ha sabido guardarle la mejor fe y consecuencia tales circunstancias me han pedido a prevenir de acuerdo con la junta consultiva que a la vez de ser requerido por el ayuntamiento es militar de la citada villa ocurre con las tropas de su mando a prestarle todo el auxilio que pueda en su defensa procurando conducirse con la mayor circunspección para en cuanto sea dable evitar hostilidades que sólo deberán tener lugar en caso de ser indispensables".

¿Qué participaban de la capital de San Salvador?

El doctor Don José Matías Delgado, don Manuel José Arce, Don Juan Manuel Rodríguez, don Basilio Seseña y Don Leonardo Fagoaga, que componían la diputación provincial y participaban al comandante de a San Miguel y a la provincia de Tegucigalpa que el sargento mayor Don José Justo Milla, auxiliar a los independientes de la expresada provincia y que pronto se pondría en marcha.

¿Qué resolución comunicaba El capitán general el 22 de noviembre?

El gobierno de la provincia de Tegucigalpa se organizará de conformidad con las bases presentadas por el secretario del ayuntamiento, Don Dionisio de Herrera.

¿Qué actitud asumió el gobierno de Comayagua?

Convencido el gobierno de Comayagua de que positivamente se movían fuerzas auxiliares de Chiquimula y de San Salvador acordó cerrar sus relaciones con este y con Guatemala y de los 600 hombres que tenía en la plaza, mando situar en San Antonio del Norte 300 que impidiese en el tránsito de las fuerzas auxiliares de San Salvador y el de los convoyes que pudieran venir de Chiquimula por el partido de gracias a juzgar por el tono de los documentos oficiales y sobre todo por la correspondencia dirigida al comandante de armas de San

Vicente en Comayagua se abrigaba la esperanza de que el remate de las esencias ocurridas en el interior de la provincia sería favorable a la causa que ahí se defendía.

¿Cuál era la situación de Tegucigalpa?

Durante los meses de octubre y noviembre la situación de los patriotas que defendían la causa de la independencia absoluta era angustiosa y desesperada; esta desesperación creció más cuando supieron por una parte que el gobierno de Comayagua mandaba a cubrir las fronteras del sur y por otra que su correo serán tomados en el norte esto y él no tendrá noticias de los auxilios ofrecidos repetidas veces por el capitán general los hacía temer un desastre desgraciado.

¿Qué pueblos del Sur estaban unidos a Comayagua?

Langue, Coray, Aramecina, Caridad, San Antonio del Norte, Aguanqueterique y Reitoca. En estos pueblos hubo grandes alborotos promovidos por la invasión salvadoreña.

¿Qué número de fuerza vino de San Salvador a auxiliar a la provincia de Tegucigalpa?

400 hombres al mando del Sargento Mayor Milla.

¿Qué día hizo su entrada en Tegucigalpa?

El 16 de diciembre, dos días, después llegó también el sargento mayor don Simón Gutiérrez, nombrado por Don Gabino Gaínza, comandante de Tegucigalpa y general en jefe del ejército que en el acto reemplazó al patriota Don Francisco Aguirre y asumió el mismo día el gobierno político y de Hacienda. Mientras regresaba el alcalde Don Esteban Guardiola, el coronel Cáscaras, que había sido llamado en los momentos de mayor apuro, se puso también a la orden del ayuntamiento con la división de milla y el esfuerzo que poco antes había venido de Juticalpa el ejército con que contaban los amigos de la libertad ascendía a 1500 hombres todos dispuestos a batirse la situación de la provincia de Tegucigalpa había cambiado completamente su faz y adquirido ventajas sobre la capital que ella carecía de víveres y dinero y en la que la decepción de los soldados todos los días se hacía más frecuente a este tiempo había llegado al

Coronel Montúfar a los llanos de Santa Rosa. A pesar de que los de Tegucigalpa estaban en condiciones de poder atacar a los imperialistas, no quisieron derramar sangre inútilmente y se mantuvieron siempre a la defensiva, que fue la primera resolución que abrazaron desde el principio de las contiendas.

¿Qué dispuso el gobierno de Comayagua?

Al saber que las tropas salvadoreñas se aproximaban al Goascorán mandó que el ejército que permanecía acampado en San Antonio del Norte se concentrará al cuartel general.

¿Que comunicaba Valle a los independientes de Tegucigalpa?

Que oportunamente se le remitirían ciento treinta mil y cuarenta vasijas de azogue.

¿Qué noticias recibían en estos momentos?

El manifiesto del Capitán General Gaínza acompañado del oficio que en fecha 19 de octubre le había dirigido a Don Agusan de Iturbide.

¿Qué dice el oficio?

"Entre otras cosas dice que reduciría a estos precios los términos y los límites de esta contestación si el artículo 2 del acuerdo comprendido en la enunciada acta no me ofreciera motivo de hacer algunas observaciones que creo conducentes a rectificar las ideas políticas adoptadas por esa junta general para el restablecimiento del gobierno cuyas bases no quedarían sólidamente afirmada si no se apoyarse en el centro común que debe reunir todas las partes de este vasto continente para su mutua defensa y protección".

"Las autoridades interinas de Guatemala, anticipando su determinación al pronunciamiento de la voluntad del pueblo en la materia que más interesa a su felicidad, han convocado un Congreso Soberano bajo el sistema representativo a razón de un Diputado por cada quince mil almas. No es ahora del caso exponerlas inconvenientes que deben resultar a esta proporción que tiene en su contra el ejemplo de los pueblos más libremente constituidos, y en circunstancias más favorables que nosotros, para dar a su representación toda la amplitud y extensión que a primera vista exige la recta administración del Estado. Mi objeto de sólo manifestar a V.E. que el interés actual de México y Guatemala, están idéntico e indivisible que no pueden exigirse en naciones separadas a independiente sin Aventura su existencia y seguridad expuestas ya las convulsiones intestinas que frecuentemente agitan los estados en las mismas circunstancias ya las agresiones de las potencias marítimas acechan y la coyuntura favorable de dividirse nuestro despojos; agregando en conclusión que ya había marchado a la frontera una división numerosa y bien disciplinada para proteger con las armas los esfuerzos saludables de los amantes de su patria".

¿Qué contestó la junta de Guatemala a Iturbide?

En lugar de reservar la resolución de este importante y delicadísimo asunto al Congreso, que debía reunirse en febrero, por las razones que dejamos expuestas, determinó contestar a Iturbide: que no se creía la misma Junta, con facultades para resolver por sí un negocio de tanta trascendencia, y cuya decisión debía ser el resultado del voto general de las provincias que para explorar la voluntad de éstas, se había dispuesto en primer lugar su comunicación para que todos los ayuntamientos en Cabildo abierto recogidas en el consentimiento de los pueblos. Todo se ejecutó así el Marqués de Aycinena que era personalmente interesado en que Su patria quedará reducida a un apéndice de México, fue el autor del Ilegal expediente de explorar la voluntad pública por medio de cabildos abiertos.

¿Cómo recibió esto el gobierno de Comayagua?

Estas noticias, fueron recibidas con un grandísimo dolor por los verdaderos Patriotas de Tegucigalpa, que únicamente habían proclamado su independencia. En un sentido absoluto llenaron de satisfacción al Gobierno, porque entendían perfectamente que los planes de Iturbide eran reconquistar las provincias que se habían separado del plan proclamado en Iguala.

¿Cuánto tiempo se dio para explorar y obtener este consentimiento?

La circular que pasó el capitán general, fechada en 30 de noviembre, señalaba el término de un mes para que todas las autoridades y ayuntamientos emitidas en su opinión y recogidas en el propio tiempo la voluntad de los pueblos sobre la expresada agregación a México, según el plan de Iguala.

¿Qué resultado de esta operación?

Que los ayuntamientos que convinieron llanamente en la unión a México, fueron ciento cuatro. Los que convinieron en ella con algunas condiciones, fueron once. Los que comprometieron su voluntad en lo que pareciera a la Junta provisional, atendido el conjunto de circunstancias en que se halaban las provincias, fueron treinta y dos. De este dictamen fue el Ayuntamiento de Tegucigalpa, que quiso siempre correr la suerte que tocara a Guatemala. Los que se remitieron a lo que dijera el Congreso, que estaba convocado desde el 15 de septiembre y que debía reunirse el día 1º de Marzo próximo, fueron veintiuno. Los que manifestaron no conformarse con la unión, fueron dos.

¿Fue suficiente el término de treinta días para recoger el consentimiento de los pueblos y Ayuntamientos?

Claro que no; pero no se trataba de eso, sino de hacer de cualquier manera la unión a México. Comprobante de esto son las reclamaciones que hicieron los vocales, Rivera, Calderón y Alvarado, para que se esperarse el resultado de los Ayuntamientos que faltaban. Por este y no por otro motivo, Valle salvó su voto.

¿Cuántos Ayuntamientos quedaron sin representación?

Sesenta y siete.

¿Qué personas componían el ayuntamiento de Comayagua?

Don Francisco José de Gómez, Don Andrés Brito, Don José Santiago Bueso, Don Francisco Xavier Bulnes, Don Santos Bardales, Don Juan José Montes, Don Liberato Valdés, Don José Antonio Brito, Don Ciriaco Velásquez, Don Juan Francisco Clavasquin y Don Jacinto Rubí, Secretario.

¿Quiénes componían el de la Villa de Tegucigalpa?

Don Esteban Guardiola, Don Felipe Santiago Reyes, Don Mariano Urmeneta, Don Francisco Juárez, Don Juan Estrada, Don

Manuel Ugarte, Don Eusebio Ruiz y Don Dionisio de Herrera, Secretario.

¿Quiénes el de Juticalpa?

Los independientes, Don José Manuel Rodezno, Don Francisco Mendieta, Don Francisco Garay, Don Basilio Gómez, Don Baltazar Cubas, Don Damián Mendoza, Don José María Barahona, Don Pedro Barceló, Don Mariano González, Don Félix Maranez y Don José León, Secretario.

¿Quiénes formaban el Ayuntamiento de Choluteca?

Don Zenón Zúñiga, Don José Francisco Larios, José Tomas Funes, Valeriano Jolla, José Antonio Argeñal y Juan José Pinel, Secretario.

CAPITULO IV. ¡NO A LA ANEXIÓN A MÉXICO!

Ocurrencias de Juticalpa. –El Ayuntamiento de San Vicente participa al de Tegucigalpa haber recibido un oficio impreso del Gobierno de Guatemala, acompañado del que había dirigido Don Agusan Iturbide, y que ambos se habían leído en cabildo abierto. –Fundamentos que alegraron los patriotas de San Vicente para no adherirse a México. –Reflexiones que se hicieron en la junta celebrada el 6. –Resolución tomada por el Gobernador Político de San Salvador. –Proponerse que en Comayagua o donde mejor convenga se reúna un Congreso, compuesto de representantes de las provincias de San Salvador, Honduras y Nicaragua. –El Gobierno de Comayagua se niega a esta invitación del patriotismo. –Circular del Jefe Político Lindo.

¿Qué sucesos tuvieron lugar en Juticalpa en el mes de noviembre?

El Ayuntamiento y vecindario que, como ya hemos visto, se había unido de hecho a la provincia de Tegucigalpa, con motivo de haberse divulgado en el pueblo, desde el 18, que el Gobierno de Comayagua había dirigido al Ayuntamiento dos comunicaciones en las que, por una parte, se les exigía un crecidísimo tributo, que ni el Rey podía imponer, según la Constitución, y , por otra, se les obligaba a remitir a la mayor brevedad el batallón con todo su armamento y pertrechos, en momentos en que, por los informes recibidos, estaban para ser atacados por ingleses e indios moscos, este se exaltó de tal manera que el 20 se presentó en masa ante el Ayuntamiento y pidió a gritos que se jurase la independencia del Gobierno español, uniéndose a la Capital de Guatemala, que se separase de su empleo al Subdelegado Don Joaquín Tome y que se obedeciera al Gobierno de Comayagua en todo aquello que no fuese contrario a las leyes y órdenes del Gobierno de Guatemala.

¿Qué participaba el Ayuntamiento de San Vicente a los independientes de Tegucigalpa?

Participaba que el 5 de diciembre había recibido del Gobierno provisional de Guatemala un oficio impreso acompañado del que había dirigido el Excelentísimo Señor Iturbide, y que en cabildo abierto se habían leído ambos oficios y tratado los puntos siguientes:

1º. "Que en el acta del día 15 de septiembre se reservó al Congreso de la Nación la declaratoria sobre si esta se unía al Imperio Mexicano, o se constituía independiente por sí misma: que esta determinación tan conforme a los principios de libertad, pasó a ser una ley o pacto, desde que los pueblos la sancionaron con su voluntario consentimiento aprobación: y que en este caso, ni el Excelentísimo Señor Jefe Político Gainza, ni la Excelentísima Junta Provisional, han podido ni pueden variar aquella disposición, sin exceder los límites, de la autoridad que en aquella misma acta le han concedido los pueblos". 2º. "La voluntad de los pueblos en materia de tanta trascendencia, sobre ser arbitrio, festinado, ilegal e inadecuado, conspira claramente a la anarquía: es arbitrario, porque excede, como se ha dicho se ha dicho, los límites de la autoridad, que lo han ordenado. Es estimado, porque se exige su cumplimiento con una precipitación que se hace cuanto más carente, cuanto que no se manifiesta un solo motivo que lo haga razonable y necesario, supuesto que las intenciones del Excelentísimo Señor Iturbide no son sujetar la voluntad de los pueblos a la suya".

¿En qué otros fundamentos descansaban los patriotas de San Vicente para no permitir que estas provincias se anexasen a México?

En que el procedimiento era completamente ilegal: 1°. Porque se dirige a embarazar el cumplimiento de la acta del 15 en su artículo más importante, que es la reunión del Congreso Nacional: 2°. Porque emplazando al Congreso, coarta la Libertas de los pueblos y provincias para reunirse y conferenciar, discutir y deliberar de común acuerdo más conveniente a sus intereses: 3° Porque es un método desconocido entre las naciones cultas, para celebrar y disolver sus pactos sociales; y 4°. Porque al poner en manos de los pueblos la libertad de dar su voto sobre la agregación al Imperio Mexicano, se les coarta, dejándoles entrever una amenaza de parte de aquel con su formidable fuerza que precisamente ha de forzar su timidez, sin embargo de que México no tiene la mezquina intención de subyugarlos por la fuerza, ni tampoco tiene razón ni derecho alguno para hacerlo.

¿Qué más agregaba el Ayuntamiento?

"Este paso —decía—, es inadecuado porque a las atribuciones de los Ayuntamientos no compete la resolución sobre estos puntos de interés general, según lo reconoce el mismo Gobierno Provisional, que en uno de los párrafos del oficio que con fecha 8 del pasado dirigió a la junta provincial de Comayagua, dice así: "Pero esta cuestión de interés tan grande para todas las provincias, no puede ser decidida por esta Excelentísima Junta Provisional, ni por esa Excelentísima Diputación Provincial, ni por esa Excelentísima Diputación Provincial, ni por corporación alguna de las que existen constituidas. Los funcionarios no tienen otra facultad que aquella que les da la ley, y la ley no nos ha facultado para decidir si estas provincias deben serlo de México. Los Ayuntamientos tampoco tienen otra autoridad que aquella que les han dado los pueblos electores: estos los eligieron para tratar de las atribuciones que designa la Constitución, y en ellas no se ve la de resolver aquel puntos". Porque aunque les tocase la resolución de este punto, no se les ha citado con la seriedad que correspondía. Prueba de esto es que a este partido en donde hay seis Ayuntamientos, solamente vienen dos ejemplares de oficios, y si lo mismo ha sucedido con los demás, quedarán muchos pueblos sin voto para lograr el fin que se pretende: Porque una resolución tomada por el mayor número de Ayuntamientos, no está fundada sobre la base de población, sino sobre el número de pueblos, pudiendo suceder que una provincia sea mayor que otra en población, y que tenga menor número de Ayuntamientos".

¿Qué reflexiones hacía el Ayuntamiento en la Junta celebrada el 6?

El Ayuntamiento decía que el método adoptado por el Capitán General conspiraba a la anarquía, porque no produciendo un pronunciamiento simultaneo, dictado con detenimiento, circunspección y con acuerdo de todas las partes que componen el todo, como sucedería en un Congreso, si exponía a los pueblos a la tentación de dividirse y hostilizarse unos con otros, como lo habían hecho Comayagua y León; agregando en conclusión que las facultades conferidas al Gobierno Provisional de Guatemala habían sido limitadas a guardar el orden, dictar las medidas indispensables para proteger la libertad y la independencia, y las que condujeran a la pronta reunión del Congreso, el único llamado a decidir de su suerte. (Acta del Ayuntamiento de San Vicente, 7 de Diciembre de 1821).

¿Qué resolución abrazaron el Señor Intendente Jefe Político Doctor Matías Delgado, la Diputación provincial y el Ayuntamiento de San Salvador, en vista de las providencias dictadas por el Gobierno de Guatemala?

Con motivo del oficio del Capitán General y del desacuerdo en que habían entrado las provincias de León y Comayagua, acordaron desconocer la autoridad del Gobierno de Guatemala para someterlos a México; y dirigirse a aquellas, expresándoles, en términos generales, la verdadera situación de las provincias, y proponiéndoles la unión bajo las bases de un tratado que tuviese por objeto a paz la y utilidad general.

¿Qué más acordó la Junta?

También acordó que en la Capital de Comayagua, o donde conviniera mejor, se formase un Congreso compuesto de los representantes de las tres provincias, y de todas las demás que quisieran asociarse, sin excluir a Guatemala.

¿Qué se proponía el Gobierno de San Salvador con esta medida?

La de oponer una fuerza respetable a los ataques del despotismo, conjurar, con la unión de Comayagua, León y San Salvador, los males de la guerra y los horrores de la anarquía; y conseguir que Granada, Cartago y Tegucigalpa quedasen ligados de nuevo por un vínculo más estrecho.

¿Acogió estas determinaciones el Gobierno de Comayagua?

Alentado siempre por las ocurrencias de México, desatendió los llamamientos que el patriotismo salvadoreño e dirigía, e instigaba al más tiempo a la provincia de Tegucigalpa a que se adhiriese al Gobierno de Iturbide.

¿Qué hizo con este objeto?

El 2 de diciembre dirigió a los pueblos de ambas provincias la circular que dice: "Juan Nepomuceno Fernández Lindo, Abogado de la Excelentísima Audiencia de México, Alférez real del antiguo Ayuntamiento, Jefe Político Superior, y Presidente de la Excelentísima Diputación, en quien reside el Gobierno único superior, independientemente de la provincia de Honduras, parte integrante del Imperio mexicano. Por cuanto es llegado el feliz momento de dar conocimiento al Soberano Gobierno del Imperio de las ciudades, villas y pueblos de esta provincia que le imitaron en su juramento de independencia del Gobierno, debiéndolo hacer con documentos que lo acreditan en toda forma, acordó hacer con documentos que lo acrediten en toda forma, acordó librar la presente cordillera, para que los Ayuntamientos y pueblos del margen pongan a continuación de ella la diligencia siguiente". –Después de poner la fecha y nombre del pueblo del Ayuntamiento, esta razón, firmada de los alcaldes y regidores: "Este pueblo se unió en su juramento de independencia al Imperio Mexicano, en el cual reconocerá por Soberano a Fernando VII, o a alguno de su familia".

¿Qué otras providencias dictó el Jefe Superior Lindo para llevar a cabo sus proyectos de sujeción a México?

Oficio al Señor Provisor y Gobernador del Obispado para que dirigiese una pastoral a los curas y fieles, advirtiéndoles el deber en que estaban de obedecer al Gobierno establecido en Comayagua y de reconocer al propio tiempo como Soberano a Fernando VII, o a cualquier otro de su familia. Las providencias de las autoridades de Guatemala y Tegucigalpa debían desatenderse como contrarias a lo jurado en México. Cuando los Gobiernos no se contentan con el dominio temporal y pretenden dominar la conciencia por medio del sacerdote y de la religión, es entonces que se establece el despotismo más completo, más cruel y repugnante. Esto hizo Don Juan Nepomuceno Fernández Lindo.

¿Qué comunicaba el Gobierno de Comayagua a los partidos y pueblos de Honduras?

El acta que la Diputación Provincial de Nicaragua y Costa Rica había dirigido a los Gobiernos de las demás provincias.

¿Quiénes componían esta Diputación?

Don Miguel González Saravia, Don Vicente Agüero, Don Pedro Portocarrero, Don Domingo Galarza, Don Joaquín Arechavala, Don Manuel López de la Plata, Don Agusan Gutiérrez, Don Pedro Solís, Don José María Ramírez y Don Juan Francisco Aguilar, Secretario.

¿Cuáles eran las condiciones sociales en que encontraba el antiguo Reino, antes de la independencia?

No político: dominaban exclusivamente los chapetones porque, como ya hemos dicho, la sociedad de entonces estaba dividida en razas, y esta, que venía de Europa, era precisamente, la más poderosa, la más considerada y la que ocupaba, con pocas excepciones, los empleos que tenían alguna significación; porque la mestiza, la mulata, la indígena y aun la criolla, eran miradas con desprecio, tan terrible, que no se permiaa que la opinión pública tuviese la más ligera manifestación por la prensa, su órgano legítimo, y se mantenían procedimientos sumarios y penas las más atroces, sin ofrecerle nunca una garantíaa la libertad individual. Las provincias de este Reino se encontraban en una completa reclusión, respecto del mundo exterior. Ningunas relaciones tenían con otra nación que no fuera España, pues el primer cuidado de sus gobernantes era no permitir que sus colonos tuvieran comunicación con ningún extranjero, ni que este pudiera desembarcar en nuestras playas; de donde resulto, como consecuencia lógica y necesaria, que las provincias, que hoy se llaman Republicas de Centro de América, se encontraban, al llegar al glorioso día de su emancipación política, envueltas en los pañales de la infancia.

En lo económico: se vio el monopolio bajo todas las formas imaginables, y las clases indígenas entregadas a la explotación más horrorosa. En la administración de justicia se veían también cosas increíbles por lo inhumanas. El militarismo, plaga detestable, tenía en aquel tiempo, como tuvo después, hasta el año de 1876, grandes influencias y consideraciones, que el Señor Presidente Doctor Don Marco Aurelio Soto, sin ningún género de contemplaciones, ha liudado para bien de los hondureños, que en cada pueblo tenían un ambicioso vulgar, que buscaba, de día, de noche y a todas horas, la Presidencia de este infortunado país.

En lo intelectual: pasaba otro tanto. Siendo las provincias que componían el antiguo peino, sino las más pobres, las que estaban colocadas a mayores distancias de las posesiones españolas del Nuevo Mundo, tenían que ser naturalmente más descuidadas en el fomento de la instrucción pública. Guatemala, como las domas provincias, tuvieron muy pocas escuelas. En Comayagua apenas se vio un modestísimo Colegio Tridentino, en el que solamente se enseñó Teología y Gramática Latina, y después, dando un gran paso, se estableció la Cátedra de Filosofía. En León de Nicaragua se fundó hasta el año de 1811 o 1812 una Universidad á esfuerzos del virtuoso é inteligentísimo Obispo García Jerez, que desembarcó en el puerto de Trujillo el año de 1809. En Guatemala había desde tiempos lejanos una Universidad modelada bajo el sistema de la España, pero en pequeñas proporciones y mucho más atrasada. Al terminarse la dominación española, Guatemala se hubiera encontrado con muy pocos hombres, si Fr. José Antonio Liendo de Goicochea, que se ocupó durante treinta años de dar lecciones de Filosofía, que influyeron de una manera eficaz a que se mudase el aspecto de los estudios de entonces, no hubiera enseñado a la juventud a pensar por sí y a conocer que el pensamiento sofocado por el escolasticismo, en el atentado más grande contra la naturaleza humana.

Si se quisiera demostrar el atraso de estas provincias, bastaría decir que solamente en Guatemala hubo imprenta, y que sus publicaciones, además de repartirse muy de tarde en tarde, no difundían conocimientos útiles y menos aquellos que tendieran á dignificar al hombre. La instrucción pública en honduras estuvo reducida a proporciones mezquinas y entrabada por la superstición y el fanatismo. Nuestros pueblos eran esencialmente, más bien que cristianos, iconólatras y supersticiosos hasta la imbecilidad.

¿Ha dejado de serlo hoy?

Desgraciadamente tenemos multitud de pueblos que por la indolencia criminal de los curas, todavía viven, nosotros podemos decirlo y permítasenos que lo digamos, en un bochornoso y completo salvajismo. Los párrocos de nuestros pueblos, de quienes se les puede aplicar bien las palabras crueles de Jesucristo, fue el maestro, han causado mayores males a la religión cristiana, con su ignorancia, con su falta de moralidad y con su sed de plata, que sus propios adversarios. Nosotros tuvimos ocasión de visitar en 1870 los pueblos de Guajiquiro, Opatoro y Nahueterique, que se encuentran situados en las alturas de la sierra, al Sur de Comayagua, y como a trece o catorce leguas de la obispalía; y notamos entonces el completo atraso en que se encontraban aquellos desgraciados indios. Sus costumbres eran casi primitivas. Las mujeres andaban sin camisa y solamente retajadas en una tela que traen de San Miguel o Guatemala, que también les sirve para cubrirse cuando se acuestan. En estos pueblos no se encuentra una cama, porque todos, desde el más rico indio hasta el más pobre, duermen en el suelo al derredor de una hoguera que encienden, y para la cual colocan los pies, pues el clima es demasiadamente trío, y en los meses de noviembre, diciembre y enero casi es insoportable. Cada pueblo conserva su dialecto primitivo, pero degenerado hasta el punto que los jóvenes no entienden el dialecto de los viejos. Profesan la religión cristiana, pero carecen de los rudimentos más indispensables y que trae el padre Ripalda. Recordamos que una vez se llamó a una india y se le preguntó si sabía los mandamientos de la ley de Dios, y contestó: que no los sabía: que el credo y el Padre Nuestro los sabía a retazos y entreverados. Cuando celebraban sus funciones religiosas, las indias fregaban la víspera el cáliz y la custodia, y cuando estaban jugando los toros en la plaza, sacaban el santo patrón y lo colocaban en la barrera para ofrecerle el toreador sus suertes y el picador, su picadura.

Este evento iba acompañado de alegres repiques de campanas y de cohetes. En la época de las funciones, y no en otra, celebraban los matrimonios que de antemano tenían arreglados. Era costumbre que el padre del novio le hablase al papá o mamá de la novia, sin que estos se conocieran, para que, si le convenía, le dieran su hija. Si la daban, el desposado tenía obligación de ir a servir seis meses, un día y hasta dos, según convenio, a la casa de la novia, en cuyo tiempo los desposados mostraban su voluntad. Si trascurrido el tiempo convenido, los servicios prestados por el futuro esposo no estaban á satisfacción del padre, se le despedía inmediatamente. Supimos que había indios que tenían esta costumbre como un negocio. Cuando observamos esta lamentable costumbre, dijimos para nuestros adentros, "o el viejo es un nene o el joven pretendiente es un bobo". Como durante el tiempo de los servicios, y que se destinaba mí la vez para que los novios se bajaran voluntad, se les permitía que tuvieran toda clase de intimidades, como si fueran dos en una carne, quisimos investigar hasta qué grado llegaban estas, y obtuvimos por resultado de nuestras pesquisas que, fuera de ciertas caricias, en lo demás, respetaban las leyes del honor, y a uno de tantos le oímos decir: "Que no había traspasado los límites de éstas, porque el cura no se la había entregado. Pero no es esto todo. También observamos con el mayor dolor, que había indias que carecían hasta de la idea de Dios. "¿Y los curas?", se nos dirá. Ellos viven nadando en oro y al calor de las pasiones más vergonzosas, sin ocuparse, sin preocuparse siquiera, de la altísima misión que se les ha conferido, como si no tuviesen que dar estrechísima cuenta de ella en el tremendo día de la ira. Por fortuna el Gobierno actual ha dado una atención preferente al ramo de instrucción pública y ha fundado escuelas hasta en los últimos rincones y remates de la República.

El dialecto, que era un inconveniente para civilizar a los indios, ha dejado de hablarse", sobre todo, en los pueblos que tenemos indicados. Para que los curiosos tengan una idea del dialecto que hablaban los guajiquiros, tomamos de nuestros apuntes las palabras siguientes:

¿Ushaina Padria?... ¿Ya vino el Cura?

¿Quinaiti Padriu?... ¿Qué te dijo el Padre?

¿Tajal, misa temi haili?... ¿Por cuánto celebra?

¿Ullarta ampisha?... ¿Quieres darme tu hija?

Casasaguin shainna... Casarme quiero.

Quinayti á monobá... Cuentame tus amores.

Enta mis quejes... Oídme mis quejas.

La enta cari hay bano... Escucha mis palabras.

Caraimi haigaradi sbaz telana al pabian... Casarme quiero, pero no lo quieren los padres de la muchacha.

Ulmali... Vamos a bailar.

Shesquita tagun... Prepara la casa.

Shesquita café... Componga el café.

Padita mesaba... Tiende la mesa.

Umali pasiartia... Vamos a pasear.

¿Cariman ubelatami Comayagua?... ¿Cuándo piensas ir a Comayagua?

¿Cunaman ubelatami?... ¿Con quién vas?

¿Quinagab utinguishtemani?... ¿Por qué no me esperas?

Estam Yogue... Buenos días.

¿Shalogil?... ¿Cómo están ustedes?

¿Sigua pahscum?... ¿Tiene usted calor?

¿Miti mulom?... Tiene usted frío?

Imputo iley... Tráigame tortilla.

¿Tamalt tragueta?... ¿Echemos un trago?

Lley corquin shaina... Quiero almorzar.

Sena ten shaina... Quiero cenar.

Imputo almuerzo... Tráeme el almezo.

Imputo gualis... Traeme agua.

El clero que, con poquísimas excepciones, ha sido ssiempre aliado de la ignorancia, en 1822 se unipo para que los guatemaltecos y españolistas cometieran el atentado de unir a México al antiguo Reino.

CAPITULO V: EL SABIO VALLE

Conducta del Capitán General Don Cabillo Gainza.— Guatemala se declara unida a México el 5 de Enero de 1822, de conformidad con el plan de Iguala.—Este plan lleva el nombre de Iguala por el pueblo en que se promulgó.—También se llamó plan de las tres garantías.— Tratado celebrado en Córdoba.—Intrigas subterráneas de que se valieron los enemigos de la independencia para anexar estas provincias á México.—Las provincias de Honduras se ocupan de practicar las elecciones de los Diputados que debían concurrir al Congreso mexicano.—Indicaciones que hizo Don José Cecilio del Valle al Ayuntamiento de Tegucigalpa.—Valle en México.

¿Qué hizo el Capitán General Gaínza para preparar los ánimos y verificar la proyectada agregación a México?

A pesar de la divergencia de opiniones en que se dividieron los Ayuntamientos y pueblos de las provincias y de las protestas de algunos individuos de la Junta Consultiva sobre que debían esperarse los votos de sesenta y siete

Ayuntamientos que faltaban, Gainza, que tenía, in pectore, la resolución de cometer el gran atentado de someter a Guatemala a México, leyó, en los primeros días de enero, un largo y bien estudiado discurso, en el que pintaba a Guatemala con los tintes más humillantes y hacía depender su futura grandeza de la protección que debía darle el Monarca de Nueva Esparta. Además hacia valer que los votos emitidos por los Ayuntamientos eran suficientes para declarar la agregación a México.

Si no conociéramos el carácter voluble de Gaínza, sino supiéramos que para dar este paso los enemigos de la independencia le habían hablado el lenguaje de sus intereses personales, nos sería sobremanera sorprendente la conducta observada por el Capitán General, que hacía poco se había dirigido a las provincias de Comayagua y León en estos términos. "Esta cuestión de interés tau grande para todas las provincias, no puede ser decidida por esta excelentísima Junta provisional, ni por esa Excelentísima Diputación provincial, ni por corporación alguna de las que existen constituidas. Los funcionarios no tienen otra facultad que aquella que les dé, la ley: y la ley no nos ha facultado para decidir si estas provincias deben serlo de México. Los Ayuntamientos tampoco tienen otra autoridad que aquella que les han dado los pueblos electores Estos los eligen para tratar de las atribuciones qua designa la Constitución; y en ellas no se ve la de resolver aquel punto. La voluntad general de los pueblos es la que debe determinarlo, y esta voluntad sólo puede expresarse por un Congreso formado de diputados elegidos por los mismos pueblos para decidir si todos ellos deben ser provincias de Nueva España".

¿Qué sucedió en Guatemala en Enero de 1822?
Que Gainza declarara el 5 a la Junta en sesión permanente que Guatemala y las demás provincias quedaran unidas al Imperio Mexicano, de conformidad con el plan de Iguala y tratado de Córdova.

¿Por qué se llamó plan de Iguala?
Por el pueblo en que se promulgó.

¿De qué otro modo se llamó el plan de Iguala?
Plan de las tres garantías

¿Por qué se llamó así?
Porque tenía tres objetos esenciales: la conservación de la Religión Católica, Apostólica, Romana, sin tolerancia de otra alguna: la independencia de Nueva España bajo un gobierno monárquico moderado: y la unión íntima de americanos y europeos. Estas eran las tres garantías de donde tomó el nombre el ejército que sostenía aquel plan; y a esto aluden los tres colores de la bandera que se adoptó, significándose por el blanco la pureza de la religión, por el encarnado, la nación española; y por el verde, la independencia.

¿Cuándo se celebró el tratado que se llama de Córdova?

Aprovechando Iturbide el ascendiente que tenía sobre el ejército, reunió los restos del partido revolucionario y logró captarse la voluntad de Don Juan de O'Donojú, nuevo y último Virrey, que mandó España, y con el cual se completaron sesenta y cuatro, desde Don Juan Antonio de Mendoza, y persuadiéndole que obraba conforme al plan de iguala, firmaron en Córdova; el 24 de Agosto del mismo año, el famoso tratado que tomó el nombre de dicho pueblo y que en sustancia era la confirmación del de Iguala, aunque con una variación esencial de reservarse las cortes de México, la libre elección de Monarca, sin que hubiese de recaer precisamente en príncipe de la casa reinante, que equivalía d dejar Iturbide el camino abierto para que saciara su ambición. Este tratado fue reprobado por España. El 27 de setiembre entró Iturbide en Méjico en medio del regocijo universal del pueblo que veía terminada una guerra que había casi acabado con timbres y caudales. El 28 quedó definitivamente instalada la Junta nombrada por Iturbide. Esta nombró seguidamente la regencia, que se acordó fuese de cinco individuos; y fueron electos: Iturbide, en calidad de Presidente,

¿La provincia de Tegucigalpa y los demás partidos externaron su voto voluntaria y libremente sobre la agregación a México?

Lo que entonces se dijo, fue: que se usaron de intrigas subterráneas: que las Municipalidades fueron sorprendidas: que, por un lado, se les aseguraba que de México venían once mil hombres al mando de los Generales Flon, Conde de la Cadena, y Manuel Terna, y por otro, que el Capitán General, que disponía de la fuerza de la nación, quería que estas provincias quedaran sometidas al Imperio Mexicano. Con estos ardides, los patriotas que se habían levantado en favor de la independencia descansaron las armas, se sometieron a México, y quedó de este modo consumada la obra de mayor injusticia, para la cual ni la Junta, ni los Ayuntamientos, ni el Capitán General tenían derecho. Este paso fue tan criminal como escandaloso, porque ¿qué necesidad tenía Honduras y qué ventajas reportaba de pertenecer a un Gobierno y una nación que dista de ella más de trescientas leguas.

¿Qué resolución tomó el Gobierno de San Salvador en estas circunstancias?

Mantener con firmeza su pronunciamiento de independencia absoluta y separarse del Gobierno de Guatemala: 1. Porque los pueblos no hablan obrado en sus decisiones con entera libertad: 2. Porque habiendo Guatemala unido a México, por este hecho sólo habla cesado su gobierno provisional, y San Salvador quedaba con el derecho de erigirse en Gobierno provisional como mejor conviniera a los intereses de los pueblos: y 3. Porque ninguna de las provincias podía ser desmembrada por las autoridades que entonces estaban constituidas. Casi todos los pueblos que componían los partidos de Santa Ana y San Miguel y se separaron de su capital y se adhirieron al acta de 5 de enero que los sometía al Imperio. El Capitán General se creyó en el deber de apoyar estos pronunciamientos militarmente, y aunque la Junta fue de opinión contraria, no obstante, le manifestó que podía obrar según las circunstancias. Con esta indicación se sintió suficientemente autorizado para comenzar a fomentar la división entre los pueblos salvadoreños, interín se le presentaba una coyuntura favorable para llevar a término, por los medios que fueran necesarios, la expresada agregación a México.

Consecuente con estos propósitos, y porque creía que la unión de Guatemala a México habría hecho que las provincias y partidos disidentes entraran en sosiego, mandó retirar la división que permanecía en los Llanos de Santa Rosa al mando de Don Rafael Montúfar, y a licenciar las compañías que de Cantarranas, Juticalpa y Texiguat, habían venido a defender la plaza de Tegucigalpa, ordenando, además, al Coronel Gutiérrez que inmediatamente se trasladase a la ciudad de San Miguel, y que, en caso de no poderlo verificar con la celeridad que demandaban las circunstancias, hiciera que la tropa que venía de Granada saliera, sin pérdida de tiempo, al mando de Don Julio Gómez. Gutiérrez, por sus achaques, no pudo cumplir las órdenes del Capitán General y se quedó algunos días más en Tegucigalpa.

Los partidarios del imperio han pretendido disculpar la primera invasión que se hizo sobre San Salvador, manifestando que esta provincia fue la primera que cometió actos hostiles contra Guatemala; y aunque esto es cierto, no por eso debe negarse que conforme el plan abrazado por los mexicanistas, San Salvador tenía; tarde o temprano, que ser sojuzgado por la fuerza. Como comprobante de esta afirmación, copiamos un párrafo de la correspondencia que en 22 de Febrero dirigió el Capitán General Gainza al Coronel Gutiérrez, Comandante de la provincia de Tegucigalpa, en la que, después de participarle que el Gobierno mexicano le había conferido el mando interino de la provincia, le decía: "La división que al mando del Señor Brigadier Don Vicente Filísola se ha destinado a este reino viene a mis órdenes, y he dispuesto llegue alguna fuerza a esta capital, siendo su principal objeto el de afianzar la paz y unión de estas provincias. Si alguna de ellas fuese alterada por el genio de la discordia y por el de la ambición, ocurriré con esta fuerza protectora; y así debe ti. S. manifestarlo ti ese patriótico vecindario para desvanecer todo recelo con respecto a los que antes intentaron perturbar su quietud".

En San Salvador, antes de comenzar la guerra se eligió a Valle Jefe Político de la provincia. Esta elección revela las sanas intenciones con que allí se procedía. Valle no quiso aceptar el encargo que se le confiaba, y el Padre Delgado y Arce se vieron obligados a continuar al frente de las cosas. Arce, en calidad de General en Jefe, marchó con una división sobre Santa Ana Grande, que ocupó, sin resistencia de ninguna clase, derrotando en seguida al Sargento Mayor Padilla en la hacienda del Espinal. Este fue el primer encuentro armado entre salvadoreños y guatemaltecos; y aunque de escasa significación, es remarcable en nuestra historia, porque en el campo del "Espinal" quedó sembrada la semilla de las discordias y guerras civiles que han desangrado y empobrecido a Centro—América. El suceso que hemos referido y el haber ocupado Arce algunos puntos del territorio de Sonsonete, que era uno de los corregimientos de Guatemala, presentó en ocasión, que tanto se deseaba, de invadir a San Salvador con protestas justas.

Con este objeto el 19 de Marzo se hizo salir al Coronel Arzú, para que tomara el mando en jefe de la división invasora. Cuando los liberales salvadoreños se vieren amenazados por fuerzas guatemaltecas, manifestaron oficialmente que su declaratoria de independencia no era una declaratoria de guerra: que sus intenciones no eran hostiles, ni tenían ánimo de invadir una provincia hermana y vecina, como lo era Guatemala.

Escribieron al Ayuntamiento y Diputación provincial para qué interpusieran sus respetos con Gainza e hicieron otros ofrecimientos, todo con el fin de que se contuviera y regresará la fuerza expedicionaria; pero nada de esto valió. Lo que se quería era sojuzgar a San Salvador a todo trance y a costa de cualquier sacrificio. El Coronel Arzú, después de haber gastado dos días en vencer los obstáculos y serias dificultades que le oponía el terreno, entró en la ciudad de San Salvador en la madrugada del 3 de junio, sin sufrir ninguna pérdida; pero a pesar de haber ejecutado esta maniobra con la mejor habilidad y de haberse colocado en condiciones ventajosas para vencer a sus contrarios, no tuvo la necesaria para dirigir con acierto el combate.

Sus soldados, muertos de hambre, se dispersaron por los barrios, incendiaron algunas casas, saquearon otras, y a medida que hacían iban, abandonaban la lucha, que por una y otra parte, se sostenía con valor. Nueve horas contaba la batalla, cuando Arzú se vio obligado a emprender su retirada, y aunque al principio comenzó a verificarla en orden, llevando en sus bestias toda la artillería, en los malos pasos del camino, se volcó un cañón, por cuyo motivo se cortó la marcha, y la voz de alarma se difundió en todo el ejército, de tal manera y hasta tal punto, que desde el primer jefe hasta el último soldado, no pensaron sino en salvar sus vidas, y cada uno tomó el rumbo que pudo. Esta dispersión equivalió a la derrota más desastrosa, y obligó a los guatemaltecos a llamar con gran urgencia al General Filísola.

¿Cómo siguió esta Provincia?

Con la unión a México y la noticia de la próxima llegada de un ejército numeroso como bien disciplinado, el país entró un tanto en calma y sólo se trató de verificar las elecciones que se mandaban practicar de los diputados que debían concurrir al Congreso mejicano. Tegucigalpa y Comayagua descansaron sus armas.

¿Cuándo se practicaron estas elecciones?
El 10 de Marzo de 1822.

¿Quiénes fueron los diputados?

Por la provincia de Comayagua, los Señores Don Joaquín Lindo, Don Juan Fernández Lindo, Don Cayetano Bosque y Don Jacinto Rubí. Por la de Tegucigalpa, el Señor Presbítero Don Francisco Márquez. Don Próspero Herrera y Don José Cecilio del Valle, que salió de Guatemala el 7 de Mayo y llegó a la capital de Anáhuac el 28 de Julio, tomando su asiento de Diputado el 3 de Agosto siguiente.

¿Qué indicaciones hizo Valle al Ayuntamiento de Tegucigalpa, cuando éste le remitió su credencial de Diputado a Cortés?

Después de rendirle las más expresivas gracias por la honra que le halda dispensado, nombrándolo Diputado, le dijo: "Es importante pedir a las Cortes los puntos siguientes: 1°. Que se establezca en esa la casa de moneda para economizar gastos y facilitar auxilios a los mineros. 2°. Que se mande de Nueva España a esa ciudad, un Mineralogista sabio que reconozca esos minerales y dirija a la juventud lecciones de Mineralogía 3°. Que no existan en Guatemala acumulados el gobierno superior, la audiencia territorial, la intendencia, la capitanía general, las rentas, los hospitales, las tropas, el arzobispado: que esto es lo que le da prepotencia extraordinaria, y por esta prepotencia sufren las provincias: que debe haber equilibrio, y para que lo haya, se debe establecer en una provincia la capitanía general y tropa, en otra la intendencia y rentas, en otra la audiencia, en otra el gobierno político y: 4°. Que sobre estos puntos debe unirse la voz de todos los Ayuntamientos de esa provincia, haciendo representaciones acordes y dirigiéndomelas oportunamente (Correspondencia de Valle, dirigida al Ayuntamiento de Tegucigalpa el 12 de Abril de 1822.)

¿Qué significación tuvo Valle en el Congreso?

Cincuenta y cinco diputados le dieron diversas pruebas de consideración y ellas solas bastan para acreditar que representó a su país con honor y con dignidad.

¿Qué distinciones mereció Valle?

La de ser nombrado el día 5 de Agosto, como individuo de la comisión que debía formar el proyecto de Constitución.

¿Qué servicios prestó Valle en el Congreso a la causa de Centro-América?

Desde que fue nombrado individuo de la comisión encargada de formular el proyecto del Código Fundamental, se propuso ir preparando la opinión de los diputados, que podrían alguna vez sostener la justicia de la causa de Guatemala: para esto les dio a conocer la dolorosa historia de nuestra desgraciada sujeción a México; les recordó los principios de derecho público; y esperó que llegase el momento oportuno para defender los derechos de su patria con toda la energía de la justicia y la razón.

¿Qué otra distinción mereció Valle?

La de ser electo Vicepresidente del Congreso el día 24 de Agosto.

¿Qué le importó esta distinción y su conducta noble y patriótica?

La amargura de ser puesto en prisión de orden de un Ministro arbitrario, que caminaba a su ruina y que precipitaba a la perdición al Gobierno sí quien servía.

¿Qué respondió Valle a los que le dijeron que huyese o se ocultase?

"Que huyan —dijo —, o se escondan, los que son reos ante la ley: los que han cometido delitos y son positivamente criminales: yo no conozco el crimen, yo soy hombre de bien, yo respeto la virtud y procuraré siempre respetarla. Espero pues, en mi casa, el golpe de la injusticia". La injusticia dio su golpe: Valle fue puesto en prisión, con trece diputados más

¿De qué se ocupó durante estuvo en ella?

Después de corrida algunos días de su prisión, hizo tres representaciones al Gobierno y en todas ellas le manifestó que su conducta privada y pública no tenía paralelos con sus enemigos y que estaba pronto a compararla con la de sus denunciantes, que lo habían calumniado; que si había cargo, se le hiciese desde luego, y en caso contrario se le diese la satisfacción de que tenía tantos derechos.

¿De qué más se ocupó?

Tenía las llaves de la biblioteca del Convento, y en ella se encerraba para buscar manuscritos que pudieran ser curiosos en algún aspecto. Leía los impresos de sucesos ocurridos y sobre establecimientos fundados en México. Observaba las gacetas antiguas del Gobierno y en ellas los progresos sucesivos de aquella nación.

¿Qué más hizo?

Reunió diversos mapas de Nueva España y comparó unos con otros, el de Alzate, el de Humboldt, el de Arowsmith y el de Brete: hizo diversas preguntas a sus compañeros de arresto, que conocían unos, unas provincias y otros, otras: recordó las que había atravesado y apuntó las inexactitudes que encontró en ellos.

¿A qué otras cosas consagró su tiempo?

Consagró algunas horas al estudio: y sintió entonces toda la verdad del pensamiento de Plinio, que llamaba al estudio "consuelo de las adversidades":

¿A qué dio otras horas?

A un ensayo sobre las ciencias y en sus tantes viajes a México había comenzado a trabajar; escribiendo entonces algunos pliegos, que juzgó serían interesantes una vez que hubiese concluido su obra.

¿Cuánto tiempo permaneció Valle en prisión?

Corrían ya los seis meses, cuando un oficial se le presentó a las seis de la tarde del din 22 de Febrero de 1823, poniendo en sus manos el nombramiento que se hacía en él, de Secretario de Estado y del despacho de Relaciones. Esto fue para Valle una verdadera sorpresa, que lo obligó entonces a contemplar el imperio de la suerte, que desde el arresto en que se encontraba quería elevarlo a la primera Secretaría de la Nación: admiró las singularidades de la vida; y se ratificó en la creencia de que justicia triunfa siempre sobre la intriga y la calumnia.

¿Qué resolución tomó Valle?

La de ponerse en marcha el din siguiente a donde residía el Emperador Iturbide para significarle sus respetos y su gratitud; y poner al propio tiempo su renuncia, porque un Ministro decía: "debe ser el primer hombre en la ciencia de los gobiernos: el primero en el conocimiento de la nación que ha de dirigir" y que hacía siete meses había llegado de México y que no tenía por consiguiente los conocimientos necesarios. Agregó otras razones; pero ninguna fue tomada en consideración y Valle se vio obligado a servir el ministerio.

¿Cuál fue su conducta en aquel altísimo encargo?

Respetar los derechos santos de la Nación: caminar con toda la prudencia de que era capaz, pues se veía colocado entre un Gobierno desgraciado, y unos pueblos dignos de la suerte más feliz: procurar el restablecimiento del Congreso, que habla sido disuelto el 31 de octubre de 1822: hablar como Ministro desde la silla en que había hablado como diputado, para convencer d los que no querían la reinstalación del Congreso.

¿Qué más hizo?

Hizo entender a la nación, en circular de 9 de Marzo de 1823, que el Gobierno respetaba en los sabios la facultad de pensar: cuidó especialmente de que la revolución, avanzada ya a su ingreso en la Secretaría, no fuese sanguinaria, ni tuviese el carácter de reacción física, horrorosa, como todas las que llegan a tomarlo.

¿Qué supo Valle en el ministerio?

Supo quiénes habían sido sus delatores y mal informantes: pudo vengarse de ellos; y sin embargo no lo hizo. Valle tenía buen corazón.

¿Cómo terminó su ministerio?

Por una revolución que se operó sin sangre y sin muertes. Valle volvió al Congreso.

¿Qué ocupaciones desempeñó?

El día 14 de Mayo de 1823 fue nombrado individuo de la comisión especial que se creó para fijar las bases de la constitución: formó el discurso que las designaba y lo leyó en la sesión del día 28.

¿Qué otras comisiones desempeñó?

El 31 del mismo mes fue nombrado vocal de una comisión que se mandó crear para que, de acuerdo con el Gobierno, indagase las causas de los movimientos subversivos que comenzaban a verse en algunas provincias, y propusiese las medidas más eficaces para impedir sus progresos.

¿Qué pidió Valle empeñosamente al Congreso el 12 de Abril de 1823?

Pidió se declarase que las tropas de México, mandadas por el Brigadier Don Vicente Filísola, doblan retirarse inmediatamente de todo el territorio de Guatemala, porque habiendo desaparecido el Plan de Iguala y el tratado de Córdova, en virtud de los cuales el antiguo Reino se había unido a México, Guatemala y todas las demás provincias estaban en el derecho, como estaba México, de constituirse como mejor conviniera a los intereses de los pueblos. Sobre este punto, Valle, hizo hincapié y desenvolvió en largos y hermosos discursos seis proposiciones, relativas todas a la independencia y libertad de estas provincias. Después de todo esto, Valle regresó a Guatemala, a ocupar en su patria, el asiento de diputado y de individuo del Supremo Poder Ejecutivo, para cuyos destinos, Labia sido electo. Dejemos a Valle en camino para Guatemala, formando en su tránsito dos tablas, una de alturas barométricas, según el método conocido, y otra de alturas termométricas, según el de Don Francisco Caldas, y vengamos a ocuparnos de los sucesos ocurridos en Honduras y de la conducta observada por el Gobierno de Comayagua.

CAPITULO VI: DÍAS DE INCERTIDUMBRE

El Gobierno de Comayagua invita al Coronel Gutiérrez para que celebren un tratado de paz. Los patriotas de Tegucigalpa piden que se les dé conocimiento de las bases. —El Capitán General nombra

Comandantes de los puertos de Omoa y Trujillo. —Don Dionisio Herrera sucede a Gutiérrez en el mando Político. —Providencias que dictó el Coronel Gutiérrez al saber lo ocurrido en el partido de Olancho. —El Ayuntamiento de Tegucigalpa, de acuerdo con el Coronel Gutiérrez, hace salir ciento cincuenta hombres para que custodien la conducta que estaba demorada en los Llanos de Santa Rosa. —El Ayudante Don Francisco Morazán cae prisionero en el Valle de Comayagua.—El Gobierno manda ponerlo en libertad y él se dirige con la mayor velocidad a su destino. —Regreso de Morazán.

¿De qué se ocupaba el Gobierno de Comayagua en el mes de Febrero de 1822?

Como a pesar de haberse declarado Guatemala unida a México, Tegucigalpa se conservaba en la misma actitud que antes, no obstante de haber comprometido su voluntad en lo que pareciera a la Junta Provisional de Guatemala, atendido el conjunto de circunstancias en que se hallaban las provincias, el Gobierno de la capital dispuso excitar al Coronel Don Simón Gutiérrez, para que pasara a aquella ciudad a celebrar un tratado de paz que pusiese termino a las animosidades que se tenían ambos pueblos y gobiernos.

¿Qué pidieron algunos patriotas al saber esta noticia?

Los patriotas, Don Francisco Marcilla, Don Joaquín Lozano, Don León Rosa, Don Luis Brito, Don Braulio Rosa, Don Francisco Ramírez, Don Andrés Montero, Don Laureano Jereda, Don Ramón Vigil, Don Ignacio Jirón, Don León Vásquez, Don Santiago Zelaya, Don Andrés Lozano, Don Baltazar Sandoval, Don Tranquilino Estrada, Don Cipriano Reyes, Don Santiago Rodas, Don José Rafael Estrada, Don Nicolás Durón, Don Felipe Santiago Reyes, Don José Matute, Don Guadalupe Reyes y cien más pidieron que se les diera conocimiento del tratado que iba a celebrarse, manifestando a un tiempo mismo que era conveniente y aun necesario que el Coronel Gutiérrez pasase a aquella ciudad acompañado de una parte del patriótico Ayuntamiento y de una fuerza respetable.

Los tegucigalpas recelaron, y acaso con razón, atendido el odio cordial que las autoridades imperialistas profesaban a los que defendían la independencia de la patria, que esta entrevista fuera un medio mañoso pensado por Lindo, para someterlos enteramente a su devoción. Por este motivo, la entrevista fuera un medio mañoso pensado por Lindo, para someterlos enteramente a su devoción. Por este motivo, la entrevista, y el tratado, se quedaron en proyecto tan justos, tan racionales eran los temores y desconfianzas del Coronel Gutiérrez y de los buenos patriotas, que el mismo Capitán General, que patrocinaba la causa que defendía Comayagua, en una comunicación datada el 23 de Febrero, le decía: "Al ir a salir el correo de este día, y cuando ya estaba en la estafeta toda la correspondencia, ha entrado un propio de San Miguel, que conducía la de esta ciudad, y entre ella, el oficio documentado de Usted de 6 del corriente sobre las causas que le han retraído de llevar a efecto la entrevista con el Señor Don José Tinoco. Verdad es que todo debe temerse de los que tantas pruebas han dado de poca formalidad, desaciertes y audacia; pero es indispensable procurar por que tenga efecto aquel paso de que puede esperarse la conciliación. Al intento, puede instar al Señor Tinoco, llamándole a algún punto medio y acordando las seguridades recíprocas y todo cuanto pueda concurrir a que por una y otra parte se dejen temores, vanos siempre por la del Señor Tinoco. No entrando este por las propuestas racionales, que no dudo le hará US., lo hará constar en su correspondencia con él".

¿Quién tomó el mando político de la provincia de Tegucigalpa?

Don Dionisio Herrera.

¿Qué sucesos habían ocurrido en Juticalpa?

Que el Capitán Marcos González, premiado días después por el Gobierno de Comayagua, con el grado de Teniente Coronel, levantase los pueblos de Silca y Yocón, que habían seguido el juramento de la capital con el objeto de deponer del mando político a Don Joaquín Tomé. A este mismo tiempo se había hecho salir de Comayagua un piquete de infantería con dirección a Cedros, en donde debía hacer una larga o ligera estación según lo demandaran las circunstancias. Esta fuerza compuesta de 50 hombres llevaba por objeto proteger el pronunciamiento de González y llamar la atención del Gobierno de Tegucigalpa, y ponerlo de este modo en la imposibilidad de poder auxiliar a las autoridades de Juticalpa. Sea para el logro de este fin, sea para precaverse de una sorpresa desagradable, es el hecho que la fuerza que estacionó en el mineral de Cedros, durante su residencia en este lugar, hizo colocar avanzadas en todos los caminos. Estos disturbios y movimientos se verificaban casi en los mismos días en que el Teniente y Capitán General Don José Gregorio Tinoco de Contreras, dirigía al Comandante Gutiérrez constantes manifestaciones de fingida fraternidad.

La política observada por los mexicanistas de Comayagua, fue siempre de engaño, de embustes, de falsedades y de mil supercherías que hacían creer a los pueblos sencillos, como lo acostumbraban de antiguo, para conservar a unos en su dominación y atraer a otros a sus filas. Esto prueba a todas luces que las desconfianzas del jefe Gutiérrez, no eran inventos imaginativos originados por el miedo.

¿Qué providencias dictó el Comandante Gutiérrez al saber lo ocurrido en el partido de Olancho?

Ordenó inmediatamente que la guarnición de la plaza de Juticalpa que estaba reducida a muy pequeño número, se elevase a 50 hombres, ofreciendo sí sus autoridades que pronto les mandaría armas y dinero.

¿De qué más se ocupaba en estos momentos Gutiérrez y el Ayuntamiento de Tegucigalpa?

De mandar una partida de 150 hombres a las órdenes del Teniente Miguel Acero, que custodiase la conducta que venía de Guatemala y que estaba demorada hacia algunos días en los llanos de Santa Rosa. Comayagua. Por su parte, al saber que se trasportaba de los Llanos la indicada conducta, mandó apostar en el valle una avanzada con el fin de sorprender a su tránsito el convoy y proporcionarse, de este modo, elementos de que carecía. Las autoridades de Tegucigalpa, previendo este caso, ordenaron expresamente al jefe Acero, que su regreso debía verificarlo por partido de San Miguel, para, evitar en lo posible, un incidente desgraciado.

¿Qué más ordenó?

Cuando se supo que la conducta había llegado a Gotera, de la tropa salvadoreña que estaba aquí acuartelada, mandó situar 100 hombres en el pueblo de Lepaterique, para proteger su marcha. Con el objeto de que Acero no sufriera contratiempos perjudiciales a los intereses públicos, de antemano se había comisionado al Ayudante Don Francisco Morazán, para que con pretextos de negocios de comercio, pasase a los Llanos de Santa Rosa prepararlo todo, a fin de que cuando llegara la fuerza que debía custodiar el convoy, estuviesen todas las cosas listas. Morazán y su sirviente fueron tomados en el valle, y conducidos presos a la capital, donde tuvieron al primero sin comunicación y como en capilla, haciéndole las más negras amenazas para averiguar cuál era verdaderamente el objeto que lo llevaba a los Llanos de Santa Rosa.

¿Qué consiguió el Gobierno con estas amenazas?

Nada, absolutamente nada, porque el disimulo y la sagacidad con que Morazán se condujo en aquellos críticos momentos, hicieron que, pasados dos días, convencidas las autoridades de la inocencia del prisionero, le mandaran extender su pasaporte para que pudiera continuar su marcha, que Morazán hizo con la mayor velocidad.

Cumplida su comisión, ¿qué hizo Morazán?

Regresó, con catorce soldados, por el mismo valle, sin sufrir ningún contratiempo ni molesta alguna. Morazán, sin duda, buscaba un desquite.

¿Qué partes recibió el Ayuntamiento de la conducta?

Diversos correos le trajeron la noticia inesperada de que el Comandante de San Miguel había desarmado los 150 hombres que custodiaban la conducta: que los había obligado a llegar a aquella ciudad y que puestos allí trababa de exigir 25,000 pesos, en calidad de préstamo.

¿Qué más quería el Comandante de San Miguel?

Que el Teniente Acero, permaneciera en la plaza mientras cesaban las amenazas de las fuerzas de San Vicente, con las que ya había tenido un encuentro desastroso.

¿Qué día tuvo lugar el referido combate?
El 8 de Abril.

¿En qué lugar?
En la hacienda llamada "La Concepción de Ramírez".

¿Cuántos días duró la acción?
Tres días.

¿Qué ocasionó la conducta del Comandante de San Miguel?
Grandes y graves perjuicios, tanto a la minería como a las estrechas y fraternales relaciones que se hablan cultivado en ambos pueblos, especialmente, en los tiempos de mayor peligro.

¿Cómo se vieron Tegucigalpa y San Miguel desde este momento?
Con miradas de hostilidad.

¿En qué mes hizo Tinoco su viaje a México?
En el mes de Abril.

¿Qué día?
El 19.

¿Cuántos hombres lo custodiaban?
Cincuenta.

¿Por dónde hizo su marcha?
Por la costa del Norte.

¿Quiénes lo acompañaron?
Don Juan Nepomuceno Cacho Gómez, Don Jacinto Rubí y Don Francisco Javier Bulnes.

¿Quién le sucedió en el mando?
Don Juan Garrigó, quien tomó posesión el 29 de marzo, según consta en el libro de actas de Congreso Constituyente del año de 1821.

¿Qué decía el Comandante encargado de las armas?

El Comandante de la plaza, decía al Ayuntamiento de Tegucigalpa que deseaba sinceramente poner término a las desavenencias que tantos males habían ocasionado a las dos provincias, y que bajo el imperio de esta idea se dirigía al muy noble ayuntamiento.

¿Qué ocurrió en la ciudad de Tegucigalpa en los días 20 y 21 de mayo?

Que el pueblo y la fuerza que estaba acuartelada se levantasen contra los empleados españoles, por suponérseles inteligencias secretas con Arce y el Comandante de San Miguel.

¿Qué se proponía el pueblo?

Separar del mando de las armas al Comandante Aguirre y de la casa de moneda al Ministro Rojas.

¿Quiénes encabezaron esta sublevación?

Justo Centeno, Nicolás Bustillo, Julia Bustillo, Pedro Pavón, Francisco Cubas y Eduardo Salgado. Estos y el pueblo que se había reunido frente al cabildo, decían a gritos "que suba el ciudadano León Rosa a hacerse cargo de la Comandancia".

¿Qué noticias se divulgaron en estos momentos?

Que Tegucigalpa era atacada por fuerzas de Comayagua. Esta noticia produjo en la ciudad gran agitación, porque se veía amenazada interior y exteriormente.

¿Cuántos hombres pidieron la deposición de Rojas y Aguirre?
Mas de cien.

¿Cuál fue el desenlace de esta sublevación?

Que al día siguiente, a esfuerzos del jefe político Herrera y del patriótico Ayuntamiento, los sublevados depusieron las armas. Centeno fue inmediatamente puesto en prisión.

¿Qué pedían los diputados de Honduras al Congreso Mexicano, mientras ella estaba en estas vueltas y revueltas?

Pedían que se le prestara toda la atención que merecía la riqueza de sus minas, la fertilidad de sus terrenos y la inteligencia y laboriosidad de sus hijos. Que se estableciera en la ciudad de Tegucigalpa una casa de moneda, dando por razón que esta provincia era la más central de las que componían el grupo del antiguo Reino.

¿Qué proyecto presentaron para remediar los males que producía a la minería la extracción de sus platas?

El que se permitiese la circulación de la moneda de cobre en las cinco provincias, de Comayagua, León, San Salvador, Guatemala y Ciudad Real: que se mandaran labrar 200,000 pesos en la penúltima; y que se habilitase a cada una de ellas con 110,000 pesos.

¿Qué comunicaba el Secretario del Congreso al Capitán General de Guatemala?

La exposición que había hecho el Diputado Don José Cecilio del Valle, manifestando que no admitía la representación con que la provincia de Tegucigalpa lo había honrado por haber aceptado ya la de Chiquimula.

¿Qué más expuso Valle?

Que no se diera principio a las discusiones del proyecto de Constitución hasta que llegasen los diputados de la indicada provincia.

¿Qué comunicaba el Diputado Lindo a las provincias y partidos de Honduras?

Que Su Majestad Imperial lo había honrado con el nombramiento de Jefe Político e Intendente de Comayagua.

¿Qué agregó Lindo a esta comunicación?

Un extensísimo escrito intitulado "Meditaciones de un pueblo libre".

¿Qué noticia preocupaba en estos momentos a todas las provincias?

La llegada del Brigadier Don Vicente Filísola a Chiapas, con el objeto de proteger desde allí los pronunciamientos de las provincias y partidos del Reino.

¿Qué acontecimientos lo obligaron a venir a Guatemala?

Los desastres ocurridos en San Salvador, que, como ya se sabe, se había declarado disidente y la pintura que se hacía del estado anárquico en que se encontraban todas las provincias.

¿Cuándo llegó el General Filísola a Guatemala?

El 13 de Julio con una fuerza de 600 hombres entre caballería e infantería. Este fue un día de penosa impresión para todos los verdaderos patriotas, que miraban con el mayor dolor que las huestes mexicanas pisaran el suelo querido de la patria; pero en medio de la perturbación y tristeza que produjo este suceso, los salvadoreños procedieron activamente a colectar hombres, armas y dinero.

¿Qué dice Marure a este respeto?

Por equivocación, sin duda, dice que el General Filísola entró a la capital de Guatemala, el 12 de junio.

¿Cuándo asumió el mando el General Filísola?

Ocho días más tarde, el 21 del mismo mes, el Capitán General asumió las riendas del gobierno y desde aquel momento trató por todos los medios de que podía disponer, de afianzar la unión a México y de atraer a los salvadoreños a un acomodamiento amistoso, para evitar que la sangre centroamericana se derramase inútilmente; y porque comprendía perfectamente bien, que la dominación que se obtiene por la fuerza y la violencia, es siempre efímera.

¿Qué hizo con este objeto?

Mientras se ocupaba de reunir los caudales y demás elementos de guerra con que debía realizar la expedición sobre San Salvador, se puso en comunicación con los que dirigían la política en aquella provincia, y los excitó á que propusieran mi arreglo amistoso, que hiciese cesar los males de la guerra y que restituyese a los pueblos la paz y tranquilidad de que tanto necesitaban. El Doctor Delgado y Arce, haciendo un mal uso de una política que tan funestos resultados dio entonces y ha dado después a los gobernantes de San Salvador y Honduras, que la han practicado con intemperancia, sobre todo el General Medina, que fundó una escuela desmoralizada y desmoralizadora, dieron demostraciones de que recibían con el mayor placer la noticia de la exaltación de lturbide al trono; y aún acordaron enviar una diputación a Guatemala a felicitar al General Filísola por aquel fausto acontecimiento.

Esto lo hacían con la mira de ganar tiempo y prepararse más y más para la guerra, y ver si recaía alguna decisión de las Cortes sobre el asunto de agregación de Guatemala México. Don Antonio Calas y Don Turín Francisco Sosa pasaron ti Guatemala con el carácter de comisionados por San Salvador; siendo por la primera, los Coroneles mexicanos Don Felipe Codallos y Don Luis González Ojeda. Estos representantes discutieron detenidamente los puntos a que se contraía su comisión. y después de varios debates, tenidos en presencia de Filísola, se firmó, el 10 de Setiembre de 1822, un armisticio sobre las bases siguientes: "El Gobierno de la provincia de San Salvador, o los representantes de ella, debían entenderse con el Congreso y Gobierno de México, sobre la demarcación territorial de la misma provincia y demás puntos que mereciesen sus reclamaciones; y a este efecto debían constituir en aquella cortes uno o más comisionados, cuyo nombramiento y marcha debía verificarse precisamente con todo noviembre del mismo año de 822.

Entre tanto que se resolvía en México sobre las gestiones de San Salvador, las hostilidades quedaban suspensas, y reconociendo al Gobierno de Guatemala los partidos de San Miguel, Usulután, San Alejo y Gotera, la ciudad de Santa Ana, y pueblos de Chalchuapa y Coatepeque; los demás partidos y pueblos de la provincia de San Salvador quedaron sujetos a su Gobierno provisorio: este se obligaba a devolver las diferentes clases de armas que Arce había sacado de la Villa de Sonsonate con calidad de restituirlas luego que se cimentase la paz. Otros varios artículos contenía el convenio garantizando el comercio, intereses y opiniones de los particulares de las dos provincias beligerantes. Veinte días se señalaron al Gobierno salvadoreño para la ratificación de esta especie de armisticio; el de México debía verificarla dentro de dos meses: en caso de la no ratificación por cualquiera de los dos Gobiernos, las hostilidades no podían romperse sino veinte días después de hecha la primera intimación de guerra.

¿Qué día ratificó la junta gubernativa de San Salvador el armisticio?

El 28 de Setiembre.

¿Hizo algunas modificaciones?

Hizo estas cuatro: 1º. Los partidos de San Miguel y Santa Ana reconocerán al Gobierno de Guatemala, según se expresa en el referido tratado. 2º. Si las convulsiones políticas del imperio fueren en aumento, de manera que amenacen el sistema de independencia, la provincia incorporará inmediatamente estos partidos entre los demás de su comprensión, y el Gobierno de Guatemala no podrá hacer oposición alguna. 3º. Las armas de Sonsonete se devolverán cuando la guerra esté totalmente concluida por orden expresa del Soberano Congreso y del Gobierno del imperio, o por la publicación del expresado decreto. 4º. La provincia de San Salvador enviará otros diputados a México en el caso que le convenga y esto queda su discreción.

¿Qué añadía la Junta?

Que en prueba de los deseos positivos que tenia de evitar la guerra, había dado sus órdenes para que contramarchara una división de 700 hombres, que se hallaba en las inmediaciones del Lempa, destinada a obrar sobre el Departamento de San Miguel. Cuando se recibieron en Guatemala las comunicaciones oficiales relativas a este asunto, ya se habían retirado los comisionados de aquella provincia y de consiguiente no se pudo conferenciar de nuevo sobre unas condiciones que variaban de un modo tan notable el tratado: así lo manifestó Filísola, expresando también que daría cuenta a S. M. I. con este accidente para que no se olvidase al tiempo de la ratificación; y que, ínterin se sabía el éxito de esta consulta; por su parte, estaba dispuesto a cumplir el armisticio, atendiendo a los beneficios que reportaban los pueblos de la cesación de hostilidades. No influyó poco en esta conducta generosa de Filísola, la resolución del Congreso de 10 de Julio (que aunque no se habla publicado, era generalmente sabida) en que se prevenía a Iturbide que procurase atraer a la unión la provincia de San Salvador sin hacer uso de la fuerzo; y que si ya se había empleado, al momento se suspendiese todo acto hostil.

El Emperador Iturbide negó la ratificación al armisticio y manifestó que no reconocería representación alguna en el Congreso convocado en San Salvador para el 10 de Noviembre, e hizo salir un mensajero que debía hacer su marcha con la mayor velocidad y poner en manos del General sola, las órdenes más terminantes que le comunicaba, para que atacase a San Salvador, si inmediatamente no se unía sobre la base de una entera sumisión al Gobierno Imperial y sin condición alguna que pudiera contrariar esta orden. Habiéndose agotado todos los medios pacíficos para que los salvadoreños se sometieran sin efusión de sangre, Filísola comprendió que la diplomacia y las medidas de prudencia no tenían ya nada que hacer, y cumpliendo con las instrucciones que acababa de recibir, desenvainó su espada para emprender la marcha sobre San Salvador, que habría verificado desde a principios de Noviembre, si la asonada de Totonicapán contra el Comandante Don Francisco Miranda, no le hubiera obligado a retardarla hasta el 26 de dicho mes, en que la verificó dejando al frente del Gobierno a su segundo Jefe, el Coronel Codallos.

El 26 de octubre el general mexicano dirigió a los salvadoreños la primera intimación de guerra. Como según las instrucciones recibidas, el General Filísola debía emprender resueltamente la campaña sobre San Salvador, este así que llegó a Santa Ana abrió las operaciones de la guerra por el sometimiento de Texistepeque y Metapán. El 9 de Diciembre la caballería que convoyaba al General, y que formaba parte de su división, acuchilló cruelmente a una partida salvadoreña que forzada recogía víveres en aquel pueblo, cuyo vecindario había acogido con entusiasmo la unión a México. El 11 de Diciembre, el General Filísola se acampó en la hacienda de Mapilapa donde fundó su cuartel general. Mientras tanto el Congreso, que se había convocado y reunido en San Salvador, en número de 33 representantes, acordó la unión al imperio bajo ciertas bases misteriosas. Esta unión se había decretado sigilosamente porque el pueblo la rechazaba, se dispuso atentar contra el Congreso cuando supo la mencionada agregación al Imperio. Nada de esto valió, el General Filísola, cumpliendo con las órdenes del Emperador, manifestó que era indispensable que se le impusiese de dichas bases para arreglar su conducta militar y política a las instrucciones con que se hallaba entre las cuales era terminante la de exigir la entrega de las armas como condición previa e indispensable para entrar en un arreglo. El Congreso salvadoreño, no queriendo pasar por un acto tan humillante, resolvió incorporarse a los Estados Unidos del Norte de América, y comisionó uno de sus miembros, a Don Juan Manuel Rodríguez para que fuera a poner en conocimiento del Gobierno del Norte el acta de incorporación a aquella República. Esta medida, sino fue ridícula, fue al menos extemporánea. El General Filísola, después de protestar porque acaso le dio importancia a esta declaratoria, que no hacía la guerra a los Estados Unidos, continuó con más energía sus operaciones. Filísola dice que su conducta noble y generosa, durante el armisticio, estimuló a los salvadoreños a ejecutar, en los adictos a México, las más bárbaras arbitrariedades, privándoles, con la mayor inhumanidad, de sus intereses y libertad, y aún permitiendo fuesen apedreados, apaleados, escupidos en las plazas y por el populacho, a quienes los gobernantes excitaban a cometer tales barbaries. También asegura que se expatriaban a los hombres de bien y a los curas más dedicados a su ministerio: que hizo varias reclamaciones sobre tales procedimientos; y que todo fue en vano.

¿Qué novedades ocurrían en México?

Mientras que Filísola se cambiaba contestaciones con los directores de San Salvador, en México se verificaban acontecimientos de la mayor trascendencia. El Emperador Iturbide, desde el 20 de Agosto, había cometido un atentado sobre manera escandaloso, reduciendo a prisión a 14 Representantes, so pretexto de que eran republicanos, entre los cuales se contaban los diputados por Guatemala, Don José Cecilio del Valle, Don Santiago Milla y Don Juan de Dios Mayorga, que al carácter de Representante se unía el de agente secreto de la Junta de San Salvador, de la que había sido su vocal. El 30 o 31 de Octubre, el Emperador Iturbide hizo visibles todas sus ambiciones, emitiendo el decreto imperial, que disolvió las Cortes. Este paso, hizo, por una parte, del despotismo más bárbaro, y por otra, de la ambición más desmesurada, hizo renacer la insurrección con más energía, con más pujanza que nunca, y contó desde luego por jefes a Victoria, Santa Ana, Bravo y Echevarri. El Emperador Iturbide, encontrándose solo y en la imposibilidad absoluta de sostener un combate, con las ventajas que necesitaba, se vio obligado a abdicar el 20 de Marzo de 1823. El Congreso le acordó una pensión de 26,000 duros, bajo la condición que pasase a residir en Italia.

En cumplimiento de este decreto, se embarcó con toda su familia en el bergantín inglés "Rawlins" el 11 de Mayo siguiente.

¿Quién era el General Filísola?

El historiador Don Lorenzo Zavala, dice que Filísola era uno de aquellos Generales que su obediencia era ciega y no conocía límites; que Iturbide era el jefe, el ídolo a quien reverenciaba y que obedecerle era el único deber que conocía.

¿Qué decía el General mexicano al Ayuntamiento da Tegucigalpa?

Que apreciaba en su justo valor la conducta observada por sus autoridades en los acontecimientos que tuvieron lugar en los días 20 y 21 de mayo.

¿A qué se vieron obligados los patriotas de Tegucigalpa después de la ocupación de Guatemala por las fuerzas mexicanas?

Los patriotas de Tegucigalpa, que habían hecho una especie de reconocimiento al Gobierno Imperial, pero sin juramento, y negándose, por ser consecuentes con Guatemala, a las invitaciones que les dirigían los gobernantes de San Salvador, para que coadyuvasen al sostenimiento de la independencia, con la ocupación de Guatemala por las fuerzas mexicanas, se vieron obligados a reconocer a Agustín I, con juramento público, que hicieron el 28 de agosto con la mayor solemnidad.

CAPITULO VII: "NO PASÓ DE 12 MUERTOS"...

Don Juan Fernández Lindo toma posesión de la Jefatura política de la provincia de Comayagua.—Sus tendencias.—Nota que dirigió al Ayuntamiento de Tegucigalpa. —Lindo inspira al Ayuntamiento de Comayagua que proponga al de Tegucigalpa una entrevista en Rancho Grande.—Contestación dada por éste.—El Gobierno dele capital se ocupa de reunir las tropas que le habla pedido el General Filísola. —El Emperador Iturbide manda dividir el antiguo Reino de Guatemala en tres Comandancias generales.—Sucesos ocurridos en el partido de Choluteca. —Pueblos que concurrieron a restablecer el orden en el indicado partido.—Rendición de la plaza de San Salvador.—Entrada del General Filísola.—Pérdidas que tuvieron los vencedores y los vencidos.—Retirada de los salvadoreños.— Capitulación.—Parte oficial del General Filísola.—Actitud que asumieron las provincias de Tegucigalpa y Comayagua.

¿Cuándo tomó Lindo posesión del Gobierno de la provincia?
El día 12 de Octubre.

¿Cuáles fueron sus tendencias?
Restablecer el orden constitucional.

¿Qué decía al Ayuntamiento de Tegucigalpa?
"Volvamos —decía—, a la unión y fraternidad: pongamos en uso el arado, la azada y la barra: disfrutemos la fertilidad de nuestros campos, é ilustremos por medio de las escuelas públicas nuestros hijos".

¿De qué otros medios se valió Lindo para someter a la provincia de Tegucigalpa?
Inspiró al Ayuntamiento de Comayagua, a que se dirigiese, el 16 de Octubre, al de Tegucigalpa, proponiéndole un juramento de unión, que debía verificarse en "Rancho Grande", en manos de sus respectivos curas y con asistencia del Jefe Político Superior e Intendente de Comayagua y los dos Ayuntamientos.

¿En qué términos contestó el de Tegucigalpa?

En los siguientes: "Este cuerpo aprecia estos sentimientos en su justo valor, los admira, como es justo y desearía verlos planteados, si no palparan los inconvenientes que tiene dar un paso avanzado, para lo cual no se considera con facultades y que cree arriesgado por las sospechas que pudiera infundir a los pueblos de que se les quiere someter al gobierno de esa Ciudad".

¿De qué se ocupó el Gobierno de Comayagua en estos días?

De reunir las tropas que el Brigadier Filísola había pedido, para incorporarlas sí su ejército, y llevar a cabo el inicuo pensamiento de someter, a cañonazos y a punta de bayoneta, a la provincia de San Salvador, que se creía en el deber de sostener con la sangre generosa de sus hijos, los sacrosantos derechos de su independencia y libertad.

¿Qué sucesos preocuparon las provincias y la sociedad entera en diciembre de 1822?

La publicación que hizo Filísola en la hacienda de Mapilapa, a cuatro leguas de San Salvador, de la orden de 4 de Noviembre, en que el Emperador Iturbide mandó dividir las Intendencias del Reino de Guatemala, llamadas entonces provincias orientales, en tres Comandancias Generales.

¿En qué forma?

En la siguiente: la primera debía componerse de la provincia .de Chiapas, de los partidos de Tabasco y Chontalpas, y de las dos alcaldías mayores de Totonicapán y Quezaltenango; debiendo ser la cabecera Ciudad Real y su Jefe Superior Político Don Miguel González Saravia: la segunda comprendía el partido de Sacatepéquez, cuya capital, en lugar de la antigua, debía ser la Nueva Guatemala, reuniendo las alcaldías mayores de Sololá, Sonsonate, Chimaltenango, Verapaz, Suchitepéquez, Chiquimula, Intendencia de San Salvador, y Omoa; nombrándose para dicho empleo al Brigadier Filísola: la tercera debían componerla la provincia de Costa Rica, Trujillo y las dos Intendencias de Comayagua y Nicaragua, con total integridad de su territorio, designándose para capital la ciudad de

León de Nicaragua, por estar en el centro, en donde debía residir su gobernador el Brigadier Don Manuel Rincón.

¿Con quién debían entenderse estas comandancias?

Estas comandancias eran independientes entre sí, y debían entenderse directamente con les respectivos ministerios: en cuanto a lo judicial, las dos últimas debían reconocer a la audiencia. de Guatemala y la de Chiapas a la de México.

¿Qué objeto tenía esta división?

La de mantener el Reino sometido a un régimen enteramente militar, y de que desapareciese del mapa su antigua y natural demarcación, para destruir de este modo toda idea de independencia.

¿Se llevó a cabo esta disposición?

No, porque lo impidieron los grandes acontecimientos que tuvieron lugar en México, y que llevamos referidos.

¿Qué ocurrió en este mismo mes en el partido de Choluteca?

Que por un contra pronunciamiento verificado el día 27, aquel partido, que antes se había pronunciado en favor de Tegucigalpa y en el sentido republicano, se declarase unido al Gobierno de Comayagua, por instigaciones de éste.

¿Qué motivó este paso?

Los escándalos cometidos en la Villa de Choluteca el 21 del mismo.

¿Qué pueblos ocurrieron á restablecer el órden en la expresada Villa?

Los pueblos de Texiguat.

¿Qué día entraron?

El 26 por la madrugada.

¿En qué número?

En número de 100, lo que provocó granes alarmas en el vecindario.

¿Qué noticias notables se recibieron en esta provincia en febrero de 1823?

La rendición de la plaza de San Salvador, verificada el 7.

¿Qué día entró a ella el General Filísola?

El 9. Pudo haberla ocupado el mismo día, pero estimó por conveniente detenerse en Mexicanos; por dos razones: primera, porque temió verse atacado en lo interior de la ciudad por entre los balcones y troneras como había sucedido al Coronel Arzú; y segunda, porque tenía esperanzas de que los que defendían la plaza, se rindieran voluntariamente, con lo cual se proponía evitar nuevas desgracias. Sus proyectos se cumplieron.

¿Qué pérdidas tuvieron los vencedores y los vencidos?

La pérdida de los invasores fue de muy poca consideración, pues no pasó de 12 muertos y 40 heridos, siendo cuatro veces mayor las de los vencidos.

¿Qué resolución tomaron los de la plaza?

Después de haber molestado al enemigo de diversos modos, resolvieron retirarse por el camino de Olocuilta.

¿Dónde hicieron alto?

En Zacatecoluca. Allí pasaron revista a las tropas.

¿En qué número salieron de la plaza?

En número de 200 hombres; aunque no falta quien asegure que ascendían a 800.

¿Qué dirección tomaron?

Después de marchas y contramarchas, tomaron la dirección de Gualcinse, pueblo de la provincia de Comayagua. En Zacatecoluca, para desembarazarse de los inconvenientes que le ocasionaba a la marcha del ejército, el séquito de una multitud de gentes desvalidas, que querían salvarse de las iras del vencedor, se creó un Junta de guerra, que acordó, a propuesta de Don Juan Manuel Rodríguez, que todo el ejercito que había salido de la plaza, márchese a Granada a unirse con la división que defendía aquella ciudad, y reunidas las dos fuerzas, echarse, por sorpresa, sobre el General Saravia. Deshecho este enemigo, se proponían volver, en unión de los granadinos, a reconquistar la provincia de San Salvador, tomada por el general Filísola. Si este pensamiento se hubiera ejecutado al pie de la letra, habría dado, sin duda alguna, magníficos resultados; pero no sucedió así, porque aunque dominado por el primer propósito, tomaron el camino que conduce al Lempa, el miedo, que nunca falta en estas circunstancias y que hace ver peligros y riesgos donde no los hay, les hizo creer que al pasar el rio, podían ser sorprendidos y arrollados. Estos temores, los obligaron a contramarchar a Sensuntepeque, donde se formó un Junta gubernativa militar, que se encargó el mando en jefe al Coronel Castillo, por haber sido atacado de un fuerte cólico, el Coronel Comandante Don Antonio José Cañas, que lo obligo a presentarse, al General Mexicano. También se presentaron, por motivos diferentes, el Doctor Delgado y algunos otros jefes Salvadoreños. No creyéndose con las seguridades necesarias en Sensuntepeque, se dirigieron, como acabamos de decir, al pueblo de Gualsince.

¿Qué ventajas ofrecía este pueblo?

Temperamento saludables, víveres, forrajes en abundancia y la mejor disposición de parte de los naturales, unido a esto la situación inexpugnable en que esta colocado el expresado pueblo.

¿Qué hecho notable se señaló ahí?

La rendición de las armas el 21 de Febrero por medio de una capitulación hecha por el Fraile Don Rafael Castillo, corista mexicano, apostata de la orden de San Agusan, que venía al frente de la fuerza con el empleo de Teniente Coronel Graduado. Castillo, se nos ha asegurado, que llevaba y era muy conocido por este sobrenombre: "el Padre Tasajo."

¿De dónde comunico el parte oficial a esta provincia el Brigadier Filísola?

De la aldea de Mapulaca.

¿Qué dice el parte?

Que quedaron a disposición del emperador, 36 cañones de todos calibres, 800 fusiles, a excepción de algunos que se habían llevado dispersos, 3000 tercios de tabaco, añil y otros efectos pertenecientes a la nación y a particulares.

¿Qué actitud tomaron estas provincias con motivo de estos sucesos?

Comayagua y Tegucigalpa se pusieron de acuerdo para formar la defensa y conservar el orden.

¿Qué provincias dictó el gobierno de Comayagua?

Mandó a situar una división respetable en el portillo de San Antonio del Norte, e hizo otro tanto en el pueblo de Siguatepeque.

¿Cuál era la suerte de la provincia de Nicaragua, mientras que la de San Salvador capitulaba en el Gualsince?

La provincia de Nicaragua estaba entregada a todas las violencias y azares de la guerra.

¿Dónde tuvo su origen?

En la separación del partido de granada del resto de la provincia de Nicaragua a que pertenecía.

¿Qué parte comunicaba a esta provincia el general Saravia?

Que los sediciosos de Masaya habían evacuado esta villa, de la mayor importancia, dejando abandonadas sus adelantadas trincheras, fosos, y cortaduras.

¿Qué sucesos ocurrieron a este tiempo en la provincia de Costa Rica?

Aunque esta provincia nunca reconoció el Gobierno Imperial, Cartago y Heredia se pronunciaron por él, el 29 de marzo de 1823.

Los insurgentes, batidos el 5 de abril por las tropas del gobierno en la llanura inmediata a las lagunas de Ochomogo, tuvieron que capitular y entregar en seguida la plaza. La acción, aunque no muy reñida, dejo en el campo de batalla veintiún muertos. Esta fue la vez primera que se derramó sangre costarricense en contiendas civiles. En Ochomogo hicieron los últimos esfuerzos el obispo García Jerez y los amantes de la denominación mexicana. Restablecido el orden, el gobierno se trasladó a San José, que desde entonces adquirió el rango de capital. La que llevaba este nombre era Cartago. A esta ciudad le dieron cortes españolas el 16 de octubre de 1813, el título de muy noble, y a las villas de Heredia y San José, el título de ciudades, en premio de la fidelidad que habían mostrado durante los movimientos insurreccionales que tuvieron lugar en San Salvador y granad, proclamando la independencia de la madre patria. Los autores de la conspiración de Cartago y Heredia, fueron conducidos presos a San José, y permanecieron en las cárceles de aquella ciudad, hasta que un jurado establecido por la asamblea provisional, los mando a poner en libertad.

CAPÍTULO IX: JUAN LINDO, EL ZORRO

Situación del general Filísola. –Su regreso a Guatemala.—Lo que dijo don Juan Fernández Lindo.— Decreto de convocatoria.— Referencias del general Filísola.— resultados benéficos del decreto de 29 de marzo.— Memorias de Filísola. —Pretensiones del gobierno de Comayagua.—Acuerdo de la diputación provisional de Comayagua.

¿Qué hizo luego que recibió en san salvador las excitaciones de los generales Echavarri y Bravo, para que se adhiriese al referido plan?

Volvió precipitadamente a Guatemala y público un manifiesto que llevaba por objeto contener los pronunciamientos que pudieran hacerse con Iturbide.

¿Qué decía don Juan Fernández Lindo, gobernador de Comayagua?

Después de participarle la situación política de México, le dijo: que *"nada resolvería sin ponerse de acuerdo con él"*.

¿Qué sucesos ocurrieron en seguida?

Que el 29 de marzo de 1823, el general Filísola, consultando solamente con su tropa, que no toda se prestó gustosa, expidió un decreto razonado, convocando el congreso de Guatemala con arreglo a el acta de 15 de septiembre de 1821, anulada por la incorporación a México, para que este congreso, en vista de las circunstancias, decidiese la suerte de las provincias.

¿A qué provincias equivalía este decreto?

Equivalía a proclamar la independencia de estas provincias y anticipar un paso que ya era inevitable.

¿Qué reflexiones nacen aquí?

Que las conquistas de la fuerza son siempre estériles y de corta duración: que duran lo que dura un flor, lo que dura un nube, que pronto se deshace, como se deshace la sal en agua, y la fortuna entre las manos.

¿Qué consideraciones dice Filísola lo obligaron a dar el decreto de 29 de marzo de 1823?

Después de que las expone en el indicado decreto, dice en la página 66 de sus memorias: "Luego que me hice cargo de la extensión de aquel país, de sus costas, población, recursos, y atenciones, me penetré de que es la cola del Septentrión, que debe seguir la misma suerte de México, estar bajo su protección y pasar por todas las mutaciones que ella sufra: siendo impotente para ser la nación y para sostener su independencia con decoro, lo es igualmente para defenderla contra el enemigo más débil. Impregnado en estas ideas, me dediqué asiduamente a consolidar la unión con México, y lo había conseguido ya cuando sucedió el plan de Casamata; el deseo de no separarme del voto de la mayoría, ni contrariar las operaciones de mis compañeros y mi deber como individuo de esta nación, me hicieron abrazarlo; y el de ahorrar una guerra civil en aquellas provincias, dar el decreto de 29 de marzo de 1823".

¿Cuáles fueron los resultado de este decreto?

Uno de los más notables fue la cesación de hostilidades entre león y granada. El general Saravia acababa de atacar la plaza de granada el 13 de febrero, con mal éxito, porque el coronel Ordóñez la defendió con tanta bravura, que obligo al invasor a replegarse a Masaya.

¿Qué refiere Filísola en comprobación de este aserto?

"Mi decreto de 29 de marzo ocasiono un nuevo orden de cosas con la disolución de la división de Saravia, su venida a Guatemala, y la erección de una junta en león y otra en granada, cesando algunos días las hostilidades entre las dos provincias, o mejor diré, entre los hombres de bien de león, y la *canalla* de Ordóñez.

¿Cómo recibieron las provincias la convocatoria expedida el 29?

Con el mayor entusiasmo.

¿Qué acordó la excelentísima diputación provisional de León el 17 de abril con motivo del oficio del capitán general?
ACORDÓ

"1.— Que considerándose las provincias en estado de orfandad por las ocurrencias del imperio, están en el caso de libertad para constituir su gobierno".

"2.— Que en consecuencia de lo acordado en el artículo anterior se instalara una junta gubernativa, compuesta de cinco vocales: dos por parte de la excelentísima diputación, uno por el noble ayuntamiento, y dos por el pueblo, con dos suplentes, la que ejercerá las facultades de gobierno soberano en los casos que los exija la necesidad."

"3.— Propuestos los sujetos que debían componer la citada junta, por aclamación, fueron nombrados unánimemente por los dos individuos de la diputación provisional, los señores Solís y Salazar; por el noble ayuntamiento, el doctor Don Francisco Quiñonez; y por el pueblo, don Domingo Galarza y don Basilio Carrillo; suplentes, don Valentín Gallegos y don Juan Hernández: quienes nombraran su secretario.

"4.— Que inmediatamente que se le instale la junta gubernativa, procederá a tomar las providencias correspondientes para la convocatoria de los diputados que deberían elegir los pueblos con arreglo a la constitución española, designando el número de almas que le parezca por cada diputado, y determinara sobre la renovación de los ayuntamientos en los mismos términos".

"5.— Que reunidos en esta capital los diputados nombrados, instalaran un gobierno provisional en todos sus ramos, y resolverá si deba admitirse la invitación del gobierno actual de Guatemala, para componer el congreso que allí se ha convocado",

"6.— Que ínterin se reúnen nuestros diputados continuaran los funcionarios públicos en el ejercicio de sus respectivas atribuciones".

"7.— Ejercerá las funciones de jefe político el señor vocal 2. Don Carmen Salazar, por ser eclesiástico el primer vocal nombrado, cesando el señor brigadier Don Miguel Gonzales Saravia en todos los mandos, sobre lo que proveecerá el gobierno provisional en lo militar y de hacienda".

"8.— Que el gobierno provisional, nombrará un tribunal de apelación en negocios urgentes".

"9.— Que se oficie al señor Saravia para que cese en las hostilidades contra la ciudad de granada, entregando las armas de aquel Cantón a la persona que designe el gobierno provisional".

"10.— Que se oficie a los gobiernos de Costa Rica, Comayagua, Tegucigalpa, y Granada, invitándoles a que envíen sus representantes para los efectos expresados en el artículo 5".

"11.— El gobierno provisional garantiza todas las propiedades y personas de todos los habitantes de la provincia, cualquiera que sea su naturaleza".

"12.— Se procedió a instalar la junta gubernativa, y habiéndose exigido por la excelentísima diputación provincial, juramentó al presidente de ella, lo hizo *in verbo sacerdotis* de ser fiel a la nación, cumplir, y hacer color el acta celebrada".

"13.— Que comunicándose testimonio de esta acta al señor coronel comandante de esta plaza, preste el juramento ante el gobierno provisional, y él lo haga hacer a la oficialidad y tropa, de reconocer y sostener el gobierno provisional y todas sus determinaciones".

"14.— Que igual testimonio se remita al señor Saravia, para su inteligencia y cumplimiento."

¿En qué sentido contestó el ayuntamiento de Tegucigalpa la invitación que le hizo la junta gubernativa de León, para los fines que expresa el artículo 5. del acta que acaba de citarse?

Entre otras cosas dijo: "Tegucigalpa ha visto con gozo los primeros pasos que se han dado en esa provincia en favor de la libertad, y no mirará con indiferencia la suerte de unos pueblos que por su inmediación, por sus relaciones mercantiles, por igualdad de sufrimientos, y por la unidad del objeto a que se dirigen, deben ser siempre unidos en sus sentimientos. La suerte de esa ciudad y de los pueblos le son adictos, será siempre mirada por Tegucigalpa con el mismo interés que la propia. Aprecia este cuerpo como debe la invitatorio de V. E., y cree que no era dado, dar un más, ni más acertado, ni más justo que la celebración del acta que V.E. ha tenido la bondad de incluirnos. Solo la reunión de los representantes de los pueblos, es dado decidir sobre materias que esencialmente pertenecen a la soberanía nacional; pero la provincia de Tegucigalpa, no se halla en el mismo caso que la de León. La una era independiente de Guatemala, la otra, fue unida a aquella capital, antes de la independencia: lo fue también por el acta de 15 de septiembre, y se renovó después de esta unión entre los dos pueblos, cuando se acordó la que nos sujetó al gobierna de México; sin que haya sido interrumpida un solo momento, ni por el decreto de 5 de noviembre, ni por las vicisitudes que han experimentado los pueblos desde la época de su unión a México.

¿Cuáles fueron las pretensiones que más caracterizaron al gobierno de Comayagua?

Las de querer someter a la provincia de Tegucigalpa por medio de la fuerza, y cuando esta fue impotente, por medio de la intriga.

¿Cómo contestaron los patriotas de Tegucigalpa las ultimas insistencias de aquel gobierno?

Los patriotas que componían el ayuntamiento, dijeron: "La unión de los pueblos de esta provincia con los de esa, sería un bien inestimable, y podemos asegurar a US que ella ha sido objeto de nuestros votos. Son muchos los males que le has causado y puede causar la división. Son incalculables los bienes que debe producir la unión de ambas provincias, y la identidad de sus opiniones y procedimientos políticos. Ojala que la razón, única y digna de regir el mundo, inspirarse a todos los pueblos unos mismos sentimientos… pero nosotros no podemos dar un paso que no cabe en la esfera de las atribuciones de los ayuntamientos."

Los que componían este cuerpo, al dar esta respuesta, no hacían más que repetir en nuevos términos, la que se había dirigido, en 14 diciembre de 1821, al mismo jefe político Lindo. El lugar reclama que la copiemos integra. Dice así: "Ha recibido este cuerpo el oficio de U., del que rige, con los dos impresos que incluye. Dependerá acaso de Guatemala, dependerá acaso de México: podrá depender de este o del otro gobierno que la mayoría de los votos de la nación decida; pero en ningún caso y bajo ningún aspecto, quiere depender de Comayagua, y mucho menos de autoridades que no son constituidas por la ley, ni por la voluntad libre de los pueblos, y que han causado a toda provincia males que la aritmética de li infinito no puede numerar".

¿Qué hizo la diputación provincial de Comayagua en vista de los sucesos que se han referido?

Acordó, el 10 de mayo, que esta provincia quedaba unida a las demás del reino; pero reservándose la libertad de reconocer a Iturbide, caso que volviese a ocupar el trono.

¿Qué más hizo?

Mandó a practicar elecciones de los diputados que debían concurrir al congreso de Guatemala.

¿Quiénes fueron los diputados?

Por Tegucigalpa, Don José Cecilio del Valle, Don Francisco Márquez y Don Próspero Herrera, suplente.

¿Quiénes fueron por Gracias?

Don José Jerónimo Zelaya, Don Miguel Antonio Pineda y Don Juan Esteban Milla.

¿Quiénes por Comayagua?

Don Joaquín Lindo, Don José Francisco Zelaya, el Deán Don Juan Miguel Fiallos y el provisor Don José Nicolás Irías.

¿Quién fue por Olancho?

Don Francisco Aguirre.

¿Por qué ley se efectuaron estas elecciones?

Por la constitución española, y por la tabla formada por el gobierno provisional de Guatemala, que fijó un diputado por cada quince mil almas.

¿Cuánto tiempo duro la infausta agregación a México?

La provincia de Comayagua duró unida a México diez y nueve meses once días.

¿Cuáles fueron los resultados?

Que los más apasionados por el imperio se convencieron de que aun en el falso supuesto de no tener Guatemala elementos para ser nación, México, en vez de dárselos, le quitó los poco que tenía; pues se vieron entonces, contribuciones exorbitantes, aranceles bárbaros, papel moneda, donativos, préstamos, gastos considerables en pomposas juras del emperador; y sobre todo, y especialmente, en el sostenimiento de la división protectora.

¿Qué sigue de aquí?

Que estas son las ventajas y los favores que tenemos que agradecer a los hombres de Comayagua, que por intereses mezquinos condujeron a su patria a la anarquía, a la deshonra y empobrecimiento.

¿Cuál fue la conducta observada por el gobierno de Comayagua durante el imperio mexicano?

Permanecer siempre distante de Guatemala.

TERCERAPARTE: GOBIERNOS CENTROAMERICANOS INDEPENDIENTES

Contiene todos los sucesos ocurridos en los cuatro años cinco meses que transcurrieron desde la instalación de la asamblea nacional constituyente en Guatemala, hasta el triunfo del General Morazán, en la Trinidad, el 11 de noviembre de 1827.

CAPÍTULO I: LA VERDADERA INDEPENDENCIA

El general Filísola convoca el congreso para el 1.° de junio de 1823.— Día de su instalación.— Día que abrió sus sesiones. —Los diputados de Honduras llegan a Guatemala. —Filísola sale de Guatemala con su división.— La Asamblea se divide en dos partidos.— Grupo a que se unieron los diputados de la provincia de honduras.— El coronel Ordoñez participa al ayuntamiento de Tegucigalpa, que el clero nicaragüense había reconocido las autoridades constituidas.— Escándalo cometido por el capitán Rafael Ariza y Torres.— La asamblea manda a practicar nuevas elecciones.— Ciudadanos que resultaron electos.— Con motivo de estar ausentes Valle y Arce, nómbrense suplentes que ejerzan el poder ejecutivo.— Situación política de la nación.— Hecho notable ocurrido en Comayagua.—

¿Para qué tiempo convocó el congreso el general Filísola?
Para el día 1.° de junio de 1823.

¿Qué día se instaló y con cuántos diputados?
En un memorable 24 del mismo mes, con cuarenta y un representantes que estaban reunidos en Guatemala, y que formaban la mayoría absoluta de que debía componerse la representación nacional. El doctor Delgado, como presidente, lo declaro solemnemente instalado.

¿Qué día abrió sus sesiones?
El 29.

¿Cómo se llamó este congreso?
Asamblea Nacional Constituyente. Entre sus objetivos estaba establecer el régimen de la libertad en un país que no había conocido más que el régimen del despotismo a sistema una administración enteramente nueva y desconocida por entonces. Llamó a juicio la antigua colonia de Guatemala, para convertirla en cuerpo y alma en nación soberana e independiente; y a establecer su crédito y sus relaciones con el antiguo y nuevo mundo.

¿Cuáles fueron los primeros trabajos de esta augusta asamblea?

Para echar los cimientos de tan vasto edificio, el congreso comenzó sus trabajos por el examen del acta de 5 de enero de 1822, señalando los inconvenientes y nulidades de que adolecía la expresada agregación a México.

¿Cuándo se dio decreto de nuestra verdadera independencia?

El 1.° de julio de 1823.

¿Qué se acordó en este acta?

1. Que las expresadas provincias, representadas en esta asamblea, son libres e independientes de la antigua España, México y de cualquiera otra potencia, así del antiguo como del nuevo mundo; y que no deben ser patrimonio de persona ni familia alguna.
2. "Que en consecuencia, son y forman nación soberana, con derecho y aptitud de ejercer y celebrar cuantos actos, contratos y funciones ejercen y celebran otros pueblos libres de la tierra.
3. "Que las provincias sobredichas, representadas en esta asamblea (y las demás que espontáneamente se agreguen de las que componían el antiguo reino de Guatemala) se llamaran, por ahora, y sin perjuicio de lo que se resuelva en la constitución que ha de formarse: "provincias unidas del Centro de América".

¿Quién la redactó?

El diputado Don José Francisco Córdova, guatemalteco, antagonista de Valle, como individuo de la comisión nombrada para resolver sobre los sucesos relativos a la incorporación a México. Este es uno de los decretos que hacen más honor a las asamblea nacional constituyente.

¿Qué se decretó en la sesión de día 2?

Se decreto la división de los poderes públicos. En la siguiente forma: residirá en la asamblea indivisiblemente el poder legislativo.

El poder ejecutivo, en la persona o personas en quienes se delegare, y conforme al reglamento que al efecto se expedirá. El poder judicial, en los tribunales y juzgados establecidos, o que se establezcan.

¿Qué más se estableció ese día?

Que la religión de las provincias unidas, fuera la católica, apostólica, y romana, con exclusión de cualquiera otra; y que se reconociera la deuda pública nacional.

¿A esta fecha ya habían llegado los representantes de esta provincia?

Hasta a fines de septiembre llegaron a Guatemala los diputados de esta provincia, por cuya razón los representantes liberales hicieron ratificar el 1.° de octubre la declaratorio de independencia que se había verificado el 1.° de julio.

¿Por qué no habían concurrido estos representantes?

Porque habíase dicho que mientras no permaneciese en Guatemala la división imperial, sus diputados no concurrirían. Esto mismo dijeron las provincias de Nicaragua y Costa Rica.

¿Qué día salió Filísola de Guatemala con su división?

El 3 de agosto de 1823.

¿Qué decretó la asamblea después de la retirada de la división imperial?

La abolición de todos los tratamientos de *Majestad, Alteza, Excelencia, Señoría*, como contrarios al sistema republicano que se había proclamado: quedó asimismo abolida la distinción del *Don*; no debiendo tener los individuos de la república otro título que el de *ciudadanos*, ni más distintivo que el que mereciesen por sus virtudes cívicas.

¿Qué denominación se le dio al congreso general?

Asamblea nacional constituyente, y supremo poder ejecutivos a la persona o personas que debían ejercerlo.

¿Qué nombre se le dio al tribunal supremo de justicia?
El de alta corte de justicia.
¿Cómo se les llamó a los ayuntamientos?
Municipalidades.

¿Qué otras reformas se hizo en este sentido?
Para uniformar el estilo de la correspondencia oficial con el que tenían adoptado los pueblos independientes de América, mandó a sustituir con las palabras *Dios, Unión, Libertad*, a las de *Dios Guarde La U. Muchos Años*, que se usó, antes de la fecha conforme a las leyes españolas.

En qué despachos se usa todavía el *Dios Guarde La U. Muchos Años*?
En los despachos eclesiásticos, porque los clérigos siempre han de ser los mismos.

¿Qué más estableció la asamblea nacional constituyente?
El escudo de armas de la república, que se mandó colocar en todos los puertos y oficinas públicas, en lugar de los que anteriormente se habían colocado por disposiciones de los gobiernos que acababan de morir para siempre.

¿Cómo era el escudo?
Según el decreto de 21 de agosto, debía formarlo un triángulo equilátero, en cuya base apareciera la cordillera de los cinco volcanes más notables entre los diecisiete que se cuentan en el territorio de la república, colocados sobre un terreno que se figurara bañado por ambos mares: en la parte superior un arco iris que los cubriera y baja el arco, el gorro de la libertad, esparciendo luces. En torno del triángulo y figura circular se mandaba escribir con letras de oro: *Provincias Unidas Del Centro de América*.

¿Cuál era el pabellón designado para los enviados a las naciones extranjeras, para los cuerpos militares, para los puertos y para toda clase de buques pertenecientes a la república?

El pabellón nacional para los puertos y para toda clase de buques mercantes pertenecientes al mismo estado, lo mismo que para los enviados a naciones extranjeras, debía constar tres fajas horizontales, azules la superior e inferior y blanca la del centro, en la cual debía dibujarse el escudo de armas.

¿Qué pabellón debían usar los buques mercantes?

El mismo, con la diferencia de que en los gallardetes las fajas serian verticales sin escudo, escribiéndose en la faja blanca con letras de plata: *Dios, Unión, Libertad.*

¿De qué bandera debían usar los cuerpos de infantería y caballería?

Los cuerpos de infantería debían tener su blasón e inscripciones con letras de oro, los de caballería con letras de plata; expresándose en la faja inferior el número de cada cuerpo.

¿Cuál es el pabellón que usa hoy el Estado de Honduras?

El congreso de la república, usando las facultades que le concedía el inciso 17 de la constitución de 1865, para designar el pabellón y escudo de armas de la república, emitió el decreto siguiente:

Art. 1.— El pabellón de la Republica de Honduras llevará como el de la antigua federación centroamericana, dos fajas azules y un blanca en medio, colocadas horizontalmente; y además, un grupo de cinco estrellas, de cinco ángulos salientes en el centro del campo blanco.

Art. 2.— Las fajas del pabellón, serán de tres a cuatro varas de longitud, y de nueve pulgadas de latitud.

Art. 3.— La bandera antedicha será mercante. La de guerra llevara las mismas dimensiones y colores; y además, el escudo de armas en el centro de la faja blanca, con las cinco estrellas bajo el mismo escudo; colocadas en formas semicircular.

Art. 4.— El escudo de armas nacional, será el que actualmente se usa; con solo la diferencia de llevar un sol naciente, en vez, del gorro frigio que hoy contiene.

¿Cuál es el escudo de armas y pabellón que actualmente usa el Estado de Costa Rica?

Costa Rica adoptó armas y pabellón diversos de los que tuvo Centro-América. Su actual escudo se compone de tres volcanes, colocados entre ambos mares, con un buque que vela por cada lado. A la izquierda tiene un sol naciente, y en la cima están agrupadas cinco estrellas. Banderas y picas, dispuestas en trofeo, rodean el escudo. En su circunferencia se ven las palabras: Republica de Costa Rica–América Central. El pabellón se compone de cinco fajas horizontales, de las cuales, la del medio ocupo un tercio de la bandera, y las demás un sesto. La del centro es roja: las dos más próximas, blancas, y las últimas dos azules.

¿Cuándo se decretaron las bases de la Constitución?

El 17 de Diciembre.

¿Qué forma de gobierno se adoptó en ellas?

La forma de gobierno popular, representativo federal, y en cada uno de los cinco estad de Guatemala. El Salvador, Honduras, Nicaragua, y Costa Rica, que debían componer la federación del centro, se establecía en lo particular, la misma división de poderes, y se les daban las mismas atribuciones en su administración interior, que al gobierno general respecto de toda la república. "No se comprendió entre los nuevos estados la provincia de Chiapas, y solamente se declaró que lo seria cuando libremente quisiera unirse a la nación centroamericana, porque, aunque aquella siempre había pertenecido al antiguo reino de Guatemala, y la naturaleza misma la ha separado de México, desde que desapareció el imperio quedo pendiente la cuestión sobre a cuál de las dos nuevas republicas se uniría. Este punto no podía ser problemático para los que conocieran los verdaderos intereses de Chiapas; pero influencias particulares le mantuvieron indecisos por algún tiempo, hasta que al fin se decidió a favor de México, con intervención de la fuerza. La narración de los incidentes que precedieron y acompañaron a este suceso, pondrá a los imparciales en estado de juzgar.

Luego que desapareció el gobierno imperial, el general Bravo y las autoridades de Guadalajara y Querétaro invitaron a los chiapanecos para que continuasen agregados a México: al mismo tiempo recibían excitaciones de Filísola para que se uniesen a Guatemala. Esta doble y contradictoria invitación dio origen a las diferentes opiniones que dividieron a los chiapanecos en punto a su agregación. La mayoría de los pueblos se inclinaba a abrazar el partido propuesto por Filísola; y se habrían declarado abiertamente por él, si las intrigas de algunos funcionarios y particulares, que habían pertenecido al bando imperial, no hubiesen sofocado los pronunciamientos públicos. El día 8 de abril de 1823 se celebró una junta popular en la capital de Chiapas, y en ella se acordó, convocar a una junta general, que debía componerse de un representante por cada uno de los doce partidos de que constaba la provincia. Esta junta se instaló el 4 de junio del mismo año, y de cualquiera otra nación, delibero sobre si debía o no adherirse a Guatemala: la votación se empato sobre este punto y fue preciso diferir su resolución, quedando, entre tanto, la junta con el gobierno de la provincia y funcionando con el carácter de la soberana. Tal era la situación de Chiapas, cuando Filísola, que no seguía un rumbo seguro en sus operaciones, y que, como ya se ha dicho, después de haber proclamado la libertad de Guatemala, se empeñó en someterla a México, no pudiendo ver satisfechos sus deseos en el todo, quiso llenarlos en parte, y acaso vengar el ultraje que creyó que se le había hecho obligándolo a evacuar el territorio de Centro-América.

Así fue pues aquel Jefe, al regresar con la división expedicionaria, y a su paso por la ciudad real, trato de inducir a la junta gubernativa a que declarase de nuevo, unida la provincia a la república mexicana, y hecho esto, se devolviese en el mismo acto. Estas insinuaciones no fueron escuchadas por los individuos que la componían y estaban reunidos con el importante objeto de explotar la voluntad de los pueblos sobre la delicada materia de su incorporación. Filísola entonces no guardo más consideraciones, y en oficio de 4 de septiembre del 1823, intimo su disolución a la junta, apoyándose en una orden reservada que aseguro tener del ministerio de México.

La junta no sucumbió a semejante intimidación sin hacer antes protestas energéticas contra tan violenta medida, recordando a su autor las excitaciones que el mismo les había hecho, desde Guatemala, para que entrasen a formar parte de la última nación, las que estaban en contradicción con su presente conducta; igualmente le citaban varias determinaciones del congreso mexicano, y entre otras, el decreto de 17 de junio de 1823, que dejo en libertar a las provincias de Guatemala (entre las cuales se enumeraba a Chiapas) para que pronunciasen libremente sobre su suerte futura, y un documento oficial de 9 de julio del mismo año, en que el gobierno de México había reconocido a la junta y aprobado sus procedimientos. Todo fue desatendido, y la junta quedo disuelta el mismo día. Para sostener tan tiránicos procedimientos, se dejó con el mando político de la provincia a don Manuel Rojas, que, por su peculiar interés, era uno de los que más trabajan por la unión a México, quedando de comandante de armas el coronel Codallos, expedicionario mexicano.

Muy pronto tuvo este último que evacuar a ciudad real con sus soldados, porque los pueblos oprimidos trataron de oponer la fuerza; y las tropas de Comitán animadas por su comandante, el teniente coronel Ruiz, se pusieron en marcha, a fines de octubre, hacia aquella capital, para restablecer a la junta en el libre ejercicio de sus funciones. En efecto, aquel cuerpo se reinstalo el 30 de dicho mes, luego que se retiraron las tropas opresoras.

La moderación con que se condujeron las libertadoras y la lenidad con que se trató a los que habían secundado las violencias de los mexicanos, publicando un decreto de amnistía y olvido general de lo pasado, lejos de aquietarlos, les sirvió de estímulo para cometer nuevos sucesos y volver a turbar la tranquilidad del país.

El 16 de noviembre del 1823, Don Joaquín Velásquez, auxiliado por algunos oficiales de la división de Codallos, promovió una contra-revolución en ciudad Real, se situó en cerro de San Cristóbal, con un pugnado de facciosos, y desde allí se atrevió a amenazar a las autoridades nuevamente constituidas; más luego que se vio acometido por los patriotas, se dispersó con todos los suyos, y la calma quedo otra vez restablecida en toda la provincia.

El primer cuidado de la junta reinstalada fue el de dar parte a México de todo lo ocurrido. En este aviso se expresaba la fatal impresión que había hecho en los pueblos la violencia de Filísola, y el movimiento simultaneo de estos para recobrar la ultrajada libertad. No se dio contestación alguna a la junta sobre este particular, y apenas se le acuso recibo del nema del pliego que habían remitido certificado: la misma suerte corrieron otras gestiones del gobiernos provisional de Chiapas, y en especial la que hizo al congreso constituyente de México, manifestando el profundo dolor con que los chiapanecos, por datos públicos, habían llegado a entender que se trataba de mandar una gruesa división que ocupase de nuevo la provincia: la que no podría ver tal desgracia, (añadían,) sin que se lo renovase la idea de los tiempos aciagos de Cortés.

Mientras que el gobierno mexicano guardaba un taciturnidad inexcusable sobre las justas quejas de la junta, y dictaba providencias militares para forzar los votos del pueblo chiapaneco, el de Guatemala, con mejores derechos, se limitaba a decir a sus oprimidos vecinos (que de todo la que instruían, dejando siempre translucir su exasperación) que si quisiesen agregarse a las provincias del centro, se les recibiría con el mayor placer, y que si se resolvían voluntaria y espontáneamente por el partido contrario, contasen, en todo caso, con los auxilios y fraternidad eterna de los estados Centro-Americanos.

"Al fin, las reiteradas reclamaciones de la junta, apoyadas por el ministro plenipotenciario de Guatemala, movieron a la representación nacional de México a emitir su acuerdo de 26 de mayo de 1824, en que previene al ejecutivo, tome providencias para poner en absoluta libertad a la provincia de Chiapas. En consecuencia, la junta de ciudad real, dirigió una invitación a los pueblos para que externasen sus votos de incorporación alguna de las dos naciones limítrofes. El examen de este negocio debía verificarse en presencia de un comisionado por México y otro por Guatemala. Con tal carácter se constituyó en Chiapas Don José Xavier Bustamante; y sin esperar la llegada del diputado centroamericano, la junta gubernativa, influida por el gobiernos de México, procedió a celebrar sus acuerdos; y en las sesiones de 12 y 14 de septiembre del citado año 1824, declaro que unida aquella provincia a la república mexicana.

Semejante acuerdo llevaba en sí mismo casi todos los caracteres de la ilegalidad, de la coacción, y de la intriga. Fue ilegal, porque no se esperó para emitirlo, que concurriesen los representantes de varios partidos, como los de Tonalá, Ocosingo, y los Llanos; porque habiéndose empatado la votación y resultado nueve votos por la unión a México e igual número por Centro-América, se decidió el punto terminándolo por las bases de la población, sin tener para esto los poderes necesarios, y a pesar de los reclamos de algunos miembros de la junta; y porque se hizo, en fin, sin observar las formalidades acostumbradas en semejantes casos, reduciéndose a simple escrutadora una junta que estaba expresamente llamada a deliberar. Fue obra de la coacción, porque todo se verifico bajo la intervención del agente de México, cuyo respetos obraran sin que pudieran ser contrastados, por el representante de Centro-América; estando, al contrario, sostenidos por la proximidad de una división mexicana que situó si intento, en la raya, habiéndose antes desarmado a las mejores tropas del país. Fue resultado de la intriga, porque a todas partes, y con particularidad a los pueblos más incultos, se dirigió crecido número de emisarios, que les llevaban ya formadas las actas que debían remitir a la junta deliberante; engañándolos anticipadamente con papeles seductores y proclamas sediciosas.

La provincia de Chiapas, al emitirse la constitución federal, en 22 de noviembre de 1824, no pudo figurar entre los estados de Centro América, porque, como acabamos de ver, se encontraba a este tiempo protestando contra los avances de la fuerza e intrigas mañosas de México, no pudiendo, por consiguiente, gozar de completa libertad para adherirse a donde la llamaran sus peculiares intereses. El artículo 5.° de la Constitución dice así: "El territorio de la república es el mismo que antes comprendía el antiguo reino de Guatemala, a excepción por ahora de la provincia de Chiapas. La federación se compone actualmente de cinco estados que son: costa rica, Nicaragua, honduras, el salvador y Guatemala. La provincia de Chiapas se tendrá por estado en la federación cuando libremente se una".

Esta provincia para conseguir su reposo, tuvo al fin y al cabo que ceder a las pretensiones de México; pero esto no pudo decirse respecto a los habitantes de aquel partido tuvieran reposo, (se encontraba una división de tropas en la frontera) el gobierno de Centro-América, por medio de su ministro plenipotenciario, invito al gobierno mexicano a un arreglo amigable, proponiéndole que se sujetasen a la decisión de la gran dieta americana los negocios del partido de Soconusco, o que se terminaran por medio de un tratado de ambas naciones. El primer arbitrio propuesto fue desechado, pero se aceptó el segundo; y de conformidad con él, en fines de agosto de 1825, el gobierno de México propuso un arreglo bajo las siguientes: "Que las tropas y autoridades militares de Centro América evacuasen el territorio de Soconusco, en el supuesto de que las de México nos traspasaran la línea divisoria: que se diese franca entrada en aquel partido a las personas que hubiesen emigrado por opiniones políticas, sin exigirles, a su regreso, juramento alguno: que ninguno de los gobiernos podría sacar de soconusco contribuciones de hombre, dinero, ni de otra cualquiera especie, ni gobernaran en el otras autoridades que las municipalidades entre tanto se daba una solución definitiva a la cuestión sobre los límites".

El congreso federal aceptó estas bases, agregando únicamente que los habitantes del partido de soconusco siguieran gobernándose por las leyes de esta república, y que en esta virtud, los funcionarios del indicado partido obedecerían las ordenes que se les comunicasen por las autoridades de centro América; y al efecto, los funcionarios de Soconusco estuvieron dirigiéndose en sus necesidades a Guatemala, remitiendo las causas graves al juez de letras de Quezaltenango y consultando a la corte superior del mismo estado las dudas que se ocurrirían en la administración de justicia.

Disuelta la federación, en 1838, los estados reasumieron su soberanía e independencia, quedando al frente de México, no la respetable republica de Centro América, sino, solamente, limítrofe el estado de Guatemala. En el año de 1842 de general mexicano Don Antonio López de Santa Ana, abusando de la superioridad que da la fuerza y de la debilidad en que se encontraba Guatemala, entró en Soconusco y, sin miramiento de ninguna clase, lo anexó a México. Este es, y no es otro, el título que los mexicanos tienen para poseer el territorio de Soconusco. La fuerza, la sinrazón y la injusticia son las razones legales en que se apoya el derecho que México ha pretendido y pretende en Soconusco.

Cuando el general Santa Ana, atropellando el derecho de gentes, ocupó el mencionado territorio, los conservadores que se encontraban al frente del gobierno de Guatemala, protestaron enérgicamente contra semejante atentado y lograron mantener las cosas, por largo tiempo, en un *statu quo*, mientras la justicia y la civilización se ponían de su parte para hacer triunfar su causa, porque comprendieron perfectamente bien que consentir en esta desmembración, además de ser un baldón incalificable para el gobierno que presidian, era desintegrar a Centro-América. Ojala que esta cuestión, aunque ha sido el *fantasma* con que los diferentes partidos han inquietado en todos tiempos el reposo de Centro-América, se mantenga en tal estado, ínterin ella *puede hacer valer*, tal vez en días no lejanos, sus claros y legítimos derechos.

Por lo mismo debe huirse siempre de llegar a un convenio que tienda a menoscabar el territorio de centroamericano, cualesquiera que sean las circunstancias y más, mucho más, sino concurre el conflicto de un rompimiento armado, que juzgamos remoto, muy remoto, tanto por parte de México como de Guatemala. Lo más acertado, pues, a nuestro juicio, seria trabajar por entretener esta cuestión espinosa, mientras la civilización mata por completo los instintos de conquista y hace que la fuerza deje de ser derecho; pues cualquier arreglo que al presente se haga, como no esté basado en la justicia que asiste a Guatemala, merecerá, estamos seguros, la reprobación de las minorías y de las mayorías de los centroamericanos, que verán el indicado arreglo como extemporáneo.

¿Cuáles eran las ideas de asamblea respecto a la forma de gobierno?

La asamblea se dividió en dos partidos: el Partido Liberal, que proclama la forma federal, y el Partido Conservador, que defendía la central. Hoy el Partido Liberal sensato ha rectificado sus ideas. Lecciones dolorosas, consecuencias, funestas, experiencias costosísimas y luchas fratricidas, han demostrado hasta la última evidencia que la forma de gobierno que más convenía entonces, y convendrá mañana a Centro América, si se opera una restauración, era y será la central. Por esta razón, no vaciamos en manifestar que sobre este punto anduvieron más acertados los serviles de 1823 y 1824.

¿Qué motivo había ocasionado ya la división de la asamblea?

El decreto en que se mandaba organizar el poder ejecutivo provisional, en el cual no estaban todos de acuerdo.

¿Cómo se llamaron estos partidos?

El uno se llamó *Moderado, Servil o Aristócrata*, porque se componía de las familias principales y adictas al sistema imperial, y el otro *liberal o fiebre*. También se llamó *Anarquista*, por el calor con que defendían sus opiniones y promovían toda clase de reformas. Este partido se compuso de todo los que habían protestado contra la unión a México.

¿A qué grupo se unieron los diputados de esta provincia?

Al grupo moderado o servil.

¿Qué participó el Coronel Ordoñez al ayuntamiento de Tegucigalpa?

Que el obispo don Nicolás García Jerez, que había tenido gran participio en los disturbios y agitaciones de Nicaragua, el 10 de diciembre de 1823, en unión de todo el clero, que había prestado el juramento de reconocimiento y sumisión a las autoridades establecidas. El coronel Ordoñez, en 6 de junio del mismo año, había participado al ayuntamiento de Tegucigalpa que, desde el 16 de enero hasta el 13 de febrero siguiente, que rechazo el ataque que hizo a la plaza de granada el general Saravia, se había ocupado y se ocupaba el presente de pacificar y organizar los cuarenta y siete pueblos que habían adherido a la nueva provincia de granada, y que en 20 de abril había sido exaltado, por universal voto de las tropas y pueblos, al grado de General y Jefe del ejército protector y libertador, cuyo empleo ponía a disposición del ayuntamiento.

¿Qué noticias recibió esta provincia de sus diputados en Guatemala?

La del escándalo cometido por el capitán Rafael Ariza y Torres, el 14 de septiembre.

¿Cómo fue recibida la expresada noticia?

Con la mayor indignación.

¿Qué provincias tomó la diputación provincial de Comayagua?

Mandó a poner en armas todos sus pueblos, para volar al socorro de sus autoridades. La de San Salvador, que tomó la investidura gubernativa, a solicitud del pueblo, mandó a poner 2000 hombres e hizo marchar inmediatamente a la capital de Guatemala una división compuesta de 750 voluntarios, y acordó, al mismo tiempo, no acatar las órdenes que se le comunicasen por el supremos gobierno, hasta no estar cerciorada, por dos oficiales de la misma división expedicionaria, de que aquel se hallaba en absoluta libertad y en el completo ejercicio de sus funciones.

¿A quiénes se le atribuyó la sublevación de Ariza?

Al doctor Molina, Rivera-Cabezas y Villacorta, que ejercían el poder ejecutivo. "Esta imputación —dice Marure—, era absolutamente gratuita; no obstante se le dio importancia para desacreditar el ejecutivo y derrocarle.

¿Con qué objeto?

Entonces se dijo que la habían promovido con el objeto de tener un pretexto ostensible para solicitar de la asamblea facultades extraordinarias, y situar en la capital tropas de san salvador.

¿Qué dice Marure a este respecto?

Que los serviles habían perdido capítulo cuando se verificó el primer nombramiento del poder ejecutivo, luego que vieron engrosado su partido con la concurrencia de algunos diputados de las provincias, comenzaron a trabajar secretamente para colocar en el gobierno individuos de su sequito.

¿Qué facilito este paso?

Lo mucho que había desconceptuado a los que ejercían asonada del 14.

¿Qué proposiciones hicieron con este motivo los diputados de Honduras y Nicaragua, Lindo y Argüello?

Que se procediese a nuevas elecciones de los nuevos individuos que debían componer al poder ejecutivo.

¿En qué se fundaban?

En que sus provincias no estaban representadas cuando se había practicado la primera elección.

¿Qué hicieron los ciudadanos Molina, Rivera, y Villacorta?

Renunciaron, por despecho, dice Montúfar.

¿Qué hizo la asamblea?

Después de tomar en consideración las renuncias y de oír los ardientes debates que ocasionaron las admitió y mandó que se practicaran nuevas elecciones.

¿En quienes recayeron?

En los ciudadanos Manuel José Arce, José del Valle y tomas O´Horan.

¿A quiénes nombraron para suplir a valle y a arce que estaban ausentes?

A don José Santiago Milla, y por renuncia de Don José Francisco Barrundia, a Don Juan Vicente Villacorta, que antes ejercía en propiedad y a quien la asamblea obligo a tomar posesión del alto encargo que se le confiaba. Con este motivo, Villacorta repitió su renuncia, manifestando: "Que entrar a ejercer como sustituto las mismas funciones que acababa de desempeñar como propietario, era un paso que lastimaba su honor, porque podría juzgarse que ambición de mandar lo estimulaba a darlo; pero que si la representación nacional resolvía no admitir su dimisión, obedecería ciegamente y servirá gustoso cualquiera cargo que se le confiase".

La asamblea, en consecuencia, por unanimidad de votos, mandó que Villacorta tomase inmediatamente posesión de su destino, acordando, al mismo tiempo, que en el acta del día se hiciera constar su respetuoso proceder, como un testimonio de verdadero civismo. Los enemigos de Villacorta han censurado amargamente su conducta patriótica y han atribuido, a pesar de los documentos que se citan, a falta de delicadeza, en su generosa condescendencia.

¿Cuál era la situación política de estas provincias?

La nación entera disfrutaba de una paz profunda, pues aunque había habido un conmoción en Trujillo, con motivo de las amenazas hechas por el gobiernos de Jamaica, esto no tuvo ningún resultado desagradable y todo volvió a entrar en calma, tan luego que vieron desaparecer la bandera inglesa.

¿Qué hecho notable se señaló en Comayagua en febrero de 1824?

La disposición del jefe político, Don Juan Fernández Lindo, que, como ya hemos dicho, fue uno de los más exaltados defensores del sistema imperial.

¿Qué día tuvo lugar?

El día 11 de febrero, Lindo se trasladó al pueblo de Aramecina, y desde allí se dirigió a los demás pueblos en calidad de jefe superior político. Esto prueba en gran apego que Lindo tenía al mando de la provincia.

¿Qué causas dieron motivo a este primer escándalo de nuestra vida política?

Las enormes contribuciones y reclutamientos que había hecho en tiempo de la proclamación del imperio, por un lado, y el saber que el emperador Iturbide había caído para siempre, por otro, dieron motivo para que la municipalidad de Comayagua lo depusiera de su destino.

¿Qué otras causas señala la municipalidad?

Desde el momento, dice, que esta municipalidad conoció que los ciudadanos Juan Lindo, su padre, el Escribano Joaquín, el teniente del este, Ciriaco Velásquez, estaban ejerciendo a la vez los actos más complicados de juez, deudores quebrados, y defraudadores a las rentas nacionales, trato de representarlo al supremo poder ejecutivo, para que procediese a su deposición. Al intento, luego que se informó el primero de tan justa representación, para entorpecerla, se unió con su pariente Comandante Manuel Zelaya, quien reunió su tropa en el cuartel y en la armería, en donde aposto dos cañones y puso avanzada en casa del mismo Lindo. Este, después de fortificado en el modo referido, pasó a esta corporación, que estaba reunida, y con semblante ceñudo la reconvino; y como encontró resistencia, amenazó diciéndole que tenía tropa para hacerse respetar, en el caso de firmeza. Recelosa, la corporación de tamaño atentado, lo despojó de dichos empleos.

¿Por qué despojó al teniente escribano Don Ciriaco Velásquez?

Porque suplanto unas firmas: porque en su despacho hace los escritos de los litigantes y los decreta; y porque ha entorpecido el curso de las ejecuciones de rentas nacionales contra dichos Lindo.

¿Quién sucedió al Gobernador Lindo?

El alcalde Don Severino Quiñonez?

¿A quién nombró el Poder Ejecutivo luego que supo lo ocurrido en Comayagua?

Nombró Jefe Político, al ciudadano Juan José Díaz, y Comandante, al Capitán Remigio, del mismo apellido.

¿Quiénes componían la municipalidad de Comayagua?

Los ciudadanos Severino Quiñonez, Andrés Brito, Francisco Cantarero, Juan Bautista Romero, German Guerrero, Raimundo Boquín, José Gregorio Doblado, José María Guerrero, Ignacio Maradiaga, Miguel Cubas, Francisco Cubero, y Jacinto Rubí, secretario.

¿Qué dice Filísola a este respecto?

En sus "Memorias," pagina 77, dice: "Entre tanto la epidemia anárquica, a favor de los esfuerzos de tan diligentes promovedores, se extendió a Comayagua, hasta allí tranquila, en donde depusieron a su jefe político Lindo de un modo estrepitoso; sino nado en sangre fue por el mismo agraciado que tuvo toda la prudencia necesaria para desentenderse del insulto, en ahorro de peores consecuencias".

¿En qué sentido dictaminó la comisión del Congreso?

La comisión opinó que debía procederse con arreglo a derecho contra los culpados y que las disposiciones y medidas que se tomasen se pusieran en conocimiento de los pueblos de la provincia, con el objeto de desvanecer la peligros influencia del mal ejemplo que habían recibido.

CAPÍTULO II: EXTRAÑAS NOTICIAS DESDE EUROPA

Continuación de los trabajos de la asamblea nacional constituyente.— El venerable anciano presbítero Doctor Don Simeón Cañas.— Consecuencias del decreto de libertad.— Tratados.— Bolívar.— Situación económica.— Elecciones de diputados, jefe, y vicejefe del estado.— Población que se calculó a los estados.— Población que hoy cuentan las repúblicas de Centro América.—

¿Cuáles fueron los trabajos en que prosiguió la asamblea?

La asamblea trabajó en un plan regularizado la opresión que la España había establecido por medio de la legislación tan parcial como complicada. Buscó hacer desaparecer hasta los últimos escombros de este edificio gótico: tal era la gran reforma que reclamaba nueva posición de los pueblos, y tal el designio con que el poder legislativo emitió diferentes leyes que serán memorables en los fastos de la nación.

¿Cómo se mantuvieron los puertos de estas provincias en tiempo de los reyes españoles?

Los puertos de estas provincias se mantuvieron cerrados al comercio extranjero, sin comunicaciones con el mundo oculto; era el más escandaloso monopolio.

¿Y qué concedió la asamblea?

La asamblea concedió franquicias y protección a los negociantes de todo el globo, declaró que el territorio de la república, era un asilo sagrado para todo extranjero, convidó con todas las prerrogativas de la ciudadanía y les ofreció extensos y fértiles terrenos a todos los que quisieran radicarse en el país o ejercer alguna profesión útil, y mandó, tanto a las autoridades de las fronteras, como a las demás de la nación, que les facilitasen su cómodo transporte a lo interior de la república:

abrió sus puertos y procuro ponerse en comunicación con las principales naciones de ambos mundos.

¿Qué más hizo la asamblea en contraposición a las leyes españolas?

La asamblea declaró que todo hombre eran libre en la república, y que no podía ser esclavo el que llegara a tocar en su territorio; privando de los derechos de ciudadanía al que se atreviese a traficar con ellos. Cada provincia de las de la federación respondería respectivamente a los dueños de esclavos de la indemnización correspondiente.

¿Cuál es el decreto que más honrara la asamblea?

El decreto en que se estableció que el hombre no podía ser esclavo del hombre.

¿Quién fue el diputado que hizo esta proposición?

El anciano Presbítero Doctor Don Simeón Cañas, diputado por Chimaltenango.

¿En qué términos se dirigió a la asamblea?

En la sesión de 31 de diciembre de 1823, dijo: "Vengo arrastrándome (se hallaba retirado por enfermedad) y si estuviera agonizando, agonizando viniera por hacer una proposición benéfica a la humanidad desvalida: con toda la energía que debe un diputado promover los asuntos interesantes a la patria, pido, que ante todas cosas, y en la sesión del día, se declaren ciudadanos libres a nuestras hermanos esclavos, dejando salvo el derecho de propiedad que legalmente prueben los poseedores de los que hayan comprado, y quedando para la inmediata discusión la creación de fondo de la indemnización de los propietarios. Este es el orden que en justicia debe guardarse: una ley que la juzgo natural porque es justísima, manda que el despojado sea ante todas cosas restituido a la posición de sus bienes; y no habiendo bien comparable con el de la libertad, ni propiedad más íntima que la de esta, como es el principio y origen de todas las que adquiere el hombre, para que con mayor justicia deben ser inmediatamente restituidos al uso integro de ella.

Todos saben que nuestros hermanos han sido violentamente despojados del inestimable don de su libertad, que gimen en la servidumbre suspirando por una mano benéfica que rompa la argolla de la esclavitud; nada, pues, será más glorioso a esta augusta asamblea, más grato a la nación, ni más provechoso a nuestros hermanos, que a la pronta declaratoria de su libertad, la cual es tan notoria y justa, que sin discusión y por general aclamación debe decretarse. La nación toda se ha declarado libre, lo deben ser también los individuos que la componen. Este será el decreto que eternizara la memoria de la justificación de la asamblea en los corazones de esos infelices que, de generación en generación, bendecirán a sus libertadores: más que para que no se piense que intento agraviar a ningún poseedor, desde luego, aunque me hallo pobre y andrajoso, porque no me pagan en las cajas, ni mis créditos, ni las dietas, cedo con gusto cuanto por uno y otro atulo me deben estas cajas matrices, para dar principios al fondo de indemnización arriba dicho.

¿Cómo recibió la asamblea la proposición de Cañas?

Los representantes Don J. Francisco Barrundia, y doctor Mariano Gálvez, apoyaron con entusiasmo la proposición de Cañas, iniciada ya por ellos algunos días antes, y la asamblea la adoptó con unanimidad de sufragios; únicamente ofreció algunas dudas y disputas el dictamen que presento una comisión sobre los arbitrio y manera con que debía formarse el fondo de indemnizaciones.

¿Cuáles fueron los resultados de este decreto?

Que todos los individuos que tenían esclavos en la república lo manifestaran en el acto que se publicó el expresado decreto, sin exigir ninguna indemnización. Los que ejercían el poder ejecutivo fueron los primeros en dar el humanitario ejemplo de manumitir a sus esclavos sin ninguna recompensa.

¿Cómo recibió Tegucigalpa este decreto?

Con el mayor jubilo.

¿Qué hicieron los esclavos en aquel día venturoso para ellos?

Los de esta ciudad, expresaron unos, que quería continuar viviendo en la casa de sus amos, por agradecimiento, y otros porque no hallaban que uso hacer de su libertad; pero todos se aprovecharon de la gracia.

¿Cómo se portaron en estas circunstancias?

Como el ciego de Chéselden, que restituido repentinamente a la luz, no sabía discernir los objetos.

¿Qué dijo el supremo poder ejecutivo, hablando de este decreto?

Este decreto, dijo, merece tablas de bronce, y si el primer hombre que esclaviza al hombre debe ser la execración de los siglos, el primer congreso de Guatemala que restituye a nuestra especie sus derechos, debe ser el honor del género humano.

¿Cuál debía ser el primer cuidado de los gobiernos de América dada la independencia?

Conservarla y precaverse contra cualquier tentativa de reconquista.

¿Qué noticias se divulgaban entonces?

Que la Europa se preparaba para hostilizar al nuevo continente.

¿Qué aconsejaba en este caso la prudencia?

Que las nacientes republicas se pusieran de acuerdo para defenderse, en el caso de que la Europa llevase adelante sus criminales intentos.

¿Qué pensamiento se concibió para oponerse a las ambiciosas pretensiones de la santa Alianza?

El pensamiento de una confederación continental.

¿A quién se le debe esta idea?

Al centroamericano Valle, el 22 de febrero de 1822, cuando inicio este pensamiento. Se asegura que ignoraba que el Ilustre Libertador Simón Bolívar diera pasos en el mediodía con igual objeto.

¿Cómo se le llamo?

Idea madre.

¿Qué acordó la asamblea nacional?

Si los cuáqueros dieron los primeros pasos en 1750, dando un grande ejemplo de humanidad, liberando a los esclavos, que les pertenecían; si Dinamarca tiene la gloria de haber sido, en el antiguo mundo, la que comenzó a abolir la esclavitud y el tráfico vergonzoso (1791) si a Chile, Buenos Aires y el Perú corresponde la de haber sido los primeros estados americanos que dieron leyes (11 de octubre de 1811.- 2 de Febrero de 1813.- 12 de Agosto de 1821) para abolir progresivamente la esclavitud: ¿acaso no podrá disputarse a Guatemala la primicia entre las que la hayan destruido de un solo golpe (17 de abril de 1823)? En 1825, el parlamento inglés declaro que el tráfico de hombres sería considerado como un acto de piratería y castigado como tal. En septiembre de 1929, México, bajo la presidencia de Guerrero, ha abolido también la esclavitud: otro tanto han hecho en 832, Venezuela, Nueva Granada y el Ecuador. En los Estados Unidos del Norte existe todavía la esclavitud, pero se forman asociaciones benéficas para facilitar su manumisión y formar con ellos colonias libres en el África.

Acordó excitar a los cuerpos deliberantes de ambas américas a una confederación general, que representase unida a la gran familia americana, garantizarse la libertad e independencia de sus estados, los auxiliase, mantuviese en paz, resistiese las invasiones del extranjero, revisase los tratados de las diferentes republicas entre sí: y con el antiguo mundo, crease y sostuviese una competente marina, hiciese común el comercio a todos los estados, arreglando el giro y los derechos; y acordase todas las medidas propias para impulsar la prosperidad de los mismos estados.

¿Hasta cuando llego a cumplirse este feliz proyecto?

Hasta el 22 de junio de 1826.

¿Dónde se instaló el congreso?

En el istmo de panamá.

¿Cuántos días duraron las conferencias de los Plenipotenciarios?
Veinticuatro.

¿Cuándo cerraron sus sesiones?
El 15 de Julio.

¿Cuántos tratados se firmaron?
Cuatro.

¿Cuál fue el primero?
El primero fue de Unión, Liga, y confederación entre las repúblicas de Colombia, Centro-América, Perú, y Estados Unidos de México.

¿Cuál fue el segundo?
Un convenio para la traslación de la asamblea americana a la Villa de Tacubaya en México?

¿Cuál fue el tercero?
Una convención que detallaba los contingentes que había de prestar cada una de las repúblicas confederadas.

¿Cuál fue el cuarto?
El cuarto fue un concierto reservado que arreglaba el orden con que debían enviarse y marchar los contingentes de la confederación.

¿Qué contenía el tratado de Unión, Liga, y Confederación?
Excelentes principios de política americana y grandes miras para lo venidero.

¿Qué hubiera proporcionado a las nueve repúblicas esta confederación?
Un poder sólido que hubiera hecho respetables a sus gobiernos, así como interior como exteriormente, y acelerado el reconocimiento de su independencia por la madre patria.

¿Cuáles fueron las principales estipulaciones de la convención de contingentes?

La primera de las cuatro republicas confederadas sostendrían en pie un ejército de sesenta mil hombres de infantería y caballería, siendo esta arma la décima parte, y la de artillería, la que prudencialmente quisieran poner los respectivos gobiernos.

¿Cuál fue la estipulación segunda?

Que este ejército se mantendría siempre armado, equipado y pronto para entrar en campaña, y obrar ofensiva o defensivamente.

¿Cuál la tercera?

Sostener una fuerza naval competente, que debía constar de tres navíos de sesenta y hasta ochenta cañones, de diez fragatas de cuarenta y cuatro hasta sesenta y cuatro, y ocho corbetas de veinticuatro hasta treinta y cuatro, y una goleta de diez cañones, para la cual todos los confederados se obligaban a hacer un fondo de siete millones, setecientos veinte mil pesos, distribuidos proporcionalmente conforme a la base de la población.

¿Cuánto tocaba a Colombia por estas estipulaciones?

15, 250 hombres de infantería, artillería, y caballería, un navío de sesenta a ochenta cañones, dos fragatas de sesenta y cuatro y dos de cuarenta y cuatro.

¿Qué infiere de aquí?

"Que los ministros signatarios, dejándose arrastrar de su patriotismo, y por ideas exageradas de perfectibilidad, convinieron en estipulaciones impracticables, según el estado en que se hallaban las repúblicas confederadas".

¿Qué ministros dejaron de concurrir?

Los de los Estados Unidos, sin embargo de que habían sido nombrados don Ricardo Anderson y J. Sargent. El primero se marchó a Bogotá, donde se hallaba el ministro plenipotenciario; más, desgraciadamente no pudo llegar a Panamá, por haber muerto en Cartagena. Don J. Sargent no pudo llegar a tiempo, y se dirigió a

México a continuar en Tacubaya las sesiones de la asamblea americana.

¿Qué dijo bolívar de esta asamblea?

"El congreso de Panamá, institución que debiera ser admirable, si tuviera más eficacia, se asemeja a aquel loco griego que pretendía dirigir desde una roca los buques que navegaban. Su poder será un sombra, y sus decretos serán meros consejos."

¿Qué hicieron los ministros, terminadas las sesiones de la Asamblea Americana?

Los ministros Briceño, Molina, y Vidaurre fueron a dar cuenta a sus gobiernos de la conclusión de sus trabajos, y de la razones que apoyaban los respectivos acuerdos.

¿Para dónde partieron los señores Gual, Larrazábal Pérez de Tudela y los ministros de México?

Para Tacubaya a continuar allí las sesiones de la Asamblea.

¿Cuál era la situación económica en que se encontraban las provincias unidas de Centro América?

La situación económica era lamentable, porque carecía de hacienda pública, ese nervio principal de los Estados poderosos, y tenía contra sus rentas un fuerte alcance anual.

¿A cuánto ascendía el presupuesto federal?

A 878,586 pesos, dice Marure. El decreto que se encuentra en apéndice bajo número 27. Se redujo el plan de gastos y contribuciones a $ 652,608, en esta forma:

Departamento de Estado	$54,950.00
De Justicia y Negocios Eclesiásticos	$14,450.00
De Hacienda	$113,684.00
De Guerra y Marina	$469,524.00
	$652,608.00

243

RENTA DE LA FEDERACIÓN	
La de alcabala marítima	$200,000.00
Del producto de la renta de pólvora	$8,000.00
	$208,000.00

Debía ascender el valor aproximativo de las rentas federales de doscientos ocho mil pesos, sin contar con la de correos, por considerarse que no tenía sobrantes. La diferencia que media entre los gastos y el producto de las rentas, se mandaba cubrir con el sobrante líquido de la de tabaco, calculada en $ 263,399.50; debiendo concurrir cada estado con la cantidad que le tocaba según la demostración siguiente:

Guatemala	$75,262.50
San Salvador	$81,467.60
León	$77,127.20
Comayagua	$27,643.70
Costa Rica	$1,858.00
	$263,359

Igualmente debían concurrir los Estado con la suma de $ 181,248, para completar el importe de los gastos generales. Esta asignación se mandaba a hacer cupos, distribuidos entre los estados según su población y riqueza, que se calcularon, la primera en 1,217,191 habitantes y la segunda en 5,756,163.

RESUMEN	
Presupuesto de gastos	$652,608.00
Valor Líquido de las rentas	$652,608.00

¿A cuánto subía la deuda interior?
A 3,726,144 pesos.

¿Qué determino la asamblea para aliviar el cáncer que devoraba las provincias?

Autorizar al ejecutivo para que contratase un empréstito, hipotecando todos los terrenos y rentas pertenecientes a la federación.

¿Con quién se hizo esta negociación?

Con Mr. J. Baily, apoderado de los Señores Barclay, Herring, Richardson, y Compagina de Londres.

¿Cómo quedo consumada?

El 16 de diciembre de 1824.

¿A cuánto ascendía la cantidad nominal del empréstito?

Ascendía a 7,142,857 pesos o a 5,000,000 en efectivo.

¿Qué hipotecaron especialmente para asegurar el pago de esta cuantiosa suma?

Las rentas de tabaco y alcabala marítima.

¿De qué asuntos de interés general se ocupaba la asamblea, mientras el ejecutivo hacia sus negociaciones de empréstito?

La asamblea nacional constituyente, penetrada de que la pronta reunión de los congresos de los Estados de la confederación, conforme a las bases decretadas, era de la primera importancia, decreto: que tuvieran congresos, Guatemala, San Salvador, Honduras, Nicaragua y Costa Rica.

¿Qué obligó al congreso a emitir este decreto?

La conducta observada por San Salvador, que con solo las bases constitucionales, había convocado a elecciones para organizarse por medio de un congreso constituyente, que se instaló a principios de marzo de 1824.

¿Aprobó esta conducta la asamblea?

No, pero tampoco tuvo la virilidad de reprobarla terminantemente.

¿Qué temía la asamblea?

Que hubiera pronunciamientos que expusieran la tranquilidad de la nación.

¿De cuántos representantes debían componerse las asambleas particulares de los estados?

La asamblea de Guatemala debía componerse de diez y ocho representantes propietarios y trece suplentes.

¿De cuántos debía componerse la de Nicaragua?

De trece propietarios y nueve suplentes.

¿Cuántos tocaban a la asamblea de Honduras?

Once propietarios y ocho suplentes.

¿Cuántos a la de San Salvador?

Once propietarios. El congreso constituyente de San Salvador determinó que después de las legislaturas ordinarias de aquel estado, se compusieron de un número de representantes que no bajase de nueve ni pasase de veintiuno.

¿Cuántos a Costa Rica?

Otros tantos que a Honduras y cuatro suplentes. El señalamiento del número de representantes de que debían componerse las asambleas de los estados, no se hizo por la base de población, como se verifico respecto de los cupos de hombres y caudales.

¿Dónde debían instalarse estas asambleas?

La primera en la antigua Guatemala, la segunda en la villa de Managua, la de honduras en Lepaterique, en San José, la de costa rica, y la de san salvador, en la ciudad de este nombre.

¿Por qué se mandó a reunir la legislatura de honduras en Lepaterique y después de Aguanqueterique?

Para no darle preponderancia a ninguna de las provincias de Tegucigalpa y Comayagua, y evitar de este modo que se agriasen más las rivalidades.

¿Qué más acordó la asamblea en estos mismo días?

Acordó que los estados procediesen a elegir jefes y vicejefes, que, conforme a las bases de 17 de diciembre, debían ejercer el poder ejecutivo en cada estado.

¿Qué mandó al mismo tiempo?

Que se procediese a elecciones de presidente y vicepresidente, senadores, e individuos de la suprema corte de justicia y los diputados que debían concurrir al primer congreso federal.

¿Quiénes podían elegir?

Todos los ciudadanos mayores de diez y ocho años.

¿Quiénes podían ser electos?

Los mayores de veinticinco, reuniendo, además, las cualidades prevenidas en el decreto de 23 de abril.

¿Qué condiciones se necesitaban para ser jefe del estado?

Se requería ser nacido en la república, ciudadano en el ejercicio de sus derechos, tener treinta años cumplidos, y ser natural o vecino con residencia de cinco años en el respectivo estado.

¿En qué forma debían practicarse las elecciones?

En la forma indicada por la asamblea nacional constituyente en 5 de mayo de 1824.

¿Qué población se calculó en este tiempo a los estados?

A Guatemala 660,580 habitantes, incluso el departamento de Sonsonate; a Nicaragua 207,269; a Honduras 137.069; a costa rica 70,000 y a san salvador 212.573. El sabio don José Cecilio del Valle, escribió el 14 de mayo de 1824, un interesante artículo, titulado, "la América y el barón de Humboldt", quien había hecho en 1809 y 1822 un cálculo sobre la extensión y la población de América. Por la importancia y concernencia que juzgamos tiene el indicado articulo con la materia de que nos ocupamos, hemos resuelto copiarlo a continuación. El Barón de Humboldt hizo el año de 1809, en su ensayo político sobre nueva España, el cálculo siguiente de la extensión y población de américa.

EXTENSIÓN Y POBLACIÓN DE AMÉRICA 1809		
Estados	Leguas cuadradas	Población
Nueva España	118,478	5,900,000
Guatemala	26,152	1,200,000
Cuba y Puerto Rico	6,921	600,000
Venezuela	47, 856	900,000
Nueva Granada	47,856	1,800,000
Perú	64,856	
Chile	30, 390	1,700,000
Buenos Aires	22,574	1,1000,000
Total	**143,014**	**13,200,000**

El mismo Barón hizo en el año 1822 el cálculo siguiente, que dirigió al presidente Bolívar.

EXTENSIÓN Y POBLACIÓN DE AMÉRICA 1822		
Nueva España	75,830	6,800,000
Guatemala	16,740	1,6000,000
Cuba y Puerto Rico	4,430	800,000
Venezuela	33,700	900,000
Nueva Granada	58,250	1,8000,000
Perú	14,240	1,400,000
Chile	14,240	2,000,000
Buenos Aires	126,770	2,000,000
Total	**372,110**	**16,400,000**

"No son exactos estos cálculos, ni es posible que lo sean, en el estado actual de las ciencias geográficas. Se han hecho por los mapas; y los de América están todavía muy distantes de la exactitud de que son susceptibles. Aún no está recorrido y observado este continente en toda su vasta extensión; aún no están determinadas las posiciones geográficas de multitud de lugares; aún no se han hecho todas las observaciones astronómicas y operaciones trigonométricas que son precisas", señalaba Humboldt.

El modesto y juicioso costando trabajo mucho en la geografía de nueva España; se le franquearon todos los archivos; se pusieron en sus manos los planes, mapas, y manuscritos; y en la carta que escribió de Veracruz el 30 de noviembre de 1803 al Barón de Humboldt, que estaba entonces en México, le manifestó que no había encontrado cosa de provecho; y que obligado a producir algo, había producido un romance geográfico.

El mismo Barón respetable, que hizo aquellos cálculos, confiesa que en su carta a Bolívar que no son más que unos ensayos; que los estadísticos solo pueden perfeccionarse con el tiempo. La población de Guatemala es por lo menos de dos millones. No había habido en esta nación peste alguna en muchos años; no ha habido guerra destructora como las que han sufrido Buenos Aires, Chile, Perú, Colombia, y Nueva España. Los alimentos abundan a precios más bajos que en México; y los matrimonios son muy fecundos. Podría escribirse mucho de Guatemala. Algún día, cuando sea dueño del tiempo, presentare mis pensamientos y observaciones. Pero supónganse exactos los cálculos de Humboldt. Las consecuencias serían gloriosas para nuestra amada patria. Si los estados de América tienen el número de leguas y almas que calculo Humboldt en 1822, resulta lo siguiente:

1. La extensión territorial de Guatemala es más grande que la de Cuba y Puerto Rico, mayor que la del Perú, y más vasta que la de Chile. En Guatemala, hay 16 mil; en chile, 14 mil; en el Perú, 12 mil; y en cuba, 4 mil leguas cuadradas.

2. La población absoluta de Guatemala es más grande que la del Perú, mayor que la de Chile, más crecida que la de Venezuela y más numerosa que la de Cuba. En Guatemala hay 1 millón y 600 mil almas; en el Perú, 900 mil; y en cuba, 800 mil.

3. La población respectiva de Guatemala es mayor que la de Nueva España, más grande que la de Chile, más crecida que la de Buenos Aires, y más numerosa que la de Colombia. Hay en cada legua cuadrada 95 habitantes en Guatemala, 89 en Nueva España, 77 en Chile, 74 en Bueno Aires, y 29 en Colombia.

4. Si en Nueva España, Chile, Buenos Aires y Colombia, de donde es menor la población respectiva, se cree posible el establecimiento de estados o republicas, ¿no lo será en Guatemala donde es mayor la población respectiva y mejor la posición geográfica?

5. Si el Perú, Chile y Venezuela, donde es más pequeña la población absoluta, no es imposible que se consoliden gobiernos respetables, ¿lo será en Guatemala, donde es mayor la población total, o número integro de almas?

6. Si en el Perú y Chile hay elementos indudables para establecer republicas o estados independientes, ¿no los habrá en Guatemala, donde el territorio, la población absoluta y la población respectiva son más grandes que en el chile y en el Perú?

7. ¿Cuánta población cuentan hoy las repúblicas de Centro-América?

En Guatemala 1,224,602; San salvador, 600,000; Nicaragua, 236,000; Costa Rica, 200,000; Honduras, 445,750. Oigamos lo que sobre este punto dice el director de estadística al ministerio.
En los cuadros número 1.° y 2.° anexos, figuran la población general, según el sexo:

Hombres	150,679
Mujeres	156,610
total	**307,289**

"Antes de exponer las diversas clasificaciones que ha merecido la población, de propósito, me detengo en las consideraciones que aun ocurren aun a primera vista, para juzgar deficiente la cifra que aparece en esa computación.

Si se considera que siguiendo los cálculos de otros estadistas, autorizando el viajero Mr. Siquiera, tratando de honduras, cuyos elementos sociales y naturales se interesó en conocer, concedió a esta república, en los apuntamientos sobre centro américa, publicados en el año 1856, una población de 35,000 habitantes, habiendo transcurrido desde entonces 26 años, forzoso es considerar que en todo ese tiempo debe haber alcanzado la misma población, por lo menos, un aumento de 60,000 habitantes, con lo cual es indudable que honduras tenga actualmente más de 400,000 habitantes.

Hay otro dato que conduce a la misma inducción, y es el siguiente. En el empadronamiento de 1881 se computaron 44,575 hombres de 18 a 40 años, destinados al servicio de las milicias, según la ley; y siendo muy fundado el cálculo de un miliciano por cada 10 habitantes, la población hondureña se compondrá de 445,750, cifra que no aparece exagerada, y sí la más racional y aceptable".

¿Cuál es el aspecto físico de Centro-América?

Centro América presenta en su topografía y aspecto físico, el sello propio de la naturaleza América, partiendo del norte, se observa una altiplanicie que es continuación de la de México y corresponde a Guatemala; y entre Honduras y Costa Rica, que forman otras dos altiplanicies, se halla el litoral de Nicaragua, que es la parte más baja, bañado por el gran lago, que es el rasgo más característico de la fisionomía del país. Valle la describió en estos términos:

Las descripciones de Guatemala, hechas por escritores que nunca la conocieron, son tan falsas como los mapas levantados por geógrafos que jamás pisaron su suelo, no se ha formado todavía un retrato fiel de este original; no se ha trabajado hasta ahora en un cuadro que exprese con exactitud la fisionomía de esta nación. La estadística, atrasada aun en Europa, debe estarlo mucho más en América, donde han sido menores los recursos y más grandes los obstáculos opuestos a su ilustración. Algún día será cultivada como merece una ciencia que puede decirse de nuestra edad; y entonces se presentara el cuadro hermoso de Guatemala. Haremos entre tanto una pequeña miniatura; tiraremos algunas líneas.

Guatemala es la parte más felizmente situada en este continente; es una de las porciones más hermosas de Nuevo Mundo; es el bello central de la América. No es una masa inmensa de tierra como la Rusia o Nueva España o un palmo pequeño como helvecia o Holanda. Es un medio feliz entre la extensión excesivamente vasta de los reinos, que por ser demasiado grandes, están llenos y mal administrados; y la pequeñez extremadamente mínima de aquellos estados que por ser muy cortos, no pueden tener riqueza ni fuerzas.

Guatemala, situada en medio de las dos Américas, entre los dos océanos, el pacífico y el atlántico, tiene área de 26152 leguas cuadradas desde el istmo de panamá hasta la línea que la separa de Nueva España. La cordillera que sale de las aguas en el cabo de hornos, y se dilata por la sur-américa, es la que sigue por Guatemala y se extiende por territorio mexicano. Teniendo por vértice el istmo de panamá, y pase por la base la línea divisoria de Nueva España, la figura de lo que se llamaba Reino de Guatemala se aproxima a la de un polígono triangular, regado por diversos ríos de distintas direcciones.

El del Golfo, el del Motagua, el de Ulúa, el de León, el de Aguán, el de los Limones, el de los Plátanos, el del Fantasma, de los Mosquitos, el de San Juan, el Chamelecón y el Tinto, fertilizan la bandera del norte. El de Huista, el de San Sabamá, el de Jicalapa, el de Michayota, el de los Esclavos, el de Paz, el de Sonsonate, el del Lempa, el del Viejo, el de Nicaragua, y el de Nicoya, fecundizan la del medio día.

Teniendo un área de 260 leguas, su extensión territorial es mayor a la de Cuba, la de Florida, la de España.

Hallándose situada en medio de las dos Américas, su posición ha de hacer centro del Nuevo Mundo, la coloca casi a igual distancia de los pueblos de ambos continentes, le facilita relaciones con uno y otros y la destina a ser el emporio del comercio y el punto más grande sociedad, riqueza y poder.

Teniendo la figura de un polígono prolongado entre los dos mares, entrando en ellos y retirándose de los mismo, angostándose en su latitud y extendiéndose en su longitud, presenta muchos puertos a una y otro costa. Al norte el de la estrella, el de matina, el de san juan, el de Puntarenas, Trujillo, Omoa y el golfo; al sur el de la liberta, habilitado por la asamblea en decreto de 6 de febrero último, el de Acajutla, el del reflejo, del cual dijo un inglés que habían dentro fondeados todas las escuadras del mundo; y el de la Culebra, reconocido y elogiado por los ingenieros don Joaquín Isasi y don José María Alejandro.

Alzándose sobre las aguas y elevándose progresivamente desde las riberas bajas del calor hasta las montañas altas del frio, presenta una serie de terrenos expuestos de diverso modo a la acción de la luz, y ofrece escala verdadera de temperaturas desde los ardores de la costa hasta el frio intenso de las cumbres.

No hay germen alguno de riqueza que no exista en un territorio de posición, extensión, figura, elevación y naturaleza ventajosa. El minero puede trabajar minas de los metales más precioso, del oro y la plata, del fierro, cobre y plomo, en la misma cordillera que ha dado tanta riqueza a México y Perú.

La agricultura halla tierra de todas calidades para los diversos métodos de cultivo, temperaturas para casi todas las clases de vegetales, aguas para facilitar sus riegos, alturas, pendientes y valles para variar sus siembras. En comercio abriendo caminos en unos lugares y componiéndolos en otros, tiene para el giro interior y exterior, las producciones más importantes de los tres reinos y los puertos más ventajosos para extender sus especulaciones. Y la marina puede encontrar todos los elementos necesarios para formarse y elevarse al grado más alto poder.

Montañas dilatadas de cedros y otras maderas de construcción cubren las costas a lengua de agua, sin otro costo que el de cortarlas y labrarlas; las breas y alquitranes de que se hacen extracciones para la otra América son abundantes; el cobre y el fierro lo son también en los minerales de diversas provincias; el algodón es fruto de este suelo, que se vende a ocasiones a un precio que no costea los gastos del cosechero, y la lona que se hace de él, se estima en la navegación del sur. Los cables de jeniquén son, según dice Ulloa, de una más resistencia y duración que los de cáñamo; y el jeniquén es común en estos países; los jornales son aquí más baratos que en otros lugares; y en las costas inmediatas a los puertos hay haciendas ricas de ganado vacuno.

Más de un millón de individuos poblaban parte de este hermoso territorio a mediados del siglo pasado. No ha habido en este periodo causas extraordinarias de desolación, y la fecundidad del sexo en estos países bien conocida. Deben suponerse progresos en la población; y aun eligiendo los cálculos más bajos de la tabla más acreditada, parecerán juiciosos los de aquellos que creen haber en esta nación dos millones de almas.

CAPÍTULO III

Tiempo en que se practicaron las elecciones.— Número de diputados.— División de la provincia.— Los diputados.— Comisión de Tegucigalpa.— Juntas preparatorias.— Personas que la formaron.— Sus principales determinaciones.— Tiempo en que se establecieron los demás estados de sus gobiernas.

¿En qué tiempos se practicaron en este estado las elecciones de jefe, lo mismo que la de diputados y senadores?
El domingo siguiente a su recibo.

¿Cuántos diputados se mandaron a elegir?
Once propietarios y ocho suplentes.

¿Cómo estaba dividido el Estado de Honduras en tiempo de la colonia?
En dos provincias.

¿Cuáles eran?
La provincia de Comayagua y Tegucigalpa.

¿Cómo estaban divididas estas dos provincias?
En dos partidos

¿Denomínense?
Comayagua, Santa Bárbara, Tencua, Gracias, Santa Rosa, Yoro, Tegucigalpa, Choluteca, Juticalpa, Trujillo, Cantarranas, Nacaome, y Somoto, que por un acuerdo de la asamblea se agregó a esta provincia.

¿Quiénes fueron los diputados electos por estos partidos?
Por Comayagua, don Pedro Nolasco Arriaga y el presbítero José Francisco Pineda; por Santa Bárbara, don José Rosa de Izaguirre; por Gracias, don José María Donaire, y suplente José Manuel Rodríguez; por Santa Rosa, don José Cornelio Ballesteros, y suplente, el presbítero Juan Nepomuceno Rodezno; por Yoro, los presbíteros José Felicitas Jalón y Jacinto Doblado, suplente; por Tegucigalpa, don José Antonio Márquez y Miguel Rafael Balladares, suplente; por

Choluteca, don Justo José Herrera; por Nacaome, don José María del Campo; por Trujillo, don Santiago Bueso y Teodosio Avilés, suplente; por Juticalpa, doctor Ignacio Gonzales y presbítero Faustino Arriaga, suplente; por Cantarranas, don Ángel Francisco del Valle; y por Somoto don Pascual Ariza y el presbítero Urbano Ugarte, suplente.

¿Qué dispuso el ayuntamiento de Tegucigalpa luego que se practicaron las elecciones de diputados?
Acreditar una comisión cerca de la municipalidad de Comayagua, para que estipulasen las bases de la unión entre las dos provincias.

¿Quiénes compusieron la comisión?
Don Diego Vijil, Don León Rosa, y Don Carlos Selva, regidor de esta municipalidad.

¿Cuándo y dónde se reunieron las juntas preparatorias?
15 de julio de 1824, en la ciudad de Comayagua.

¿Quiénes fueron sus miembros?
Don Juan José Díaz, José Joaquín Lino Avilés, Pedro Nolasco Arriaga, Andrés Brito, Santos Bardales, Y Jacinto Rubí.

¿Cuáles fueron las principales determinaciones de estas juntas?
Mandar a poner a disposición de los representantes los bálticos indispensables para que concurriesen al mineral de Cedros, el día 15 de agosto, para cuyo lugar y tiempo se había convocado la asamblea constituyente qué se acordó que para facilitar la instalación del congreso constituyente del estado, el jefe político superior, nombrara tres de los primeros representantes, que se reuniesen en el mineral de Cedros, para que revisaran los poderes de los que sucesivamente fuesen llegando y que así mismo nombrara de estos últimos otros tres que clasificasen los poderes de los primeros.

¿Qué más se acordó?

Que luego al punto que estuvieran reunidos los representantes, en los términos arriba expresados, el jefe superior pasara recado político al cura párroco, para que en el día designado para la misa, saliese a recibir a los representantes a la puerta de la iglesia, revestido y con el agua bendita, acompañándolos hasta sus respectivos asientos. Este ceremonial se usó hasta el año de 1880, en que se declaró que el estado no tenía religión.

¿Qué más se acordó con esta sesión?

Que se cantara una misa; que concluida esta, se pronunciase por el cual cura párroco dio un discurso alusivo al objeto; que seguidamente el jefe superior político, subiese al presbiterio, donde debía estar preparada una mesa con los santos evangelios; y que jugando en pie, exigiese a los representantes el juramento de ley.

¿En qué forma?

En esta: *"JURAS DESEMPEÑAR FIEL Y LEGALMENTE EL ENCARGO DE LOS PUEBLOS, VUESTROS COMITENTES, HAN PUESTO A VUESTRO CUIDADO, MIRANDO EN TODO POR EL BIEN Y PROSPERIDAD DE LOS MISMOS PUEBLOS?"*.

¿En qué tiempo establecieron los demás estados sus gobiernos?

Ya en el mes de agosto, tenían los estados particulares establecidos sus gobiernos; pues en Costa Rica, se había instalado, el 14 de julio, una asamblea provincial, que declaró unida la provincia de los demás del reino, que estaban representadas en el Congreso Nacional. El 6 de mayo se congregó en la ciudad de San José el primer congreso de Costa Rica bajo la presidencia de don Agustín Gutiérrez y Lizaurzábal.

¿Quién fue electo jefe provisional en San Salvador?

Don Juan Manuel Rodríguez.

¿Quién fue después que se decretó la constitución de aquel estado?

Don Vicente Villacorta.

¿Quiénes fueron nombrados en Guatemala?

Don Juan Mora y Don Mariano Montealegre.

¿Cómo se encontraba Nicaragua?

Nicaragua se encontraba despedazado por una gran guerra intestina, y por el mismo no se pudo constituir, sino hasta el 10 de abril de 1825.

¿Quién fue su primer jefe?

Don Manuel Antonio de la Cerda, mártir de los tiranos por liberal; mártir de la libertad por tirano. Don Manuel Antonio de la Cerda fue fusilado en Nicaragua, al pie de la bandera. En este tiempo don Juan Argüello fue Nombrado Vicejefe.

¿En quién recayó el nombramiento de primer jefe de estado de Honduras?

En Don Dionisio de Herrera, de quien nos ocuparemos en el capítulo siguiente. De este modo quedo constituido Centro América y despedido para siempre el sistema colonial.

¿Ganó la sociedad con la independencia?

Ganó, porque antes vivía y moría sin derechos, sin instrucción y sobre todo, sin libertad.

CAPITULO IV: UN VERDADERO JEFE DE ESTADO

Instalación del Congreso del Estado de Honduras. — Decreto de capital. — Traslado a Tegucigalpa. — Elección de jefe y vicejefe del Estado. — Quién fue el ciudadano Herrera. — Sus estudios. — Puestos públicos donde comenzó su carrera. — Cargos que se le imputan. — Memorias de Jalapa. — Elecciones de senadores. — Nombramiento de secretario general. — Noticias recibidas por Omoa. — México y Colombia reconocen la independencia de Centroamérica. — Alarmas en los puertos de Omoa y Trujillo. —

Actitud del gobierno. — Llegada del coronel Arzú a Choluteca. — La opinión pública dividida en dos partidos. — Desacuerdos en el seno del Congreso. — Desórdenes ocurridos en Tegucigalpa. — Comisión de Constitución. — Juramento de obediencia al Congreso. — Empréstito voluntario. — Decreto de traslado de la Asamblea a Comayagua. — Razones en las que se fundamentó. — Día en que se cerraron las sesiones. — Situación del jefe Herrera. — Decisión que tomó.

¿Qué día se instaló el primer congreso de Honduras?
El 29 de agosto de 1824, bajo la presidencia de Don Pedro Nolasco Arriaga.

¿Cómo se denominó poco después?
Asamblea constituyente.

¿Qué dijeron los desafectos a este nuevo orden de cosas?
No dejaron de divulgar especies y anécdotas malignas para desacreditar, innovaciones y desordenes.

¿Cuál fue la primera operación del congreso?
Declarar capital, alternativamente, tanto a la ciudad de Tegucigalpa, como a la ciudad de Comayagua.

¿Dónde debía residir el gobierno primero?
En la ciudad de Tegucigalpa, por haberlo decidido así la suerte.

¿Qué hizo el congreso con esto?
Se traslado inmediatamente a Tegucigalpa, donde continuo sus sesiones.

¿Qué día se reinstaló?
El 16 de septiembre.

¿Cuál fue su primer trabajo?
Proceder a la apertura de los pliegos que contenían sufragios para jefe y vicejefe del estado.

¿Quiénes resultaron electos?

Tuvieron votos para la primera jefatura Don José Dionisio de Herrera, Don Juan Lindo, Don Antonio Tranquilino de la Rosa, Don Justo Milla, Don José Santiago Milla y Don Jerónimo Zelaya; para vicejefe, el licenciado Don Pedro Nolasco Arriaga, Don Juan Lindo, Mariano Vela, y José Antonio Márquez; no resultando electo ninguno por mayoría absoluta de votos, el congreso reunido con diez vocales, eligió para el jefe avanzado al liberal Don Dionisio de Herrera y para vicejefe, a Don Justo Milla.

¿Quién era Herrera?

Herrera había nacido en la ciudad de Tegucigalpa en el último cuarto del siglo pasado, hijo de Don Juan Jacinto Herrera y Dona Paula Díaz del Valle, españoles, y hecho sus estudios al lado de Goicochea y Valle, en Guatemala. Dona Paula Díaz del Valle se presentó, en 31 de julio de 1794, ante el alcalde ordinario de primer voto, Don Mariano Urmeneta, manifestando que a sus intereses convenía probar que su hijo primogénito, Dionisio de Herrera, que seguía estudios en Guatemala, procedía de legitimo matrimonio, contraído ante la iglesia; que tanto ella, como su marido Don Jacinto de Herrera, eran tenidos y reputados en la provincia como españoles de la primera distinción, limpios de toda mala raza de mulato, zambo, indio, y hereje que entre los de su familia no hubo ninguno castigado por el santo oficio; y que muchos de los ascendientes del consabido Dionisio de Herrera tuvieron empleos honoríficos, así en lo secular, como en lo eclesiástico.

¿A qué estudios se dio principalmente?

Al estudio de la filosofía más profunda, a los genios de la Francia y a la historia antigua.

¿En qué puestos públicos hizo sus primeras armas?

En la secretaria del ayuntamiento de Tegucigalpa, que comenzó a servirla el 7 de agosto de 1820 hasta del 3 de febrero de 1822 en que tomó posesión de la jefatura política de la provincia.

¿Cómo se condujo en este alto y delicado puesto?

Con el mayor tino y circunspección, sobre todo, en las ruidosas cuestiones de Comayagua y San Miguel.

¿Hasta cuándo dejo de servir la jefatura de la provincia?

Hasta el 16 de septiembre de 1824, que tomó las riendas de la primera magistratura del estado.

¿A dónde dirigió sus miradas, hecho cargo del gobierno?

A la organización de las rentas, porque estaba convencido que la haciendo publica es el principal nervio del estado.

¿Qué más hizo Don Dionisio de Herrera?

Hizo esfuerzos por restablecer las milicias, por organizar la administración de la justicia, por fomentar la agricultura, la inmigración y la industria.

¿Qué más se puede decir del jefe Herrera?

Que fue una inteligencia con el don de conocer los hombres y las cosas; que fue un carácter serio, en la mejor y más alta aceptación de la palabra; y que fue una fuerte cabeza y un ánimo fuerte, que permitió antes de sufrir todas las calamidades y consecuencias de un sitio, que duró treinta y cinco días y treinta y cinco noches, que rendirse a los pies del ambicioso y déspota guatemalteco.

¿Qué dotes reveló en el poder?

Las de un verdadero hombre de Estado y de las de un literato verdadero. Por su estilo, por lo variado y profundo de sus conocimientos, puede decirse con entera seguridad que Don Dionisio de Herrera fue hijo intelectual de Valle.

¿Qué cargos se le hacen al Jefe Herrera?

Que tuvo la grandísima debilidad de *usurpar* el poder público de la nación, y que en política, profesó el principio de que *para gobernar era necesario dividir*. Este cargo no carece de razón, como veremos adelante, nadie, absolutamente nadie, puede imaginarse lo mucho que hemos sentido escribir los conceptos que preceden, porque hemos tenido por Herrera los mayores respetos y las más grandes simpatías, nacidas de que él fue uno de los primeros hombres que se esforzaron por alcanzar nuestra independencia y la libertad, y porque, fue colocado frente de los destinos públicos, en circunstancias las más difíciles, supo conducirse con el mayor tino y circunspección; pero debo escribir, ante todo, la verdad de las cosas, tales como pasaron. "Cuando se toma la pluma de la historia de Polibio, es preciso renunciar a todas las afecciones para tributar elogios, los más sublimes, a los enemigos que los merezcan, y hacer, al mismo tiempo, la censura de los amigos, cuyas faltas sean dignas de represión". Prívese a un hombre del sentido de la vista, todo desaparece para el de un golpe. Despójese de la historia de la verdad, y no queda más que un recitado insípido e inútil. Acusar a nuestros amigos, alabar a nuestros enemigos, no nos debe, pues, inquietud ni mortificación. El pensamiento que acabamos de apuntar prueba claramente que el que se pone a escribir historia, debe desprenderse completamente de las personas y contar los hechos de la manera que hayan pasado. Esto hemos hecho y haremos nosotros, aunque se nos tilde, a veces, de que estamos demasiado liberales, y otras, demasiado conservadores. No nos importa.

¿Qué otros cargos se le hacen a Herrera?

El coronel Montúfar en sus memorias dice: "Arce dispuso una reunión de tropas en Honduras para restablecer el orden en Nicaragua; costó mucho la reunión de esta fuerza, compuesta en parte del caribe de Trujillo, porque el jefe Herrera intrigaba a Honduras para impedir la expedición sobre Nicaragua, de acuerdo con los anarquistas de allí".

¿Qué más dice?

"Se suplantó la firma del Ministro de la Guerra, Arzú, y por este medio se disolvió una división reunida en Honduras a costa de mil gastos y sacrificios. Así se utilizaron a los propios del gobierno de Arce, todas las medidas tomadas para la pacificación de Nicaragua. Herrera, como hemos dicho, es pariente de Valle, y este miraba sordamente todas partes para vengarse de Arce."

¿Qué fondo de verdad encierran estos cargos?

Ninguno, porque como veremos, el jefe Herrera dictó todas las providencias que estaban en la órbita de sus atribuciones, para prestar todo su apoyo y toda su cooperación al coronel Arzú.

Volvamos a los trabajos del congreso. ¿De qué se ocupó el congreso en la sesión del 17 de septiembre?

De abrir los pliegos que contenían la elección de senadores, que las juntas electorales habían practicado.

¿Quiénes resultaron electos?

Don Juan Esteban Milla, Don Gerónimo Zelaya, y el Canónigo Doctor Don Juan Miguel Fiallos, suplente.

¿De qué más se ocupó el congreso?

De facultar al ejecutivo para que se nombrase un secretario general.

¿En quién recayó el expresado nombramiento?

En Don Francisco Morazán, pariente político de Herrera. Marure en sus 'Efemérides," asegura por equivocación, que Morazán fue nombrado secretario general en noviembre, y según el documento que se registra bajo el número 31, lo fue el 25 de septiembre.

¿Qué noticias preocupaban a la sociedad y al gobierno en estos momentos?

Las exageradas noticias que venían por Omoa, de que la Europa seguía en el propósito de reunir un congreso compuestos de todos los soberanos, con el nombre de "Santa Alianza," con el objeto de reconquistar los intereses y los derechos que la España había perdido.

¿Quiénes divulgaron estas especies?

Los españolistas, eternos enemigos del nuevo orden de las cosas.

¿Qué otras noticias se recibían a este mismo tiempo en contraposición a estas?

Que Don Agustín Iturbide había sido capturado por el general Don Felipe de la Garza; y que había sido pasado por las armas a las 6 de la tarde, el 19 de julio, en la villa de San Antonio de Padilla. Don Manuel Payno, en su compendio de la historia de México, refiere este notable suceso de la siguiente manera: "En 14 de julio de 1824, Iturbide llegó con su familia al puerto de Soto en el bergantín inglés "Spring". Invitado por el General Garza, que mandaba en Tamaulipas, desembarcó; y a pocos momentos se le presentó un oficial, intimidándole que se preparase a morir, pues dentro de dos horas debía ser fusilado. Existía en efecto, un decreto que el congreso había dado en el mes de abril, que ponía fuera de la ley a Iturbide, si volvía a territorio mexicano; pero ignorándolo regresó, confiado en que sería bien recibido. El congreso de Tamaulipas se reunió en sesión extraordinaria para deliberar el caso grave que se le presentaba. Después de una acalorada discusión entre los diputados y el General Garza, se resolvió que Iturbide debería ser pasado por las armas; y en efecto, se le sacó inmediatamente de la casa donde se le tenía preso en Villa de Padilla, y se le fusilo, junto a la iglesia, el 19 de julio de 1824. Así terminó el teniente del ejército español, el general en Jefe del Ejército de las Tres Garantías, el Regente y Emperador de México, Agustín I. El congreso de Honduras, en sesión del día 5 de octubre, acordó felicitar al del Salvador, por la muerte inesperada de Iturbide.

¿Qué otras?

Que el soberano congreso general constituyente de los Estados Unidos Mexicanos había decretado en agosto de 1824, el reconocimiento de la independencia de las provincias Unidas del Centro de América; y que otro tanto hacia el gobierno y pueblo de la república de Colombia.

¿Qué participaron los comandantes de Omoa y Trujillo?

Participaron los temores y las alarmas que producían las noticias de que estos puertos serian invadidos por corsarios de Cartagena.

¿Qué providencias tomó el Gobierno de Estado?

Mandó a levantar una división respetable, tanto para poner a los puertos en estado de defensa, como para prestar los auxilios acordados por el gobierno general.

¿Cuánta fuerza se mandó a levantar?

Seiscientos cincuenta hombres: 150 del escuadrón Segovia, 150 del batallón de Olancho, 150 de los caribes de Trujillo, 100 del escuadrón de Yoro, y 100 de Comayagua.

¿Dónde debía reunirse?

En la ciudad de Tegucigalpa.

¿Cuántos se habían reunidos en el mes de enero?

550 hombres, porque los 100 que armados se habían pedido a Comayagua, los disolvieron con intrigas los anti-independientes de aquella ciudad, amigos de Sacasa y Salas, enemigos del reposo y libertad de Nicaragua

¿A disposición de quién debían ponerse estos auxilios?

Del coronel Arzú, que se dirigía a la provincia de Nicaragua con el carácter de *pacificador*.

¿Por dónde hizo su marcha el coronel Arzú?

Por el partido de Choluteca.

¿Cuándo llegó a esta villa?

En el mes de septiembre.

¿Qué hizo, colocado allí?

Dirigió un manifiesto a los pueblos de la provincia de Nicaragua y se puso de acuerdo con este gobierno, para que lo protegiese en un caso desgraciado. Arzú llegó al Viejo el 10 de octubre y se dio a reconocer como intendente de toda la provincia. Poco después se constituyó en el campamento de San Juan y tuvo allí una entrevista con los coroneles Sacasa y Salas. De las conferencias resulto un convenio, en virtud del cual, la división auxiliar de Granada debía, dentro de tercero día, regresar a su distrito; las fuerzas del campamento debían así mismo retirarse a los puntos de su procedencia. Para gobernar provisionalmente en el estado se acordó la formación de una junta general, compuesta de dos vocales por cada una de las que existían, debiendo disolverse estas luego que se verificase el nombramiento de sus diputados. Las juntas de León y Granada obedecieron, y la división granadina, en el término señalado, evacuo la ciudad e hizo alto en la haciendo llamada Hato Grande y Aranjuez, con su objeto de auxiliar a la división leonesa si, contra lo convenido era atacada. Las tropas sitiadoras no quisieron abandonar sus posiciones; la junta del Viejo no consintió en su disolución y suscito grandes dificultades para embarazar la retirada de salas, que exigía Arzú en virtud de una orden reservada del gobierno nacional.

Salas trató sin miramiento alguno al comisionado del ejecutivo; el 24 de octubre, le amenazó de muerte y lo mantuvo arrestado en una celda del convento de recolectas, mientras daba un fuerte ataque a la plaza, aprovechándose de la salida de los granadinos, y esperando sorprender a la guarnición, que había recibido órdenes para no continuar sus fuegos sobre los sitiadores. Notando Arzú la conducta rebelde de estos y justamente indignado por las ofensas que se le habían hecho con menosprecio de la autoridad de que estaba investido, se trasladó a la plaza y se puso a la cabeza de los sitiados. En 25 de octubre, la junta gubernativa del Viejo, compuesta de Juan Bautista Salazar, Diego Romero, Pedro Noraga, Bernardo Plazasola y Tiburcio Ema, comisionó al capitán Agusan Guzmán cerca del gobierno de Honduras, para que le informara minuciosamente de la situación política de aquella provincia, y dando crédito a todo lo relacionado por él, se viera que sus operaciones contaban con el prestigio de la justicia y de la legalidad. Pocos días después, esta junta resolvió desconocer a Arzú, mientras no se situase en lugar libre de influjos y en que pudiera gobernar según los sentimientos de su conciencia. El pacificador declaró revolucionaria esta junta, y tres días más tarde, el 15 de noviembre, publicó un bando para que en ningún punto de la provincia, fuesen acatas sus resoluciones.

El sitio se prolongó aun por más de cincuenta días; en todo este tiempo, los asaltos eran frecuentes y los dos bando se combatían con un valor, digno de mejor causa, y con una animosidad superior a toda ponderación. En uno de tanto encuentros, el infatigable Sacasa recibió una herida mortal. La pérdida de este caudillo y la ausencia de Salas desalentaron a los sitiadores; no obstante, aun habrían continuado el sitio si no hubiese penetrado en el territorio de Nicaragua una división salvadoreña que marchaba en auxilio de Arzú. El 27 de septiembre del mismo año de 1824 se disolvió la junta del viejo; el 4 de enero siguiente, se retiraron las tropas de Managua y Chinandega.

¿Cómo recibió el estado la llegada del pacificador y los auxilios prestados por el jefe Herrera?

La opinión pública se dividió en dos partidos; la de Tegucigalpa estaba con los independientes de Granada; la de Comayagua y otros partidos con Salas y Sacasa, que atacaban a León.

¿En qué sentido se encontraba el congreso?

En el mismo del congreso se notaba ya igual división, porque sus representantes sustentabas las ideas y opiniones de los dos bandos en que se dividió el Estado.

¿Qué se observó en la sesión del 7 de enero de 1825?

Que las discusiones habían dejado de ser pacíficas y acentuadas para hacerse irritantes y convulsivas.

¿Qué decían los representantes que defendían la conveniencia de prestar los auxilios al coronel Arzú?

Decían que el Estado asumía una gran responsabilidad al negarse a dar auxilios que el gobierno general había mandado a poner a disposición del pacificador y que corría el riesgo de perder su independencia y libertad.

¿Qué replicaban los otros?

Que el Estado carecía de fondos para sostener la fuerza que debía marchar a Nicaragua; que el coronel Cascaras pedía 37,600 pesos; que el empréstito forzoso que proponía el gobierno se derramase entre los capitalistas de Comayagua y Tegucigalpa, era impolítico y arriesgado; que el pacificador Arzú había abandonado su carácter para tomar parte en los vergonzosos desórdenes y atentados que cometían los facciosos de Granada, y que por todos estos motivos creían al gobierno desligado de todo compromiso de cooperación.

¿Cuáles fueron los resultados de esta lucha parlamentaria?

Que el pueblo y los empleados públicos que asistían a la galería irritasen a los representantes que formaban la oposición al gobierno y al nuevo orden de cosas que se trataba de establecer en Nicaragua.

¿Qué ocurrió el día 3 de enero?

Que Don Manuel Zelaya, comandante de la plaza mandara a forzar, de mano armada, las puertas de la habitación del diputado José María Donaire, lo delegase de ella y colocara toda la fuerza que había venido de los diferentes partidos del estado.

¿Qué medidas tomó el congreso?

Acordó separar la comandancia a Don Manuel Zelaya y restituir a su habitación al diputado Donaire, *que señala más la profanación hecha al convento de la merced, que el ultraje inferido a su persona.*

¿En qué trabajos prosiguió el congreso?

El congreso nombró una comisión para que formase el código fundamental, que, como la ley de gravedad, colocara cada cosa en el lugar que corresponde.

¿Qué reflexiones hacían con ese motivo?

"Si queremos, decían, ser independientes, es preciso que conservemos el orden y unión sin alterar la paz y tranquilidad; es preciso que tengamos un gobierno autorizado con todas las facultades necesarias para obrar con energía; es preciso que se ponga la hacienda pública en actitud de atender a los gastos del gobierno general y el estado".

¿Qué decreto se expidieron para lograr estos fines?

Se expidieron varios de importancia; en el primero se mandó a que todos los pueblos del estado prestasen juramento de obediencia al congreso; el segundo se levantó un empréstito voluntario, suscribiéndose el congreso mismo con 625 pesos para atender los gastos de la expedición que debía marchar a Nicaragua; en el tercero se declaró que el estado de honduras era libre e independiente en su gobierno anterior, y por último se decretó que las leyes y ordenes de los altos poderes de la federación no se publicasen sin que fuesen revisados por el congreso del estado.

¿Cuáles fueron las consecuencias del último decreto?

Este decreto y el que se emitió después, facultando al Jefe Herrera para que tomase de las rentas que pertenecían a la federación, con calidad de reintegro, algunas cantidades para la reunión y sostenimiento de la fuerza que debía marchar a restablecer el orden nuevamente alterado en Nicaragua, fueron las causas ostensibles, que sirvieron de pretexto para la injustificable guerra de 1827.

¿Qué se decretó el día 22 de enero?

La traslación de la asamblea constituyente a la ciudad de Comayagua.

¿Quiénes iniciaron este pensamiento?

Los diputados de esta ciudad, que estaban en mayoría y que se habían compactado para poner dificultades y lentitudes al gobierno que precedía el ciudadano Herrera.

¿Qué se deduce de aquí?

Que el tiempo que se llevaba de independencia no era suficiente para curar a los representantes de las ideas lugareñas que habían sustentado en tiempo de la colonia y del imperio.

¿En qué razones fundaron ese decreto?

En que el congreso no gozaba en Tegucigalpa de completa libertad en sus deliberaciones; en que algunos de sus miembros habían sido insultados y atropellados; en que había pueblos que intentaban suspender el cumplimiento de sus decretos; y porque temían que el gobierno se disolviese si continuaban en esta pendiente de desorden.

¿Qué día se cerraron las sesiones?

El mismo 22 de enero.

¿Cuál fue la situación del Jefe Herrera, después de la emisión de este decreto?

La situación del Jefe Herrera en estos momentos fue dificilísima, porque se vio colocado entre intemperancias de una asamblea inflexible ante la razón de la conveniencia, ante la presión de las masas, ante las nubes que se presentaban cargadas de tempestad, y poseída de todos los vértigos de la temeridad y de un pueblo que exigió el cumplimiento del decreto de 30 de agosto de 1824.

¿Qué partido tomó en estas circunstancias?

Dejar que el congreso se trasladase a Comayagua, quedándose el gobierno en Tegucigalpa, con el objeto de conservar el orden y calmar la efervescencia de los ánimos que iba derecho a encender la fea de la discordia entre los dos pueblos que hacía poco habían descansado sus armas y firmado tratados de paz.

CAPITULO V: ROBO AL SABIO

Reinstalación del Congreso.— Comayagua celebra con gran entusiasmo este notable suceso.— Sesión del día 16.— La asamblea fija un plazo de 15 días para que el jefe Herrera se traslade a Comayagua.— Consecuencias de esta medida.— Se decreta el juramento de la Constitución Federal.— Nombramiento de comisiones.— Propuesta del diputado Izaguirre.— Elecciones de los altos poderes de la República.— Candidatos que obtuvieron mayoría.— Decisiones del Congreso en este caso.— Lo que pretendía Valle.— Lo que resolvió el Congreso.— Elección de Arce y sus implicaciones.— Explicación para mayor claridad.— Afirmaciones sobre el partido conservador.— Los exaltados llegan a un acuerdo con el partido moderado.— Beteta se dirige a Arce.— Respuesta de Arce.— Deducciones de esta correspondencia.— Consideraciones que llevaron a los diputados a decidirse a favor de la presidencia de Arce.— Día en que tomó posesión.— Quién era Arce.— Su trayectoria posterior.— Su destino final.— Palabras que justifican el aserto.— Consecuencias de estos acontecimientos en Valle.— Su conducta y declaraciones.— Quién era Valle.— Más detalles sobre su vida.— Muerte de Valle, ocurrida el 2 de mayo de 1834, y elogio de Barrundia.— El Congreso Federal invita a la asamblea del Estado de Honduras a fijar su residencia en un punto neutral.— Consecuencias de esta invitación en el Congreso.— Dictamen de la comisión.— Sucesos ocurridos en Tegucigalpa.— Actitud del gobierno.— Proclama del jefe Herrera.— Comisión conferida al secretario general.— Disposiciones dictadas por la asamblea.— Resultados de la conspiración.— División del Estado en departamentos.— Reflexiones de Valle sobre la ciencia constitucional.

¿Qué día se reinstaló el congreso en Comayagua?
El 15 de febrero de 1825.

¿Cómo celebró Comayagua este notable suceso?
Comayagua celebró este triunfo alcanzado por la terquedad de sus diputados en las decisiones parlamentarias, que no fueron discusiones, que fueron riñas, batallas, alegatos, con la mayor solemnidad, echando a vuelo todas sus campañas y llenando las calles de todos los entusiasmos del contento.

¿De qué asuntos se ocupó la sesión del 16?
Varios fueron los asuntos de que se ocupó la asamblea en este día; el 1.° fue una nota de la secretaria del congreso nacional constituyente, fechada el 11 de febrero, en la que participaba la clausura del mismo congreso el 23 de enero, después de 19 meses de sesiones, 137 decretos emitidos en este periodo, 1186 órdenes, y más de 784 actas que celebro y que dan un testimonio evidente de su inalcanzable laboriosidad; el 2.° un oficio del comandante general de Nicaragua de 23 del propio mes, comunicando los adelantos que había alcanzado en la pacificación de aquel estado, con el apoyo de la división salvadoreña, que estaba para regresar; pues desde el 9 del mismo enero había entrado Arce a León, al mando de 500 hombres, y con estos y la división que existía en Granada, marchó inmediatamente sobre Managua, a donde se habían trasladado, el 4 por la mañana, los que sitiaban la plaza, con toda su artillería; y no pudiendo resistir a 1600 bayonetas, la municipalidad de esta villa

celebro un acta en la que estableció varias condiciones, a las que pretendía que se sometiese el jefe arce, antes de verificar su entrada; pero habiendo sido rechazadas en estos lacónicos términos: *"que no podía, ni debía entrar en tratados con la municipalidad; que se le entregasen las armas sin condición alguna, y que si oponía la menor resistencia, fusilaría a todos los oficiales que intentase hacerla"*, se entregaron discrecionalmente el 22 de enero de 1825, y el jefe salvadoreño hizo su entrada en medio de las mayores aclamaciones, haciéndole en seguida formal entrega de todas las armas, con lo cual quedo terminada la guerra intestina de Nicaragua, después de siete meses de la espantosa anarquía, en la que se cometieron atrocidades no vistas hasta entonces; el 3.° fue nota del jefe de estado, haciendo presentes los motivos de interés general que tenía para no trasladarse inmediatamente a la ciudad de Comayagua.

¿Cómo estimo la asamblea las excusas del jefe Herrera?
Como fútiles

¿Qué acordó en consecuencia?
Que se le fijase perentorio término de quince días para que emprendiese su marcha. El regreso del exjefe superior político, Don José Gregorio Tinoco de Contreras y Zelaya era un motivo más que tenía la asamblea para exigir que Herrera se trasladase a Comayagua; pues temía que la presencia de Tinoco alterase el nuevo orden de las cosas.

¿Qué produjo esta medida?
Contestaciones entre el jefe del estado y la asamblea.

¿Cuándo se decretó la publicación y juramento de la constitución política de la república federal, emitida en 22 de noviembre de 1824?
El 17 del mismo mes, antes que la sancionase el congreso federal, que lo hizo el 29 de agosto y público en 1.° de septiembre de 1825. Esta constitución fue firmada por los 64 diputados que componían entonces la representación nacional, y rigió hasta marzo de 1840. "Conforme al plan de dicho código, la republica quedó dividida en 5

estados, y su gobierno debía ser popular representativo federal. A un congreso general, compuesto de diputados elegidos por el pueblo, correspondía dictar las leyes que le interesasen a toda la nación; formar la ordenanza de las fuerzas nacionales; fijar los gastos de la administración general; dividir la educación; declarar la guerra; hacer la paz; arreglar el comercio; determinar el valor, tipo y peso de la moneda. A un senado, compuesto de senadores, elegidos por el pueblo, se encomendaba la sanción de la ley, y debía dar consejo al poder ejecutivo; proponer, en terna, para el nombramiento de los empleados principales de la federación; verla sobre la conducta de estos y declarar cuando había o no lugar a la información de causa contra los ministros diplomáticos, secretarios de estado o un presidente, elegido por el pueblo, debía ejercer el poder ejecutivo, y un vicepresidente, elegido también por el pueblo, era llamado a sustituirlo en caso de impedimento legítimo. Una Corte suprema de Justicia, compuesta de magistrados, elegidos de la misma manera, debía conocer, en última instancia, de las causas designadas por la constitución; juzgar en las acusaciones contra el presidente, senadores, enviados, y un congreso en cada estado, compuesto de representantes, elegidos particularmente, debía dictar las leyes, ordenanzas, y reglamentos, determinar el gasto de su administración, decretar los impuestos, fijar en tiempo de paz la fuerza de la línea con acuerdo del congreso federal, levantar, en el de guerra, la que les correspondía, crear la cívica; y erigir tribunales y corporaciones. Un consejo en cada estado, compuesto de consejeros elegidos en la forma dicha, debía sancionar las leyes, aconsejar al poder ejecutivo y proponer para el nombramiento de los primeros funcionarios. Un jefe elegido por el pueblo, quedaba encargado del poder ejecutivo; y un vicejefe, elegido igualmente por el pueblo, debía hacer sus veces en el caso de justo impedimento. Una corte de justicia, compuesta de magistrados, elegidos también popularmente, era en cada estado tribunal de última instancia.

Los diputados federales debían elegirse en razón de uno por cada 30,000 habitantes, y los senadores a razón de dos por cada estado; la Corte Suprema de Justicia debía componerse de cinco y siete magistrados, elegidos por toda la república. Los primeros debían tener 23 años de edad, y cinco de ciudadanía; y si eran naturalizados, se exigía además un año de residencia, no interrumpida e inmediata a la elección; para ser senador se requerían 30 años de edad y 7 de ciudadanía; uno solo de los cenadores, por cada estado, podían ser eclesiástico; para ser magistrado de la corte suprema de justicia, se exigían las mismas condiciones que eran precisos para ser individuo del senado, con la circunstancia indispensable de ser originario de américa. Todos los cuerpos legislativos debían renovarse, por mitad, cada año; el senado por tercios en el mismo periodo, y la corte suprema, de la misma manera, cada dos años. Tal fue el plan constitutivo, decretado por la asamblea nacional constituyente para la republica que, conforme a ella, se llamó "federación del centro".

¿Cómo organizó sus trabajos este augusto cuerpo?
Para expeditar sus trabajos nombró siete comisiones auxiliadas de personas de fuera de su seno, en esta forma; para el proyecto de la constitución, al diputado Arriaga, a Don José Cerra y a Don Jacinto Rubí; para el de minería, al diputado Valle, a Don Miguel Castro, y a Don Andrés Brito; para el de gobernación, al representante Buezo, a Don Joaquín Lino Avilez y a Don Francisco Tomas de Aguirre; para el de hacienda, al diputado Izaguirre, a Don Juan Garrigó y a Don Ciriaco Velásquez; para el de la justicia, al representante Doblado, a Don José María Arriaga y a Fr. José Antonio Murga; para el de guerra, el diputado Donaire y a los señores Cerra y Rubí; y para el comercio, industria y agricultura, al diputado Campo, a Don Francisco Gómez, y a Don Mariano Orellana.

¿Qué decretos se recibieron del congreso federal a principios del mes de mayo?
El decreto del 24 de marzo en que se declaraba que las asambleas de los estados no tienen facultad de examinar las resoluciones y providencias, emanadas de las autoridades federales, y el de las elecciones de Los Altos poderes de la república que recayeron en Don José Del Valle y don Manuel José Arce.

¿Quién de estos candidatos tuvo mayoría?
El ciudadano Valle; pero no era este el resultado que se esperaba.

¿Cuántos votos tuvo a su favor?

Cuarenta y uno.

¿Cuántos tocaron a Arce?

Treinta y cuatro.

¿Que hizo el congreso en este caso?

Como la convocatoria del 5 de mayo de 1824 señalaba 82 votos por base, se suscitaron dudas sobre si la mayoría debía decidirse de los 82 votos o de la parcial de 79 que se había tomado en consideración; pues el reglamento de elecciones no preveía expresamente lo que en tal caso debía hacerse.

¿Qué dijo el congreso?

"Los votos, dijo, que la republica tiene derecho a emitir, son 82; los emitidos son 79; los que ha reunido Valle son 40; los que ha reunido Arce son 34 (y no 36, como dice Montúfar); y no habiendo elección popular, el congreso elige entre Arce y valle, que son los que reúnen mayor número de sufragios".

¿A quién se eligió en consecuencia?

A Don Manuel José Arce. De aquí datan las desgracias de Centro América.

¿Cuántos votos obtuvo?

25, contra 5 que recayeron en su antagonista.

¿De qué fue electo Valle enseguida?

De vicepresidente, y después de varias renuncias y protestas, le admitió el congreso su dimisión, nombrando en seguida a Don José Barrundia, y por su renuncia, a Don Mariano Beltranena, que aceptó en el acto. Marure dice que el congreso admitió inmediatamente la renuncia que puso Valle.

¿Qué dijo Arce con este motivo?

"Las renuncias se han vuelto de moda y de capricho".

¿Qué debemos explicar aquí para mayor aclaración de estos sucesos?

Que en congreso federal estaba dividido en dos partidos: el partido liberal que estaba con Arce, y el partido conservador que estaba con Valle; aunque algunos del primero opinaban por Valle, y muchos del segundo deseaban a Arce.

¿Qué se aseguró entonces del partido conservador?

Que no estaba con Valle de buena fe, y que manifestó repetidas disposiciones de transigir con el partido Arcista.

¿Qué hicieron los exaltados?

Se acodaron con el partido moderado para convenirse en la cuestión de Arce, lo que consiguieron sin ninguna resistencia, pues solo esperaba la ocasión para ser vencido.

¿Qué manifestaron a Arce los conservadores, por medio del ciudadano Betefa?

Que su partido estaba dispuesto a unirse con el liberal para elegirle presidente, y que lo único que se temía era que el metropolitano pensaba, que colocándole al poder, le obligaría a que reconociese los decretos de la mitra[12] de El Salvador.

¿Qué contestó Arce?

Que en efecto era su aprobación cuánto se había hecho en San Salvador; pero que entendía que los procedimientos del gobierno federal en este particular, se ceñirían a lo que determinase el próximo congreso.

¿Qué se deduce de aquí?

Que con estas palabras, Arce contrajo el deber y el compromiso de ser neutral en la cuestión de mitra salvadoreña, que tantos males causó a la libertad y al reposo de los pueblos de Centro América. El

---

[12] Se refiere a la influencia de líderes eclesiásticos en la política o el papel del clero en la formación de leyes o en la participación política durante el período post-independencia.

Doctor Delgado, antiguo cura de la capital de la provincia de San Salvador, aspiraba a la mitra desde tiempo de la colonia. Cuando el doctor don José María Álvarez, y el licenciado don Mariano Gómez fueron electos diputados a Cortés, llevaron instrucciones para promover la elección de una diócesis en San Salvador, y pedir que el doctor Delgado fuera su primer obispo. Bajo el gobierno español, el padre de Delgado habría sido el primer obispo en San Salvador, y bajo el gobierno independiente tampoco perdió de vista sus antiguas aspiraciones; pues era uno de los eclesiásticos más distinguidos que tenía la provincia, de conducta ejemplar. Párroco caritativo, benéfico y localista como ninguno, antiguo, y ardiente partidario de la independencia, y el primero que en 1811 protestó con mano armada contra el régimen colonial y en 1822, contra los liberticidas unionistas.

El puesto de diputado provincial le presentó ocasión de trabajar, como trabajo, eficazmente, con el mismo fin, haciendo que muchas municipalidades de aquella provincia Tomasen parte en sus empeños, comprometiendo a la junta gubernativa para que la nombrasen su primer obispo; como lo verificaron en 30 de marzo de 1822. Cuando el General Filísola sitiaba la plaza de San Salvador y se trataba de entrar en transacciones con el general invasor, entre las bases de arreglo, el Padre Delgado hacía comprender la erección de una diócesis; y aún la asamblea nacional trabajó para que se determinase este negocio conforme q sus deseos, más aquel cuerpo decidió, en decreto de 8 de julio de 1823, que sin previo y expreso acuerdo con Su Santidad, nada podía ni debía disponerse acerca de la elección, presentación, o propuesta para las Prelacías. Creyéndose que una resolución tan terminante haría abonar al padre Delgado sus locas pretensiones; más sucedió todo lo contrario; las dificultades con que tropezó estipularon más y más su ambición. Por último, el congreso constituye de San Salvador erigió en Diócesis la provincia y confirmó la elección del primer obispo, que anteriormente se había hecho con el padre Delgado, previniéndole conferenciase con el Metropolitano sobre el particular y se dirigiese al Papa con las preces de estilo. En virtud de los decretos emitidos en 24 de abril y 4 de mayo de 1824, La Iglesia Parroquial de San Salvador quedó convertida en Episcopal. Pero no fu esto todo; se decretó también su inmediata posesión de la silla episcopal, que le dio el ministro general del estado, en la iglesia parroquial con asistencia de todas las autoridades. El arzobispo Casaus, por su parte, mandó a fijar, en 21 de junio del mismo año, un edicto en que declaraba nula y de ningún valor, la creación de la nueva Diócesis y el nombramiento del nuevo obispo. Desde este momento se declaró un escandaloso cisma.

El congreso, por su parte, mandó prohibir la circulación del edicto, con penas las más severas. El metropolitano tenía por nulo todo lo practicado por el nuevo obispo, lo que intranquilizó a muchas conciencias timoratas y honradas. El clero se dividió en dos partidos. El Doctor Delgado, por su parte, expulsó más de cuarenta eclesiásticos que no reconocieron su autoridad; en los pueblos se rehusaba la administración de los sacramentos a los Delgadistas, y al mismo tiempo temía negárselos, porque el qué tal hacía, era temido como enemigo de las instituciones federales. En 1826, el Papa León XII dirigió al Doctor Delgado un breve, que, entre otras cosas, decía: "Y habiendo cometido tantas y tan horribles cosas, que con toda verdad se te puede aplicar aquello del evangelio, (lo decimos llorando), que has entrado como ladrón y salteador en el redil de la oveja, no por la puerta, sino por otra parte, para matar y perder; no obstante todo esto, te has atrevido a escribirnos una carta, en que pedías que no nos desempeñemos de aprobar y sancionar con nuestra autoridad apostólica lo que se ya hecho, ya sobre nueva erección de Obispado, ya sobre tu nombramiento para Obispo.

Sábete, pues, que no solamente no podemos aprobar y sancionar estos hechos sin hacer traición a nuestro ministerio apostólico; sino que además debemos declarar, en cuanto a la erección de sede episcopal en la ciudad de San Salvador, contraría a los derechos de esta Santa Sede; que es ilegítima y de ningún valor; y que debemos desechar y condenar tu nombramiento de Obispo de tal sede, como por el tenor de presentes lo declaramos y reprobamos; y definimos que son nulas e irritas todas las cosas que hasta aquí has hecho, y en adelante hicieres, como hechas sin jurisdicción legítima".

Así concluyó la cuestión de mitra salvadoreña. El Doctor Delgado, aunque era hombre de gran talento e instrucción, sobre este punto, anduvo completamente desertado.

¿Qué consideraciones determinaron a los diputados a decidirse en favor de la presidencia de Arce?

Una razón de interés general y una razón de interés particular; ambas aconsejadas por el egoísmo y ambiciones del partido.

¿Cuál era la razón de interés general?

Que se temía que no subiendo a Arce a la presidencia, el estado de San Salvador volvería a renovar sus sentimientos contra Guatemala.

¿Cuál era la razón de interés particular?

Que aunque Arce era orgulloso, escuchaba el voto de los hombres que dirigían entonces la opinión pública y esperaban con el tiempo dominarlo por completo. Valle era accesible.

¿Qué día tomó posesión el ciudadano Arce?

El 29 de abril. El senado se había instalado el 24.

¿Quién fue Arce?

Uno de los caudillos que lucharon más heroicamente por la independencia y libertad de Centro América.

¿Qué fue después?

Colocado en las alturas del gobierno federal, Arce quiso dominar a todos los partidos y fue entonces que cometió todos los atentados y locuras de una cabeza fascinada por las ambiciones y sed de mando.

¿A dónde fue a parar?

A ser el primer desoiga y el primer tránsfuga del partido liberal.

¿Como se justifica este aserto?

Con las palabras de Marure, que son estas: "Arce, pues, por una de esas anomalías, que no son raras en las épocas de revolución, se puso a la cabeza de los serviles, se decidió a sostener las mismas opiniones que siempre había combatido, y se ligó con el Arzobispo que había predicado contra él, con los frailes que le habían tenido por hereje y con las familias que le habían hecho la guerra en tiempo del imperio".

¿Qué produjeron en Valle estos acontecimientos?

Profundas contrariedades y resentimiento, que no pudo disimular, avivados con la elección de vicepresidente que habían hecho en él los mismos que le habían privado de la presidencia.

¿Qué hizo Valle en estas circunstancias?

Dirigió al público varios escritos notables, notabilísimos por su fondo y por su estilo; en los cuales trató de probar, y probó al mismo tiempo, los servicios importantes que había prestado a su patria y la ilegalidad del nombramiento de Arce.

¿Cuáles fueron sus palabras a este respecto?

Después de presentar a los pueblos un cuadro de su vida pública desde la época inmortal de nuestra independencia, dijo: "Estoy convencido de la nulidad de la elección de presidente hecha por el Congreso en el ciudadano Arce. Sujetos, irrecusables por su imparcialidad, instrucción y virtud, están persuadidos de la misma verdad; la nación entera sería también penetrada de ella, si fuera bien instruida en el asunto; y me parece que podría demostrarla con razones irresistibles, derivadas de las leyes generales y de las particulares dictadas por la Asamblea; pero no es este mi objeto. No son empleos los elementos de mi felicidad; no son los sueldos la base de mi existencia. No ansío premios; no ambiciono destino, origen de odios o resentimientos; lo que quiero es que mi honor no sufra en pueblos que no me conozcan; lo que deseo es que, después de sacrificios de mi persona e intereses, tenga al menos la satisfacción de no verme expuesto a dudas que puedan agraviarme. A esto contraigo mis votos; a esto limito mi voluntad".

¿Quién fue Valle?

Una de las figuras más brillantes que puso en escena la revolución de 1821 y cooperó más eficazmente a nuestra emancipación política; como periodista, como orador, como diputado; como miembro del poder ejecutivo; siempre dirigió sus miradas a afianzar nuestra libertad e independencia, y hacer respetar la dignidad y los derechos de la nación centroamericana. Valle nació el día 22 de noviembre de 1780, en la villa de Jerez de la Choluteca, hoy ciudad capital del departamento de su nombre.

¿Qué más se puede decir de Valle?

De Valle se puede decir que fue un sabio, porque en política, como en economía, poseyó todos los secretos de estas ciencias; como pensador, llegó a las mayores profundidades y subió a las eminencias más altas del pensamiento humano; como hombre de letras, vivió estudiando, meditando, escribiendo, pues no fue avaro de su pluma; y a su vida laboriosa se deben los variados e inmortales escritos que nos dejó.

¿Qué más fue Valle?

Un hombre honrado en la acepción más estricta de esta palabra.

¿Qué elogios le dirigió Barrundia a su muerte, acontecida el 2 de marzo de 1834?

Aquí están las palabras de ese escritor eminente: "Ha muerto Valle. Este hombre es conocido en Europa. Su cabeza fue una luz, su boca, el órgano de la elocuencia en la Tribuna. Sus escritos, la honra de la patria y de las ciencias. Se hundió Bethan en la noche eterna en Inglaterra; desapareció su amigo Valle en Centroamérica.

Ciudadano pacífico, él cultivó con ardor la sabiduría; él estaba lleno de todos los principios elementales de gobierno; él escribía por la gloria nacional y por el interés de la humanidad. Su concepción profunda y exacta, aparecía en un lenguaje pausado, puro y majestuoso, que presentaba los objetos por todas sus facetas, y se desarrollaba en una argumentación clara y victoriosa. Su carácter firme y decidido tenía todos los caprichos y singularidades del genio. Sin transacción para los transgresores de la libertad pública, él ponía siempre todo el rigor de los principios; él sostenía la rectitud de las leyes. Su mente concebía la vasta confederación americana, núcleo inmenso de pueblos independientes contra la liga de reyes y tiranos".

Si deseaba el mando en la República, si su corazón ardía de ilusiones, él no se lisonjeaba con el honor de regularizar el Gobierno y aplicar la ciencia al gobernarle. Pero, esmerado en la educación de su hijo, tranquilo en la vida privada, orgulloso y libre en su retiro, jamás se humilló ni ante la revolución ni ante el poder. Su alma era el altar de Minerva. Su placer, la armonía de la civilización. En su gabinete estaba el asilo sagrado de la sabiduría, contra las tempestades civiles.

Bajó a la tumba cuando sus sentimientos por la nacionalidad y los votos del pueblo lo ponían al frente de la República agitada. ¡Honor de esta querida patria, descansa en paz! Recibe el tributo de los sabios y el gemido de tus amigos. Únete a Bethan y a los astros. ¡Pensador luminoso, el crepúsculo de tu ocaso brillará siempre en la nación! ¡Que el honor de los hombres ilustres corone tus sienes y ahogue el llanto de tu familia en la virtud inmortal y en los acentos de la patria!

Volvamos a las operaciones del Congreso. ¿Cuándo comenzó este alto cuerpo a discutir el proyecto de constitución?

El 2 de mayo, al tiempo mismo que recibía del Congreso Federal, que se había instalado el 6 de febrero de 1825, derogando el del 20 de noviembre emitido por la Asamblea Constituyente del Estado.

¿Qué más recibió la Asamblea ese día?

Una nota del mismo Congreso, invitándola a que se trasladase a un punto neutral, para cortar las animosidades que comenzaban a recrudecerse entre Tegucigalpa y Comayagua.

¿Qué produjo esto en la Asamblea?

Creció, en vez de disminuir, la tensión entre los diputados, presentando los defensores de uno y otro lado las razones poderosas en que apoyaban sus opiniones. Nos ha parecido oportuno apuntar aquí dichas razones, como ejemplo de la manera de razonar y de las formas oratorias que usaron nuestros padres en sus debates parlamentarios.

¿Cómo opinó la comisión?

He aquí sus términos: "Para cortar la antigua rivalidad de estos dos pueblos, la comisión opina: Que habiéndose mediado causas justas para haber trasladado la legislación de Tegucigalpa a esta ciudad, concluya en ella el corto tiempo que falta hasta dar la constitución del estado. Que las legislaturas ordinarias están expeditas para adoptar, según les convenga, la medida que a esta le propongan Los Altos Poderes de la República. Que de la resolución que se tome, se dé cuenta a Los Altos Poderes en contestación a las citadas notas."

¿Qué dijo el diputado Ariza?

Tomó la palabra y dijo: "Que a la medida propuesta por Los Altos Poderes de la República le encuentra la dificultad de que cualquier pueblo que se elija nunca será neutral, pues siempre habrá de ser adicto a Tegucigalpa o a Comayagua; además, ninguno presenta las comodidades adecuadas al decoro de los poderes del estado y a la subsistencia de los individuos que lo ejercen. Que para la traslación, siempre son necesarios gastos que no puede sufragar la hacienda pública con sus escaseces, y más aún cuando la legislatura constituyente debe cumplir en breve tiempo sus funciones. Que estas consideraciones lo obligaron a proponer la medida de alternativa, única capaz de cortar la división que comienza a existir, y que solo el tiempo hará desaparecer."

¿Qué expuso el diputado Buezo?

"Que conoce las dificultades que ha planteado el ciudadano Ariza para la ejecución de la medida propuesta por Los Altos Poderes de la República; y en este sentido, le obligó a opinar como consta en su dictamen. Que para dictar una ley que obligue a las asambleas futuras a observar la alternativa que se propone, la presente carece de facultades, pues es propio de las atribuciones de aquellas designar el punto de su residencia".

¿Qué expuso el representante Izaguirre?

Discurriendo en apoyo de la proposición del diputado Ariza, dijo: "que no pudiendo adoptar la medida de fijar en otro punto la residencia de la asamblea y siendo de necesidad para constituir el estado tomar alguna que llenando de confianza a los pueblos, de la rectitud, e imparcialidad de la asamblea, corte igualmente el germen de división que se anuncia y que no encuentra otra que llene estos objetos, que la que ha propuesto el ciudadano Ariza. Que a efecto de constituir el estado, puede la asamblea dictar esta ley y cuentas crea conducentes a cumplir con su institución, y más cuando la alternativa solo ya de durar el tiempo que duren las desconfianzas que necesariamente han de concluir en un breve tiempo, luego que los pueblo identifiquen su opinión y sus costumbres."

¿Qué manifestó a su turno el diputado Arriaga?

"Que la rivalidad de dos pueblos grandes no es fácil que desaparezca por la oposición de sus intereses: que la de Comayagua y Tegucigalpa existió en el antiguo gobierno: existió rigiendo el decreto de 30 de agosto, que designó la alternativa, y cree que ha de existir siempre, tomándose cualquiera medida; que la proponen Los Altos poderes de la República, es impracticable por las razones que se han apuntado, así como la proposición del ciudadano Ariza por carecer la asamblea de facultades para designar el punto de residencia de las asambleas futuras".

¿Qué dijo el diputado Doblado?

"Que está penetrado de la necesidad de dictar una medida pronta y eficaz para evitar los males que amenazan; que en su concepto, la mejor es la indicada por Los Altos Poderes de la República; pero creo que no pudiéndose practicar, opina por la del ciudadano Ariza".

¿Qué razones ostentó el apoyo de la opinión de Buezo, el diputado Donaire?

"Que él no encontraba motivo de tantos temores como se anuncian, y que su opinión era la de hacer respetar las providencias de la Asamblea con energía".

¿En qué términos se expresó el diputado Zepeda?

Dijo: "Que sería más conveniente llamar al jefe de Estado para oír su opinión, antes que dictar la medida que se busca. De esta opinión fueron los representantes Donaire, Izaguirre y Ariza, aunque conocieron la importancia de la proposición, manifestaron que con el hecho de llamar al jefe de Estado sin dictar antes la medida para cortar las desavenencias, se pueden exaltar los ánimos de los descontentos y causar los males que se tratan de evitar".

¿Cuál fue en medida definitiva la resolución de la Asamblea?

Después de largos y acalorados debates, y de las protestas de los representantes Arriaga, Donaire y Buezo, acordaron:

"1. Que la presente Asamblea Constituyente continúe en la ciudad de Comayagua hasta la conclusión de sus sesiones.

2. Que las siguientes ordinarias alternen en las suyas un año en Comayagua y otro en Tegucigalpa.

3. El jefe de Estado y Consejo Representativo observarán la misma alternativa, residiendo en el lugar donde obran las sesiones por todo aquel año.

4. Solo en casos de peste contagiosa, hambre, guerra o insurrección, podrá quebrantarse el orden de la alternativa que se señala.

5. Esta ley se considerará constitucional y no se podrá reformar ni revocar por todo el tiempo que existan los motivos que han obligado a dictarla; y para ello, y para calificar por bastantes las causas de que trata el artículo anterior, serán necesarias las dos terceras partes de los votos de los diputados." (99)

¿Cuál era la situación social?

La revolución política no había llegado en este tiempo a las costumbres, y por lo mismo, se notaba igual atraso, igual fanatismo e igual superstición que en la época de la colonia; a pesar de los titánicos esfuerzos que el gobierno hacía por civilizar a los pueblos mediante la instrucción pública, único antídoto contra la ignorancia y la superstición. En esta época reinaban en todo su esplendor las ideas de hechicerías y maleficios, y no se diagnosticaban otras enfermedades que el tabardillo y el empacho.

¿Qué noticias se recibían de Nicaragua pocos días después?

Que con motivo del regreso de la división salvadoreña, Nicaragua continuaba en su lucha interior entre el jefe y el vicejefe, que se disputaban el mando. El jefe Cerda mandaba en Managua y el vicejefe Argüello en León; ambos son responsables ante la historia por los torrentes de sangre derramados en esta tierra, la más privilegiada por la naturaleza.

A este tiempo, ya se había llamado a Guatemala al general Cleto Ordóñez y al obispo García Jerez. Se nos ha asegurado que con la visita que le hizo el padre Delgado, al pasar el obispo García Jerez por San Salvador, este le daba con demasiada frecuencia el tratamiento de "Señoría Ilustrísima", con la esperanza de que el prelado le devolviera igual título en señal de reconocimiento de su dignidad episcopal; pero sucedió lo contrario. El tratamiento del obispo García Jerez fue el de "Señor Cura".

¿Qué providencias tomó el jefe Herrera?

Mandó a reunir inmediatamente 300 hombres, para cuyo sostenimiento se tomaron algunas cantidades —ya lo hemos dicho— de las rentas de la Federación.

¿Qué sucesos ocurrían en este tiempo en la ciudad de Tegucigalpa?

El comandante Ignacio Córdova y el alcalde 1.º, Guadalupe Lagos, de acuerdo con los reaccionarios de Comayagua, intentaban insurreccionarse contra la legítima autoridad del Estado, para lo cual habían tenido varias reuniones secretas y escrito al presidente de la República, informándole que el jefe Herrera se oponía a las leyes generales.

¿Qué actitud tomó el jefe de Estado?

Mandó situar una fuerza en Tegucigalpa para conservar el orden y dirigió a los pueblos una proclama, que entre otras cosas decía:

"Tened confianza en el gobierno; tened confianza en su providencia, que no son jamás dirigidas al mal; tened confianza en sus palabras; y si sabéis que alguna vez haya engañado a alguno, manifestadlo, y no me crean. Pero si, por el contrario, mi conducta ha sido franca; si tengo la satisfacción de poder decir que nadie ha recibido mal de mí; creedme, no se ocupen en interrumpir las providencias del gobierno: no den pasos que los desacrediten y mancillen el buen nombre que han adquirido; no pongan al gobierno en la necesidad sensible de dictar las providencias que exige el orden público y que le prescribe la ley".

¿Qué más hizo?

Comisionó al secretario general Francisco Morazán para que pasase a la ciudad de Tegucigalpa a calmar la tensión del pueblo que pretendía separarse del gobierno de Comayagua.

¿Quién quedó encargado de la secretaría general?

Don Liberato Moncada.

¿Qué providencias dictó la Asamblea?

Emitió varios decretos de orden público.

¿Cuál fue el resultado de esta conspiración?

Después de escrupulosas averiguaciones, Lagos y Córdova fueron puestos en prisión. Estos hombres, que se llamaban caudillos, no tenían ni la cabeza, ni la audacia, ni la seducción, ni la astucia, ni el arranque del hombre tenebroso o del hombre de acción.

¿Qué decretó la Asamblea Constituyente el 28 de junio?

La demarcación territorial del Estado, dividiéndolo en 7 departamentos: Comayagua, Tegucigalpa, Gracias, Santa Bárbara, Yoro, Olancho y Choluteca. El 9 de diciembre de 1834, la Asamblea extraordinaria acordó reformar esta demarcación, reduciéndola a 4 departamentos, de la siguiente forma:

Comayagua se unía a San Pedro Sula,

Gracias con Santa Bárbara,

Tegucigalpa con Choluteca,

Olancho con Yoro.

De allí, se practicarían las elecciones de diputados en los once partidos que componían el Estado. Esta reforma no tuvo ningún efecto. Con el tiempo, el 28 de mayo de 1869, se crearon tres nuevos departamentos:

Copán,

La Paz, y

El Paraíso.

La jurisdicción del departamento de Copán, antes comprendida en el de Gracias, se extendió a toda la sección judicial que tiene hoy, con excepción de Guarita, que continuó perteneciendo al departamento de

Gracias. Sus límites con este son la cima de la montaña de Celaque, desde la confluencia de la quebrada de Siliantuque y El Higuito, hacia el suroeste, hasta las cabeceras del Sumpul; siendo su capital la ciudad de Santa Rosa.

Forman el departamento de La Paz los círculos gubernativos de la ciudad de este nombre, Marcala, Lamaní, Aguantequerique y Reitoca, que antes correspondían al de Comayagua. Sus límites con este, Gracias, Tegucigalpa y Choluteca se extienden hasta donde alcanzan las jurisdicciones de los respectivos círculos fronterizos. La capital de este departamento es la ciudad de La Paz.

El Paraíso está compuesto por las demarcaciones y jurisdicciones de los círculos gubernativos de Danlí, Yuscarán y Texiguat.

En 1872 se erigió en el departamento de Choluteca otro con el nombre de "La Victoria," siendo su capital la ciudad de Nacaome. Este nuevo departamento duró muy poco tiempo, al igual que el gobierno que lo estableció crear. En la actualidad existe en la ciudad de Nacaome un juez de letras, un administrador de correos, y un comandante general. También ser formaron los Departamentos de las Islas de la Bahía y La Mosquitia. Recientemente, por acuerdo de 19 de Diciembre de 1881, se decretó la segregación del círculo de Trujillo del Departamento de Yoro, formar de dicho círculo, unido al extenso territorio de La Mosquitia, un nuevo departamento de la República, elegir en capital a la ciudad de Trujillo y dar al departamento así formado, el nombre del "departamento de Colón".

La primera asamblea ordinaria de Costa Rica, que se había instalado el 14 de abril de 1825, después de haber elegido a Don Juan Mora primer jefe, en 24 de septiembre, y de haber creado una nueva diócesis en el estado, en el 29 del mismo mes, y nombrado por obispo Fr. Luis García, sin éxito favorable, decretó también, en 13 de octubre, la demarcación del territorio costarricense, dividiéndolo en cinco departamento: el de Cartago, el de San José, el de Heredia, el de Alajuela, y el de Guanacaste, que ya entonces había dejado de pertenecer a Nicaragua e incorporándose a aquel estado. En 24 de marzo de 1836 se hizo una nueva demarcación territorial en tres partidos: oriental, occidental, y del Huanacaste; cuya división fue reformada en 8 de marzo de 1841, quedando otra vez el estado dividido en cinco departamentos.

¿Qué otros decretos de importancia emitió la Asamblea de Honduras en 1825?

Convocó, para el 15 de noviembre, a la primera Asamblea Ordinaria del Estado, con arreglo al decreto de la Asamblea Nacional Constituyente del 5 de mayo de 1824, para cuyo fin se mandaron practicar las elecciones correspondientes. Mandó crear un Consejo Representativo, compuesto de cuatro consejeros propietarios y dos suplentes, y facultó al ciudadano José Cecilio del Valle para que negociara un empréstito de un millón y quinientos mil pesos. (102)

¿Con qué casa negoció Valle este empréstito?

Con el apoderado de la casa de Mr. Luis Biré.

¿En qué términos quedó ajustado?

En los siguientes: El empréstito será de un millón quinientos mil pesos. La casa de Biré venderá las obligaciones al mejor precio posible desde setenta para arriba, siendo en beneficio del gobierno lo que se adelantare. El gobierno pagará el interés de 6 %. El gobierno abonará a la casa de Biré la comisión de un por ciento sobre los intereses. El gobierno pagará al señor Biré la comisión de cinco por ciento sobre el valor nominal. Con el producto del empréstito, pagará el gobierno la comisión y el interés de dos años, y el uno por ciento para la amortización del capital. Dará dicho uno por ciento cada año, para ir amortizando el capital; pero será libre el gobierno de aumentar como le parezca la cantidad para la amortización.

Serán de cuenta del gobierno los seguros, fletes y demás gastos necesarios para traer el dinero a Londres. La casa de Biré no exigirá comisión alguna sobre lo que adelantare en la venta de las obligaciones desde setenta para arriba, ni por la cantidad con que se ha de amortizar el capital. El pago de interés se deberá hacer cada seis meses, remitiendo el gobierno a Londres la cantidad correspondiente. El gobierno se obligará a no celebrar otro empréstito en Europa en el término de dos años, contando desde la fecha en que se firme el presente contrato.

La casa de Biré entregará en Londres la suma a que se extienda el empréstito, dando la cuarta parte de ella a los tres meses, contados desde el día en que se le presente la contrata; y entregando sucesivamente cada trimestre una de las tres cuartas partes restantes.

Todas las rentas del Estado de Honduras quedarán hipotecadas a la seguridad del empréstito.

El empréstito quedará sujeto a la aprobación o desaprobación de la Asamblea de Honduras y a la ratificación de Mr. Biré, que deberá presentarse por Lavaquino.

¿Qué dijo Valle?

Que este empréstito era más ventajoso que el que celebró el gobierno federal con la casa de Barclay y los que se habían negociado en México.

¿Tuvo efecto este empréstito?

A pesar de la aprobación de la Asamblea, apoyada en un largo dictamen redactado por el diputado Ariza, y de los grandes esfuerzos del jefe Herrera, las cantidades no fueron entregadas en sus plazos. A este tiempo, ya se había recibido en el Estado de Honduras, con universal aplauso, el decreto emitido por el Congreso Federal el 16 de junio de 1825, mandando abrir un canal en el Estado de Nicaragua que comunicase los dos mares, el Atlántico y el Pacífico, para la navegación de buques del mayor porte posible. Este pensamiento es tan antiguo como el descubrimiento de Centroamérica. Desde el año de 1522, Gonzalo Dávila fue el primero que recorrió con tal intento toda la costa occidental de Nicaragua.

¿Emitió otros decretos la Asamblea?
El presupuesto de gastos para el año de 1826.

¿A cuánto ascendía?
A setenta y nueve mil doscientos noventa y cuatro pesos. (104)

¿Qué cupo tocaba a Honduras para la erogación del gobierno general?
27,634 pesos, 7 reales.

¿Con qué más debía concurrir Honduras?

Con la cantidad que le correspondía según su población, pues para completar el importe de los gastos generales faltaban, como hemos visto, 181,248 pesos y 4 reales, que se mandaron distribuir entre los estados según su población y riqueza.

¿Qué número de hombres señaló el gobierno federal al estado de Honduras?

Para la organización de los cuerpos que debían componer la fuerza permanente de la Federación, le señaló 150 hombres.

¿Qué acordó el Congreso Federal a este respecto?

Que los jefes de los estados debían remitir los cupos de hombres para el ejército de la Federación en estos términos: el de Guatemala, en 50 días; el de San Salvador, en 60 días; los de Honduras y Nicaragua, en 90 días; y el de Costa Rica, en 120 días. (105)

¿Qué decreto emitió la Asamblea Constituyente el 3 de octubre?

El segundo escudo de armas.

¿En qué forma?

"En el escudo de armas del estado, dice el decreto, será un triángulo equilátero. En su base aparecerá un volcán entre dos castillos, sobre los cuales se levantará el arcoíris que cubre el gorro de la libertad, esparciendo luz; el triángulo colocado sobre un terreno que figure bañado por ambos mares. En torno de él se escribirá con letras de oro: "ESTADO DE HONDURAS DE LA FEDERACIÓN DEL CENTRO".

El escudo será cubierto en su parte superior con los cuernos de la abundancia con un lazo; y descansará sobre la cordillera de la montaña que aparecerá en la mina, sobre una barra, un barreno, una cuña, una almágana y un martillo".

La Asamblea Constituyente del Estado de Guatemala, que se había instalado el 15 de septiembre de 1824, decretó también, el 20 de enero del año siguiente, su escudo de armas, que con poca diferencia es el mismo que antes se había decretado para la República.

¿Qué día se formó la constitución del Estado?
El 11 de diciembre de 1825.

¿Cuántos meses se discutió?
Siete meses y nueve días.

¿Cuántos diputados la firmaron?
Seis, porque el reaccionario Arriaga se negó a hacerlo y el diputado Buezo estaba enfermo. El Estado de Costa Rica decretó su primera constitución política el 22 de enero del mismo año. San Salvador y Guatemala también habían decretado sus respectivos códigos fundamentales. Este último lo hizo el 11 de octubre.

¿Qué se hizo enseguida?
Acto continuo, una comisión compuesta de los ciudadanos Izaguirre y Campo la puso en manos del jefe de Estado, quien pasó todo al salón de sesiones para prestar juramento; mandándola a circular a todas las autoridades del estado, para que la hiciesen jurar en el día festivo más inmediato a su recibo.

¿Cuánto tiempo duró reunida esta Asamblea Constituyente?
Quince meses y catorce días.

¿A qué número ascendieron sus sesiones?
A doscientos ochenta y cinco.

¿Qué días cerró sus sesiones?
El 12 de diciembre. La asamblea de Guatemala Ferro también las de aquel augusto cuerpo, en 12 de noviembre y el primer congreso federal terminó las suyas el 25 del mes siguiente.

¿Cuántos magistrados componían la Corte Suprema de Justicia?
Un presidente, dos ministros y un fiscal.

¿Qué condiciones se exigían para ser magistrado?

Se requerían 30 años de edad, siete de ciudadanía y ser originario de América. Otro tanto se necesitaba para ser individuo del Senado.

¿Cómo fue recibida la constitución del Estado?

Con universal aplauso, y comenzó a regir desde que fue jurada, el 11 de diciembre, por las autoridades de la capital, hasta el año de 1839.

¿Cómo se encontraba el estado en este tiempo?

Honduras disfrutaba de tranquilidad; todas sus autoridades habían entrado en el libre ejercicio de sus funciones, con la excepción de la Corte Suprema de Justicia, que, a pesar de los esfuerzos, no había logrado constituirse. El orden público, durante el año de 1825, no sufrió otra alteración que los pequeños tumultos promovidos por algunos revoltosos de Tegucigalpa.

Guatemala también seguía tranquila, a pesar de los disturbios ocasionados por los frailes de la capital, quienes, con diferentes motivos, habían diferido el juramento de la Constitución. Además, circulaban noticias de que la madre patria se preparaba en la Isla de Cuba para reconquistar América.

Con este motivo, el presidente Arce dirigió a los estados y pueblos de Centroamérica varias proclamas contra los españoles. Estas proclamas fueron ridiculizadas por los periódicos liberales, que consideraron las noticias infundadas y los temores exagerados. Sin embargo, no faltaron motivos de desconfianza, como lo demostró la conjuración que estalló en Alajuela, Estado de Costa Rica, en la madrugada del 28 o 29 de enero de 1826, liderada por el español Don José Zamora, proscrito de Colombia por ser anti independentista.

Durante esa madrugada, los conspiradores atacaron el cuartel principal de la ciudad, creyendo tomarlo por sorpresa. Las tropas del gobierno defendieron el cuartel con valor, y después de dos horas de combate, Zamora huyó precipitadamente, dejando muertos, heridos y prisioneros.

Pocos días más tarde, Zamora fue capturado y fusilado, y diecisiete de sus cómplices fueron deportados. En aquel tiempo se dijo que este movimiento tenía como objetivo principal la sumisión de Centroamérica a España.

Marure asegura que Zamora, interrogado por el gobierno, confesó sin rodeos:

"No haber hecho en ello sino un deber, como vasallo del Rey de España, de cuyo gobierno era teniente coronel y tenía especial comisión para revolucionar en América. Igual comisión se había conferido a otras 32 personas."

Esta fue la segunda vez que, en contiendas civiles, se derramó sangre costarricense.

El Congreso, facultado extraordinariamente al Ejecutivo, decretó el aumento del ejército federal hasta 10,000 hombres. El partido liberal sospechó que, con el pretexto de defender la independencia de la patria, se buscaba poner la República a disposición de Arce y los serviles.

¿Qué ocurrió con las fuerzas en Honduras?

Arce intentó que las fuerzas salvadoreñas que en 1824 habían pacificado Nicaragua se retiraran y que la división levantada en Honduras se disolviera.

Sobre este hecho existen diversas opiniones. Los conservadores, como el coronel Montúfar, aseguran que Herrera y los liberales de Honduras y Guatemala disolvieron la división; sin embargo, la coincidencia de este hecho con la revolución en Costa Rica sugiere que fue disuelta por los anti-independentistas.

Según Marure, un documento fechado el 8 de febrero comunicó al comandante Francisco Abreu una orden falsa, instruyéndole disolver las tropas bajo su mando y depositar los pertrechos de guerra en Comayagua.

¿Cómo quedó organizado el Estado?

Según el plan de dicho código, el Estado quedó dividido en siete departamentos, con un gobierno popular representativo federal. Un congreso de representantes, elegidos popularmente, debía dictar las leyes, ordenanzas y reglamentos; determinar el gasto de su administración; decretar los impuestos; fijar, en tiempo de paz, la fuerza de línea con acuerdo del congreso federal, y levantar, en tiempo de guerra, la que correspondiese; crear la milicia cívica, erigir tribunales y corporaciones; y formar el código civil y criminal.

Un consejo, compuesto de consejeros también elegidos de forma popular, debía sancionar las leyes, aconsejar al poder ejecutivo y proponer ternas para el nombramiento de los primeros funcionarios. Un jefe, elegido por el pueblo, quedaba encargado del poder ejecutivo; y un vicejefe, igualmente elegido por el pueblo, debía asumir en caso de impedimento justificado. Una corte de justicia, compuesta de magistrados también elegidos popularmente, sería el tribunal de última instancia.

¿Cuántos magistrados componían la Corte Suprema de Justicia?

Un presidente, dos ministros y un fiscal.

¿Qué condiciones se exigían para ser magistrado?

Se requerían 30 años de edad, siete de ciudadanía y ser originario de América. Las mismas condiciones aplicaban para ser senador.

¿Cómo fue recibida la constitución del Estado?

Con universal aplauso, y comenzó a regir desde que fue jurada el 11 de diciembre por las autoridades de la capital, hasta el año de 1839.

¿Cómo se encontraba el estado en este tiempo?

Honduras disfrutaba de tranquilidad; todas sus autoridades ejercían libremente sus funciones, con excepción de la Corte Suprema de Justicia, que no pudo constituirse a pesar de los esfuerzos. El orden público, durante 1825, solo se vio afectado por pequeños tumultos promovidos por algunos revoltosos de Tegucigalpa.

Guatemala también estaba tranquila, a pesar de los disturbios causados por frailes en la capital, quienes, por diversos motivos, habían diferido el juramento de la Constitución. Además, circulaban noticias de que España se preparaba en Cuba para reconquistar América.

Con este motivo, el presidente Arce dirigió varias proclamas a los estados y pueblos de Centroamérica contra los españoles. Sin embargo, los periódicos liberales ridiculizaron estas proclamas, acusando a Arce de exagerar las noticias y temores. No obstante, sí hubo razones de desconfianza, como lo demostró la conjuración que estalló en Alajuela, Costa Rica, el 28 o 29 de enero de 1826, liderada por el español Don José Zamora, proscrito de Colombia por su postura anti-independentista.

Esa madrugada, los conspiradores atacaron el cuartel de Alajuela, creyendo que lo tomarían por sorpresa. Las tropas gubernamentales defendieron la ciudad durante dos horas de combate, tras lo cual Zamora huyó, dejando muertos, heridos y prisioneros.

Pocos días después, Zamora fue capturado y fusilado, mientras que diecisiete de sus cómplices fueron deportados. Se dijo que el objetivo de este movimiento era someter Centroamérica a España.

Marure asegura que Zamora, interrogado por el gobierno, confesó sin rodeos:

"No haber hecho en ello sino un deber, como vasallo del Rey de España, de cuyo gobierno era teniente coronel y tenía especial comisión para revolucionar en América; igual comisión se había conferido a otras 32 personas", cuyos nombres no quiso revelar.

Esta fue la segunda vez que se derramó sangre costarricense en conflictos civiles.

¿Cómo reaccionó el Congreso ante el aumento del ejército federal?

El Congreso facultó al Ejecutivo y decretó aumentar el ejército federal a 10,000 hombres. El partido liberal sospechaba que esta medida tenía el propósito de someter la República al control de Arce y los conservadores, bajo el pretexto de defender la independencia.

Arce, por su parte, intentó contrarrestar este plan, retirando las fuerzas salvadoreñas que pacificaron Nicaragua en 1824 y disolviendo la división que había levantado en Honduras.

¿Qué ocurrió con las fuerzas en Honduras?

Existen diferentes versiones. Los conservadores, como el coronel Montúfar, aseguran que Herrera y los liberales de Honduras y Guatemala disolvieron la división. Sin embargo, la coincidencia de este hecho con la revolución en Costa Rica sugiere que fueron los anti-independentistas quienes la disolvieron.

Según Marure, un documento fechado el 8 de febrero comunicó al comandante Francisco Abreu una orden falsa, instruyéndole disolver las tropas y depositar los pertrechos de guerra en Comayagua.

¿Qué ocurrió en Guatemala con los esclavos huidos de Belice?

En mayo de 1825, cerca de cien esclavos huyeron de Belice y buscaron asilo en Guatemala. El superintendente inglés solicitó su devolución.

El Congreso, dominado por los conservadores, aprobó devolverlos conforme a la iniciativa del Ejecutivo. Sin embargo, el Senado y la Asamblea Legislativa se opusieron, considerando que era contrario a las leyes fundamentales recién establecidas.

El presidente Arce inicialmente respondió que el enviado de la República al gobierno británico resolvería el asunto, pero luego, bajo presión, accedió a devolverlos.

No obstante, la devolución no se concretó para todos los esclavos, pues algunos permanecieron en Centroamérica.

Este acto fue elogiado por la prensa de Inglaterra y criticado por la de Belice, lo que dejó bien parado al gobierno centroamericano ante la comunidad internacional.

CAPÍTULO VI: EL NEFASTO ARCE

Elecciones.— Instalación de la primera asamblea ordinaria.— Discurso del Jefe Herrera.— Establecimiento de tertulias patrióticas en los departamentos.— proposición del diputado Irías en la sesión del 17 de abril.— División de la asamblea en dos partidos.— Consulta del jefe herrera al consejo representativo.— Contestaciones entre el senado y la asamblea.— Lo que sucedió desde este momento.— exaltación del diputado Irías.— Renuncia del Jefe de Estado.— El vice jefe Mariano Prado.— Resolución del presidente Arce.— Lucha entre la iglesia y el Estado.— Asesinato frustrado.— Memorias del general Morazán.— Los plazuelas atacan el cuartel de la ciudad de Tegucigalpa.— Invasión de Guatemala.—

¿Qué hicieron los pueblos para que se reuniera la primera Asamblea Ordinaria?

Con arreglo a la convocatoria que la Asamblea Constituyente decretó el 28 de julio de 1825, se practicaron las elecciones de los diputados que debían concurrir a la primera legislatura ordinaria y al cuerpo representativo, el Senado, encargado de sancionar las leyes.

¿Cuándo se reunió la Asamblea?

Tras un receso peligroso que pudo haber sumido a los pueblos en la anarquía y el desorden, la Asamblea se declaró legítimamente constituida e instalada el 5 de abril de 1826. Se contó con la participación de 8 diputados: Mariano Castejón, Francisco José Gómez, José Ramón Doblado, Pablo Irías, Leonardo Romero, Diego Vijil, Luis Rivera y Francisco Milla.

El jefe de Estado, Herrera, pronunció un discurso en el que, tras enumerar las riquezas naturales del Estado, señaló los vicios que afectaban la administración pública y las leyes emitidas hasta entonces.

¿Qué se ha dicho de este documento?

Se considera notable tanto por su contenido como por su forma, y se dice que su autor se adelantó a su época.

Cítese algunas palabras del discurso:

"Ved esos campos en que parece que la naturaleza ha querido ostentar su poder, ya en la variedad de producciones, ya en la fuerza y vigor de su vegetación. No necesitaríamos que los dominadores de las orillas de Indostán nos trajeran el té, la canela y la pimienta, arrancándola allá por la fuerza y dándola a nosotros por el engaño. Nuestros campos bastan para surtir a África de aromas y perfumes, a Asia de plantas medicinales, a Europa de tintes y frutos que no deben temer la concurrencia de ningunos otros. No nos falta más que brazos y fomento: uno y otro puede proporcionarlos la legislatura."

"Ved nuestras montañas, que parecen creadas para mitigar los ardores del sol. Ellas son el depósito de todos los minerales. El oro y la plata son, respectivamente, entre nosotros más abundantes que en Perú y México. Nuestras inmensas masas de hierro harán que el sueco y el vizcaíno busquen otra clase de industria. Nuestras minas de cobre son abundantes, y nuestro cobre tiene mayor precio en los mercados por la cantidad de oro con que está mezclado. Hay muchas minas de estaño y plomo; se han descubierto minas de azogue; son conocidas algunas de varios semimetales; y llegará el tiempo en que el sexo hermoso de Europa se adorne con nuestros diamantes y piedras preciosas.

El amianto y la tierra sellada de nuestros minerales, que sirven para el lujo y para aliviar a la humanidad, no serán posesión exclusiva de los poderosos, porque Honduras los producirá en tal abundancia que perderán el prestigio de la rareza. Brazos, conocimientos y caudales son los agentes que sacarán de las entrañas de la tierra tan grandes e inmensos tesoros. Europa nos ofrece su abundancia en estos poderosos agentes; el gobierno ha indicado diversos medios; hay en la secretaría de la Asamblea propuestas de varias casas extranjeras; y ella puede hacer que estos bienes sean perdidos para los hijos de Honduras, o que puedan gozar bien de ellos".

En ese año se denunciaron las siguientes minas: Minería y recursos del Estado

San Martín (oro y plata), Cerro Grande (plata), en jurisdicción de Tatumbla, Quebrada Grande, Cerro de los Achotes, Las Cañas, La Quemazón, San Juan Bautista, Cerro Virgen, La Trinidad (en Los Arados), Liquidámbar, Las Sabanetas (en jurisdicción de Ojojona), Gualiqueme (en el cerro de este nombre), Moloncosa, Los Dolores (en Soroguara), Borjas, Raspa Culo, Candelaria, San Rafael, Graciano, La Asunción, San Lorenzo, Las Norbertas, El Plomo, Goascorán, El Sombrerito, Cerro Grande (Cedros) y El Socorro

Algunas de estas minas continúan en explotación, especialmente en los departamentos de Gracias, Santa Bárbara, El Paraíso y Tegucigalpa.

Minas en explotación destacadas: El Crucero (propiedad de Don Abelardo Zelaya), El Rosario (explotada por una compañía norteamericana con más de 100 operarios semanales, generando gastos de $1000 cada sábado).

¿Qué dijo llegando a la situación rentista a en que encontraba el Estado?

"La hacienda pública, dijo, en un estado independiente y soberano, es el elemento más necesario, porque es el que da vida a los otros. La de Honduras, después de la dilapidación vergonzosa en que estuvo por muchos años, entregada a manos muy imputas, tuvo que hacer frente a los gastos que causó la división de las dos provincias que forman hoy el estado. Cuatrocientos mil pesos se gastaron, por lo menos, en saber si la provincia de Tegucigalpa debía estar sujeta a la junta provincial de Comayagua y al que entonces gobernaba a nombre del rey de España, o si tenía derecho para adoptar la recta de 15 de septiembre, proclamada en Guatemala. A este desorden, que no fue de los pueblos, como se ha querido decir, sino obra de intereses particulares, siguió la centralización de las rentas más productivas, la dilapidación y arbitrariedad de las que quedaron al estado, la ley que decretaba nuestras erogaciones, los obstáculos que se oponían a los nuevos impuestos, la resistencia de los pueblos, la apatía de los funcionarios y el temor de la asamblea constituyente en arreglar este ramo.

Si se añade a todo esto las circulación de las monedas malas de que se había hecho un tráfico vergonzoso, en que solo la hacienda pública ha perdido, se verá la multitud de causas que han influido en su decadencia u que tiene gravadas las rentas de los años siguientes y no presenta otra cosa con claridad a los ojos del espectador que un déficit espantoso en medio de un caso que todo lo oscurece".

¿Qué día se instaló en consejo representativo?

El 6 del mismo mes, bajó la presidencia del ciudadano Francisco Morazán, y fue en este concepto, y no en el de consejero las antiguo, como dice el coronel Montúfar, que tomó mando después del combate de la Trinidad.

¿Quiénes fueron electos consejeros del Estado?

Don Juan Miguel Fiallos, don Francisco Morazán y don Ciriaco Velásquez.

¿Quién fue nombrado secretario general?

Viendo el jefe del estado de don Liberato Moncada un hombre que podía asociarse a todas sus aspiraciones, no vaciló en llamarlo a su lado, haciéndolo secretario general interino.

¿A qué trabajos de río primeramente la asamblea?

Para prestigiar el sistema adoptado y unificar la opinión de los pueblos, mandó a establecer tertulias patrióticas en los departamentos, y hacer obligatorio en las escuelas de primera enseñanza el aprendizaje de la constitución de la constitución política.

¿Qué proposiciones hizo el diputado Irías en la sesión de 17 de abril?

Que se mandarán practicar nuevas elecciones de jefe y vicejefe del estado, puesto que el primero había sido nombrado interinamente, según la ley de 5 de mayo de 1824, y porque el segundo tenía puesta su renuncia desde el 7 de enero próximo pasado.

¿Cómo estuvo la asamblea en este punto?

Dividida en dos partidos: uno que defendía la legitimidad del gobierno de Herrera, y otro que pedía se practicasen elecciones, fundado en razones de alta consideración y que la ley de 16 de septiembre no tenía ninguna fuerza en presencia de la de 5 de mayo de la asamblea nacional constituyente. Este punto fue ardientemente debatido. Unos decían: "que la ley de 5 de mayo estaba mal interpretada y que habían espirado con la publicación de la carta fundamental de la República"; y otros: "que se aplazase su resolución"; pero como los opositores estaban en mayoría, acordaron contestar al senado, que formaba en las filas del gobierno, que no era de sus atribuciones aconsejar a la asamblea, y menos interpretar las leyes.

¿Qué partido tomó el jefe del Estado en estas circunstancias?

El de consultar al consejo representativo lo que debía resolverse en vista de la orden de la asamblea.

¿Que hizo el senado?

Se negó abiertamente a sancionar la ley.

¿Cuáles fueron los resultados?

Que el consejo perdiera la cabeza y entablara una ruidosa lucha con la asamblea, que llegó hasta el conocimiento del gobierno federal, quien los invitó a que reconsiderasen esta ley. Todo fue en vano. La asamblea insiste y el consejo acaba de aprobar la orden de elecciones, y quedó vencido.

¿Qué sucedió desde este momento?

Que la oposición se descubriera el rostro, fuera franca y enérgica y caucionara con su firma los decretos de elecciones.

¿Hasta dónde llegó la furia y exaltación del diputado Irías?

Hasta proferirle en plena asamblea estás crueles palabras: "El ciudadano Dionisio de Herrera es un usurpado del poder." Tanta era la excitación de los diputados, que más parecía una asamblea de locos, que una asamblea de hombres serios.

¿Quién era Irías?

Se nos ha asegurado que Irías era un hombre duro, impetuoso, vulgar y sin conocimientos literarios; pero un ciego adorador de las viejas instituciones.

¿A qué se vio obligado el jefe Herrera?

A poner su renuncia, que se negó la asamblea a tomar en consideración, fundada en que no había número para formar el congreso; a pesar de estar con la tinta fresca el decreto que declaraba que siete diputados eran insuficientes para formarlo.

¿Qué maniobra puso en el juego el ministerio que no se admitiera la renuncia del jefe de Estado?

Negarse resueltamente a autorizar las determinaciones de la asamblea por falta de número, como para que fuese nula cualquiera resolución que recayese sobre la dimisión hecha por el gobierno.

¿Qué diputados llegaron por este tiempo?

Los que se habían mandado elegir por Santa Bárbara, Olancho, Choluteca, y Los Llanos de Santa Rosa.

¿Quién obtuvo el mandato por Choluteca?

Don Juan Lindo, de quien aunque no sea este su lugar, consignaremos, mientras llega su turno, que nunca fue ni un neto liberal, ni un conservador que anduviera de buena fe, y que en estos momento se adhirió sin vacilaciones, al grupo de la oposición, presentándose como un ario, como el déspota de 1821.

¿Qué moción hizo?

Sentado en los bancos de la mayoría, sus primeros tiros los dirigió al cuerpo representativo, pidiendo que este alto cuerpo se disolviese. Oigámosle sus palabras.

"La constitución del Estado previene habrá un consejo compuesto de un representante por cada departamento, elegidos por su respectivo pueblo. Si el número debe ser uno por cada departamento, la ley ha dividido el estado en siete; luego 7 deben ser los consejeros. La mayoría de siete no son más que tres; luego con tres, no puede haber consejo con arreglo a la constitución, a la naturaleza e instituciones de este alto cuerpo y a sus prerrogativas y funciones. Todos el estado de Honduras se representa por siete consejeros, uno por cada departamento impusiesen la ley a cuatro.

¿Qué sucedía en el exterior?

Cuando todo esto pasaba en el interior, la anarquía había comenzado a asomar la cabeza en el estado de Guatemala. La defección del Coronel Nicolás Raoul con Arce, los celos y recelos de aquel con Mr. Perks y otros frívolos incidentes ocurridos hasta entonces, sirvieron de pretextos para desavenencias habidas entre la asamblea, el gobierno general y el particular del estado. Todos esos materiales eléctricos prepararon la tormenta que estalló en este mismo año.

¿Qué actitud tomaron los gobiernos de los estados en presencia de estos acontecimientos?

El gobierno de San Salvador, que poco antes había estado con el presidente Arce y mandándole sus auxilios, conocidas las miras a donde este se dirigía, no tardó en cambiar de rumbo y en ponerse de acuerdo con el estado.

¿Quién se encontraba al frente de los destino de San Salvador?

El vicejefe Mariano Prado, por haberse retirado del mando Don Juan Vicente Villacorta.

¿Qué resolución tomó el presidente Arce?

Viendo el presidente de la República que los gobiernos de los estados se negaban q entrar en sus combinaciones políticas, se decidió descaradamente a proteger q los descontentos de los gobiernos de los estados. El arzobispo Casaus, el presidente de la República, el provisor Irías, que gobernaba esta diócesis en sede vacante, se pusieron de acuerdo para derrocar al gobierno que presidía el jefe Herrera.

¿Qué hizo el presidente Arce para conjurar la tempestad que se había levantado sobre su cabeza?

Convocó, el 10 de octubre, inconstitucionalmente, un congreso extraordinario que debía reunirse en la Villa de Cojutepeque, el estado de San Salvador, con la mira de cambiar las instituciones y establecer el sistema unitario o central. Arce era amigo de los golpes de estado; pero carecía del valor de la ejecución. Los gobiernos de honduras, san Salvador y Nicaragua rechazaron esta medida y dio origen a la primera lucha entre el gobierno general y los de los estados. El jefe Herrera también convocó, aunque sin facultades, porque eran propias del senado, a la asamblea que se había disuelto el 8 de octubre, para que tomasen conocimiento de este decreto, que a su juicio, era de alta trascendencia para los destino de Centro América. Estas elecciones no pudieron practicarse, si no es en el departamento de Gracias, por el desacuerdo en que habían entrado los jefes de los estados.

¿Cómo seguía el de Honduras?

La reacción, encabezada por el provisor José Nicolás Irías, se organizaba todos los días más y más para luchar como atleta, porque contaba con el decidido apoyo del presidente Arce, que pretendía centralizar el poder.

¿Qué hizo para proteger los proyectos revolucionarios de los enemigos de Herrera?

Nombró comandante local de la ciudad de Tegucigalpa al teniente coronel de la Federación a Ignacio Córdova, importándole, este abuso una valiente acusación que el jefe Herrera dirigió al congreso federal

¿Que indicaba todo esto?

Que la guerra tocaba a nuestras puertas. Los hechos no se hicieron esperar. La noche del 5 de octubre una pandilla de descontentos hizo tentativas sobre el cuartel de la capital, con el objeto de deponer al jefe de estado. El plan quedó frustrado, y sus autores tuvieron que salir de la ciudad.

¿Cuáles fueron los motivos ostensibles para estos tumultos y asonadas?

Que los enemigos del jefe Herrera habían hecho entender a los pueblos que era hereje, masón y enemigo de la iglesia. Aquí llegaba la oportunidad de decir que, años después, la famosa librería del jefe herrera, que estaba toda en francés, fue quemada porque decían que eran libres herejes. Un contemporáneo, don Francisco Botelo, dijo con este motivo: "No hay cosa más hereje que la ignorancia".

¿Qué sucedió desde este momento?

Que la iglesia y el Estado entran en lucha. La bandada de los frailes y sacerdotes se vio por todas partes, invitando a los pueblos a la anarquía y al desorden.

¿Qué ocurrió en seguida?

A estos escándalos se siguieron otros de mayor trascendencia. En la noche del 1 de noviembre se dispararon tiros por las ventanas al jefe de Estado, que pusieron en peligro, no solamente su vida, sino que también la de su esposa e hijos. Esta criminal tentativa, produjo en nuestros pueblos una indignación general.

¿Qué dice a este respecto el general Morazán en sus Memorias?

"Despachados a los enemigos del jefe Herrera con el mal resultado que tuvieron los medios que habían complicado hasta entonces. Para trastornar el orden decidieron quitarle la vida al jefe de Estado. A medianoche, los asesinos dirigieron sus tiros por dos balcones de la casa en que habitaba, a otras tantas canas colocadas al frente. Los malvado ignoraban cuál de ellas pertenecían al jefe de Herrera; pero sabían muy bien que una era ocupada por su esposa. Sin embargo, antes quisieron triplicar las víctimas, agravando su crimen con la muerte de la madre inocente y del hijo tierno, que aquella tenía en sus brazos en el fatal momento, que permitir se les escapase la que era objeto de la venganza de aquellos que habían estimulado su sórdido y mezquino interés. Pero por una feliz casualidad, las balas se introdujeron en el colchón de la cama en que se hallaba la señora Herrera, y otras rompieron una columna del catre en que dormía este, sin hablarles causado daño alguno.

Los asesinos prestaron en su precipitada fuga las señales positivas de su crimen. En aquella misma noche, sin ser perseguidos, desaparecieron en la ciudad de Comayagua el escribano Ciriaco Velásquez y Rosa Medina, quien después acreditó, en la destrucción de las mejores casas de Comayagua, mandada a ejecutar por el Coronel Milla, cuando situaba aquella ciudad que era tan buen incendiario, como torpe asesina".

En estas aseveraciones del general Morazán hay un grave error, que queremos deshacer, porque ha llegado el tiempo de escribir la verdad y de hacer justicia a los hombres, sin hacer distinción de color político. Lo qué pasó fue lo siguiente: personas contemporáneas, que aún viven, aseguran que lo sucedido en la noche del 1 de noviembre, "fue una farsa fraguada por el jefe Herrera para tener pretexto para perseguir a sus adversarios políticos", como lo hizo. Como comprobante de este hecho, se sabe que esa noche, sin haberse retirado a dormir con su familia, permaneció en la cocina de la casa que habitaba; y que el comandante de la guardia de honor, un tal Escobar, encabezó a los asesinos, y continuó en su puesto después del incidente. La sirvienta de Don Dionisio de Herrera, llamada Donostia Arrazola, tuvo esta conversación con personas de Tegucigalpa y específicamente con la distinguida señora doña María Francisca Reyes, a quien le dijo: "Ha pasada una gran aflicción en Comayagua, porque escaparon de matar al jefe Herrera".

¿Qué hechos notables tuvieron lugar en el mes de diciembre?

Siguiendo el hilo de nuestras narraciones, diremos que para que ningún escándalo faltase y para concitar al gobierno mayores odios, el provisor Irías resolvió excomulgar, para honra y gloria de Dios, al jefe de la nación, su pretexto de haberse echado sobre los bienes de la iglesia. Este y la asamblea, en retorno, le mandaron perseguir y poner fuera de la protección de la ley. Esta guerra refluyó en los pueblos, porque ambos tenían partido.

¿Qué sucedía entre tanto?

Que algunos departamento desconocían la autoridad de Herrera, y entre ellos, Santa Bárbara y Gracias, donde estaban almacenados los tabacos de la Federación, sobre las cuales amenazaba Herrera, especialmente por haberse asilado en el pueblo de Erandique, el provisor Irías.

¿Qué partes recibió el comandante de Tegucigalpa el 23 de enero de 1827?

Se informó que las Plazuelas, encabezados por Rafael Pagoada y Miguel Casio, se estaban reuniendo en las montañas de Jutiapa y Santa Lucía con el objetivo de atacar la guarnición de Tegucigalpa.

El 24 de enero, a las 10 de la mañana, mientras el comandante Francisco Juárez y el jefe político Jorge Laínez se encontraban fuera del cuartel, los Plazuelas lanzaron un audaz ataque contra la guarnición, que estaba ubicada en una pequeña casita junto a la iglesia parroquial. Tanto los defensores como los verdaderos patriotas se apresuraron a tomar las armas.

Después de un intenso combate, los invasores fueron rechazados con la pérdida de Zúniga, conocido como "el barbero".

Este episodio refleja el espíritu de facciones y pandillas que, durante largo tiempo, diezmó a los hombres y redujo a cenizas nuestras ciudades y pueblos.

"A mi amo: por fortuna esa noche, milagrosamente, se fue a dormir con su esposa a la cocina; de lo contrario, lo habrían matado".

Este testimonio fue recogido en conversaciones con:

Presbítero Dr. Florencio Estrada, actual canónigo de la catedral de Comayagua; Don Francisco Cruz, director general de estadística; Don Francisco Fonseca, testigo y partidario de Herrera.

¿Qué órdenes dictó el presidente de la República después de haberse cometido estos crímenes?

El general Morazán, en sus memorias, narra:

"Pocos meses después de este intento criminal, el batallón federal número 2, al mando del coronel Milla, fue introducido en el Estado de Honduras con el pretexto de custodiar los tabacos almacenados en la Villa de los Llanos. Esta villa, que pertenecía al Estado de Honduras, se encontraba a sesenta leguas de la capital, Comayagua, donde residía el jefe Herrera.

Herrera, consciente de los múltiples motivos para desconfiar del presidente de la República y temer algún atentado contra su persona, comprendió que aquella fuerza no tenía como único propósito la custodia de los tabacos, sino que él mismo podría ser el verdadero objetivo. En consecuencia, tomó precauciones y reunió varias compañías de milicias.

Para vigilar a la tropa federal, que tenía órdenes de avanzar hacia Comayagua, se enviaron cuarenta hombres bajo el mando del oficial Casimiro Alvarado. Este grupo llegó hasta el pueblo de Intibucá, situado a treinta leguas de la Villa de los Llanos. Allí, Alvarado recibió información de que el coronel Milla había comenzado su marcha con toda la fuerza.

Para confirmar la dirección de la tropa, Alvarado envió al ciudadano Francisco Ferrera con diez hombres. En el pueblo de Yamaranguila, a dos leguas de Intibucá, Ferrera se encontró con la división federal y, en un acto heroico, combatió con sus diez hombres, logrando retrasar temporalmente el avance de toda la división de Milla.

Obligado a retirarse, Ferrera informó inmediatamente a Alvarado, quien, junto con sus cuarenta hombres, regresó rápidamente para notificar al gobierno sobre lo ocurrido, cumpliendo con su misión".

CAPITULO VII: MORAZÁN EN ESCENA

Continuación con el mismo asunto.— Justificaciones Arce.— República general de Morazán.— Verdaderos motivos de la guerra.— Desde el mes de noviembre comenzaron a agriarse los ánimos entre el jefe de estado y el gobierno general.— Arce y los nobles de Guatemala son los únicamente responsables de la guerra.— Llegada del coronel Díaz a Tegucigalpa y regreso al valle de Comayagua.— El coronel Milla manda a batirlo en el camino.— Díaz se dirige a la hacienda de la Maradiaga.— Acción de la paz.— Combate de la Maradiaga.— Patriotas que se distinguieron en él.— Resultados de este triunfo.— Lo que entonces sucedió.— Rendición de la plaza.— Traición del comandante Antonio Fernández.— Prisión de Herrera.— Continuación de las "Memorias de Morazán."— Milla en Comayagua.— La asamblea declara que el jefe herrera había dejado de ser tal desde el 18 de agosto de 1826.— Invasión salvadoreña.— Memorias del general Morazán.

¿Qué dice el presidente Arce para justificar la marcha del Coronel Milla a Comayagua?

En la página 64 de sus memorias, Arce explica: "Restablecida la tranquilidad pública y el orden legal en Guatemala, era deber del gobierno velar por los demás ramos de la administración, especialmente en lo que tocaba a la hacienda. Sin fondos disponibles en las difíciles circunstancias que atravesaba la República, su ruina sería inevitable.

Se recibieron reiterados avisos de que los tabacos almacenados en los Llanos de Santa Rosa estaban en peligro de ser tomados por el jefe de Honduras, Dionisio de Herrera, quien se encontraba en constante agitación. Honduras sufría un fuerte sacudimiento debido a los choques entre autoridades y divisiones dentro de los pueblos.

La Asamblea declaró accidental la jefatura de Herrera y decretó nuevas elecciones, pero Herrera desconoció el decreto y permaneció en el poder. Al mismo tiempo, sostenía una especie de guerra con el provisor Irías, lo que dividió a los pueblos: unos apoyaban a Irías y otros a Herrera. Los disturbios alcanzaron tal magnitud que Irías excomulgó a Herrera, y este último dictó órdenes para arrestar a su enemigo.

Los departamentos desconocieron al jefe de Estado y, entre ellos, el de Gracias acudió al gobierno federal, poniéndose bajo su protección y denunciando las razones de su oposición al gobierno de Honduras.

Dado que el gobierno federal contaba con una fuerza limitada, no podía permitir que Herrera se apoderara de los tabacos. Por ello, se envió al batallón federal n.º 2, bajo el mando del coronel Justo Milla, con el objetivo de custodiar los tabacos en los Llanos de Santa Rosa.

Se instruyó a Milla para que: se situara en los Llanos y custodiara los tabacos; mantuviera el orden en la población; reclutara más tropas si lo consideraba necesario; si Herrera atacaba primero, debía responder con las armas",

Arce concluye: "Si ha de haber gobierno federal, si ha de regir la Constitución que lo ha creado, es inevitable que cuando los jefes de los estados tomen las armas contra este gobierno, sean reprimidos con la fuerza. El poder debe repeler la fuerza con la fuerza".

¿Cuáles fueron, pues, los verdaderos motivos de la guerra?

Las ambiciosas desmesuradas de Arce, que lo habían llevado hasta el punto de cometer incalificables atentados de destituir del mando y reducir a prisión a Don Juan Barrundia, jefe del estado de Guatemala, a anular los poderes de la asamblea y abrir guerra con los estado del Salvador, Honduras, y las locas pretensiones de la aristocracia, de quien este había hecho ciego instrumento, que quería tener a toda costa en los estados, jefes de su escuela y devoción.

¿Desde cuándo venían agriándose los ánimos?

Desde en noviembre de 1825 se comenzaron a agriar las inteligencias entre el jefe de estado y el gobierno federal, como lo da a entender Arce en sus "Memorias" cuando dice: "El senado recordará que en 26 de noviembre del año pasado de 1825 ha dicho al gobierno; que resultando de disposiciones legislativas de la asamblea constituyente del estado de honduras, que ha autorizado a su jefe para que use en calidad de reintegro de los productos de algunos fondos pertenecientes a la federación, al gobierno supremo, como encargado del cumplimiento de las leyes, no pudo dictar providencias de esta clase, sea cual fuese el motivo que las produjo, pues en ningún caso tienen facultad las autoridades de los estados para contravenir a las leyes generales; y que ocurriese con el expediente de la materia al congreso federal, tanto para que se auxilie con la cantidad posible al estado de honduras, si fuere la necesidad tan urgente como se asegura, cuánto para que sirva conceder la aprobación y dispensa que se solicita".

¿Qué más dice Arce?

"El gobierno adoptó la opinión del Senado, salvo en la parte que pretendía encubrir la infracción de ley cometida por la Asamblea de Honduras, aunque reconocía que dicho procedimiento fue provocado por necesidad.

Al referirse a este asunto ante el Congreso, el 11 de diciembre, el gobierno declaró que sus principios diferían de los del Senado. Creía justo auxiliar al Estado de Honduras para que pudiera constituirse, pero opinaba que no podía dispensarse la infracción de una ley.

Lo primero demostraría que las autoridades supremas protegen a los estados; lo segundo probaría que el cuerpo legislativo no excede las facultades establecidas por la Constitución. En efecto, todo indulto que sobrepase lo dispuesto en el artículo 69, párrafo 24 de la Carta Fundamental, está prohibido.

En ese momento aún no existía la ley del 10 de diciembre, dictada como consecuencia de estos acontecimientos. Si el Senado consideró que Honduras había faltado a sus deberes hasta el punto de necesitar un indulto (que nunca fue concedido porque no podía serlo), el legislador determinó en su lugar el uso de la fuerza en tales situaciones.

Tras los requerimientos del gobierno supremo, Honduras reconoció su error y prometió ajustar sus acciones a la ley. Aunque hasta ahora la Federación no ha recibido ingresos de aquellas rentas ni se han rendido cuentas de su inversión, Honduras ha reconocido sus deberes y ha justificado su incumplimiento por las circunstancias particulares del Estado, cuya solución está fuera del alcance del gobierno supremo según lo conferido por la Constitución.

Para asegurar una buena administración del tesoro, el presidente ordenó el 22 del mes pasado que el ciudadano Vicente del Águila viajara a los estados a examinar la administración de los funcionarios de la Federación, establecer las oficinas que aún no funcionan, reclamar a los jefes los productos de las rentas federales y observar todo lo que requiera corrección o reforma. Debe informar al gobierno para que actúe conforme a sus atribuciones y remedie los males existentes".

¿Qué noticias se recibían en la plaza mientras ocurrían estos acontecimientos?

Se recibieron informes de que en la ciudad de Tegucigalpa se reunía un grupo de patriotas con el objetivo de atacar a los sitiadores por la retaguardia y aliviar la situación de los defensores de Comayagua, que luchaban por los sagrados derechos de la patria.

Esto llevó al comandante general Remigio Díaz, al consejero Francisco Morazán, a Márquez y a otros oficiales de menor rango a salir de la plaza en busca de refuerzos.

¿Qué hizo el coronel Díaz al llegar a Tegucigalpa?

Organizó de inmediato una división de 300 hombres y se dirigió a marchas forzadas hacia Comayagua.

¿Qué medidas tomó el jefe sitiador al enterarse de los movimientos del coronel Díaz?

Envió desde el campamento general una considerable fuerza para interceptar a las tropas que venían de Tegucigalpa.

¿Qué noticias recibió el coronel Díaz al descender al valle?

Se le informó que podría ser atacado en el camino. Ante esta situación, Díaz ordenó un giro hacia la izquierda y se dirigió a la hacienda Maradiaga. Desde allí, envió una pequeña fuerza para ocupar la Villa de La Paz, lo que se logró sin resistencia.

Pocas horas después, sin embargo, el capitán Felipe Peña fue atacado por 400 hombres al mando del teniente coronel Hernández y del capitán Rosa Medina, enviados por el coronel Justo Milla desde su cuartel general.

A pesar de una valiente resistencia, Peña fue derrotado, dejando en el campo de batalla a un sargento y dos soldados. Este revés causó gran desconcierto en la tropa, y Peña se retiró a Maradiaga, informando al coronel Díaz sobre lo sucedido.

¿Cómo respondió el coronel Díaz?

Inmediatamente ordenó parapetar su fuerza en los corrales de la hacienda.

Poco después, 400 hombres enemigos se presentaron y se inició un intenso tiroteo. Durante una hora y media, ambas partes lucharon ferozmente por la victoria. Al ver que sufría grandes pérdidas, Hernández decidió retirarse en desorden, asombrado por la bravura de los combatientes de Tegucigalpa.

Los patriotas lograron capturar: once enemigos muertos; seis carabinas; dos espadas; una caja de guerra. Este enfrentamiento causó gran alarma en el campamento de Milla, cuyas agitaciones podían observarse desde la torre de la catedral.

¿Quiénes se distinguieron en esta acción por su valor y arrojo?

Capitán Felipe Peña, Teniente Guillermo Jirón, Subteniente León Ramírez, Patriotas Francisco Morazán y Esteban Guardiola.

¿Cuáles fueron los resultados de este triunfo?

Ninguno. El coronel Díaz no pudo perseguir al enemigo ni continuar su marcha hacia la capital. Algunas fuentes indican que faltó parque (munición), mientras que otras sugieren que se apoderó el pánico. Díaz regresó a Tegucigalpa, y la esperanza de los defensores de Comayagua se desvaneció cuando supieron que la fuerza de Maradiaga se había dispersado.

Cuando Díaz llegó a Tegucigalpa, también lo hizo el ejército auxiliar enviado por el vicejefe del Estado de El Salvador. Esta fuerza, de 400 hombres al mando del coronel Ordóñez, llegó demasiado tarde.

Los patriotas que defendían Comayagua, sin refuerzos y atormentados por la falta de agua y víveres, se vieron obligados a rendirse tras una capitulación, donde la traición jugó un papel decisivo.

¿Qué sucedió después?
El desaliento se apoderó de los cobardes.

¿Cuándo se rindió la plaza?
Según el ministro de la época, Don Liberato Moncada, la plaza se rindió el 11 de mayo mediante una capitulación entre el coronel Milla y el comandante de la plaza, Antonio Fernández, descrito como "tan cobarde como traidor."

¿Qué dice el general Morazán sobre este hecho?
"La perfidia del comandante tuvo apoyo y la plaza se rindió el 9 de mayo de 1827 por una capitulación que sacrificaba todo, solo para que el traidor conservara su empleo. El jefe Herrera, que rechazó anteriores propuestas de rendición, fue entregado como prisionero de guerra. El presidente de la República, que pocos meses antes había mostrado respeto por la ley al poner al jefe de Estado de Guatemala a disposición de la Asamblea para ser juzgado, decidió en este caso conducir a Herrera como prisionero a la capital, a 160 leguas de Comayagua.

Herrera debió haber sido juzgado por la legislatura en Comayagua. Sin embargo, el presidente Arce ignoró la Constitución, prefiriendo humillar a Herrera, manteniéndolo bajo arresto domiciliario por largo tiempo en su propia casa, desacreditando así las leyes y sus propios adversarios".

¿Cuánta fuerza custodió a Herrera en su marcha y bajo el mando de quién?
Sesenta hombres a las órdenes del capitán Ramón Tablada, español y cómplice en las infames traiciones de Fernández.

¿Qué resolución tomaron los jefes que se habían disuelto en la Maradiaga?
"Como uno de los jefes—dice Morazán—de la fuerza que se disolvió en la Maradiaga, marché en busca del auxilio que mandaba

313

el vicejefe del Estado de El Salvador. Pero este auxilio, que llegó a Tegucigalpa después de haberse rendido la plaza de Comayagua, era tan pequeño, que tuvo que retirarse hacia el Estado de Nicaragua.

Los coroneles Díaz, Márquez, Gutiérrez y yo buscamos en él nuestra seguridad y acompañamos al jefe que lo mandaba. Un incidente desagradable, que podía comprometer nuestro honor, nos obligó a separarnos de él en la villa de Choluteca y a pedir garantías al coronel Milla para permanecer en Honduras. Nuestros deseos fueron satisfechos por este jefe, mandándonos el pasaporte con el mismo correo que condujo la solicitud.

Al instante marché con dirección al pueblo de Ojojona para disfrutar en unión de mi familia de la gracia que se me concediera. Por un presentimiento que jamás cupo en la confianza que me inspiraba la palabra de Milla, dichos jefes no corrieron la suerte que nos aguardaba en aquel pueblo, y yo, víctima de mi credibilidad, conocí aunque tarde, lo poco que debe confiarse en los que defienden una mala causa.

Diez horas después de haber llegado al pueblo que había señalado para mi residencia, fui reducido a prisión por el teniente Salvador Landaverri, por orden del mayor Anguiano, comandante local de Tegucigalpa, y conducido a aquella ciudad. A pesar de haber presentado a este jefe mi pasaporte, me hizo poner en la cárcel pública.

La seguridad de que en semejante atentado no tuviera parte el coronel Milla, me hizo dirigirle una exposición que expresaba, con bastante energía, los males que me ocasionaban sus ofrecimientos. La contestación de este jefe me dio a conocer el lazo que había tendido mi confianza, y solo procuré entonces los medios de evadirme de la cárcel. Después de haber sufrido veintidós días una estrecha y penosa prisión, pude burlar la vigilancia de mis carceleros y retirarme a la ciudad de San Miguel. De allí pasé a la de León en busca de auxilios para volver sobre Honduras".

¿Qué notaremos sobre esta aseveración del general Morazán?

Que no está de acuerdo con los documentos históricos, ni con las relaciones de personas contemporáneas con quienes hemos consultado.

Cítese lo que al respecto dijo don Juan Liberato Moncada en sus apuntes inéditos:

"El consejero Morazán —dice—que, al perder toda esperanza y no sentirse seguro ante una persecución, se fue a Texiguat, cuyo pueblo había sido muy adicto al gobierno.

Al cabo de algunos días supo que Milla ocupaba Tegucigalpa; y como ya había desistido de hacerle la guerra, por haber desaparecido el gobierno, pues el jefe supremo, don Dionisio de Herrera, había sido enviado preso a Guatemala, decidió enviar un correo al vencedor, manifestándole su propósito de retirarse de los negocios públicos y solicitando un pasaporte para dirigirse al pueblo de Ojojona y reunirse con su esposa y familia.

Su solicitud fue aceptada y se le inspiró toda confianza; pero al día siguiente de llegar allí, un oficial con escolta lo condujo preso a Tegucigalpa, donde fue encerrado en el calabozo.

Morazán se enfermó artificialmente y logró que lo dejaran ir a su casa a curarse. Salió de la prisión al anochecer, momento en el que lo esperaba un criado con una mula en los suburbios. Se disfrazó y montó para escapar. Mucho después, Milla supo que Morazán lo había engañado y que iba camino a León".

¿Qué nos habían informado personas que conocieran bien estos hechos?

Que Morazán se lastimó las encías con un alfiler, provocando una inflamación. Luego, colocó piedra lumbre en su boca, lo que le produjo una gran salivación.

A continuación, alegó estar afectado por escorbuto y llamó a un médico que confirmó su estado. Con este pretexto, solicitó ser excarcelado bajo fianza para recibir mejor tratamiento en su casa. La solicitud fue aprobada y despachada.

Documento de Joaquín Espinosa (alcalde 1.° de Tegucigalpa):

"A Uds. ciudadanos alcaldes:

Hago saber: que este juzgado de mi cargo sigue causa criminal contra el reo Francisco Morazán, como uno de tantos facciosos contra el supremo gobierno y la nación.

Aunque se encontraba preso en estos calabozos, anoche a las 8 fue excarcelado bajo fianza debido a su grave enfermedad. Ahora, a las 7 de la noche, se le ha buscado en su casa para notificarle providencias judiciales y no se le ha encontrado.

Por tanto, en nombre del gobierno del Estado, exhorto y requiero a todos los jueces que, en caso de encontrar al mencionado Morazán, procedan a su captura y lo remitan de pueblo en pueblo bajo custodia hasta este juzgado.

Tegucigalpa, 29 de junio de 1827."

¿Cómo escapó Morazán de Tegucigalpa?

Cuando fue liberado, ya había organizado su huida. Las mulas estaban listas, y se dice que salió disfrazado de mujer para no ser reconocido.

Este relato muestra que la evasión de Morazán fue más un acto de astucia que una hazaña de fuerza.

Cuando Morazán salió de la cárcel, se nos ha agregado, ya había mandado alistar las bestias para salir del estado, correspondiendo con esta burla a la de milla; y que al salir de su casa, lo hizo vestido de mujer. Por el sucinto, pero fiel relato que acabamos de hacer, comprenderá el lector que al decir el general Morazán en sus Memorias que burló la vigilancia de sus carceleros, ostentó un vanidad innecesaria.

¿Qué hizo el coronel Milla, posesionado de la plaza?

Mandó que una fuerza de doscientos hombres, al mando del mayor Anguiano, ocupase inmediatamente Tegucigalpa. Anguiano era uno de los jefes de mayor confianza de Milla.

¿Qué órdenes dictó este?

Las de perseguir a todos los patriotas que habían apoyado al gobierno que acababa de desaparecer.

¿A quiénes se persiguió especialmente?

A Esteban Guardiola, Francisco Lozano (el mestizo), Francisco Morazán, José Antonio Márquez, José María Gutiérrez, el coronel Remigio Díaz, Mariano Mimbreño y Gregorio Contreras.

¿Qué se vio entonces?

El derecho pisoteado por la fuerza, la justicia violada por el absolutismo, la honradez y el patriotismo calumniados por las pasiones más desenfrenadas y las iglesias despojadas de sus alhajas. De este ultraje fue víctima la iglesia de Cedros.

¿Cómo se organizó el Estado?

El coronel Milla, cumpliendo instrucciones del presidente de la República, convocó a los pueblos para que, el domingo siguiente a la publicación de su decreto, realizaran elecciones para elegir jefe y vicejefe del Estado, así como consejeros y diputados para la asamblea ordinaria. Ordenó también elecciones para renovar las autoridades locales que habían servido a la administración depuesta.

¿Qué día se instaló el Congreso?

El 13 de septiembre, bajo la presidencia de don Juan Fernández Lindo. Los diputados que formaron esta asamblea eran hombres que solían santiguarse con agua bendita antes de lanzar decretos de proscripción o de muerte.

¿Quién resultó electo jefe del Estado?

Don Jerónimo Zelaya, quien ejerció sus funciones en Santa Bárbara hasta la derrota de Milla en La Trinidad.

¿Quién fue nombrado vicejefe?

Don Miguel Bustamante.

¿Cuáles fueron las primeras operaciones de la asamblea?

Informar a don Jerónimo Zelaya de su elección y nombrar como jefe provisional al honrado patriota Cleto Bendaña.

¿Quién fue nombrado secretario general?

Don José León Ríos.

¿Qué declaró la asamblea el 15 de septiembre?

Que el jefe Dionisio de Herrera había dejado de serlo desde el 18 de agosto de 1826, cuando se negó a firmar el decreto de la asamblea que ordenaba a los pueblos elegir un jefe constitucional.

¿Qué noticias recibían el gobierno y la asamblea?

Que el gobierno de San Salvador, que había estado en íntima y cordial correspondencia con el de Honduras, mandaba invadir el estado por el departamento de Nacaome, comprendiendo el riesgo que corría, si el Coronel milla ocupaba San Miguel.

¿Qué providencias dictó el congreso?

Dio al gobierno facultades extraordinarias para que juzgara militarmente a los que los acompañasen la fuerza salvadoreña, o que hubiese cooperado para su venida.

¿Qué más se acordó?

Que para el sostenimiento de la fuerza que debía conservar el orden y hacer respetar la dignidad de Honduras, se tomarán los bienes de la cofradía de Colama, lo mismo que se había negado a reconocer el gobierno que nuevamente se había establecido en Comayagua. Milla y el partido conservador fueron los primeros que se echaron sobre los bienes de las iglesias. El canónigo y el provisor don Nicolás Irías, con pretexto de dar garantías a las alhajas de oro y plata de la iglesia catedral de Comayagua, las hizo trasladar al establecimiento de Belice el año de 1826. Estas alhajas jamás volvieron. Hay quien afirme que el provisor Irías las convirtió en armas y dinero para la guerra que estalló en el año siguiente. Todavía viven personas que vieron salir el cargamento de plantas labradas de la iglesia catedral; y sin embargo, nunca se ha dicho, por los representantes de la iglesia hondureña, el provisor Irías de haya echado sobre sus bienes y menos que por este hecho mereciera excomunión mayor.

¿Qué órdenes comunicó la asamblea al Coronel Milla?

Que no continuase su marcha para la ciudad de San Miguel hasta no ver el resultado de las operaciones de la fuerza invasora, salvo el caso de tener nuevas instrucciones del presidente de la República para no suspender su marcha, dejando entonces la fuerza hondureña para defender los pueblos, que de otro modo, quedarían a discreción completa del enemigo.

¿Qué acordó la asamblea el 24 de octubre?

Acordó cerrar sesiones hasta el ocho del entrante, que se abrirían en Siguatepeque, Santa Bárbara u otro punto que ofreciese garantías a la asamblea. Esta legislatura que se había reunido bajo los auspicios de las fuerzas federales, desapareció después de la batalla de la Trinidad.

¿Qué jefe invadió el territorio de Honduras y con cuánta fuerza?

El coronel Cepeda con 400 hombres.

¿Dónde y qué día fue batido?

En Sabanagrande, cubierto de gloria por el segundo triunfo que habían alcanzado sus armas y volvamos a las memorias del general Morazán.

¿De qué se ocupaba en Nicaragua, mientras Honduras era testigo de la guerra más injusta y criminal, han sido todas las que posteriormente nos ha traído Guatemala?

"En mi tránsito —dice— por el puerto de la unión, hablé por primera vez con Don Mariano Vidaurre que, como comisionado del gobierno del estado del Salvador, pasaba al de Nicaragua con el objeto de procurar un avenimiento entre el jefe y el vicejefe de aquel estado, que mutuamente se hacían la guerra. Vidaurre se interesó mucho para que se me auxiliase por este último.

Entre tanto, el Coronel Ordóñez, que llegó preso a León, pudo formar una revolución contra el vicejefe Argüello, que tuvo por resultado la deposición de este funcionario, y el auxilio que se me dio de los militares que le eran más adictos." La deposición de Argüello se verificó el 14 de septiembre de 1827. Este acontecimiento, dice el jefe Don Manuel Antonio de la Cerda que gobernaba en la Villa de Managua, "es recompensa propia de sus desaciertos"; agregando que Ordóñez se había incorporado a la facción de Granada con el objeto de formar un tercer partido personal, a cuya cabeza tratase de colocar a Juan Hernández. Ordóñez no encontró todo el séquito que se había imaginado. El partido Vicejefe Argüello, a este tiempo, se encontraba casi concluido. La anarquía era horrorosa y la mayor parte de los pueblos se encontraba en los montes.

Ciento treinta y cinco jefes y oficiales componían mi pequeña fuerza. Su fidelidad al gobierno a que habían pertenecido, me inspiraba la mayor seguridad, y la fundada esperanza de reunir los descontentos hondureños que produjeron las persecuciones de Milla y sus agentes, ponían de nuestra parte todas las probabilidades del triunfo.

En la Villa de Choluteca, con el auxilio que mandó el gobierno del Salvador, pude organizar una considerable división, y en el campo de la Trinidad, acreditar a los hondureñitos que era llegada la hora de romper sus cadenas. Milla fue allí completamente batido, dejando en nuestro poder los elementos de guerra, que había acumulado, y la correspondencia oficial de que ya he hecho mérito. La vanguardia sola consiguió este triunfo, en el que se distinguieron los coroneles Pacheco, Balladares y Díaz. A los de igual clase, Márquez, que había quedado malo en Pespire, Gutiérrez que en unión de Osejo y el Capitán Ferrera, conducían la retaguardia, no les fue posible encontrarse en la acción." El coronel Díaz, aunque era el jefe de esta expedición, tuvo el acierto de dar a Morazán el mando en jefe del ejército y la dirección de la batalla de la Trinidad.

¿Cómo se expresa Arce, hablando de las victorias de Milla?

"Las victorias —dice— conseguidas por el Coronel Milla debieron ser provechosas a la causa del Gobierno Nacional, y fueron adversas, o a lo menos se inutilizaron, por no haber hecho de ellas el uso correspondiente.

Las órdenes que tenía este Jefe eran terminantes para apoderarse del departamento de San Miguel luego que tomara Comayagua, manifestando al mismo tiempo a los hondureños que, constante el Gobierno Supremo en no permitir alteraciones en la forma política, lejos de aprovechar los pronunciamientos de los pueblos que se ponían bajo su protección, para aumentar su autoridad, propendía al restablecimiento de todo lo que era constitucional, y que en este concepto debían elegir sus representantes y demás funcionarios, o llamar a los que Herrera había dispersado.

En consecuencia, se hicieron nuevas elecciones, y el Estado se reorganizó cuanto era posible; y entonces debió salir la fuerza federal y ocupar el departamento de San Miguel, ya que no lo había ejecutado inmediatamente que capituló Comayagua, porque los hombres de probabilidad y las principales poblaciones de aquel Estado temían que en alejándose la tropa del Gobierno promovieran reacciones los partidos de Herrera, y deseaban reorganizarse antes.

Los directores de Prado, conociendo lo riesgosa que era esta operación, le aconsejaron dirigir una división que entretuviese a Milla e impidiera su marcha, lo que ocasionó una nueva victoria para las armas del Gobierno, y una derrota más para los de la revolución, porque en Sabana Grande fue batida la tropa de San Salvador completamente, haciéndose referido Milla dueño de todo su parque y de parte del armamento.

Pero todavía se malogró la ocasión de apoderarse de San Miguel, cuyos habitantes ofrecían engrosar la fuerza federal, y remitieron dinero para que, por falta de socorros, no permaneciera en Tegucigalpa, donde invernaba".

Estériles fueron en verdad los triunfos de Milla, conseguidos a costa de tanta sangre y sacrificios.

Milla cometió un error digno de censura al no haberse apoderado, como se le ordenaba terminantemente, del departamento de San Miguel luego que se rindiera la plaza de Comayagua. Este movimiento habría producido muy buenos resultados, como los indica el expresidente Arce en sus "Memorias"; pero Milla, entretenido por los abultados peligros y temores que le hacían ver las autoridades supremas de Honduras, invernó en Tegucigalpa, sin comprender que la inacción es la muerte de un ejército en campaña.

Muchas veces se ha visto que un movimiento ejecutado a tiempo, y con la celeridad que reclaman las circunstancias, economiza sacrificios y produce las ventajas de una batalla.

¿Qué hizo el Presidente de la República, llegado Milla a Guatemala?

Arce en sus "Memorias" continúa y dice: "El Coronel Milla fue puesto en consejo de guerra por orden del Supremo Gobierno y por solicitud suya: se examinó su conducta, y fue absuelto por dictamen del abogado Larrave; mas ¿qué importaba que fuese inocente, si Morazán quedaba figurando, y si la anarquía había renacido en Honduras y tomado un vuelo raudo por no haber ocupado en tiempo el departamento de San Miguel? La consecuencia ha sido una cadena de desgracias que aflige a Centroamérica, y que el ojo más perspicaz no alcanza a divisar hasta dónde se extenderá".

CUARTA: RESTAURACIÓN Y REFORMA

CAPÍTULO I: ¿QUIÉN ERA MORAZÁN?

El General Morazán.—Sus primeros años.—Memorias justificativas de Arce.—De lo que fue objeto el General Morazán.— Honduras dividida en dos partidos.—Después de la batalla de la Trinidad, Morazán se ocupa de organizar el Estado.— Nombramientos de Jefe y Vice-Jefe del Estado de Honduras.—Don Miguel Cubas es nombrado Secretario General.—Providencias que se dictaron con el objeto de restablecer el orden.—Insurrección del pueblo de Opoteca.—El Comandante de Comayagua.—El Coronel Osejo marcha a batir a los facciosos.—Día en que se movió.—Batalla de la Sabaneta y derrota del Coronel Osejo.—Consecuencias de este desastre.—El Coronel Remigio Díaz derrota a los últimos restos del exjefe Jerónimo Zelaya.—El español Juan Portales entrega el castillo.—Marcha del Coronel Domínguez sobre la costa sur de Honduras.—Atentados que cometió durante su permanencia en San Miguel.—Asesinato del General Merino, referido por Morazán en sus "Memorias."—Los Diputados se reúnen en Comayagua en junta preparatoria.—Sesión del 12 de febrero.—Sesión del 14.—El Congreso de 1828 se instala el 17 de marzo.—Trabajos a los que se dedicó con preferencia.—La Asamblea convoca a elecciones.— Tiempo en que estas se verificaron.—El Presidente de la República convoca al Congreso Federal y al Senado, para el 1 de marzo en la ciudad de Santa Ana. Decreto separándose del mando.—Curso de los sucesos en San Salvador.—Tratado de paz.—Suspensión de hostilidades.—Tiempo en que debía ratificarse el convenio.—Lo que se proponían los de la plaza.—Morazán de nuevo en la Villa de Choluteca.—Fuerza con que marchó.—Comisionados nombrados acerca del Gobierno de Nicaragua.—Morazán se dirige a San Salvador.—Domínguez le hace saber el tratado.—Morazán se niega a respetarlo y continúa su marcha para el Lempa.—Domínguez hace continuos movimientos para cortarle.—De lo que se ocupaban en San Salvador.—Morazán en Lolotique.—Domínguez en Chinameca.— Intenta forzar las guardias.—Días que pasaron en esto.—Morazán se abre camino para el Lempa.—Domínguez le sigue en su marcha y lo ataca en la hacienda de Gualcho.—Memorias de Morazán.—

Reflexiones que hace en conclusión.—Morazán contra-marcha para San Miguel.—Cargos que le hace el Coronel Montúfar por la conducta que observó allí.—Morazán se justifica en sus memorias.— El General Arzú sale del cuartel general de mexicanos y llega al Lempa.—Morazán contra-marcha a Honduras.—Relación del General Escobar.—El General en Jefe tiene partes de que los opotecas ocupaban Comayagua.—El Coronel Márquez marcha a sofocarlos.— Fuerza con que partió.—Situación de los pueblos del tránsito.— Noticias que recibió al aproximarse a la capital.—Triunfo obtenido sobre los rebeldes.—Día en que se alcanzó.—Opoteca reconoce el Gobierno establecido.—El Vice-Jefe los indulta.—Morazán y Márquez se encuentran en Goascorán.—El General Arzú en San Miguel.—Segunda expedición del General Morazán a San Salvador, narrada por él mismo.—Capitulaciones de Aycinena en San Antonio.—Relato del Coronel Montúfar sobre estos mismos hechos.—Resultados de la capitulación de Aycinena.—Entrada triunfante del General Morazán en San Salvador.

¿Ante quién estamos?

Ante el General Morazán, vencedor de Milla en la Trinidad, de Domínguez en Gualcho, de Aycinena en San Antonio, de Pacheco en San Miguelito, de Prado en las Charcas; que de Jefe de Gabinete y del Senado pasó a ser, en menos de un año, Jefe de partido y Jefe de cuartel.

¿Quién era el General Morazán?

Aunque fue una de las figuras más afortunadas que ha tenido Centroamérica, anduvo demasiado aprisa el camino de la vida pública. Cuatro años antes, Morazán era un recién llegado a la política militante de su patria; cuatro años después era un gobernante de autoridad y represión.

Morazán nació en Tegucigalpa, el 3 de octubre de 1792. Fueron sus padres D. Eusebio Morazán y Doña Guadalupe Quezada. Como no había establecimientos públicos de instrucción primaria, Morazán aprendió, en escuelas privadas, a escribir con elegancia y adquirió, al mismo tiempo, las nociones elementales de aritmética.

En el año de 1804 se fundó, a esfuerzos de Fr. Santiago Gabrielin, guatemalteco, guardián del convento de San Francisco de Tegucigalpa, una clase de Gramática Latina, que vino a desempeñar Fr. José Antonio Murga. Veintitrés fueron los jóvenes que concurrieron a la clase indicada, y Morazán se contó entre ese número; pero, desgraciadamente, Gabrielin fue reemplazado en su puesto por el español Fr. José Antonio López, quien mandó luego cerrar el establecimiento, que apenas contaba un año de existencia.

Aunque los padres de familia se empeñaron con el mayor ahínco para que el Padre Murga continuara dando privadamente la clase, fue imposible conseguirlo. Pocos días más tarde, Fr. José Antonio Murga recibió orden de regresar a Guatemala.

Morazán, a pesar de los obstáculos que le presentaba el egoísmo español, procuraba asociarse con las personas más entendidas que venían por acá y con los empleados de esta triste y lamentable época. Se dedicaba al aprendizaje de las Matemáticas y del dibujo que tanto le gustaban, colocándose, en seguida, en la Escribanía del entendido Don León Vásquez, con quien adquirió algunos conocimientos en Derecho.

Después fue nombrado, como hemos visto atrás, Secretario General y, más tarde, Presidente del Consejo. Morazán tenía dotes naturales bastante felices, maneras insinuantes y un gran talento militar: a esto se agregaba una figura elegante y simpática. Todavía se habla de su gentileza y gallardía.

Después de la batalla de la Trinidad, Morazán asumió la Jefatura del Estado. En junio de 1828 tomó el mando en Jefe del ejército de Honduras y Nicaragua, encargando el Gobierno a Don Diego Vijil, nombrado provisionalmente Vicejefe.

El 6 de julio venció gloriosamente a Domínguez en la hacienda de Gualcho. Este triunfo fue trascendental para la revolución restauradora.

El 23 de octubre, Morazán entró a San Salvador, ornadas sus sienes con los laureles que había alcanzado con mil sacrificios. Llegado allí, trabajó sin descanso por organizar el ejército que debía marchar a Guatemala, con el objeto de restablecer el orden constitucional.

Luego que el ejército aliado protector de la ley recibió alguna disciplina, el General Morazán emprendió su marcha sobre la ciudad de Guatemala. Morazán está a caballo, porque quiere estar en todas partes y asistir, al lado de sus valientes soldados, a todos los peligros.

Después de varios encuentros, en los que tan pronto es vencedor como vencido, ocupa la plaza de Guatemala el 13 de abril de 1829.

El 5 de marzo de este año, el General Morazán fue nombrado por el Congreso de Honduras Jefe del Estado.

Con motivo de la insurrección del departamento de Olancho y de la guerra intestina que devoraba a Nicaragua, sale de Guatemala en octubre y llega a Tegucigalpa a fines de noviembre.

El 2 de diciembre, la Asamblea, que extraordinariamente se había reunido, le dio posesión de la jefatura. Dos días después, dirigió a los pueblos del Estado un manifiesto concebido en términos muy bondadosos y, al mismo tiempo, enérgicos.

Sabiendo el General Morazán que la guerra de Olancho se encendía cada día más, depositó el mando, el 24 del mismo mes, en el Consejero Juan Ángel Arias.

A principios de enero de 1830, el General Morazán ocupó Juticalpa, y poniendo en juego todos los medios diplomáticos de que podía disponer, logró que los facciosos capitularan en las "Vueltas del Ocote" el 21. Pacificado el departamento de Olancho, Morazán regresó a Tegucigalpa, y el 22 de abril volvió a hacerse cargo del Gobierno.

El 28 de julio, el General Morazán dejó la Jefatura del Estado para hacerse cargo de la Presidencia de la República, de la que tomó posesión el 16 de septiembre.

Morazán gobernó diez años a Centroamérica y, después de haber batido el 6 de abril en el Espíritu Santo y el 25 en Perulapán al separatista Ferrera, y de haber sido derrotado en la plaza de Guatemala, se embarcó en el Puerto de la Libertad a bordo de la goleta "Isalco", en 1840.

Morazán intentó desembarcar en Puntarenas, pero no habiéndoselo permitido Don Braulio Carrillo, que gobernaba entonces Costa Rica, se vio obligado a dirigirse a Sudamérica.

Desde David, dirigió un manifiesto a los pueblos de Centroamérica, fechado el 16 de julio de 1841.

Viéndose Morazán en la situación política fatal de los Estados de la Federación, resolvió regresar con el objeto de liberar a los pueblos de los tiranos que los oprimían.

Con 22 oficiales, desembarcó en La Unión y comenzó la última campaña de su vida.

El General Morazán murió a los 49 años, 11 meses y 13 días.

Los separatistas aplaudieron tan horrendo crimen, porque creyeron que con la muerte de Morazán los pueblos gozarían de una paz completa; pero este fue un error, pues al año siguiente de 1843, se levantó la anarquía en todos los Estados de Centro-América, más pujante que nunca. La sangre derramada en las alturas y concavidades de Texiguat, la derramada en las plazas de Choluteca, Nacaome y Comayagua, la vertida en los campos del Corpus y Liure y en el picacho de Zapusuca; las vidas segadas en el sitio de la plaza de León, las sacrificadas en el puerto de la Unión, en Chalatenango y el Obrajuelo y en otras cien batallas más que se libraron en ese mismo tiempo, son pruebas irrefragables de lo que acabamos de decir. Las palabras del General Morazán expresadas en los momentos más críticos y solemnes de la vida se han cumplido años más tarde. En la plaza principal de Tegucigalpa está levantándose, por decreto Supremo, una estatua ecuestre que perpetuará su memoria. Este suntuoso monumento probará a propios y a extraños que Honduras sabe hacer justicia al verdadero mérito.

En la hermana y vecina República del Salvador también se ha levantado una estatua pedestre de bronce a la memoria del ilustre mártir de la Unión centroamericana. Morazán, al morir, rogó a sus amigos que trasladaran sus restos al pueblo salvadoreño, donde hoy se conservan con el mayor respeto.

El General Morazán amó de todo corazón a los salvadoreños, por sus grandes virtudes cívicas. Y en verdad, el pueblo más patriota, más noble y generoso que tiene la América Central, es el del Salvador.

También es el que más ha amado su independencia y libertad y el que más ha luchado y sufrido por estas nobilísimas causas. Desde el año de 1811 ha profesado y profesa odio cordial a todos los tiranos.

Por eso se le ve levantarse enérgico en 1811 y 1814 contra el ominoso poder del Capitán General de Guatemala; por eso se le ve abrazar decididamente la causa de la independencia, auxiliar a los patriotas de Tegucigalpa y luchar heroicamente contra las huestes mercenarias de México; y por eso, en fin, se le ve combatir con pocas interrupciones hasta el año de 1876 contra los tiranos que, de dentro o fuera del Estado, han pretendido subyugarlo para adueñarse, en seguida, del poder de la Nación.

¿Cómo se expresa Arce en sus memorias justificativas?

Irritado por los desaires de la fortuna y despechado de sus ambiciones, dice:

"Cuando todo esto acontecía (se refiere a los sucesos de 1827), el General Morazán no era aún militar, ni era conocido en la República; y sólo se sabía en el Gobierno que un hombre llamado así firmaba en clase de Secretario de Herrera, durante la administración de este en Honduras. El Coronel José María Gutiérrez, concuño de Morazán, y que tampoco era nada, y se ignoraba si existía en aquella época, me dijo en Santa Ana, hablando sobre las cosas de la revolución, que Morazán fue preso de orden de Milla, después que capituló Comayagua, infringiendo el convenio celebrado: que su señora recibió del propio Jefe varias ofensas en la ciudad de Tegucigalpa; que habiendo resuelto Gutiérrez y Morazán trasladarse a México, por la caída de su partido, en el momento de embarcarse en el Realejo, tuvieron avisos de que iban a ser perseguidas sus familias; que despechados por estas noticias, determinaron buscar en León algunos hombres para ir en su socorro: que los consiguieron, aunque de los más depravados en la anarquía de aquella misérrima ciudad; que con ellos se introdujeron en Choluteca, donde engrosaron su pequeña y funesta fuerza con las heces de aquellos lugares; y que deshicieron a Milla en La Trinidad, debilitado en gran manera por deserciones y por otras causas nacidas de su inacción en unos puntos en que ya no era necesario; porque, en verdad, si, haciendo a un lado los temores de reacciones en Honduras, es ocupado San Miguel y se triunfa sobre las fuerzas de Prado en San Salvador, el fruto indispensable de esta victoria hubiera sido la general pacificación de la República y Morazán no habría logrado el golpe de fortuna que lo sacó a figurar y supo aprovechar, desbaratando cuanto encontró regularizado y poniéndolo todo de modo que le fuese útil. Milla se retiró a Guatemala, y su vencedor se hizo elegir Jefe del Estado, prevalido de las bayonetas, que aumentó, poniéndolas en manos de cuantos malhechores encontraba".

Morazán fue hijo de sus obras, y no de la casualidad, como quieren hacer valer sus enemigos.

¿De qué fue objeto el General Morazán?

Le siguieron, a porfía, por el camino de la prosperidad, dos sentimientos contrarios de que fue objeto: el de odio y el de afecto; el de alabanza y el de censura; el de admiración y el de anatema.

¿Qué dio lugar a esto?

Que el país estaba dividido en dos partidos: el conservador, que era de las mayorías, y el liberal, que estaba en minoría. El primero seguía a Milla, y el segundo a Morazán.

Este dio existencia y nombre a un partido que sobrevive a la desaparición de su predominio. Un partido falange, disciplinado y compacto, profundamente adicto a sus jefes, admirablemente dispuesto al combate y a la resistencia.

Resistir y luchar por los intereses centroamericanos y especialmente por formar una sola Patria y un solo Gobierno, ha sido la tarea constante de su partido.

Volvamos a seguir el orden de los sucesos ocurridos en Honduras.

¿En dónde nos quedamos en el capítulo anterior?

En el 11 de noviembre de 1827.

¿De qué se ocupó el General Morazán después de la victoria alcanzada en la Trinidad?

Libres ya los pueblos de los enemigos que los habían aniquilado, el General Morazán se dedicó a la reorganización del Estado.

¿Quién ejerció el Poder Ejecutivo?

El Consejo se reunió en Comayagua y encargó provisionalmente del Ejecutivo, con arreglo a la ley, al General Morazán, en concepto de Presidente del Consejo, por falta de Jefe y Vicejefe del Estado.

¿En quién recayó el nombramiento de Vicejefe?
En Don Diego Vijil.

¿Quién fue nombrado Secretario General?
Don Miguel Cubas.

¿Qué providencias se dictaron?
Con el objeto de restablecer el orden en los departamentos, el General en Jefe dividió su fuerza en Tegucigalpa, adonde había llegado el 12, de la manera siguiente:

Doscientos hombres puso a las órdenes del Coronel Díaz, para que ocupara San Pedro Sula y dispusiera allí la manera de desalojar a los enemigos que se habían encastillado en Omoa.

Doscientos a disposición del Coronel Pacheco, para que marchase al departamento de Gracias, instruyéndole que tan pronto como hubiese acabado con los restos de los perturbadores del orden, se replegase a las fuerzas que defendían la plaza de San Salvador, que estaba sitiada por las federales, marchando él y el Coronel Osejo a ocupar la capital.

El Coronel Gutiérrez fue nombrado Comandante de la plaza de Tegucigalpa.

¿Qué partes recibió el Comandante de Comayagua a fines de diciembre?
Que el pueblo de Opoteca, que había cooperado a la rendición de la plaza el año anterior de 1827, se había puesto nuevamente en armas contra las autoridades recién establecidas.

¿Quién era el Comandante de Comayagua?
El Coronel José de Jesús Osejo, leonés.

¿Qué providencias se tomaron?
Que el Coronel Osejo, acompañado de los Coroneles José del Rosario López, Manuel Escobar y el Capitán Lucas Esteves, saliesen con doscientos hombres a sofocar la insurrección del expresado pueblo.

¿Qué día se movieron?

El 31 de diciembre por la tarde.

¿Cómo dispusieron su plan de guerra?

Tomando en consideración lo quebrado del terreno y la situación ventajosa en que estaba el enemigo, dividieron los doscientos hombres en tres secciones.

El Coronel López, con cincuenta hombres, debía seguir el camino real.

El Coronel Manuel Escobar, con igual número, debía dar una gran vuelta por unos desfiladeros para ocupar "La Sabaneta", yendo el Coronel Osejo a su retaguardia.

Todo se verificó así; y al amanecer el 1.° de enero de 1828, se rompieron los fuegos entre los de la plaza y los que atacaban por el frente. Pocos momentos después, el tiroteo se hizo general en todos los puntos invadidos por las fuerzas del Gobierno, que por retaguardia se habían posesionado de las primeras casas del pueblo.

Dos horas contaba el combate, cuando el Coronel Escobar recibió un tiro en la boca que le obligó a retirarse. Esto, y el haber Coronel Osejo abandonado la retaguardia, replegándose a la fuerza que atacaba por el camino real, decidió la victoria a favor de los de la plaza. A las cuatro de la tarde llegaron a la ciudad las fuerzas derrotadas.

¿Cuáles fueron las consecuencias de esta derrota?

Que los opotecas, alentados por el triunfo, extendieron sus correrías hasta las inmediaciones de la capital, lo que producía grandes alarmas y alborotos en el vecindario, entrando a ella cada vez que la plaza quedaba indefensa. De aquí data la rivalidad entre Opoteca y Comayagua.

¿Qué noticias se tenían del Coronel Remigio Díaz?

Que el 26 de enero había sido atacado por fuerzas que, el ex-Jefe Jerónimo Zelaya y el Provisor Irías, haciendo los últimos esfuerzos, habían destacado del puerto de Omoa, al mando de los Tenientes Coroneles Tadeo Maranez y Juan Morales. Estos fueron completamente deshechos.

¿Quién era el Comandante del puerto?

El español Juan Portales, con quien el Coronel Díaz se puso en comunicación. Portales entregó el castillo; y el Jefe caído pidió garantías, que se le dieron ampliamente.

¿Qué hizo el Presidente de la República luego que tuvo conocimiento de estos sucesos?

Hizo marchar al Coronel Domínguez, que había llegado a Mejicanos con el objeto de cooperar a la rendición de la plaza de San Salvador, que estaba sitiada por fuerzas federales, con 600 hombres sobre Honduras. El 13 de abril, Domínguez libró la batalla de Quelepa. Este triunfo lo hizo dueño del departamento de San Miguel.

¿Qué resolución tomó el General Morazán?

Separarse del mando supremo, para tomar el de la fuerza, situando su cuartel general en el pueblo de Texiguat. Aquí comienzan las marchas y contramarchas del General Morazán.

Texiguat fue el primero, después de Tegucigalpa, que en 1821 abrazó con más calor y decisión la causa de independencia: el que peleó más heroicamente en 1828 y 1829 al lado de Morazán y de Cabañas: el que amenazó, en 1843, 1845 y 1846, tronchar el poder del separatista Francisco Ferrara y del repugnante Coronado Chávez; y el que siempre se ha conservado firme en las filas del partido que, en Honduras, se llama "liberal".

¿Qué movimientos hizo el Coronel Domínguez?

Hizo una ligera incursión por los pueblos de la costa del sur, y regresó a San Miguel, sin haberse atrevido a atacar al General Morazán.

¿Qué atentados cometió el Coronel Domínguez durante su residencia en San Miguel?

El de mandar capturar a bordo del bergantín "Caupolicán" al General Merino, que se retiraba a Guayaquil, por habérsele separado del mando general de las fuerzas que defendían la plaza de San Salvador, sin pretexto para hacerlo, y mucho menos para mandarlo pasar por las armas, sin ninguna clase de juicio, como lo verificó Domínguez pocos días después.

Merino murió como un valiente. Los documentos que hemos tenido ocasión de ver y que relacionan la campaña que emprendió sobre Santa Ana y la acción librada allí, revelan que el General Merino era un jefe experto y que sabía cumplir con honor su consigna.

El 4 de enero de 1828, el General R. Merino había dirigido, desde Ahuachapán, donde estableció su cuartel general, un manifiesto a los pueblos de Guatemala, en el que, después de manifestar que el Gobierno del Salvador y los demás de la Unión aspiraban a que el Congreso y el Senado se restablecieran constitucionalmente —es decir, que las cosas volvieran al estado en que estaban antes del mes de septiembre de 1826— refiere detalladamente los sucesos ocurridos en Santa Ana entre sus fuerzas y las que mandaba el General Cáscaras, para desmentir al Presidente Arce y a Aycinena, que los habían desfigurado malignamente.

¿Cómo relaciona Morazán este hecho?

En sus "Memorias" dice: "Por este tiempo el General Merino, después de haber estado al servicio del Gobierno del Salvador, se embarcó en Acajutla, para retirarse a Guayaquil, de donde era natural. Habiendo tocado el buque que lo conducía en el puerto de La Unión, fue capturado a bordo por el Coronel Domínguez, que ocupaba el departamento de San Miguel con fuerzas federales, sin respetar la bandera chilena ni atender a los reclamos que le hiciera el Capitán.

A Merino no debía tratársele como prisionero de guerra, porque no se le tomaba con las armas en la mano; no era ya un soldado, porque se había separado del teatro de la guerra; no podía considerársele como enemigo, porque no tenía la intención de ofender, puesto que se retiraba a su patria, ni siquiera pisaba ya el territorio de la República y se hallaba bajo la protección de una nación amiga. No había, pues, ni un pretexto para reducirlo a prisión, y menos para fusilarlo pocos días después en la ciudad de San Miguel, faltando al derecho sagrado de la guerra y a los principios establecidos en los pueblos menos civilizados.

Este asesinato, sin ninguna mira política; esta víctima sacrificada a la venganza ajena, cerró todos los medios de conciliación entre

Domínguez y yo, rompiendo la correspondencia que habíamos establecido con este objeto: presagió la suerte que correríamos los que fuésemos prisioneros de semejantes enemigos, y acabó de uniformar la opinión pública".

¿Cuándo se reunieron los Diputados de Honduras?

Mientras todo esto pasaba en el teatro de la guerra, los Diputados se reunieron en Comayagua, en juntas preparatorias, el 12 de febrero.

¿Qué acordaron en esta sesión?

"Considerando —decían— que todos los pueblos del Estado ansían ver establecido el orden constitucional como el medio más eficaz para que cesen los males que ha causado la revolución; que los demás Estados de la Federación esperan con interés que este se organice y que dicte medidas perentorias para salvar a la República de los males que la afligen; que para que el Estado se organice, necesita la pronta instalación de la Asamblea, para que esta elija los consejeros que deben funcionar provisionalmente, mientras los pueblos eligen con arreglo a la Constitución, se acuerda:

Que se le diga al Gobierno que haga la invitación a todos los ciudadanos diputados propietarios, y en su defecto, por enfermedad grave comprobada, a los suplentes, para que en el perentorio término de quince días comparezcan a llenar el deber en que los pueblos les han ocupado.

Que en el caso que alguno se niegue (que no es de esperarse) les aplique todo el rigor de las leyes bajo su más estrecha responsabilidad; y

Que el mismo Gobierno haga todas las pesquisas y diligencias necesarias para conseguir los libros y demás documentos extraídos de la Secretaría de la Asamblea por los enemigos del orden".

¿Qué acordaron en la sesión del día 14?

Creyendo la junta que, con la presencia del ciudadano Herrera, el orden quedaría restablecido y la opinión pública uniformada, acordó restablecer la autoridad del ex-Jefe Herrera, para lo cual dictó todas las providencias que conducían al objeto.

¿Cuándo se instaló el Congreso?

Después de haber tenido dos sesiones preparatorias, se declaró instalado el Congreso de 1828 el 17 de marzo, habiendo nombrado para su presidencia a Don José Antonio Márquez.

¿A qué trabajos se dedicó con preferencia la Asamblea?

A la formación de su Reglamento interior, que consta de 184 artículos.

¿Qué decretó el 27 de marzo?

La convocatoria del pueblo hondureño a elecciones de los representantes que debían concurrir el 25 de diciembre a la tercera Asamblea ordinaria.

¿Cuándo se verificaron estas elecciones?

Por motivos que no conocemos, estas elecciones no pudieron practicarse sino hasta el 10 de diciembre.

¿Qué decretos había emitido a este tiempo el Presidente de la República?

Viendo el Presidente que el decreto de 10 de octubre del año anterior no había producido los felices resultados que él se propuso al hacer la convocatoria, y que el país había caído en la guerra civil más desastrosa, convocó al Congreso Federal y al Senado para el 1 de marzo en la ciudad de Santa Ana, con el fin de cortar los inmensos males que afligían la República. Este decreto, como el del 10 de octubre, fue desatendido por los Estados.

¿Qué decretó el 14 de febrero?

Su separación del mando. Arce quería demostrar que así como sabía gobernar a los demás, sabía gobernarse a sí mismo; pero estos desdenes a la Presidencia eran desdenes de amante desesperado. Este decreto llamó a ejercer el poder de la República al Vicepresidente.

¿Cuál era el curso de los sucesos en San Salvador?

A principios de mayo se comenzaron a abrir negociaciones de paz entre el comisionado Pavón por parte de Guatemala y el Doctor

Delegado por San Salvador; quedando entre tanto suspensas las hostilidades.

¿Cuáles fueron las articulaciones del convenio?
Las principales fueron estas: que San Salvador aceptaría el decreto de 5 de diciembre de 1827.

Que para su ejecución se reunirían comisionados que acordasen los términos de la convocatoria para elegir Diputados, Senadores, Presidente y Vicepresidente de la Federación.

Que en San Salvador se procedería a la elección de Jefe y Vicejefe del Estado.

Que las autoridades federales se reunirían en la ciudad de Santa Ana.

Que el ejército federal estaría en la ciudad de San Salvador como en un pueblo hermano y amigo, y que las fuerzas y armas salvadoreñas quedarían a las órdenes del Gobierno federal.

Se declaraba que San Salvador siempre había reconocido al Gobierno federal y que sólo desconoció ciertos actos emanados de sus depositarios; se reconocía y declaraba además que nunca había tenido derecho para introducirse en los negocios interiores del Estado de Guatemala.

¿Qué otros artículos contenía este tratado?
Otros muchos; uno de ellos la inmediata suspensión de hostilidades en San Miguel y en todos los puntos dependientes del ejército federal.

¿Dentro de qué tiempo debía ratificarse este convenio?
Dentro de ocho días.

¿Qué se proponían los de la plaza?
Ganar tiempo, y que estando suspensas las hostilidades, el General Morazán —que lo suponían en marcha— avanzase sin ningún peligro.

¿Cuándo se movió el General Morazán de la Villa de Choluteca?

A principios del mes de junio (el 4).

¿Con cuánta fuerza?

Con mil cuatrocientos hombres.

¿Eran todos hondureños?

Seiscientos eran nicaragüenses.

¿A quiénes había comisionado el Gobierno de Honduras cerca del de Nicaragua para solicitar sus auxilios?

A Don Joaquín Rivera y a Don Boquín Aguiluz.

¿Qué dirección tomó el General Morazán?

La de San Miguel, donde se encontraba el Coronel Domínguez.

¿Qué le hizo saber este?

El tratado celebrado.

¿Qué respondió el General Morazán?

Que él no se consideraba obligado a respetarlo porque no se le había comunicado oficialmente desde San Salvador. Morazán continuó su marcha para el Lempa.

¿Qué hizo el Coronel Domínguez?

Varios movimientos para cortarle.

¿Dónde decidió situarse Morazán?

En Lolotique, aguardando en aquella ventajosa posición los refuerzos que debían venir de San Salvador.

¿De qué se ocupaban en San Salvador?

De enviar una división al mando del Coronel Ramírez para proteger el paso de Morazán y, según se publicó, para que Ramírez no fuese atacado en su marcha. Se decía que su movimiento tenía por objeto proteger un convoy de dinero y municiones que debía llegar a Mejicanos.

¿Dónde se colocó Morazán?

"La esperanza —dice en sus 'Memorias'— del auxilio que me había ofrecido el Gobierno del Estado del Salvador, para engrosar mi pequeña división, me obligó a colocarla en el pueblo de Lolotique, fuerte por su localidad y por su posición aparente para proteger la llegada de los salvadoreños".

"El Coronel Domínguez, con todas sus fuerzas, vino a situarse a distancia de una legua, en el pueblo de Chinameca".

¿Qué movimientos hizo Domínguez?

"Hizo varias tentativas para forzar las guardias avanzadas colocadas en los desfiladeros que conducían a la altura que yo había ocupado; y aunque siempre fue rechazado con pérdidas, logró sin embargo ver desplegarse la fuerza y se enteró de su número. La confianza que le inspiró este conocimiento la acreditaron sus hechos posteriores.

Domínguez pudo muy bien contar nuestros soldados; pero pronto conoció por una costosa experiencia que no es dado calcular, a un jefe mercenario, el valor de hombres que defienden su patria y sus hogares.

Once días se pasaron sin ocurrir nada notable entre las dos fuerzas. Al duodécimo, recibí una comunicación del Teniente Coronel Ramírez, Jefe de la tropa auxiliar tanto tiempo esperada. Me aseguraba que al siguiente día pasaría, con alguna dificultad, el Lempa, por falta de barcas.

La facilidad con que el enemigo podía descubrir la aproximación de aquel Jefe, y destruir su pequeña fuerza, me decidió a protegerlo. A las 12 de la noche emprendí mi marcha con este objeto; pero la lluvia no me permitió doblar la jornada y me vi obligado a aguardar, en la hacienda de Gualcho, que mejorase el tiempo".

¿Qué resolución tomó Domínguez al saber que Morazán había conseguido hacerse paso para el Lempa?

Seguirle en su marcha. Le dio alcance en la hacienda de Gualcho, y le atacó el 6 de julio al amanecer. La victoria estaba a punto de decidirse por Domínguez: había tomado la artillería de Morazán; pero al tiempo que la caballería debió cargar, un oficial volvió caras, dice el Coronel Montúfar; y la suerte cambió repentinamente. Domínguez fue derrotado y disperso: el triunfo de Morazán fue completo; y desde esta jornada comenzaron sus grandes glorias militares, que le hicieron árbitro por diez años de los destinos de Centroamérica.

¿Cómo refiere Morazán esta función de armas?

"Entre tanto, Domínguez, que había sabido mi movimiento y marchaba por mi izquierda, detenido también por la lluvia, fue igualmente obligado a situarse a una legua distante de aquella hacienda, sin que se hubiera podido descubrir su movimiento hasta entonces.

A las 3 de la mañana, que el agua cesó, hice colocar dos compañías de cazadores en la altura que domina la hacienda, hacia la izquierda, en razón de ser el único lugar por donde podía presentarse el enemigo. A las 5 supe la posición que este ocupaba, y pocos minutos después, el jefe de una partida de observación aseguró que se hallaba a tiro de cañón de las dos compañías de cazadores.

No podía ya retroceder en estas circunstancias, porque una retirada con tropas que no son veteranas, tiene peores consecuencias que una derrota, sin la gloria de haber peleado con honor. No era ya posible continuar mi marcha, sin grave peligro, por una inmensa llanura y a presencia misma de los contrarios. Menos podía defenderme en la hacienda, colocada bajo una altura de más de 200 pies, qué en forma de semicírculo domina a tiro de pistola el principal edificio, cortado, por el extremo opuesto, con un río inaccesible, que le sirve de foso. Fue, pues, necesario aceptar la batalla con todas las ventajas que había alcanzado el enemigo, colocado ya en actitud de batirse a tiro de fusil de nuestros cazadores.

Conociendo el tiempo que había de gastar la división en salvar la altura que se hallaba entre el campo y la hacienda, hice avanzar a los cazadores sobre el enemigo, para detener su movimiento, el que conociendo lo crítico de mi posición, marchaba contra estos a paso de ataque.

Entre tanto subía la fuerza por una senda pendiente y estrecha, se rompió el fuego, a medio tiro de fusil, que luego se hizo general. Pero ciento setenta y cinco soldados bisoños hicieron impotentes por un cuarto de hora, los repetidos ataques de todo el grueso del enemigo.

Este, obligado por instinto a tributar el respeto que se debe al valor, no se atrevió a hollar la línea de cadáveres a que quedó reducido el pequeño campo que ocupaban los cazadores, para detener la marcha de la división que volaba en su auxilio.

El entusiasmo que produjo en todos los soldados el heroísmo de estos valientes hondureños, excedió al número de los contrarios. Cuando la acción se hizo general por ambas partes, fue obligada a retroceder nuestra ala derecha, y ocupada la artillería ligera que la apoyaba; pero la reserva, obrando entonces por aquel lado, restableció nuestra línea, recobró la artillería y decidió la acción, arrollando parte del centro y todo el flanco izquierdo, que arrastraron, en su fuga, al resto del enemigo dispersándose después en la llanura.

Entre los muchos prisioneros que se hicieron, se encontraron algunos vecinos del Departamento de San Miguel, que vinieron en gran número a ser testigos de nuestra derrota. Tal era la seguridad que tenían en la táctica, en la disciplina y en el número de nuestros contrarios.

Los salvadoreños auxiliares, que abreviaron su marcha al ruido de la acción, con el deseo de tomar parte en ella, llegaron a tiempo de perseguir a los dispersos".

¿Cómo continúa Morazán su relato?

"Cediendo —dice— a un sentimiento de justicia, he descendido a pormenores que no a todos podrán ser agradables; pero ofrezco omitir en adelante los que pertenecen a los sucesos ocurridos hasta la conclusión de la guerra.

Mi deseo ha sido el de honrar la memoria de los patriotas hondureños y nicaragüenses, que pelearon aquel día, cuyo valor se ha querido poner en duda, porque no han sido tan afortunados otras veces. Es el de fijar los hechos que tuvieron lugar en aquella jornada, desfigurados después por la malicia o la ignorancia. Es el de dar a conocer la importancia que merece este hecho de armas.

Si él fue en sí, bien pequeño, produjo sin embargo los mejores resultados, porque economizó la sangre, que inútilmente se derramara por tanto tiempo en las trincheras del Salvador, facilitando la rendición de Mejicanos, y abrevió el desenlace de la revolución de 1828, revolución que, tan abundante como después, fue en acciones de guerra ganadas por nuestros soldados. Todas ellas se deben considerar como una consecuencia de este triunfo".

Por la exposición que antecede se comprende perfectamente bien que el lance, en que se encontró el General Morazán en Gualcho, fue apuradísimo, pues cualquier determinación o camino que resolviera tomar a vista de un enemigo que porfiadamente lo seguía en sus marchas, podía ser de consecuencias fatales para la revolución; pero Morazán no era hombre que trepidara ante los peligros: por el contrario, lo estimulaban para seguir adelante en sus empresas; y resolvió aceptar, como hemos visto, la batalla con todas sus desventajas, preocupado más de la importancia que de lo arriesgado de la acción.

Por fortuna, ella fue favorable a la causa que defendían los Estados.

¿A dónde se dirigió Morazán después de la batalla de Gualcho?

A la ciudad de San Miguel, en busca de recursos para pagar a los soldados sus haberes atrasados, vestirlos y darles la gratificación de un mes de sueldo que se les había ofrecido.

¿Qué cargos se le hacen por la conducta observada allí?

El Coronel Montúfar en sus "Memorias" dice: "Morazán impuso contribuciones fuertes a los vecinos de San Miguel y de otros pueblos del Departamento: confiscó intereses de su comercio, y todo lo que era de propiedad guatemalteca: los vecinos que rehusaban pagar las contribuciones que se les asignaban eran destinados al servicio de las armas, y se vieron comerciantes ancianos y respetables, agregados a una compañía de cazadores, obligándoseles por la virga férrea de un cabo de escuadra a acelerar sus movimientos contra la torpeza natural de sus cansados miembros. De esta suerte hizo Morazán un rico botín en San Miguel".

¿Cómo contesta estos ataques?

En sus "Memorias" dice: "En el camino se me presentó una comisión de los principales vecinos de aquella ciudad, para suplicarme fuese a proteger las propiedades, que a pretexto de pertenecer a los enemigos del Gobierno, eran amenazadas por un puñado de malvados. Pude llegar a tiempo de evitar el saqueo de muchas casas, aunque ya estos habían tomado de la de Barriere algunos objetos de comercio.

En uso de la facultad que me había concedido el Gobierno del Estado del Salvador, mandé exigir un empréstito forzoso de dieciséis mil pesos. Este se distribuyó en un pequeño número de propietarios prestado al enemigo.

La noticia que se difundió en la ciudad de que el General Arzú había salido para atacarme, del cuartel general de Mexicanos, produjo una fuerte resistencia en algunos prestamistas, que se negaron a pagar bajo diversos pretextos su contingente.

Cuando se confirmó la noticia que el enemigo se aproximaba al Lempa, expedí una orden para que el que no quisiese prestar sus servicios como propietario, se le obligara a hacerlos como soldado, presentándose en el cuartel de cazadores. Todos pagaron a esta intimación; sólo el ciudadano Juan Pérez, primer propietario del Departamento, quiso tomar las armas. Pero pocas horas después de hallarse sufriendo, en el cuartel, todos los castigos y privaciones de un soldado recluta, entregó los cinco mil pesos que le fueron asignados, y volvió a su casa.

La cantidad recaudada fue distribuida a los soldados en medio de la plaza, a presencia de los jueces municipales, de los ciudadanos Gregorio Ávila, que contribuyó con el género suficiente para dos mil vestuarios, Pedro Gota y otros muchos de los principales de aquella ciudad, que aún existen hoy en ella para comprobar esta verdad.

Como este fue el último empréstito, y el único de alguna consideración que yo asigné hasta la conclusión de la guerra, y como algunos han exagerado su valor, y tratado de tiránicas las medidas que se tomaron para realizarlo, no me ha sido posible pasar en silencio estos pormenores.

Si hubo alguna severidad contra Pérez fue provocada por su misma resistencia: lo exigía además el orden público, amenazado por los soldados leoneses, cansados ya de sufrir escaseces, y de esperar el día que cesasen, tantas veces prometido; y lo demandaba imperiosamente la necesidad de marchar a disputar el paso de Lempa al enemigo.

El único atentado que yo supiese y pudiese remediar, fue cometido por el Capitán Cervantes que arrancara del cuello a una señora prestamista su cadena de oro, y por el cual fue sentenciado a la pena de muerte y fusilado en la plaza de San Salvador.

Los soldados leoneses, que no pertenecían a ningún Gobierno, y que voluntariamente se habían puesto a mis órdenes, expresaron de diversos modos sus deseos de regresar a Nicaragua. Al Coronel Balladares, que se propuso evitarlo, lo amenazaron haciendo uso de sus armas, y yo sólo pude lograr que sesenta soldados continuasen en el servicio".

¿Qué más expone siguiendo la narración de sus "Memorias"?

"Entre tanto el General Arzú llegó al Lempa con una fuerte división. Al momento marché a evitarle el paso de este río, y lo habría conseguido, si el Teniente Coronel José del Rosario López Plata no hubiera descuidado el punto por donde logró aquel desembarcar.

Disminuida mi fuerza por la defección de los leoneses, tuve que retirarme a Honduras para organizarla.

El enemigo, que marchaba a mi retaguardia, llegó hasta la ciudad de Nacaome, y no atreviéndose a perseguirme por el camino de la sierra, que había ya fortificado, regresó a San Miguel".

¿Qué jefe construyó estas fortificaciones?

El General Escobar, en los apuntes que nos ha remitido, asegura que el General Morazán continuó su marcha hasta Tegucigalpa, dejando al Teniente Coronel Miguel Santiago Ramírez, con cien hombres, construyendo las fortificaciones que hoy se conocen con el nombre de "Trincheras de la Venta". Escobar permanecía en el pueblo de Ojojona para proteger al Coronel Ramírez que se había situado después en Sabana Grande.

¿Qué partes recibió el General en Jefe al pisar la raya de Honduras?

Que los opotecas habían ocupado la capital de Comayagua, capitaneados por el español Juan Ermida, que la saqueaban y cometían toda clase de violencias.

¿A qué jefe destinó el General Morazán para que los sofocase?

Al Coronel José Antonio Márquez.

¿Con cuánta fuerza?

Con cien hombres.

¿Cómo encontró los pueblos del tránsito?

Sublevados y en actitud de hacer resistencia, que intentaron sin ningún fruto, porque a las primeras descargas de las fuerzas del Gobierno, huían en todas direcciones.

¿Qué noticias recibió al aproximarse a la capital?

Que los opotecas estaban, unos en el cuartel, entregados a la holganza, y otros (la oficialidad) en casa del escribano Ciriaco Velásquez.

¿De qué se ocupó el General Morazán llegado a Tegucigalpa?

De aumentar su división para cargar nuevamente sobre la ciudad de San Miguel y de que el Coronel Márquez, que hacía poco había regresado de Comayagua, volviese a ocuparla con 200 hombres.

¿Qué instrucciones llevaba este Jefe?

De engrosar allí su columna, encargar al Coronel Don Manuel Escobar la Comandancia del Departamento y colocarse sin demora en la frontera salvadoreña.

¿Qué día salió de Comayagua?

El 2 de septiembre.

¿Con cuánta fuerza?

Con 400 plazas.

¿Qué día se movió el General Morazán de Tegucigalpa y con cuánta tropa?

El 2 de septiembre con 600 hombres: 400 hondureños, 100 nicaragüenses y 100 salvadoreños.

¿Dónde se unió con el Coronel Márquez?

En el pueblo de Goascorán.

¿Dónde se encontraba el General Arzú?

En la ciudad de San Miguel.

¿Cómo refiere el General Morazán esta segunda expedición sobre San Salvador y la capitulación de Aycinena en San Antonio?

"El General Arzú ocupaba entonces dicha ciudad, que por una marcha forzada amenacé atacar. Como aquel no quería comprometer una acción, se retiró por la Villa de Usulután, para atravesar después el llano de la Pava, y tomar el camino del Departamento de Gracias con el objeto de pasar a Guatemala.

Yo, que calculaba esta retirada, me coloqué por un movimiento de flanco en aquel llano, al tiempo mismo que la vanguardia enemiga tomaba posición en la margen izquierda de un arroyo profundo. Era su mira disputarnos este paso, para poder evitar la ocupación de la hacienda de San Antonio, en la que comienza a elevarse la sierra por donde había pensado retirarse. Pero fue arrojada y arrollada hacia el llano en donde estaba formada su retaguardia, dejando en nuestro poder un cañón.

La hacienda fue enseguida ocupada por nosotros, y los contrarios pasaron la noche deliberando.

Al amanecer se me aseguró que deseaban capitular. Al efecto, hablé con el Teniente Coronel ciudadano Antonio Ayeinena, que había sucedido en el mando al General Arzú. Me ofreció aquel Jefe entregar las armas y quedar prisionero con sus principales soldados; pero no a disposición del Gobierno del Estado del Salvador.

La capitulación que redacté fue firmada inmediatamente, y con sorpresa vieron los enemigos, que cuando ellos habían convenido ya en ser mis prisioneros de guerra, se les dejaba en libertad para volver a Guatemala, suministrándoles, además, el dinero necesario para el prest del soldado, y concediéndoles por una gracia, todo lo que solicitaron.

Aunque nunca me arrepiento de haber observado esta conducta, pocos días después tuve el disgusto de saber que el enemigo saqueaba los pueblos del tránsito, y había cometido un asesinato, en pago de la generosidad con que se le trató, violando así la capitulación que se acababa de firmar, en la que se había consignado un artículo a la seguridad de estos mismos pueblos.

Un jefe militar del Estado del Salvador, que con dos compañías ocupaba Ocotepeque, por donde aquellos debieran pasar, recibió de los pueblos iguales quejas, y redujo algunos oficiales a prisión, por orden de su Gobierno, a quien yo había dado conocimiento de aquellos hechos.

Aunque siempre he creído que el jefe Aycinena no los mandó ejecutar, él es, sin embargo, único responsable de ellos, por haber abandonado la tropa a su propia suerte, forzando sus marchas para llegar pronto a Guatemala con todos sus jefes y oficiales allegados.

La fortuna, que jamás protege a los que huyen de los peligros de la guerra para poder disfrutar de las ventajas del triunfo, castigó a los que sitiaban la plaza del Salvador, haciéndolos por una capitulación prisioneros de los sitiados y premiando, de este modo, el valor con que estos defendieran por tanto tiempo su patria y sus hogares.

Este desenlace se debió a la constancia con que el pueblo salvadoreño, sin armas y sin jefes, sostuvo el sitio por largo tiempo: al patriotismo y generosidad de las mujeres del pueblo, que alentaban al soldado con su valor y lo alimentaban con el trabajo de sus manos; a la firmeza con que el Gobierno se negó siempre a admitir las proposiciones desventajosas que le hiciera el enemigo para rendirse; y al General Juan Prem, que disciplinó algunas compañías y, colocándose con ellas a la retaguardia del enemigo, interceptaba los convoyes, aprisionaba reclutas que venían de Guatemala, animaba las fuerzas que salían del cuartel general de los sitiadores en busca de víveres, y alentando con todos estos hechos al pueblo, hizo a los soldados concebir esperanza de un triunfo próximo y creer al Coronel Montúfar, Jefe del ejército sitiador, que se había sitiado, cuando dijo en uno de sus escritos: que no puede sostenerse por mucha tiempo plaza que no es socorrida, y menos cuando la atacan enemigos muchos y porfiados".

¿Cómo relata el Coronel Montúfar estos mismos sucesos?

"El desorden, dice, de las tropas que mandaba Arzú en el Departamento de San Miguel progresaba más cada día: el General siempre aletargado, y siempre el juguete de los funcionarios civiles de San Miguel, continuaba en aquellos pueblos en inacción y sin objeto. La enfermedad progresaba en las tropas, y la insubordinación en los oficiales, a causa de la parálisis militar y política del General, cuyo plan único de campaña era dejar correr el tiempo.

La oficialidad y la tropa querían socorrer a Mexicanos, pero el General oponía a este deseo la fuerza de inercia. Al fin se vio obligado a ceder: quinientos hombres estaban cerca del Lempa cuando supo la rendición de Mexicanos, y los hizo contramarchar.

Entonces las tropas, ya demasiado débiles, querían retirarse a Guatemala por los llanos de Gracias; Arzú lo resistía: los oficiales perdieron el sufrimiento y el General, bajo el pretexto de sus enfermedades, dejó el mando al Teniente Coronel Aycinena.

Todo fue tarde; Morazán sabía la situación de Arzú y de su campo, que podía llamarse del campo de Agramante. Se aproximó con sus tropas y les cortó el paso en San Antonio; allí capituló Aycinena más honrosamente de lo que debía esperarse de su insignificante posición.

Ningún jefe ni oficial quedó prisionero; toda la fuerza regresó a Guatemala, proporcionando Morazán dinero para su regreso, y las armas quedaron en su poder. San Antonio y Guija son casi un mismo punto, y los sucesos que tuvieron lugar en él fijaron la suerte de Morazán.

El Gobierno de San Salvador desaprobó la capitulación de San Antonio, porque no habían quedado prisioneros los principales jefes y envió al camino una división para cortarles y llevarles presos a San Salvador. En efecto, un Sargento Mayor, dos Capitanes y varios subalternos fueron tomados en El Jute y retenidos en San Salvador hasta la conclusión de la guerra.

Morazán hasta entonces no obraba como subordinado de San Salvador, sino como auxiliar de gran influjo; era o se titulaba Jefe Supremo del Estado de Honduras, como Prado Vicejefe Supremo en ejercicio del Estado del Salvador, y sin embargo, Morazán no se ofendió de que se violase la capitulación de San Antonio.

No obstante, que habiéndosela reclamado los oficiales hechos prisioneros en El Jute, les manifestó en cartas particulares y en documentos oficiales que tenían derecho a su libertad, y que ya la había reclamado al Gobierno de San Salvador; todo esto era falso, pues Morazán obraba en este punto enteramente de acuerdo con Prado".

¿Cuáles fueron los resultados de la capitulación de San Antonio?

Que los Estados de El Salvador y Honduras quedaran completamente libres de tropas enemigas.

¿Cuándo hizo el General Morazán su entrada triunfante en San Salvador?

El 23 de octubre.

CAPITULO II: REVOLUCIONES EN HONDURAS

Situación política de Honduras.— Movimientos revolucionarios en el departamento de Olancho.— El Gobierno hace salir al Coronel Márquez con el carácter de pacificador.— Día en que llegó a la capital del departamento.— Táctica que empleó el jefe.— Lo que les ofreció.— Resultados de esta política generosa.— Gualaco y Catacamas.— Lo que dice el Coronel Márquez refiriéndose a estos pueblos.— Partes que recibió Valle Arriba mientras expedicionaba en Catacamas.— Con este motivo contramarcha a Juticalpa.— Los pueblos de Valle Arriba se ponen nuevamente en armas.— Situación del pacificador.— Lo que decía al Jefe Intendente y Corporación Municipal de Tegucigalpa.— Situación de los facciosos.— Causa de su obstinación.— Plan concebido por Márquez para pacificarlos.— Lo que pedía para llevarlo a debido efecto.— Aparición de la Asamblea Legislativa.— Día de su reunión.— Sus diputados.—

Número de sesiones.— Ligera reseña de sus primeros trabajos.— Sus primeras atenciones.— Escrutinio de las supremas autoridades del Estado.— Nombramiento del Jefe y Vicejefe.— De consejeros.— De los ministros de la Suprema Corte de Justicia.— Decreto sobre Hacienda Pública.— Otro de 16 de marzo.— Decreto de elecciones de autoridades federales.— La Asamblea declara que siete diputados son suficientes para formar Congreso.— Leyes que merecen especial mención.— Los puertos de Omoa y Trujillo se separan de la obediencia del Gobierno del Estado.— Decreto de la Asamblea con este motivo.— Disposiciones emitidas por este soberano cuerpo arreglando el cobro de derechos parroquiales.— Otra sobre suprimir las factorías de tabaco.— Matrimonio civil.— Ley que lo reglamentaba.— Noticias de la guerra de Olancho.— Indulto de la Asamblea.— Traslación de esta a Tegucigalpa.— Día en que cerró sus sesiones.— Día en que las continuó.— Decreto de 28 de abril estableciendo la única contribución.— La Asamblea cierra sus sesiones el 12 de mayo.

¿Cuál era la situación política de Honduras en el mes de octubre?

Pacífica; pero no tranquila, porque comenzaban a entenderse los rumores de que pronto estallaría en el departamento de Olancho una conspiración que tenía por objeto el desconocimiento de las legítimas autoridades, porque no podían soportarse por más tiempo los enormes impuestos y contribuciones con que el gobierno había recargado los empobrecidos capitales del país, y especialmente los de Olancho. Estos y no otros fueron los motivos de la guerra que comenzó, con los mayores horrores, en noviembre de 1828.

¿Qué dispuso el gobierno?

Hizo salir inmediatamente al coronel José Antonio Márquez al mando de una división que tomó el nombre de "Pacificadora." El Vicejefe Diego Vijil tenía tanta fe en sus combinaciones políticas o le dio tan poca importancia a los pronunciamientos de los pueblos de Olancho que decía, en sus conversaciones diarias, que el coronel Márquez iba a hacer solamente un paseo militar. El tiempo vino a probarle todo lo contrario.

¿Cuándo llegó Márquez al departamento de Olancho?
El 17 de diciembre.

¿Cuál fue la táctica de este jefe?
Antes de recurrir a las vías de hecho, deseando evitar la efusión de sangre, mandó varios correos a los amotinados, proponiéndoles que depusieran y entregaran sus armas. Para lograr su objeto, les manifestaba que era una loca temeridad que intentaran resistencia, sobre todo, después de las ventajas que habían alcanzado las armas del gobierno, el 6 de enero, en Telica.

¿Qué les ofrecía el coronel Márquez?
Les prometía este jefe, bajo su palabra de honor, interponer todo su influjo, a fin de mover a su favor la clemencia del gobierno.

¿Cuáles fueron los resultados de esta política generosa?
Que los rebeldes se burlaran de los ofrecimientos del coronel Márquez; que los correos que les había enviado regresaran a todo escape; y desde el 15 de enero le declarasen una guerra sin cuartel, hasta el 25, en que con trucos prestaron su obediencia al gobierno.

¿Qué pueblo se mantuvo obcecado?
De los pueblos de Valle Arriba que se habían insurreccionado contra el gobierno, el de Gualaco, que está en las alturas de la sierra del departamento, se mantuvo obcecado en su propósito. Otro tanto puede decirse del de Catacamas.

¿Qué dice el coronel Márquez refiriéndose a este pueblo?
"Nunca me contestó el de Catacamas; y percibiendo en él que era el que estaba en más disposición para hacer una resistencia al gobierno; que hostilizaba la fuerza armada que había en él y a los habitantes de este pueblo en sus haciendas; que me había hecho prisioneros; y, últimamente, que violaba todo el derecho al mismo tiempo que se fortificaba en los puntos de La Pimienta y de La Chilapa, he dado la vuelta del de Zapota y dirigiéndome sobre Catacamas.

"Agoté antes de atacarlo, todos los medios que me parecieron convenientes con el objeto de que no la fuerza, sino la razón lo hubiera reducido a su deber. También se malograron mis oficios; y he tenido que saltar sus trincheras y entrar a Catacamas.

Firmaba el día 3 de febrero un nuevo convite de paz a los vecinos de Catacamas; y en este lance, se me ha dado la noticia de estar degollados diez prisioneros a las inmediaciones de dicho pueblo. Tuvo este acontecimiento sus consecuencias precisas. La diversión se enardeció, yo no pude ser insensible a un hecho tan trágico. Rompí las hostilidades en aquel momento; y todas fueron incendiar unas pocas miserables chozas. La suspendí el 5 y volví a adoptar mi anterior conducta, cual es la de dirigirme diariamente a estos pueblos, suplicándoles que admitan la paz.

Se han repetido de la fecha citada a la presente otros atentados verdaderamente perdidos y sangrientos".

¿Qué noticias recibía el coronel Márquez del Valle Arriba, mientras expedicionaba en Catacamas?

Que los pueblos de Manto, San Francisco, Zapota y otros más, que pocos días antes se habían adherido al gobierno, estaban desde el 4 nuevamente en armas.

¿Qué dispuso el coronel Márquez en vista de estos partes?

Contramarchar a Juticalpa, poner en libertad a las cabecillas que tenía presos y hacer nuevos llamamientos a los facciosos, proponiéndoles que quedarían con las armas, con tal que reconocieran al gobierno. Esta medida de lenidad y mansedumbre tuvo idénticos resultados. Los facciosos continuaron en sus atrincheramientos, burlándose de estas disposiciones, porque lo que ellos pretendían era engañarlo, para ganar tiempo, mientras se preparaban para darle un ataque general, como se ve de la correspondencia interceptada por Ferrera. Esto determinó al jefe expedicionario a destinar dos partidas de tropa, una al mando del teniente coronel Ferrera y otra al del comandante López, ambos con el objeto de atacar a los rebeldes que estaban acantonados en "El Ocote". Estos fueron batidos y dispersos completamente por el coronel López.

¿Cómo sigue relacionando el comandante Márquez el curso de esta revolución?

"Los pueblos del Valle Arriba, dice, a quienes yo toleraba su engaño y mala fe, abiertamente se han declarado disidentes de nuevo, desde el 4 del corriente.

Los he derrotado con una fuerza que tenían en 'El Ocote,' y no he querido pasar al pueblo de Zapota, huyendo del compromiso en que su mala conducta me ha puesto de que los hostilice. Ni tampoco a los demás pueblos del departamento, que proceden lo mismo, distinguiéndose en su obcecación y rebeldía, aún más que Catacamas, el de Gualaco.

La facción de Olancho no ha tenido una ventaja; siempre que ha sido batida, ha sido derrotada; no tiene elementos para contrarrestar con el gobierno; pero, con obcecación extraordinaria y manejada por unos caudillos, perversos unos y, más que esto, ignorantes, me comprometo a destruir el departamento con la conducta que guardan. Sus procedimientos todos son tan criminales, como el degüello y asesinato que perpetran en los prisioneros, en una infeliz mujer y en el Coronel Romero".

¿Cuál era la situación del jefe pacificador?

Era triste y lamentable. La desorganización y el desorden habían comenzado en la tropa; las bajas progresaban; los oficiales no tenían paga; hacía veintiséis días que ni el soldado recibía prest; la miseria llegaba en su colmo, y el soldado, rindiendo la última prueba de fidelidad, pedía auxilios al gobierno; se los ofrecía, pero no llegaban. El Vicejefe estaba alagartado. Todo esto presagiaba fatales consecuencias para la causa del orden y de la libertad.

Desde el 8 de enero, el gobierno se ocupaba de reunir hombres y dinero, y hasta el mes de marzo había remitido 200 pesos y unos pocos hombres, a pesar de que Márquez decía al intendente:

"Yo he procurado proporcionarme la cantidad de cinco mil pesos; he remitido a esta intendencia un número de ganados, que a precios muy bajos, pueden componerla; mas no se me ha remitido un medio real".

¿Qué decía Márquez, con este motivo, al jefe intendente y corporación municipal de Tegucigalpa?

"Veintiséis días ha que no socorro la división, que se compone de 400 y pico de hombres; y los jefes y oficiales han hecho la campaña, los más de ellos sin sueldo, y muy pocos a quienes se les ha ocurrido con cantidades mezquinas, que no equivalen al prest mensual de un soldado.

Si esta trasciende, me veo en uno de dos casos; en el de contramarchar o levantar la campaña, que al hacerlo, se vigoriza la facción, y al alcance de esa corporación están sus resultados; y en el de exponerme a quedar solo en esta plaza en donde se arriesga la pérdida de más de 500 fusiles, tres piezas de artillería y otros útiles de guerra. Esto tendría resultados más funestos".

¿Qué motivaba su obstinación?

Además de las causas que dejamos apuntadas, las de ver salir numerosas partidas de sus hermosos ganados y saber que el Vicejefe del Estado, don Diego Vijil, decía públicamente que del departamento de Olancho iba a sacar toda la plata que debía acuñarse en la Casa de la Moneda que estaba por establecerse en Tegucigalpa. Ellos comprendían bien que se trataba de barrerlos y dejarlos sin recursos.

¿Qué plan había concebido Márquez para pacificarlos?

Cediendo a sus generosos sentimientos, propuso al gobierno el siguiente plan: dejar en la plaza de Juticalpa una guarnición permanente, que, sin hostilizar a los rebeldes, garantizase las vidas y propiedades de aquellos pueblos, "y dejar al tiempo y a la persuasión la organización del departamento".

¿Qué suma pedía para la ejecución de este plan?
Cinco mil pesos.

La rebeldía estúpida de los facciosos y la mansedumbre desatinada del gobierno y del coronel Márquez forman un contraste digno de la censura más severa. Es un hecho probado en la historia política contemplativa que los gobiernos que usan con los hombres y los pueblos que se rebelan contra la autoridad, medidas de indulgencia, casi siempre obtienen resultados contraproducentes, porque es un signo de debilidad. Si el gobierno de 1828 y 29, en vez de querer reducir al orden a los facciosos por la persuasión y el convencimiento, como lo intentó infructuosamente, los hubiese tratado con cabeza fría y mano de hierro, habría economizado sacrificios y alcanzado mayores ventajas que las obtenidas en las vueltas de "El Ocote".

¿Con qué medida creían los hombres del gobierno que podía matarse esta revolución?

Con el aparecimiento de la Asamblea Legislativa.

¿Qué día se reunió este soberano cuerpo?

El día 4 de marzo.

¿Quiénes fueron sus miembros?

Los señores presbítero Francisco Márquez, por Tegucigalpa; Santos Bardales, por Comayagua; León Rosa, por Nacaome; Juan Antonio Ugarte, por Cantarranas; José María Cacho, por Yoro; José María Rodríguez, por Gracias; Mario Orellana, por Santa Bárbara; y Juan José Pinel, por Choluteca.

Como en el acto de abrirse las sesiones el Vicejefe del Estado leyó el mensaje de estilo y detalló los principales sucesos ocurridos en 1828 y 1829, con gusto les cedemos el lugar de nuestra obligación histórica. Este documento es importante y muy poco conocido. Dice así:

"Asamblea Ordinaria.

El curso de la opinión, encaminado a mantener en libertad a los pueblos, se ha visto alguna vez interrumpido o suspenso, por los obstáculos que le ponen sus mezquinos contrarios; pero la opinión ha vencido, y Honduras, apoyado en ella y en los derechos eternos de la razón y la justicia, levanta la frente augusta al lado del Salvador libre. Poco tiempo antes, hollado por un hijo ingrato, desacreditado como el pueblo más insignificante, el más débil y dispuesto a la ominosa esclavitud.

¿Qué debió a aquellos directores siniestros que con tanto ceño miraron su independencia y odiaron su libertad, porque no les era dado abusar por más tiempo del sufrimiento de las servidumbres?

¿Qué les debió? Vosotros sois testigos, ciudadanos representantes: el oprobio, la opresión y el exterminio.

Volved los ojos a La Trinidad, Gualcho y San Antonio; allá recobra el Estado su libertad y restablece sus legítimos representantes; destruye en otra parte la división más aguerrida de sus enemigos, y en la otra somete, humillados, a la capitulación más deshonrosa.

Por tan heroicos hechos, ya no es Honduras el pueblo insignificante de Centroamérica, es el poderoso aliado del Salvador, y una de las columnas más fuertes de la libertad de la República.

Al depositar en vuestras manos la autoridad con que ejerzo el poder ejecutivo, sea me permitido manifestaros el cuadro triste que presentaba el Estado al encargarme del mando el 30 del último junio.

La aristocracia había vuelto a levantar en Honduras su negro estandarte. El departamento de Gracias era ocupado por tropas de Guatemala. Los jefes intendentes de aquel departamento y del de Santa Bárbara habían sido separados de sus destinos, por el que se soñó Jefe de Honduras, y sustituidos en su lugar los hombres que se juzgaban a propósito para llevar a cabo sus minas depravadas.

En el departamento de Tegucigalpa se había movido, y puesto en actitud hostil, una facción en número triple a la fuerza única en todo el Estado, de que podría el gobierno disponer. Esta facción era la del pueblo de Lauterique, animada, esforzada y ayudada por la de Opoteca, que ocupaba esta capital, cuyas armas recorrían osada y atrevidamente varios pueblos del departamento.

El de Choluteca era amenazado por la facción de Segovia del Estado de Nicaragua. El de Yoro había desconocido su jefe departamental, y negado la obediencia de hecho al gobierno supremo.

La animosidad y el orgullo con que por todas partes se levantaban y obraban los degradados prosélitos del servilismo daban una idea clara de las ventajas que sobre los firmes y valientes libres, habían adquirido en varios puntos de la República que estaba a aparecer en manos de sus opresores y tiranos.

Las rentas públicas estaban enteramente desorganizadas. La de tabaco, la más productora, había sido indispensable para levantar y sostener el ejército que auxiliaba al Salvador, dándolo en rama a los capitalistas casi por la mitad de su valor, quedando con esto autorizado el contrabando.

Los demás ramos de administración nada producían, y el comercio estaba enteramente paralizado. El ministro, en la relación que presenta, dará cuenta de los trabajos del gobierno y manifestará las providencias que se han dictado para restablecer al Estado en la ley, y cuyos acuerdos han producido en mucha parte el objeto que se deseaba.

Por una de aquellas causas, difícil de prever y casi imposible de evitar, fue desorganizado y casi destruido en San Miguel el ejército que diera vida a la República en los memorables campos de Gualcho.

El gobierno ordenó al General en Jefe que se retirase a la ciudad de Tegucigalpa con los restos del ejército, así se rescató.

Una división de él, unida a la que el gobierno había levantado a costa de grandes sacrificios, marchó a esta capital sobre la fuerza fratricida que la ocupaba, y el 11 de agosto, día memorable, fue completamente destruida, escarmentados los enemigos del orden, restablecida la libertad de los desgraciados habitantes de esta ciudad, y la tranquilidad del Estado; pues apenas fue sabida esta acción en los demás departamentos, cuando las fuerzas que ocupaban el de Gracias desaparecieron vergonzosamente; los plazuelas, hasta entonces obstinados y rebeldes, rindieron las armas que habían levantado contra el gobierno y estos, como los lauteriqueños y opotecas, prestaron su obediencia".

¿Cuánto tiempo estuvo reunido?

Sesenta y ocho días. Vamos a presentar una ligera reseña de los trabajos principales de que se ocupó esta legislatura. Esta estaba llamada a ejercer un influjo decisivo y benéfico en el país; pero desgraciadamente sus representantes, llevados de un celo exagerado por el orden y la libertad, no pudieron mantenerse en esos justos límites; y decretaron leyes tiránicas y reformas extemporáneas, sin plan de ningún género.

Casi todas las disposiciones emitidas por esta asamblea, por lo mismo que no satisfacían ninguna necesidad presente, fueron irritantes y mal vistas. Los legisladores comenzaron por donde debían acabar. Este fue el error de los errores.

¿A qué dedicó la primera asamblea?

A la nueva organización del Estado.

¿Por dónde comenzó?

Por el escrutinio de las supremas autoridades del Estado y de los individuos que debían componer la Suprema Corte de Justicia.

¿En quiénes recayó el nombramiento de jefe y vicejefe?

No reuniendo mayoría absoluta de votos ninguno de los candidatos propuestos, la asamblea, en sesión de 5 de marzo, nombró por unanimidad de sufragios para jefe al General Francisco Morazán y para vicejefe al ciudadano Diego Vijil, que en ese mismo concepto ejercía el poder ejecutivo.

¿Quiénes fueron nombrados consejeros?

Los señores Juan Ángel Arias, Juan José Montes, Santos del Valle e Ignacio Girón. Por renuncia de Juan José Montes fue nombrado Felipe Reyes.

¿A quiénes confirió la legislatura el alto encargo de ministros de la Suprema Corte de Justicia?

A los licenciados Nicolás Buitrago, Juan José Guzmán, Liberato Valdés y Joaquín Rivera; nombrando para suplentes a Ramón Vijil y a Joaquín Aguiluz.

¿Qué decretó el 7 de marzo?

Para atender a los gastos ordinarios del gobierno y a los extraordinarios de la guerra, mandó a derramar un empréstito de 12,000 pesos sobre los capitales de los curas párrocos. Este mismo decreto autorizó al gobierno para que, con los datos necesarios, hiciera que los curas ingresaran en la Tesorería General lo que debían de cuartas episcopales y de colegio pío. Se obligaba al mismo tiempo a todos los que reconocían principales de capellanías a ingresar en la Tesorería del Estado la tercera parte; los bienes de españoles difuntos, cuyos herederos existieran en la península, entraban también en las arcas nacionales; y, por último, las capellanías que se encontrasen en el Estado sin inquilinos que las redituaran, pasarían a ser propiedad del Estado, subastando los bienes, casas o tierras sobre las que estuviesen fundadas. El valor ingresaría en la Hacienda Pública, que quedaba obligada a pagar un 5% anual a los respectivos capellanes. Todas las deudas creadas por esta disposición quedaron garantizadas con los fondos de la misma Hacienda Pública.

¿Qué más dispuso la asamblea con el mismo objeto?

Mandó, por decreto de 16 de marzo, que mientras existiera la guerra civil y se restablecían en Guatemala las supremas autoridades federales, se hiciera uso de todas las rentas que produjera el Estado. Los efectos de esta ley fueron de corta duración; pues, organizada una nueva administración federal después de la caída de Arce y los suyos, el Estado volvió a entrar en el orden constitucional, devolviéndose inmediatamente a la Federación sus rentas.

¿Con qué disposición se había señalado la asamblea el día anterior?

Con la que mandaba practicar las elecciones de autoridades federales para que estas se constituyeran luego que cesase la guerra.

¿Qué otro decreto había emitido en ese tiempo?

El que declaraba que siete diputados eran suficientes para formar un Congreso.

¿Qué disposiciones merecen una especial mención?

Las emitidas el 26 y 27 de marzo. La primera derogaba el privilegio llamado del fuero, de que gozaban los eclesiásticos por el derecho canónico y civil, en virtud del cual ningún tribunal ni juez seglar podía conocer en las causas civiles y criminales de aquellos; siendo, por lo tanto, este conocimiento reservado exclusivamente a los jueces y tribunales eclesiásticos.

Los legisladores, para disimular el encono que tenían contra los sacerdotes opositores, empezaban este decreto con los siguientes considerandos:

"La Asamblea Ordinaria del Estado de Honduras, en atención:

A que no habiendo en todo el Estado un juez que conozca las faltas y delitos que cometen los eclesiásticos, por haber desaparecido el único prelado que tenían, dan lugar a que de hecho conozcan las autoridades civiles en las demandas que contra los eclesiásticos se les presenten, usando de aquel principio común de derecho: 'lo que no es lícito en la ley, la necesidad lo hace lícito'; y que por tanto debe el cuerpo legislativo dar una ley que señale quién debe juzgarlos.

Que con esta ley se garantizan sus personas, pues de lo contrario, quedan expuestos a ser insultados por aquellos a quienes han agraviado o faltado en alguna manera, porque el hombre no encuentra quien le haga justicia; si puede, se la toma por sí, que es el derecho que la naturaleza da al más fuerte, y cuyas funestas consecuencias obligaron a formar sociedades y a nombrar jueces imparciales.

Que el fuero que los eclesiásticos han disfrutado, les ha sido concedido por los monarcas; y está en las facultades del cuerpo legislativo quitarlo.

Que varias naciones ilustradas lo han hecho, convencidas de que los fueros y privilegios exclusivos invierten el orden social y ocasionan la corrupción de costumbres."

La Asamblea del año 1841 restableció el 13 de julio el fuero eclesiástico, de conformidad con las prescripciones canónicas, y exhortó al gobierno eclesiástico, por conducto del Presidente del Estado, a crear una vicaría en cada departamento que oyera las demandas civiles y castigara los delitos de los clérigos residentes en su jurisdicción.

La disposición emitida el 27 declaraba que no podían obtenerse beneficios curados ni canonjías, ya fueran propias o interinas, sin el pase del jefe de Estado; que las bulas, breves, decretos o cualquier resolución emanada de la Santa Sede, bajo cualquier nombre, no tendrían ejecución en el Estado sin el pase del Presidente de la República y del jefe del Estado; y que los obispos y provisorios electos canónicamente no podrían entrar en el ejercicio de sus funciones sin el pase del gobierno.

¿Qué otras disposiciones se emitieron en este tiempo?

El decreto que fomentaba la agricultura vendiendo tierras nacionales y de manos muertas en pequeñas porciones.

La imposición de un 10% a la exportación de maderas.

La supresión de la factoría de tabaco en la capital.

La legalización del matrimonio civil.

La fundación de una aldea en Rancho Grande para facilitar la comunicación entre Tegucigalpa y Comayagua.

Muchos de estos decretos no lograron implementarse por diversas razones.

¿Cómo se encontraban los puertos de Omoa y Trujillo?

Con motivo de la revolución que había estallado en el departamento de Olancho, los puertos de Omoa y Trujillo se separaron de la obediencia del gobierno; y la asamblea se vio obligada a dictar el decreto cuya parte resolutiva dice así:

Invítese por última vez a las autoridades de Trujillo y Omoa para que reconozcan este gobierno y se sujeten en un todo a las leyes que dimanan de la asamblea del Estado.

Si se negaran a esta invitación, se pondrán garitas en San Pedro Sula y Olanchito, de donde se sacarán y para los efectos que se introduzcan al interior, pagando las alcabalas marítimas en las aduanas de Comayagua y Tegucigalpa y los Llanos, en cuyos puntos se harán las correspondientes tornaguías.

Si esta determinación impidiese o perturbase el comercio del Estado, se faculta al gobierno para que habilite un nuevo puerto en las costas del Norte, dándole seguridad y respetabilidad conveniente.

Omoa siguió separado del gobierno; este cerró sus relaciones comerciales y mandó que se abriera un nuevo puerto en el Triunfo de la Cruz, llamado hoy Tela.

¿Qué decretó la asamblea el 30 de marzo?

La reforma de los derechos parroquiales.

Con motivo de ser demasiado frecuentes las quejas que se elevaban a la asamblea sobre curas párrocos que se mostraban inexorables en la exacción de los derechos, aún con los feligreses enteramente pobres, que carecían de lo indispensable para su subsistencia, la asamblea pensó que estaba con el derecho y en el deber de reformar y reformó la ley.

Con sentimientos de lástima hemos observado que los antiguos curas de nuestras desgraciadas parroquias no han sido desprendidos, generosos, ni caritativos; que han olvidado que el sacerdote recibió la altísima misión de destruir en el mundo el dominio de la materia, de arrancar de los corazones la ambición desordenada de las riquezas, de combatir la vil pasión que hace adorar el oro más que a Dios; que han olvidado también que debe darse graciosamente lo que graciosamente se recibió; que se han dejado dominar por la vergonzosa pasión de la codicia hasta cometer, no pocas veces, el delito de concusión; que arrastrados por el infame móvil de atesorar riqueza, se han visto en muchas ocasiones en litigios, reyertas y regateos entre cura y feligrés.

Lo peor es que han cometido la iniquidad de dejar de administrar el sacramento del bautismo, cuando los padres o padrinos de la tierna e inocente criatura no han podido ofrecer la erogación del arancel. Además, han permitido que algunos de sus feligreses vivan en público concubinato, porque su pobreza no les ha permitido satisfacer los crecidos derechos del matrimonio, sin comprender que esa conducta perjudica notablemente los intereses religiosos y los intereses de la comunidad.

En verdad, la pasión que más aborrecen los seglares en los curas, después de la escandalosa incontinencia, es la desenfrenada avaricia, que convierte a los ministros de la augusta religión de Jesucristo en viles traficantes.

Los abusos que hemos señalado se explican porque muchos curas, sin el hábito ni las órdenes sagradas, se habrían dedicado forzosamente a hacer milpas por su ignorancia, torpeza, por no saber leer ni escribir. De religión entienden poco y no procuran entenderla, y, sin embargo, se ven rodeados de las mayores comunidades y dueños de grandes capitales.

Mas no se piense, por lo que acabamos de decir, que nosotros queremos que los cristianos no estén obligados, por justicia y por religión, a proveer a la decente subsistencia de los párrocos o ministros del altar. No; nosotros estamos enteramente de acuerdo con las justas prescripciones canónicas, que imponen a los fieles la obligación de contribuir al sostenimiento de los sagrados ministros que se ocupan en dispensarles los auxilios espirituales.

Lo que se ha condenado siempre, lo que nosotros condenamos de todo corazón, es esa degradante pasión de la codicia y esa sed insaciable de acumular riquezas, que hace que el sacerdote se aparte de los deberes más santos.

Hay curas que viven en la miseria más bochornosa, que se someten a todas las privaciones de la indigencia, reduciendo las comodidades y la decencia que les exige su posición en la sociedad. No por virtud, sino por el amor al oro. Se les ve con demasiada frecuencia presentarse en público y ejercer las funciones más encumbradas del ministerio sacerdotal sin el aseo que prescribe la humanidad.

Aunque retratar con exactitud a los curas de nuestras parroquias es una tarea difícil, los describiremos a grandes rasgos:

Por la mañana, al abandonar la cama, se lavan solamente las manos, sin hacer lo mismo con la cara, los ojos y la cabeza, que llevan en el mayor desgreño. Se dirigen a la iglesia matriz a celebrar los divinos oficios, sin observar el ayuno natural, sin preparación alguna, fríos, indevotos, inmundos, y muchas veces trasnochados en orgías y bacanales.

Algunos han sido vistos cortar o intentar cortar alguna trenza, escandalizando al vecindario con riñas.

Debajo del rostro, unas veces demacrado por excesiva incontinencia y otras rubicundo por las bebidas fuertes, llevan un cuello de mostacilla con todos los colores del arcoíris, desteñido por el uso.

Su hábito, oscuro y desgastado, cubre pantalones blancos de algodón que caen como dos campanas sobre botas o cutarras sin aseo.

El contraste de pantalones blancos y hábito oscuro es espantoso. Así se han vestido y se visten aún los que han llevado y llevan el pomposo atuendo de provisor. El público ha dicho más de una vez, al verlos pasar por la calle, cruelmente vestidos; el hábito que lleva ese cura provisorio, más parece hábito filosófico que habito clerical. Estamos en la iglesia… Concluida la misa que celebramos precipitadamente y en jerigonza, porque no conocen los preceptos más triviales de gramática latina, regresan al convento o a casa cura, toman un fruto del esfuerzo y después ocúpense unos en la casa, otros se entretienen en cosas inútiles, pocos en cosas decentes y de provecho para la feligresía y muchos montan a caballo, agarran la soga a la escuela, diríjanse al campo al azar sus ganados en mangas de camisas y tapados con sombreros de Ilama o Macholoa, que por los largos servicios prestado se les han desmayado las alas. La persona que los encuentra al punto, dice para si este hombre más parece un campesino que un sacerdote. Si al regresar del campo encuentra el cura a un feligrés, que lo guarda para suplicarle la rebaja de los derechos matrimoniales, sin preámbulo entablase una reyerta, En la que el pobre solicitante lleva la peor parte, porque el señor cura, ante todo quiere, dinero. Para combatir, para matar tan funesta y trascendental codicia, que ha perjudicado y perjudican las sociedades. La legislatura emitió la ley de matrimonio civil que a continuación copiamos.

La asamblea ordinaria del Estado de Honduras tomando en consideración a que los matrimonios encuentran en muchos cuantos embarazos para celebrarse de parte del clero, y a que la sociedad no puede existir sin ellos, ha tenido a bien que decretar y decreta:

1º. Que el gobierno por medio de los jefes departamentales tome informe sobre el particular de las municipalidades del estado.

2.° Que oídas estas con dictamen del consejo si ya la asamblea hubiese entrado en receso, faculte a los alcaldes para que ante ellos los que quieran casarse lo hagan, si encuentran embarazo en los curas, considerando el matrimonio en este caso, como un puro contrato civil.

3.° Que se dé para estos casos una ley reglamentaria para los alcaldes. Pase al consejo representativo para su sanción. Dado en Comayagua, a 10 de abril de 1829.— Bruno Medina, D. P.— Juan José Pinel.— D. S.— Santos Bardales, D. S.— Al consejo representativo. Este decreto paso, conforme a la ley, al consejo para que lo sancionase. El cuerpo directivo lo devolvió a la asamblea sin la correspondiente sanción, fundándose, entre otras razone, en que la legislatura estaba para cerrar sus sesiones y que no había tiempo para considerar, como merecía, un asunto tan grave. La asamblea lo dio por sancionado y ordeno al mismo tiempo su circulación. El pueblo recibió este decreto con notable repugnancia. Las disposiciones imprudentes que dejamos relacionadas indicaban claramente que habría en el estado nuevas turbulencias y borrascas. Decimos imprudentes, porque los legisladores al dictarles se olvidaron; que la iglesia hondureña había conspirado en 1826, puestos en armas, para derrocar la administración de herrera, en 1827 y disparado sus últimos tiros en san pedro sula, en 1828; que los facciosos del departamento de Olancho, estaba, en la actualidad, librando batallas en su nombre;

que la iglesia tenia, entonces, como no tiene ahora, un poder político bastante fuerte; que contaba con los prestigios de tres siglos de ignorancia y fanatismo; y que las reformas emitidas en vez de conquistarles, les engañaban, las simpatías de los pueblos, y dándole armas, a la reacción para que se levantara contra la libertad y el orden. Por lo mismo nosotros creemos que la ley que estableció el matrimonio civil fue un ley impolítica y extemporánea, porque carecía de premisas que le sirvieran de base; porque no se habían establecido instituciones de carácter permanente; porque no satisfacía ninguna necesidad premiosa; y porque venía a lastimar los intereses más caros de la sociedad, en una época en que los hombres y pueblos no tenían el suficiente discernimiento, ni la suficiente instrucción para comprender el matrimonio podría considerarse como un contrato puramente civil y celebrarse, por consiguiente ante las autoridades seglares, sin prejuicio de poderse elevar al sango de sacramento.

Tan cierto fue el disgusto con que se recibió esta reforma, esta trascendental reforma, que no pudo llevarse a cabo con resultados felices, sino cincuenta y dos años más tarde, y esto después de haber preparado la opinión por medio de la de la prensa, ese elemento grandioso y civilizador, que lleva en lenguas de fuego la verdad a todas partes. El horizonte, pues, se encargó de tempestad que estalló en Opoteca y en el departamento de Gracias.

¿Cuáles fueron los términos de la ley que reglamentaba el matrimonio civil?

Aquí están:

"La asamblea ordinaria del Estado de Honduras, en virtud de la ley dada el 10 de abril sobre casamientos, ha tenido a bien decretar y decreta:

No se conocerá por los alcaldes más parentesco que los de consanguinidad y afinidad.

En línea recta, estos parentescos siempre impiden.

El parentesco de consanguinidad en línea transversal solo se extiende al segundo grado, y el de afinidad hasta el primer grado.

Los alcaldes no casarán a los forasteros sin averiguar primeramente su libertad de estado.

Formarán un libro en que asienten la partida correspondiente, y por este acto se pagarán doce reales, y lo harán con presencia de tres testigos, sin más forma que quedar satisfechos de la voluntad de los contrayentes.

En cuanto a la voluntad de los padres de los contrayentes, que se esté a las leyes civiles que corren sobre el particular.

Los matrimonios ante los alcaldes serán válidos y permanentes como ante los curas.

¿Qué noticias participaba el coronel Márquez al gobierno?

Que la guerra del departamento de Olancho progresaba todos los días más y más; que los facciosos insistían en los criminales propósitos de continuarla, apoyándose en pretextos frívolos, y más que frívolos, insensatos, pues hacían valer que la división pacificadora había ido a destruirles su santa religión; y que era preciso se tomaran medidas eficaces y regulatorias.

Con este motivo, la Secretaría General dijo a la Asamblea:

"Ciudadanos diputados de la asamblea ordinaria del Estado.

Ya tengo manifestado a U. U. en mi nota de 17 de marzo anterior el origen, progresos y estado actual en que hasta aquella fecha se hallaba la revolución de Olancho.

El coronel comandante de la división pacificadora, en nota de 26 del mismo mes, da parte a este gobierno de haber oficiado nuevamente a los facciosos, invitándolos a la paz y ofreciéndoles indulto a nombre del gobierno supremo. A su nota acompaña la contestación que le han dado dichos facciosos, por la cual se manifiesta su pertinacia y el firme propósito que tienen de hacer la guerra al gobierno, valiéndose de pretextos frívolos, entre ellos el de que la división pacificadora solo ha ido a destruirles su religión.

Una de las principales instrucciones dadas al coronel Márquez fue la de que se valiese de la persuasión para hacer entrar en su deber a los rebeldes y les ofreciese indulto a nombre del supremo gobierno. Se los ha ofrecido muchas veces. También lo ha emitido el mismo gobierno; pero cuanto más ha sido su placer al dictar medidas tan humanas, tanto más ha sido su pesar al ver desairada la autoridad suprema y desoída su voz por los facciosos.

La obstinación de estos ha llegado a tanto, que teme el gobierno con bastante fundamento que desprecien también el indulto de la Asamblea. Sin embargo, ella, con su acostumbrada prudencia, sabrá determinar, como siempre, lo mejor".

El gobierno había empleado todos los medios imaginables para calmar la guerra y llegar, por medios conciliadores, al restablecimiento de la paz; pero los facciosos respondían siempre con gritos de guerra. La prudencia y la mansedumbre del gobierno habían tocado sus términos, y no se podía, sin cometer un gran error, ir más allá.

Con todo, la Asamblea acordó, siguiendo las proposiciones hechas por los diputados Juan Ugarte y León Rosa y el dictamen de la comisión, en 24 de marzo, un indulto condicional cuya ejecución dejaba a la prudencia del gobierno.

Este decreto fue ampliado posteriormente en estos términos:

"La asamblea ordinaria del Estado de Honduras, deseando economizar cuanto le sea posible la sangre americana, considerando, al mismo tiempo, que la obstinación de los habitantes del partido de Olancho puede ser efecto de la desconfianza del perdón de sus excesos; y en uso de sus soberanas facultades ha tenido a bien decretar y decreta:

Se concede indulto general a todos los habitantes de Olancho que han tomado parte en la rebelión contra el gobierno, siempre que reconozcan a las autoridades supremas del estado.

Todas las casas y hogares de los pueblos incendiados serán reedificados con sus fondos comunes y los de cofradías respectivos.

La ejecución del presente decreto se deja a la prudencia del gobierno, quien podrá manejarlo del modo y cuando lo crea conveniente.

—Comuníquese al jefe supremo del estado para su inteligencia y cumplimiento. — Dado en Comayagua, a 8 de abril de 1829. — José María Lozano, D. S., Juan Ugarte, D. S".

¿A dónde se trasladó la Asamblea?

A la ciudad de Tegucigalpa.

¿Qué día cerró sus sesiones?

El 11 de abril.

¿Cuándo debían continuarlas?

El 26 del mismo mes.

¿Qué estableció el Congreso el día 28?

La única contribución que debía pesar con igualdad sobre todos los ciudadanos del Estado.

Esta medida avanzada, que vive todavía en las regiones de lo ideal, tuvo mal éxito; y fue preciso, en 21 de abril de 1831, decretar el restablecimiento de los antiguos impuestos, que, por esa disposición, habían quedado abolidos.

¿Qué más contenía este artículo?

El artículo número 3 decía: "Los diezmos, pasado el presente trienio, los cobrará el clero sin más auxilios que los que le presta la misma religión, y para su exacción, en ningún caso se les dará fuerza por las autoridades civiles".

Desde esta época, la contribución decimal comenzó a sufrir golpes de muerte; pero el más grande, el más terrible, el que acabó para siempre con ella fue el inteligente y atrevido decreto emitido por el señor Presidente doctor don Marco Soto, el 30 de enero de 1879, correspondiendo al clamor de los pueblos, que se hacía sentir de uno a otro ángulo de la República, de la manera más acentuada y enérgica.

¿Cuánto debían pagar los ciudadanos?

Dice el artículo 5: "Los capitalistas del Estado pagarán anualmente el 1% del producto de sus bienes libres y productivos".

¿Y los artesanos?

"Los artesanos, dice el 7, darán dos pesos y los jornaleros desde 18 hasta 50 años, uno".

¿Qué día cerró la Asamblea sus sesiones?

El 12 de mayo, después de haber practicado el sorteo que previenen los artículos 20 y 21 de la Constitución.

(El señor Presidente Soto, queriendo arreglar de una manera amistosa y satisfactoria la contribución decimal, que se pagaba con notable repugnancia, envió en varias ocasiones comisionados que tratasen extensamente con el obispo de Comayagua, Juan de Jesús Cepeda, el arreglo de la indicada cuestión, en los términos que fuesen más favorables a los intereses de la iglesia).

¿Es decir que no tenía facultades de Roma para llegar a un convenio definitivo?

Así es. Tampoco procuraba obtenerlas, y por otra parte, el clamor de los pueblos había llegado a su colmo. El gobierno del señor Soto se vio obligado a enviar, por última vez, un comisionado que presentase al obispo cinco fórmulas de decretos, que publicaremos a su debido tiempo, para que los lectores vean, con sus propios ojos, que tanto el obispo Cepeda, como su vicario general y el honorable cabildo, que reunió inmediatamente, eligieron la peor forma, la que los tiene hoy en la mayor miseria.

Ni el obispo ni el provisor Carranza eran quienes para decretar, en aquel tiempo, la abolición del diezmo, y mucho menos para llevar a feliz término las trascendentales reformas que se habían decretado.

Porque, como bien sabía el provisor Florencio Carranza, con su notoria elocuencia —a la que regularmente usa con intemperancia, vengan o no vengan al caso— los pueblos no estaban preparados para esta clase de reformas.

Sin embargo, los hechos han venido a demostrar claramente todo lo contrario.

Biografía del Provisor Florencio Carranza:

El provisor Florencio Carranza es originario de la ciudad de Comayagua, nacido —según entendemos— a fines del primer cuarto de este siglo.

Carranza es de alta estatura, de cuerpo algo abundante, de ojos negros con mirada blanda, boca extensa, color y cabellos propios de la raza africana. Tal vez por este motivo, casi siempre lleva cubierta la cabeza con un gorro negro.

Hizo estudios de gramática latina, filosofía y teología elemental en el colegio tridentino, con los que logró, en tiempos del obispo

Casiano Flores (si mal no recordamos), ascender a las sagradas órdenes.

Desde entonces, Carranza abandonó por completo los libros; no lee ni escribe, tampoco tiene buenos libros de consulta. Es un sacerdote sin biblioteca.

Si Carranza llegara a concurrir a una velada literaria, podríamos asegurar, con poco temor de equivocarnos, que entendería cosas muy singulares, porque no conoce a fondo ni la lengua castellana.

Cuando celebra los divinos oficios, maltrata demasiado el idioma de Horacio y de Virgilio.

El señor Carranza es igual en todas partes. Quien lo ve en la sala o en su casa, vestido con negligencia, y luego lo ve en la calle, al punto lo reconoce.

Cuando ocupa la cátedra sagrada —lo que hace muy tarde porque es de palabra larga—, lo hace tan mal, que se necesita tener mucha paciencia para escucharlo sin fatiga.

Sus arengas son frías, desorganizadas, sin orden, sin plan y sin lógica; tampoco tiene el aire ni las maneras agradables que exige el alto ministerio de la divina palabra.

El señor Carranza no es un hombre de instrucción; tampoco un canonista convencido, y mucho menos un hombre consagrado a reflexionar sobre los problemas de la vida eterna.

Por lo tanto, el provisor Carranza no merece los honores de ser colocado entre las luminarias de nuestro clero.

¿Por qué está, pues en la vicaría? Esta es la pregunta universal, sin contestación hasta hoy.

Para concluir diremos que Carranza tiene una grandísima cualidad, y un grandísimo defecto: sus cualidades consisten en una calma a toda prueba; su defecto está en la exuberancia de calma. Tiene además, el señor Carranza, el mérito indisputable de ser con su madre un excelente hijo.

Estando, del que resultó que debían ponerse a los diputados de Choluteca, Nacaome, Cantarranas, Yoro y Trujillo, y continuar los de Comayagua, Tegucigalpa, Gracias, Santa Rosa, y Santa Bárbara; de haber acordado que se colocasen dos retratos del general Morazán, con sus trofeos militares, en un salón de sesiones y otro en el palacio ejecutivo, comillas porque no era, decía el diputado Bárdales, de mejor condición el general Bolívar, que hizo la independencia de la República del Sur, que el general Morazán que había dado vida a Centroamérica; de haber declarado que el número de individuos que debía componer, en lo sucesivo, los cuerpos municipales, no podría bajar de 7, ni subir de 13; de haber establecido para garantizar mejor la buena administración de justicia, un tribunal de segunda instancia compuesto de tres personas; de haber prohibido los entierros en las iglesias, porque el congreso federal de 1826 había decretado la construcción de panteones en todos los pueblos y ciudades de la República.

"El vicejefe supremo, en quien reside el poder ejecutivo del estado de Honduras, uno de los federales de la República de Centroamérica.

Considerando:

Que este gobierno se halla en el caso de cumplir con las providencias dictadas por la asamblea contra el puerto de Omoa, por su rebeldía a prestar su obediencia a los supremos autoritarios del estado, como al manifestar la contestación dada por aquella comandancia el 14 del corriente a la invitación que se le hizo el tres del último.

Que mientras dichas providencias se ejecutan, no debe este gobierno permitir que los habitantes de Omoa gocen de todas las ventajas de que gozan los demás pueblos obedientes, manteniéndose aquellos disidentes, y haciendo con esto perjuicios incalculables al estado y aún a la República.

Por tanto: en virtud de lo prevenido por el soberano cuerpo legislativo en su decreto de 24 de marzo anterior, que se comunicó a todas las autoridades de Omoa el 3 de abril; y en vista de la contestación no esperada de aquella comandancia, he tenido a bien decretar y decreto:

Todos los efectos de comercio que salgan por el puerto de Omoa serán registrados en Yojóa, Santa Bárbara, Los Llanos o cualquiera otro pueblo del estado, y las autoridades que lo registren, los remitirán a Comayagua bajo su más estrecha responsabilidad, en cuya tesorería satisfarán la alcabala marítima y terrestre sin que les valga el haberla pagado en Omoa.

Se prohíbe absolutamente a todos los habitantes del estado entrar al puerto de Omoa; y al que fuera dicho puerto contraviniendo a este artículo, será tratado como reo de Estado, y confiscado de los bienes que lleve o traiga en clase de comercio, los cuales serán aplicados al fondo público, deducidos los gastos que cause su aprehensión.

Los alcaldes de Yojóa, San Pedro Sula y demás pueblos que estén en contacto con Omoa, estarán a la mira de que los artículos anteriores sean exactamente cumplidos, y que no se introduzcan a dicho puerto efectos comestibles, bajo la pena de que los condujese, o el que de Omoa salga a buscarlos, lo aprenderán y remitirán a Comayagua con seguridad, y junto con los intereses que lleve o traiga.

Para que lo dispuesto en este decreto tenga debido cumplimiento se comunicará de preferencia a los jefes intendentes de Santa Bárbara, Gracias, Comayagua, y el jefe de distrito de Yojóa, para que esto se lo hagan saber a los pueblos respectivos; encargándose particularmente al de Santa Bárbara que lo haga con brevedad, al comandante y municipalidad de Omoa, para que no aleguen ignorancia aquellos vecinos y comerciantes.

Comuníquese igualmente a la asamblea del Estado esta determinación, informándole los poderosos motivos que han obligado al gobierno a dictarla.

Lo tendrá entendido el secretario de Estado y del despacho general, y dispondrá lo necesario a su cumplimiento. Dado en Tegucigalpa, a 28 de abril de 1829. — Diego Vijil. Al ciudadano Liberato Moncada.

"La escandalosa conducta que desde el principio de la revolución, y aún antes de ella, ha observado el puerto de Omoa, que puede causar un ejemplo funesto a los demás pueblos; la consideración de que, manteniéndose dicho puerto disidente, puede influir en el entorpecimiento de la paz, que actualmente renace en la República; y ser aquel territorio parte integrante del Estado, han obligado al gobierno a dictar el decreto inserto que servirá para poner en conocimiento del cuerpo legislativo, para que, si lo tiene a bien, se digne darle su aprobación.

— D. U. L. — Tegucigalpa, abril 29 de 1829. — Liberato Moncada."

373

DE LOS CONGRESOS QUE HA TENIDO HONDURAS DESDE SU INDEPENDENCIA HASTA LA FECHA.

Junta preparatoria	Comayagua	Julio	15	1824
Asamblea constituyente	Cedros	Agosto	29	1824
Continuada en	Tegucigalpa	Septiembre	16	1824
Trasladada a	Comayagua	Febrero	15	1825
Asamblea ordinaria	Comayagua	Abril	5	1826
Asamblea ordinaria	Comayagua	Septiembre	13	1827
Asamblea ordinaria	Comayagua	Marzo	17	1828
Asamblea ordinaria	Comayagua	Marzo	4	1829
Trasladada a	Tegucigalpa	Abril	11	1829
Continuada en	Tegucigalpa	Abril	26	1829
Asamblea extraordinaria	Tegucigalpa	Julio	4	1829
Asamblea extraordinaria	Tegucigalpa	Octubre	12	1829
Continuada en	Tegucigalpa	Octubre	29	1829
Asamblea ordinaria	Tegucigalpa	Enero	30	1829
Asamblea extraordinaria	Tegucigalpa	Julio	28	1830
Asamblea extraordinaria	Tegucigalpa	Agosto	12	1830
Asamblea extraordinaria	Tegucigalpa	Diciembre	9	1830
Asamblea ordinaria	Tegucigalpa	Febrero	19	1831
Asamblea constituyente	Comayagua	Octubre	10	1831
Asamblea ordinaria	Comayagua	Diciembre	7	1832
Asamblea extraordinaria	Comayagua	Mayo	28	1833
Asamblea ordinaria	Comayagua	Marzo	14	1834
Asamblea extraordinaria	Comayagua	Noviembre	14	1834
Asamblea ordinaria	Comayagua	Mayo	19	1835

Asamblea ordinaria	Comayagua	Junio	1	1836
Asamblea ordinaria	Comayagua	Febrero	1	1837
Asamblea ordinaria	Comayagua	Abril	30	1838
Asamblea extraordinaria	Comayagua	Julio	2	1838
Asamblea constituyente	Comayagua	Octubre	7	1838
Asamblea constituyente extraordinaria	Comayagua	Enero	4	1839
Asamblea ordinaria	Comayagua	Agosto	8	1840
Continuada en	Comayagua	Mayo	18	1841
Asamblea extraordinaria	Comayagua	Marzo	10	1942
Asamblea ordinaria	Comayagua	Febrero	7	1942
Asamblea extraordinaria	Comayagua	Julio	11	1942
Asamblea extraordinaria	Comayagua	Septiembre	20	1943
Asamblea ordinaria	Comayagua	Febrero	21	1943
Asamblea extraordinaria	Comayagua	Agosto	22	1944
Asamblea ordinaria	Comayagua	Enero	11	1945
Asamblea ordinaria	Comayagua	Enero	5	1946
Asamblea ordinaria	Comayagua	Enero	20	1947
Asamblea legislativa	Comayagua	Junio	3	1947
Dieta convencional	Nacaome	Agosto	6	1947
Asamblea extraordinaria	Comayagua	Diciembre	25	1947
Asamblea constituyente	Comayagua	Julio	11	1948
Asamblea general	Comayagua	Febrero	10	1949
Grande Asamblea	La paz	Junio	24	1949
Asamblea ordinaria	Cedros	Junio	10	1950
Asamblea ordinaria	Nacaome	Mayo	11	1951

Asamblea ordinaria	Comayagua	Enero	15	1952
Asamblea ordinaria	Comayagua	Octubre	28	1952
Asamblea nacional constituyente de centro américa	Tegucigalpa	Marzo	9	1953
Asamblea legislativa	La esperanza	Mayo	14	1953
Asamblea extraordinaria	Gracias	Marzo	3	1954
Asamblea ordinaria	Comayagua	Diciembre	26	1955
Asamblea ordinaria	Comayagua	Febrero	13	1956
Asamblea ordinaria	Comayagua	Enero	11	1957
Asamblea ordinaria	Comayagua	Marzo	19	1958
Asamblea Ordinaria	Comayagua	Enero	27	1859
Cámaras legislativas	Comayagua	Enero	27	1860
Asamblea Ordinaria	Comayagua	Febrero	4	1861
Asamblea Ordinaria	Santa rosa	Mayo	2	1862
Asamblea Ordinaria	Comayagua	Febrero	12	1863
Asamblea Ordinaria	Gracias	Febrero	14	1864
Asamblea Ordinaria	Comayagua	Febrero	8	1865
Asamblea nacional constituyente	Comayagua	Septiembre	7	1865
Asamblea Ordinaria	Comayagua	Febrero	2	1866
Asamblea Ordinaria	Comayagua	Febrero	6	1868
Asamblea Ordinaria	Comayagua	Mayo	20	1869
Congreso constituyente	Comayagua	Agosto	8	1869
Congreso ordinario	Comayagua	Enero	29	1870
Congreso ordinario	Comayagua	Febrero	9	1872
Congreso constituyente	Comayagua	Diciembre	14	1873
Convención nacional	Comayagua	Abril	20	1874
Congreso ordinario	Comayagua	Enero	21	1875
Congreso extraordinario	Comayagua	Mayo	27	1877

Congreso ordinario	Tegucigalpa	Marzo	9	1879
Congreso constituyente	Tegucigalpa	Septiembre	1	1880
Congreso ordinario	Tegucigalpa	Enero	28	1881
Congreso ordinario	Tegucigalpa	Febrero	19	1883

NOMINA

DE LAS PERSONAS QUE CON EL TÍULO DE GOBERNADORES POLÍTICO SUPERIOR E INTENDENTE GOBERNARON LAS PROVINCIAS DE COMAYAGUA Y TEGUCIGALPA DESDE EL 29 DE SEPTIEMBRE DE 1821 HASTA EL 16 DE SEPTIEMBRE DE 1824

Gobernador político superior é intendente	José Tinoco de Contreras	Comayagua	Septiembre	28	1821
Gobernador político superior é intendente	Alcalde 1.° E. Guardiola	Tegucigalpa	Septiembre	29	1821
Gobernador político superior é intendente	Nepomuceno Fernández Lindo Zelaya	Comayagua	Noviembre	21	1821
Gobernador político superior é intendente	Coronel Simón Gutiérrez	Tegucigalpa	Diciembre	18	1821
Gobernador político superior é intendente	Alcalde 1.° E. Guardiola	Tegucigalpa	Diciembre	…	1821
Gobernador político superior é intendente	Alcalde Francisco Juárez	Tegucigalpa	Enero	1.°	1822
Gobernador político superior	Dionisio de Herrera	Tegucigalpa	Febrero	3	1822
Gobernador político superior	Juan Garriga	Comayagua	Marzo	29	1822
Gobernador político superior	Alcalde 1.° Víctor Rodas	Comayagua	Abril	19	1822
Gobernador político é Intendente	Juan N. Lindo y Zelaya	Comayagua	Octubre	12	1822

Gobernador político é Intendente	Alcalde Severino Quiñones	Comayagua	Febrero	11	1824
Gobernador político	Juan José Díaz	Comayagua	Abril	13	1824

NÓMINA

DE LAS PERSONAS QUE CON EL TÍTULO DE SECRETARIO AUTORIZARON LOS ACUERDOS Y RESOLUCIONES DE LOS GOBERNADORES POLÍTICOS DE LAS DOS PROVINCIAS EN LAS ÉPOCAS QUE SE EXPRESAN.

Secretario Interino	Cayetano Bosque	Comayagua	Septiembre	24	1821
Secretario	Joaquín Estrada	Comayagua	Enero	15	1828
Secretario	León Vásquez	Tegucigalpa	Septiembre	29	1821

NÓMINA

DE LOS PRESIDENTES DE HONDURAS

Primer Jefe, Dionisio Herrera (a)	Septiembre	19	1824
Primer Jefe, Jerónimo Zelaya	Septiembre	00	1827
Jefe provisional, Cleto Bendaña	Septiembre	13	1827
Consejero, Francisco Morazán	Noviembre	00	1827
Primer Jefe, Jerónimo Zelaya (b)	Junio	00	1828
Vicejefe Provisional, Diego Vijil	Junio	30	1828
Vicejefe, Diego Vijil	Marzo	5	1829
Primer Jefe, Francisco Morazán	Diciembre	2	1829
Consejero, Juan A. Arias. (c)	Diciembre	24	1829
Jefe supremo, Francisco Morazán	Abril	22	1830
Consejero, J. Santos del Valle	Julio	18	1830
Primer jefe, José Antonio Márquez	Marzo	12	1831
Consejero, Francisco Milla	Marzo	22	1832
Primer jefe, Joaquín Rivera	Enero	7	1833
Vice-jefe, Francisco Ferrera (d)	Septiembre	24	1833
Consejero, José M. Bustillo(e)	Septiembre	10	1835
Consejero, José M. Maranez	Enero	1.º	1837
Primer jefe, Justo José Herrera	Mayo	28	1837
Consejero, José M. Maranez	Septiembre	3	1838

(a) Fue destituido del mando y conducido preso a Guatemala después de la rendición de Comayagua el 10 de mayo de 1827. El sitio se comenzó el 46 el 5 de abril y se estipuló el 10, dice Marure, el 11 dice Don Liberato Moncada, ministro de aquella época, el 9 dice el General Morazán en sus "memorias"

(b) Solamente ejerció su autoridad en el departamento de Santa Bárbara: en los demás del estado nunca fue reconocido, antes bien, se declaró nula en elección; como todas las que se habían practicado A virtud de la convocatoria. {Marare}

(c) Murare en sus Efemérides. Lo refiere a Diciembre de 1829. El documento original, dice: Diciembre 24 de 1829.

(d) En Enero de 41 volvió otra vez a ejercer el Poder Ejecutivo con el atulo de Presidente del Estado, y con este carácter u con este nombre se gobiernan en la actualidad.

(e) En agosto de 1839 ejerció otra vez la autoridad ejecutiva con el título d.

Consejero, Lino Matute	Noviembre	12	1835
Consejero, Juan Francisco de Molina	Enero	9	1839
Consejero, Felipe de Molina(f)	Abril	13	1839
Consejero, José Alvarado	Abril	15	1839
Consejero, José M. Guerrero	Abril	27	1839
Presidente interino José M. Bustillo	Agosto	20	1839
Suplente, Mariano Garrigo	Agosto	10	1839
Consejo de ministros, Mónico Buezo, Francisco Aguilar	Agosto	27	1839
Consejero, F. Zelaya y Ayes. (g)	Septiembre	21	1839
Presidente constitucional, Francisco Ferrera	Enero	1.º	1841
Consejo de ministros Juan Morales, Julián Tercero, C. Alvarado	Enero	1.º	1843
Presidente Constitucional, Francisco Ferrera	Febrero	23	1843

Consejo de ministros, C. Alvarado, C. Chávez	Octubre	00	1844
Presidente constitucional, Coronado Chávez	Noviembre	00	1844
Consejo de ministros, C. Alvarado, F. Ferrera S. Guardiola	Enero	1.°	1845
Presidente Constitucional, Francisco Ferrera	Enero	8	1845
Consejo de ministros C. Alvarado, C. Chávez	Enero	1.°	1847
Presidente Constitucional, Coronado Chávez	Febrero	12	1847
Consejo de ministros C. Alvarado, F. Ferrera S. Guardiola	Julio	16	1848
Presidente del estado, Doctor Juan Lindo	Febrero	1.°	1848
Presidente del estado, Doctor Juan Lindo	Marzo	1.°	1852
Vice- presidente, Felipe Bustillo(h)	Octubre	28	1852
Senador, Francisco Gómez	Mayo	9	1852
Presidente Constitucional, General T. Cabañas	Diciembre	31	1853
Vice-presidente, J. Santiago Bezo	Octubre	18	1856
Senador, Francisco Aguilar	Noviembre	8	1856
Presidente constitucional, general S. Guardiola	Febrero	17	1856
Reelecto constitucionalmente, general Guardiola, tomo la posición	Febrero	7	1860

Senador, Francisco Montes	enero	11	1862

(f) Marure en sus efemérides, hace figurar en el poder ejecutivo a los consejeros Felipe Medina y José Alvarado en Noviembre de 1838. Los documentos originales los refieren a las fechas arriba apuntadas. [Archivo Nacional]

(g) Gobernó hasta el 31 de Diciembre de 1840. En el que emitió el decreto de entrega.

(h) En el año de 1835 el General Guardiola se pronunció en esta ciudad con el gobierno Lindo y ergio en el gobierno al segundo Don Miguel Bustamante. Duro cuarenta días, por cuya razón se llamó Gobierno de los cuarenta días.

Senador, General José María Medina	Febrero	5	1862
Vice-presidente, Victoriano Castellanos	Febrero	4	1862
Senador, Francisco Montes	Diciembre	4	1862
Senador, General José María Medina	Junio	21	1863
Senador, Francisco Sinestros	Enero	1.°	1864
Presidente constitucional, General José María Medina	Febrero	15	1864
Senador Consejero, Ledo, Crescencio Gómez	Mayo	15	1865
Presidente constitucional, General José Marín Medina	Septiembre	1.	1865
Presidente provisorio, según la nueva constitución, General José María Medina	Septiembre	28	1865
Designado, según la nueva Constitución, licenciado Crescencio Gómez	Octubre	2	1865

Presidente constitucional, general José Mara Medina	Febrero	00	1866
Representante y primer designado, general Juan López	Abril	27	1867
Presidente constitucional, teniente general José María Medina	Noviembre	21	1867
Consejo de ministros, José María Aguirre y Elías	Mayo	…	1868
Diputado designado, Francisco Cruz	Septiembre	5	1869
Presidente, General José Medina	Enero	14	1870
Presidente en tercer periodo por continuación general José María Medina	Febrero	2	1870
Diputado designado, Inocente Rodríguez	…	…	1871
Presidente por revolución, General F. Baruch	Marzo	26	1871
Presidente General José Medina	Mayo	17	1871
Diputado L Cerco	Julio	2	1871
Presidente, general José María Medina	Octubre	20	1871
Diputado designado, ledo Crescencio Gómez	Abril	5	1872
Presidente, L. Cerco	Mayo	12	1872
Semi-presidente, General Juan Antonio Medina	Julio	16	1872

Presidente Ponciano Leiva	Noviembre	23	1873
Presidente nombrado por la convención Nacional Ponciano Leiva	Abril	23	1874
Presidente constitucional, Ponciano Leiva	Febrero	2	1875
Presidente, por revelación, General José Mara Medina	Diciembre	16	1875
Presidente designado, José Marín Zelaya	Enero	13	1876
Presidente Constitucional Ponciano Leiva	Enero	00	1876

Presidente, Ministro General Marcelo Mejía	Junio	8	1876
Presidente, Ledo Crescencio Gómez	Junio	13	1876
Consejo de ministros, licenciados Colindres mejía	Agosto	12	1876
Presidente, general José María Medina	Agosto	16	1876
Presidente, por proclamación de los hondureños, Doctor Marco A. Soto	Agosto	27	1876
Seudo-presidene por anarquía, Salvador Cruz (j)	Agosto	30	1876

Presidente constitucional, Dr. Marco Soto	Mayo	30	1877
Consejo de ministros Ramias Enrique	Junio	19	1880
Presidente constitucional, Dr. Marco Soto	Junio	20	1880
Presidente por la nueva constitución Dr. Marco Soto	Febrero	1.º	1881
Consejo de ministro, Enrique Gutiérrez	Mayo	9	1883

(i) Por esta razón un periódico que se redactaba en esta serie de gobiernos con mucha oportunidad y gracia, "Presidencia por cordillera."

(j) El gobierno de cruz fue reconocido solamente en la ciudad de Comayagua, donde hubo con extrañeza de los pueblos y de la gente sensata de la república, profundos resentimientos, porque el Señor presidente Soto le dio de baja. Al presentarse Cruz en Tegucigalpa, castigado así el escándalo con que había aumentado el catálogo de las deshonras de este infortunado país. Este pseudo gobierno o este escándalo, hijo de un origen electica, duro solamente cinco días.

NÓMINA

DE LAS PERSONAS QUE HAN AUTORIZADO LOS ACUERDOS DEL JEFE O PRESIDENTE DEL ESTADO CON EL TITULO DE SECRETARIOS, MINISTROS O JEFES DE SECCIÓN, EN LAS ÉPOCAS QUE SE EXPRESAN.

Secretario general, francisco Morazán (a)	Septiembre	25	1824
Secretario general, Liberato Moncada	Abril	6	1826
Secretario general, León Ríos	Septiembre	13	1827
Secretario general interino, Miguel Cubas	Noviembre	…	1827
Secretario general interino, Joaquín Águilas	Diciembre	12	1827
Secretario general, Liberato Moncada	Junio	…	1828
Jefe de sección, Sebastián Espinoza	Junio	22	1828
Secretario general interino, José María Cacho	Julio	31	1829
Secretario general, Liberato Moncada	Septiembre	…	1829
Secretario general, Santos Bardales (b)	Febrero	..	1832
Jefe de sección, Manuel Castellanos	Mayo	3	1833
Secretario general, J. Antonio Castaño	Marzo	13	1833
Secretario general, Manuel Pardo	Octubre	27	1836

Secretario general, Joaquín Rodríguez	Junio	7	1837
Jefe de sección, Manuel Pardo	Septiembre	30	1837
Jefe de sección, León Alvarado	Octubre	5	1838
Secretario general, Coronado Chaves	Enero	14	1839
Secretario general, José Bustillos	Agosto	24	1839
Secretario general, Francisco Aguilar	Agosto	24	1839
Secretario de relaciones, Mónico Buezo (c)	Agosto	24	1839

(a) Queda rectificado el Doctor Marure que en sus "efemérides" refiere este nombramiento al mes de Noviembre.

(b) La Asamblea Extraordinaria del año de 1830 nombro en sesión del 9 de Diciembre Presidente de la Corte Suprema de Justicia, al ciudadano José Rosa de Izaguirre. Tomo 80, página 35. Archivo Nacional. El Doctor Marure, en sus "efemérides" asegura que en febrero de 1831, fue nombrado secretario general; pero en los documentos que tenemos a la vista consta que el ciudadano Liberato Moncada desempeñó la Secretaría general desde junio de 1828 hasta principios de 1832.

(c) Marure en sus "efemérides" refiere el nombramiento de José Bustillo a Mayo. El de Mónico Buezo a Octubre. El documental original, dice: que fueron nombrados, el 21 de agosto Mónico Buezo, y el 22 F. Aguilar y José Bustillo y que tomaron posesión en las fechas arriba citadas.

Jefe de sección, Francisco Alvarado	Enero	...	1840
Jefe de sección, Francisco Inestroza	Julio	...	1840
Secretario de guerra, Julián Tercero	Noviembre	...	1840
Secretario de relaciones, Juan Morales	Marzo	...	1841
Jefe de sección, José María Cubas	Julio	...	1841
Secretario de hacienda, Casto Alvarado	Julio	...	1841
Secretario de guerra, j, Julián Tercero	Febrero	...	1842
Ministro de relaciones, Coronado Chávez	Junio	...	1843
Jefe de sección, Mariano Aguiluz	Enero	2	1845
Ministro de relaciones, José María Cisneros	Enero	13	1845
Jefe de sección de relaciones, Francisco Cruz	Junio	...	1845
Ministro de guerra, Francisco Ferrera	Junio	...	1845
Ministro de relaciones, Santos Guardiola	Febrero	17	1846
Jefe de sección, F. Fajardo	Diciembre	31	1846

Ministro general, José maría Rugama	Febrero	17	1848
Jefe de sección, José maría Rojas	Febrero	7	1848
Jefe de sección, José María Moncada	Enero	5	1849
Jefe de sección, José maría Rojas	Septiembre	25	1849
Jefe de sección, Apolinario Flores	Agosto	21	1849
Ministro de guerra, Trinidad Cabañas	Diciembre	…	1849
Jefe de sección, Francisco Alvarado	Diciembre	…	1849
Ministro de relaciones, Joaquín Velásquez	Diciembre	6	1850
Ministro de relaciones exteriores, Jacobo Rosa	Febrero	…	1852
Ministro del interior, Zenón Bustillos	Marzo	16	1852
Ministro de relaciones, presbítero Ramón Mejía	Noviembre	20	1852
Ministro de hacienda y guerra, F. Alvarado	Noviembre	…	1852
Ministro interino de H y G, J. Antonio Milla	Diciembre	1.º	1852
Ministro interino de relaciones, F. Aguilar	Febrero	26	1853
Jefe de sección de relaciones, Teodoro Aguiluz	Junio	11	1853

Ministro de hacienda y guerra, J. M. Cacho	Octubre	1.º	1853
Ministro general, José María Cacho	Diciembre	20	1853
Ministro general José maría cacho	Abril	24	1854
Ministro general José meza	Mayo	18	1854
Ministro de relaciones, francisco medina	Octubre	20	1855
Ministro de hacienda y g, José María Rojas	Febrero	18	1856
Ministro de relaciones y general interino, pedro Alvarado	Febrero	18	1856
Ministro de H y G, Florencio Xatruch	Abril	24	1856
Ministro de H y G, Manuel Colindres	Mayo	22	1858
Ministro de relaciones, Crescencio Gómez	Febrero	1.º	1860
Ministro de h y g, coronado Chávez	Mayo	18	1860
Ministro de relaciones, Teodoro Aguilar	Enero	11	1862

CATÁLOGO

DE LAS ACCIONES DE GUERRA Y CAPITULACIONES
HABIDAS EN HONDURAS (Los espacios vacíos es porque no hay
datos).

AÑO DE 1827

FECHA	DE:	MUERTOS	HERIDOS
Enero 24	Tegucigalpa	1	2
Enero 25	Erandique		
Marzo	Yamaranguila		
Abril	Las Piedras	4	
Abril	La Maradiaga	11	
Mayo 10	Comayagua	30	
Septiembre 28	Sabanagrande	21	7
Noviembre 11	La Trinidad	40	

AÑO DE 1828

FECHA	DE:	MUERTOS	HERIDOS
Enero 1	Opoteca	10	
Enero 26	San Pedro Sula		
Abril 25	Goascorán	34	15
Agosto 11	Comayagua	10	

AÑO DE 1829

FECHA	DE:	MUERTOS	HERIDOS
Enero 1	La Pusunga		
Enero 6	Telica		
Febrero	Catacamas		
Febrero 3	Catacamas		
Marzo	Del Ocote		
Septiembre	Sabanagrande		
Diciembre	Ulúa	40	

AÑO DE 1830

FECHA	LUGAR	MUERTOS	HERIDOS
Enero 21	Capitulación de Olancho		
Febrero 16	Opoteca	11	3

AÑO DE 1832

FECHA	LUGAR	MUERTOS	HERIDOS
Marzo 9	Tercales	3	3
Marzo 26	Jaitique	15	
Abril 9	Sonaguera		
Abril 12	La Ofrecedera	11	17
Abril 13	Trujillo		
Abril 19	Sacualpa	16	17
Abril 28	Omoa	7	5
Mayo 3	Del Espino	17	1
Mayo 5	Opoteca		
Septiembre 12	Capitulacón de Omoa		

AÑO DE 1834

FECHA	LUGAR	MUERTOS	HERIDOS
Enero	San Bernardo		

AÑO DE 1839

FECHA	LUGAR	MUERTOS	HERIDOS
Septiembre 6	Cuesta-Grande		
Septiembre 13	La Soledad	13	

AÑO DE 1840

FECHA	LUGAR	MUERTOS	HERIDOS
Enero 31	Del Potrero	80	

OTROS AÑOS
(En la mayoría de casos no especifica número de muertos y heridos)

AÑO DE 1840

Texiguat: 2 muertos
El Portillo
El Corpus
Nacaome

AÑO DE 1884

Liure: 3 muertos
El Corpus: 141 muertos y 11 heridos
Choluteca: 292 muertos y 10 heridos
Nacaome:
Sapusnea: 6 muertos y 2 heridos
Danlí: 70 muertos y 19 heridos

AÑO DE 1845

Comayagua: 500 muertos y 40 heridos
San Antonio del Norte: 2 muertos
Camino de las Cañas: 3 muertos y 1 herido
Río Grande de Sesenti: 7 muertos
Santa Rosa: 57 muertos y 27 heridos

AÑO DE 1850

Taulabé:

AÑO DE 1850

San Marcos
Mejecote
Gracias
El Sauce: 59 muertos y heridos
Villa de Santa Rosa: 2 muertos y dos heridos
Taulabé
Siguatepeque
Masaguara
Ocotepeque

AÑO DE 1860

Trujillo: 2 heridos
Cottonthree y Limón

AÑO DE 1861

Choluteca, La Virtud, Aramecina y Goascorán

AÑO DE 1862

San Francisco de la Paz: 12 muertos y 2 heridos
San Marcos: 1 muerto
Bonito
Jocón: 2 muertos y 6 heridos
Jano
San Francisco de la Paz
San Francisco
Manto
Jocón
Olanchito: 4 muertos
Santa Rosa
Yoro: 29 muertos
San Marcos
San José
Amapala
Amapala: 20 muertos y 17 heridos

El 11 de enero de 1862 asesinaron en Comayagua al presidente Santos Guardiola.

AÑO DE 1864

Juticalpa: 2 muertos
Juticalpa: 2 muertos y 3 heridos

AÑO DE 1865

San Pedro, Agalta, Regadillo, La Boca, Agalta, Bonito, Juticalpa, Manto, San Francisco de a Paz, Pacayal, El Real, Catacamas, Tapescos, Manto, El Tulur, Culmí y El Tamarindo.

AÑO DE 1868
Asalto a Juticalpa: 4 muertos

AÑO DE 1870
San Marcos: 5 muertos y 7 heridos.

AÑO DE 1971
Goascorán: 2 muertos y 2 heridos.
Nacaome
Curarén: 8 muertos y 1 herido
Nacaome: 20 muertos
Cacausa
Cerro Gordo: 244 muertos y 26 heridos
Santa Rosa
Langue: 1
San Marcos de la Sierra
Langue
Apacilagua
Nueva Arcadia
Tegucigalpa
La Malalaja
Panascarán
Capitulación de Sabanagrande

AÑO DE 1872
Arrayanes: 31 muertos y 19 heridos
Comayagua
Orocuina
Olanchito: 1 muerto
Omoa: 2 muertos y 3 heridos
El Juncal
Trujillo
Santa Bárbara
Tegucigalpa
Trujillo
Roatán

AÑO DE 1873

Concepción: 1 herido
Boca de la Montaña: 2 muertos
Cerro Marín
Castillo de San Fernando
Montaña de la Laguna
El Venado
Castillo de San Fernando
Río Chamelecón
Yoro
San Fernando
Sabanagrande
Opoteca
Roatán
La Paz
El Negrito
El Corpus
Amapala

AÑO DE 1874
Capitulación de Comayagua

AÑO DE 1875
Santa Bárbara: 23 muertos
Santa Bárbara:

AÑO DE 1876
Puerto Cortés
San Pedro
Intibucá: 87 muertos y 8 heridos
Opoteca: 4 muertos y 5 heridos
Aranecina
Quebrada del Pescadero
Yoro
Rancho Grande
Tegucigalpa: 1 muerto
Tegucigalpa
Lepasale Tegucigalpa.

AÑO DE 1878

Lepasale
Santa María
El Lindero

AÑO DE 1879

La Paz

RESUMEN GENERAL

DE LAS POBLACIONES DE LA REPUBLICA DE HONDURAS

DEPARTAMENTOS				
Tegucigalpa..............................	7	23	124	157
Choluteca................................	7	29	140	163
Gracias......................................	6	32	282	314
Copán...	5	20	66	86
Santa Bárbara...........................	7	20	89	109
Olancho.......................................	4	21	81	102
La Paz...............................…......	4	16	36	52
Comayagua................................	6	15	26	41
El Paraíso............................….....	2	9	55	64
Yoro.......................................…...	4	9	46	55
Colón.........................…..................	1	6	67	73
Las Islas......................................	0	1	19	20
TOTAL	53	205	1.031	1.236

El Congreso Nacional, instalado el 19 de Febrero de 1883, con presencia de la solicitud hecha por la Municipalidad de "La Esperanza," contraída a que se formara un nuevo Departamento, con este nombre, compuesto de aquel círculo y los de Camasca, Marcala y Jesús de Otoro, facultó en 6 de Marzo, al poder ejecutivo, para que lo creara. Si lo estimaba conveniente. El Presidente haciendo uso de estas facultades mandó fundarlo en 16 de Abril. La capital de este nuevo Departamento es La Esperanza.

ITINERARIOS POSTALES
LA REPUBLICA DE HONDURAS, PARTIENDO DE TEGUCIGALPA.

Itinerario hasta Amapala.

De Tegucigalpa a Sabanagrande, 12 leguas-, A Nacaome, 25. A la Brea, 32-. A Amapala 38.

Itinerario hasta Somotillo en Nicaragua, vía Choluteca. De Tegucigalpa a Choluteca, 36 leguas. A Somotillo 51.

Itinerario hasta los límites del Nicaragua, vía Yuscarán. De Tegucigalpa a Yuscarán, 16 leguas. A Alauca, 24.

Itinerario hasta los límites del Salvador, vía Nacaome. De Tegucigalpa a Nacaome, 28 leguas. Al río Goascorán, 38.

Itinerario hasta Chalatenango en el Salvador, vía Ocotepeque. De Tegucigalpa a Comayagua, 24 leguas. A La Paz, 28. A La Esperanza o Intibucá, 50. A Gracias, 69. A Santa Rosa, 81. A Ocotepeque, 103. A Chalatenango, 119.

Itinerario hasta Esquipulas en Guatemala, Vía Ocotepeque. De Tegucigalpa a Ocotepeque, vía Gracias, 103 leguas. A Esquipulas, 113.

Itinerario hasta Ocotepeque, vía Santa Bárbara. De Tegucigalpa a Comayagua, 24 leguas. A Santa Bár-bara, 54. A Santa Rosa, 80. A Ocotepeque. 102.

Itinerario hasta Puerto Cortés. De Tegucigalpa a Santa Bárbara, 54 leguas. A San Pedro, 76. A Puerto Cortés 95.

Itinerario hasta Trujillo, vía Yoro. De Tegucigalpa a Cedros, 16 leguas. A Yoro, 40. A Olanchito, 69. A Trujillo, 86.

Itinerario hasta Trujillo, vía Juticalpa. De Tegucigalpa a Juticalpa, 40 leguas. A Trujillo, por el Camino Real, 120, por otros senderos, de 106 a 108.

ITINERARIOS POSTALES
LA REPUBLICA DE HONDURAS, PARTIENDO DE TEGUCIGALPA.

1.º---Itinerario hasta Amapala.
De Tegucigalpa a Sabanagrande, 12 leguas. A Nacaome
28. A La Brea, 32. A Amapala 38.

2.º---Itinerario hasta Somotillo en Nicaragua, vía Choluteca.
De Tegucigalpa a Choluteca, 36 leguas. A Somotillo 51.

3.º---Itinerario hasta los límites de Nicaragua, vía Yuscarán.
De Tegucigalpa a Yuscarán, 16 leguas. A Alauca, 24.

4.º---Itinerario hasta los límites del Salvador, vía Nacaome.
De Tegucigalpa á Nacaome, 28 leguas al río Goscorán, 38.

5.º---Itinerario hasta Chalatenango en el Salvador, vía Ocotepeque.
De Tegucigalpa á Comayagua, 24 leguas. A á La Paz,
28. A La Esperanza ó Intibucá, 50. A Gracias, 69. A
Santa Rosa, 81. A Ocotepeque, 103. A Chalatenango,
119.

6.º---Itinerario hasta Esquipulas en Guatemala, vía Ocotepeque.
De Tegucigalpa á Ocotepeque, vía Gracias, 103 leguas. A
Esquipulas, 113.

7.º----Itinerario hasta Ocotepeque, vía Santa Bárbara.
De Tegucigalpa a Comayagua, 24 leguas. A Santa Bárbara 54.
A Santa Rosa, 80. A Ocotepeque, 102.

8.º---Itinerario hasta Puerto-Cortés.
De Tegucigalpa a Santa Bárbara, 54 leguas. A San Pedro, 76.
A Puerto Cortés 95.

9.º---Itinerario hasta Trujillo, vía Yoro. De Tegucigalpa á
Cedros, 16 leguas. A Yoro, 40. A Olanchito, 68. A Trujillo,
86.

10.º--Itinerario hasta Trujillo, vía Juticalpa.
De Tegucigalpa a Juticalpa, 40 leguas. A Trujillo, por
el camino real,120, por otros senderos, de 106 a 108.

www.ingramcontent.com/pod-product-compliance
Lightning Source LLC
Chambersburg PA
CBHW061549120626
46550CB00004B/1426